임동석중국사상100

시경

詩經

林東錫 譯註

"상아, 물소 뿔, 진주, 옥. 이런 진괴한 물건들은 사람의 이목은 즐겁게 하지만 쓰임에는 적절하지 않다. 그런가 하면 금석이나 초목, 실, 삼베, 오곡, 육재는 쓰임에는 적절하나 이를 사용하면 닳아지고 취하면 고갈된다. 그렇다면 사람의 이목을 즐겁게 하면서 이를 사용하기에도 적절하며, 써도 닳지 아니하고 취하여도 고갈되지 않고, 똑똑한 자나 어리석은 자라도 그를 통해 얻는 바가 저마다 그 자신의 재능에 따라주고, 어진 사람이나 지혜로운 사람이나 그를 통해 보는 바가 저마다 그 자신의 분수에 따라주되 무엇이든지 구하여 얻지 못할 것이 없는 것은 오직 책뿐이로다!"

《소동파전집》(34) 본 《眞寶》(後集) 099 〈이씨산방장서기〉에서, 구당(丘堂) 여원구(呂元九) 선생의 글씨

책머리에

　나는 일찍이 《논어》를 배울 때 〈爲政篇〉의 "子曰 : 「《詩》三百, 一言以蔽之, 曰 : 『思無邪』.」"의 '思無邪'를 두고는 '순수하고 깨끗한 사람 마음'을 떠올렸으나, 실제 魯頌 〈駉〉에 '思無疆', '思無期', '思無斁'(역)과 함께 짝을 이룬 네 구절 중 하나이며, 그저 '駉'(腹幹肥張)한 숫말을 두고 노래한 것임에 그 깊은 의미를 도출해 낼 수가 없었다. 그런가 하면 〈子路篇〉의 "誦《詩》三百, 授之以政, 不達 ; 使於四方, 不能專對 ; 雖多, 亦奚以爲?"(《시(詩)》 삼백(三百)을 다 외워 정치의 임무를 주었을 때 통달하지 못하거나, 사방의 사신으로 가서 응대를 전담해내지 못한다면 비록 많이 외운들 역시 무엇에 쓰겠는가?")를 두고는 '詩는 문학 감상서가 아니라 위정자나 외교관의 공구서, 학습서인가?' 하고 의문을 자아냈으며, 〈季氏篇〉의 진강(陳亢)이 공자 아들 伯魚(孔鯉)에게 선생님 아들이니만큼 달리 특이한 가르침이 있으리라 여겨 물었을 때, 백어가 "未也. 嘗獨立, 鯉趨而過庭. 曰 : 『學《詩》乎?』 對曰 : 『未也.』 『不學《詩》, 無以言.』"(특이한 것을 들은 것은 없습니다. 일찍이 아버지(공자)께서 홀로 서 계실 때에 내(鯉)가 빠른 걸음으로 뜰을 지나려 하자, 아버님께서 '시(詩)를 배웠느냐?'라 물으시기에 '아직 배우지 못하였습니다'라 대답하였지요. 그러자 '시를 배우지 않고는 말을 할 수 없느니라'라 하셨습니다)을 두고는 '시는 대화 자료를 모은 책인가?'라고 여겼다. 이처럼 하나로 그 개념조차 정립되지 않은 이 '시'라는 독특한 고전에 난혹함과 난감함은 긴 시간 나를 힘들게 하였다.

　다시 〈八佾篇〉의 "子夏問曰 : 「『巧笑倩兮, 美目盼兮, 素以爲絢兮.』 何謂也?」 子曰 : 「繪事後素.」"(자하가 "아름다운 웃음의 예쁜 보조개, 아름다운 눈매에 예쁜

눈동자, 하얀 바탕에 고운 채색이로다'라고 한 것은 무엇을 두고 한 말입니까?"라고 묻자, 공자가 "그림을 그릴 때에는 먼저 흰 바탕을 만든 후에 그리는 것이지."라 하였다)라는 구절에 앞 구절은 衛風 〈碩人〉편에 있으나 뒤의 구절은 없고, 또 〈子罕篇〉"『唐棣之華, 偏其反而. 豈不爾思? 室是遠而.』子曰:「未之思也, 夫何遠之有?」"('당체(唐棣)의 꽃 편편히 나부끼네. 어찌 그대를 그리워하지 않으리오마는 그대 사는 집 너무 멀구나.' 이 노래를 두고 공자가 "그리워하지 않는다면 모를까, 어찌 멂을 탓하리오?")라는 구절을 보며, 참 아름다운 시로구나 했는데, 이 구절은 《詩經》小雅 〈常棣〉편에 '常棣之華'라는 구절만 있을 뿐 전체 구절은 어디에도 없는 것을 알고 심히 허전해했던 적이 있다. 또 같은 〈자한편〉의 공자가 "子曰:「吾自衛反魯, 然後樂正, 雅頌各得其所.」"(내가 衛나라에서 魯나라로 돌아온 후에야 樂이 바르게 되었으며, 雅와 頌이 각각 그 자리를 찾게 되었다)라 하였고, 〈述而篇〉의 "子所雅言,《詩》·《書》·執《禮》, 皆雅言也."(공자가 평소 雅言으로 하시는 말은 《詩》,《書》, 그리고 《禮》를 집전할 때이다. 이는 모두 아언으로 하였다)라 하여 '음악으로서의 《시》는 그 동안 간과한 것인가?'라는 의혹을 품기도 하였다. 다시 〈陽貨篇〉에는 "小子! 何莫學夫《詩》?《詩》, 可以興, 可以觀, 可以群, 可以怨. 邇之事父, 遠之事君; 多識於鳥獸草木之名"이라 하였고, 〈泰伯篇〉에는 "興於詩, 立於禮, 成於樂"이라 하였으니, 정서적 감흥은 물론, 鳥獸草木의 物名까지 훤하게 알도록 해 주는 것이 '시'라 하였으니, '이는 구체적 사물로부터 고차원적인 군자학까지 통틀어 망라한 교재로서의 지위도 함께 지닌 것인가?'라고 여겼다.

그런가 하면, 《戰國策》을 역주할 때는 〈秦策〉(5)의 "《詩》云:『行百里者, 半於九十.』此言末路之難"('백 리를 가는 사람은 90리를 가서 반 왔다고 여겨라'라 하였으니, 이는 마지막 마무리의 어려움을 말한 것)이라는 구절에는 가히 좌우명으로 삼아도 될 명언이라 여기며, 감탄을 금치 못하였지만, 역시 《시경》에는 없었다. 그리고 여러 제자백가며 문학서며, 역사서 등을 역주하면서 끊임없이 튀어나오는 '逸詩', 즉 사라지고 지금은 없는 시들은 도리어 문장도 쉽고 내용도 아름다워 시가 이렇게 옛사람들도 지금이나 다름없이 모든 감정을 읊어냈다고 여겼다. 그러나 《좌전》에 그토록 많이 인용된 시구들은 斷章取義하여 지나치게 정치적, 도덕적 의미를 연관시켰고, 더러는 과대포장하여 견강부회한 것이 아닌가 감히 비판적인 시각으로 보기도 하였다.

이에 《시경》 전체를 꼼꼼히 역주하고 나서는, 시는 역사서이며, 문학서이며, 노래책이며, 도덕교과서이며, 중국 민족의 서사시이며, 조수초목의 온갖 사물과 고대 생활의 민속과 신앙, 종교와 제사 등이 망라된 방대한 교재임을 알게 되었다. 한자를 안다고 해석되는 글이 아니며, 역사를 꿰뚫었다고 이해되는 내용도 아니고, 문학 감상 능력이 있다고 해서 그 정서를 함께할 수 있는 것도 아니며, 음악을 안다고 풀이가 되는 것도 아니고, 많은 고전을 읽고 통달했다고 해서 깊이를 알 수 있는 것도 아니었다. 고대 한어의 음운학을 이해하고 있지 않으면 해석된 풀이에도 이해가 되지 않으며, 천자와 제후의 관계를 정확히 알지 않으면 고저를 알 수 없고, 그들의 계보를 알지 않고는 앞뒤를 가늠할 수 없고, 역사 배경과 지리 환경, 산업 형태와 통치 체제를 바탕에 깔고 있지 않으면 생성 원리를 알 수 없고, 통치자의 이념과 지향하는 가치를 잣대로 하지 않고는 작품 속에 든 은유와 비유를 추출해낼 수가 없도록 되어 있다. 물론 적어도 3천 년 전의 표현을 몇 글자 되지 않았던 당시 한자의 제한된 숫자로 기록해냈다는 것은 참으로 대단하지만, 대신 후대 사람들은 그러한 다중 의미로 사용된 글자를 읽어 풀이해내도록 고통을 안겨준 면도 없지 않다. 더구나 공자 시대 이미 이를 교재로 쓰면서 의미를 토론하였으니, 깊고 먼 역사 속에서 이 책의 영속성과 생명력을 가히 짐작할 수 있다.

중국 고대 제자서에서는 《시》 속의 한 구절이라도 인용하지 않으면 책이 될 수 없었고, 자신의 주의주장을 내세우되 시를 인용하여 증명하지 않으면 논리를 세울 수 없을 정도로 모든 立論의 밑바탕이 되었다. 이처럼 중국에 있어서의 시는 단순히 문학표현의 기록이 아니라 일상생활은 물론, 학문 전반에 걸쳐 필수불가결한 자료였으며 題材였다. 이러한 시를 문학사에서는 그저 고대시, 혹은 척박한 환경 속에 민중들의 질박한 노래라고 여기거나, 혹 〈초사〉와 대비되는 북방의 집단 정형시라고만 보아서는 안 될 것이며, 역사 배경과 그들 특유의 思惟世界를 이해하기 위한 대단한 자료임을 먼저 인정해야 할 것이다. 더구나 애초부터 儒家의 經으로 확정되어 통치를 위한 수단으로서의 활용은 수천 년을 두고 이어져 왔음에도 주의를 기울일 필요가 있다.

우리나라에서는 조선시대 朱子學의 영향으로 거의가 朱熹《詩集傳》을 읽어왔고, 나아가 〈諺解〉까지 출간하였다. 그러나 모두가 '小序'에 의해 정치 흥쇠에 맞추어 이해하려 하였고, 나아가 도덕과 禮라는 교훈적 가치에 지나치게 치중하여 문학적 감상은 간과되다시피 하였다. 이는 《毛詩》의 '傳', 鄭玄의 '箋', 孔穎達의 '正義', 朱熹의 '集傳' 등에서 일관되게 계승되어 왔고, 宋代 性理學과 淸代 考證學에서도 한 치도 벗어나지 않았기 때문이었다. 따라서 지금 다시 어떤 다른 의미를 제시하여 전혀 다른 기록으로도 볼 수는 없다.

이에 역자는 이들 〈모전〉, 〈정전〉, 〈정의〉, 〈집전〉에 충실히 매달려 이 《시경》을 풀이하고 해석하는 데에 초점을 맞추었다. 혹 내용에 오류가 있을 수 있으며, 글자나 구절의 풀이에 타당성이 결여된 부분이 있을 수 있고, 우리말 풀이에 비문과 억지 문장이 있을 수 있다. 이는 의역이 지나치면 원의에서 멀어지고, 직역이 지나치면 뜻을 이해할 수 없기 때문에 절충을 택한 것이다. 그럼에도 미진하기는 마치 '구두 신고 발바닥 가려움을 벅벅 긁어대는' 隔靴搔癢의 답답한 심정이다. 이 책을 읽거나 이용하는 학자들의 깊은 이해를 바라며, 아울러 많은 질정을 기다린다.

2018 戊戌년 處暑 丹陽 黃庭골 酉蝸廬에서 역자 苗浦 林東錫 적음

일러두기

1. 이 책은 《毛詩正義》(十三經注疏本)와 朱熹 《詩集傳》《詩經集傳》및 《詩經諺解》(朝鮮, 藏書閣本)를 종합하여 정리, 역주한 것이다.

2. 기본적으로 〈毛詩傳〉을 축으로 하고, 鄭玄 〈箋〉, 朱熹 〈集傳〉의 細注를 빠짐없이 실었으며, 거기에 孔穎達 〈正義〉와 陸德明 〈音義〉 및 陳奐 〈傳疏〉, 그리고 역대 관련 연구서 등의 견해도 가능한 한 함께 실어 연구와 학습에 참고가 되도록 하였다.

3. 《詩經》 원본 編制대로 風, 雅, 頌의 차례로 하고, 전체 311편이 《毛詩正義》와 《詩集傳》이 笙詩의 위치로 인해 다름으로 해서, 《詩集傳》을 따라 순서를 정하였다.

4. 매 작품은 모두 일련번호와 괄호 안에 해당 분류를 함께 표기하여 소속 편명을 쉽게 알 수 있도록 하였다.

5. 작품의 앞에는 〈毛傳〉의 '小序'를 싣고 해석하였으며, 이어서 〈鄭箋〉도 함께 실어 도움이 되도록 하였다.

6. 각 詩의 단락 구분과 표점, 분장은 朱熹 〈集傳〉과 기존 여러 관련 자료를 종합적으로 판단하여 결정하였으며, 특히 우리 조선시대 〈諺解〉도 참고하여 문장이 순통하게 연결, 혹 구분되도록 하였다.

7. 매 단락마다 앞에 주희 〈集傳〉에 따라 '賦', '比', '興'을 표시하고 숫자도 부여하여 전체 단락의 수를 쉽게 알 수 있도록 하였다.

8. 각 편은 題目, 原文, 飜譯, 註釋의 순서로 하였으며, 특히 번역은 앞에는 〈諺解〉를 먼저 싣고, 이어서 필자의 해석을 실어 대조와 의미전달에 비교와 정확성을 기하였다.

9. 단락 다음에 주석을 상세히 실어 各家의 견해 차이를 대조할 수 있도록 하였으며, 아울러 학술적 연구에도 도움이 되도록 하였다.

10. 매편 끝에 '참고 및 관련자료' 난을 마련하여 孔穎達 〈正義〉와 朱熹의 '結語' 및 《尙書》, 《左傳》, 《史記》 등과 기타 관련된 참고자료가 있을 경우 모두 찾아 실었다.

11. 直譯을 위주로 하였으나 문맥을 순통하게 풀이하기 위해 일부 의역을 한 곳도 있다. 아울러 〈諺解〉의 해석을 참고하였으며, 이와 차이가 있는 풀이는 모두 주석에서 처리하였다.

12. 작업상 오자, 탈자, 오류 등 불가피하였던 부분에 대해서는 발견되는 대로 앞으로 계속 수정 보완해 나갈 것이다.

13. 관련된 조수초목 등의 그림 자료는 《毛詩品物圖考》를 활용했으며, 《詩疏圖解》, 《詩經植物圖鑑》 등을 참고하였다.

14. 이 책 역주 부분에 쓰인 略號는 다음과 같다.

① 〈毛傳〉: 漢 毛亨의 《毛詩詁訓傳》

② 〈鄭箋〉: 東漢 鄭玄의 《毛詩鄭箋》

③ 〈草木疏〉: 吳 陸璣의 《毛詩草木鳥獸蟲魚疏》

④ 〈集傳〉: 南宋 朱熹의 《詩經集傳》

⑤ 〈傳疏〉: 淸 陳奐의 《詩毛氏傳疏》

⑥ 〈通釋〉: 淸 馬瑞辰의 《毛詩傳箋通釋》

⑦ 〈義疏〉: 淸 郝懿行의 《爾雅義疏》

⑧ 〈疏證〉: 淸 王念孫의 《廣雅疏證》

⑨ 〈述聞〉: 淸 王引之의 《經義述聞》

⑩ 기타 출현 빈도가 낮은 것은 그대로 밝힘.

15. 역주 작업에 참고한 문헌은 다음과 같다.

※ 참고문헌

1. 《毛詩正義》十三經注疏本 中華書局(印本) 1997 北京
2. 《毛詩正義》十三經注疏本 藝文印書館(印本) 1982 臺北
3. 《毛詩鄭箋》(印本) 新興書局 1979 臺北
4. 《詩經集傳》朱熹〈四庫全書〉商務印書館 印本
5. 《詩傳》朱熹 世昌書館 1978 서울
6. 《詩經諺解》(朝鮮時代) 藏書閣본 大提閣(印本) 1976 서울
7. 《詩經》漢籍國字解全書 早稻田大學出版部 明治 42년(1909) 東京
8. 《毛詩品物圖考》岡元鳳(纂輯) 新世紀出版社 1975 臺南 臺灣
9. 《詩經植物圖鑑》潘富俊(著) 貓頭鷹出版社 2001 臺北
10. 《毛詩傳箋通釋》淸, 馬瑞辰, 四部備要 印本
11. 《毛詩傳箋通釋》馬瑞辰 中華書局 活字本 1989 北京
12. 《詩序》卜商〈四庫全書〉商務印書館 印本
13. 《毛詩草木禽獸蟲魚疏》吳, 陸璣(撰)〈四庫全書〉商務印書館 印本
14. 《陸氏草木鳥獸蟲魚疏圖解》淵景山(日) 漢籍國字解全書 附錄
15. 《毛詩本義》宋, 歐陽修(撰)〈四庫全書〉商務印書館 印本
16. 《詩集傳》宋, 蘇轍(撰)〈四庫全書〉商務印書館 印本
17. 《毛詩名物解》宋, 蔡卞(撰)〈四庫全書〉商務印書館 印本
18. 《毛緝》宋, 嚴粲〈四庫全書〉商務印書館 印本
19. 《詩地理考》宋, 王應麟〈四庫全書〉商務印書館 印本
20. 《詩經稗疏》淸, 王夫之〈四庫全書〉商務印書館 印本
21. 《詩經通義》淸, 朱鶴齡〈四庫全書〉商務印書館 印本
22. 《詩說》淸, 周惠惕〈四庫全書〉商務印書館 印本
23. 《毛詩類釋》淸, 顧棟高〈四庫全書〉商務印書館 印本
24. 《三家詩拾遺》淸, 范家相〈四庫全書〉商務印書館 印本
25. 《韓詩外傳》漢, 韓嬰, 林東錫(譯註) 東西文化社 2009 서울
26. 《經義述聞》淸, 王引之, 四部備要 印本
27. 《經義考》淸, 朱彛尊, 四部備要 印本
28. 《詩本音》淸, 顧炎武, 皇淸經解 印本
29. 《毛鄭詩考正》淸, 戴震, 皇淸經解 印本
30. 《詩經補注》淸, 戴震, 皇淸經解 印本
31. 《毛詩詁訓傳》淸, 段玉裁, 皇淸經解 印本
32. 《毛詩補疏》淸, 焦循, 皇淸經解 印本
33. 《毛詩稽古編》淸, 陳啓源, 皇淸經解 印本

34. 《三家詩異文疏證》淸, 馮登府, 皇淸經解 印本

35. 《毛詩注疏校勘記》淸, 阮元, 皇淸經解 印本

36. 《詩毛氏傳疏》淸, 陳奐 皇淸經解(續編) 印本

37. 《詩經新解與古史新論》駱賓基 山西人民出版社 1985 山西 太原

38. 《詩經直解》(上下) 陳子展(撰述) 復旦大學出版部 1991 上海

39. 《新譯詩經讀本》滕志賢(注譯) 三民書局 2008 臺北

40. 《詩經今註今譯》馬持盈(註譯) 臺灣商務印書局 1985 臺北

41. 《詩經全譯》袁愈荌(譯詩) 唐莫堯(注釋) 貴州人民出版社 1991 貴州

42. 《詩經譯注》韓崢嶸(注譯) 吉林文史出版社 1995 長春

43. 《詩經辭典》向喜(編) 郭錫良(校) 四川人民出版社 1987 成都

44. 《詩經硏究》李辰冬 水牛出版社 1974 臺北

45. 《雅頌選譯》陳子展 上海古籍出版社 1986 上海

46. 《帝王世紀》晉, 皇甫謐 齊魯書社 2010 濟南 山東

47. 《世本》作者未詳 2010 濟南 山東

48. 《逸周書》作者未詳 2010 濟南 山東

49. 《古本竹書紀年》作者未詳 2010 濟南 山東

50. 《史記》鼎文書局 活字本 1979 臺北

51. 《漢書》鼎文書局 活字本 1979 臺北

52. 《後漢書》鼎文書局 活字本 1979 臺北

53. 《公羊傳》十三經注疏본 中華書局 北京

54. 《穀梁傳》十三經注疏본 中華書局 北京

55. 《禮記》十三經注疏본 中華書局 北京

56. 《儀禮》十三經注疏본 中華書局 北京

57. 《周禮》十三經注疏본 中華書局 北京

58. 《爾雅》十三經注疏본 中華書局 北京

59. 《大戴禮記》四庫全書本

60. 《左傳》林東錫(譯註) 東西文化社 2013 서울

61. 《書經(尙書)》林東錫(譯註) 東西文化社 2017 서울

62. 《國語》林東錫(譯註) 東西文化社 2009 서울

63. 《戰國策》林東錫(譯註) 東西文化社 2009서울

64. 《論語》林東錫(譯註) 東西文化社 2009 서울

65. 《孟子》林東錫(譯註) 東西文化社 2009 서울

66. 《中庸》林東錫(譯註) 東西文化社 2009 서울

67. 《列女傳》林東錫(譯註) 東西文化社 2009 서울

68. 《說苑》林東錫(譯註) 東西文化社 2009 서울

69. 《孔子家語》林東錫(譯註) 東西文化社 2009 서울

70. 《莊子》林東錫(譯註) 東西文化社 2009 서울

71. 《列子》林東錫(譯註) 東西文化社 2009 서울

72. 《蒙求》林東錫(譯註) 東西文化社 2010 서울

73. 《山海經》林東錫(譯註) 東西文化社 2011 서울

74. 《中國學術槪論》林東錫(著) 傳統文化硏究院 2002 서울

75. 《說文解字注》東漢, 許愼. 淸, 段玉裁 漢京文化事業 1980 臺北

76. 《十三經槪論》蔣伯潛 中新書局 1977 臺北

77. 《康熙字典》啓明書店(印本) 1961 臺北

78. 《中國通史》呂思勉 新世界出版社 2008 北京

79. 《中國歷史紀年表》華世出版社 1978 臺北

80. 《中國歷史地圖集》譚其驤 三聯書店 1991 香港

81. 《詩經》十三經(全文標點活字本) 燕山出版社 1991 北京

82. 《詩經》李元燮(譯) 玄岩社 1973 서울

83. 《詩經》張基槿(外) 平凡社 1976 서울

84. 《詩經》尹永春(譯解) 韓國敎育出版公社 1986 서울

기타 공구서 등 기재 생략

《詩經》해제

I. '詩'의 기원 및 명칭

⑴ 詩의 起源

'시'는 중국 고대의 黃河를 중심으로 한 민간가요에 그 기원을 둔다. 특히 《시경》 중의 민요에 해당하는 國風의 대부분은 그야말로 "배고픈 자는 그 먹을 것을 노래하고, 힘든 자는 그 일을 노래한다"(餓者歌其食, 勞者歌其事 : 《公羊傳》注)는 현실주의 정신과 탁월한 예술정신을 표현해 주고 있다.

소위 原始綜合藝術(Ballad dance) 속에는 음악, 무용, 문학이 동시에 표현되며, 그 중 문학면에서는 운문이 먼저 발생한 것은 인류 어느 민족이나 같다. 《시경》의 작품도 기원은 바로 이러한 민간가요에서 출발하였다. 따라서 孔子가 교육의 재료로 삼고, 뒤에는 '經'으로 격상되어 經學의 입장에서 연구되지만, 실제로는 문학연구에 더욱 중요한 자료를 제공해 주고 있다.

⑵ 시의 명칭

고대에는 단지 '詩'라고만 불렀다. '經'을 붙인 것은 뒤에 이를 높여 六經에 열입하면서부터이다. 시의 뜻을 《詩序》에는 "詩者, 志之所之也. 在心爲志, 發言爲詩"라 하였다. 그리고 공자는 《論語》에서 "詩三百, 一言以蔽之曰思無邪"(爲政篇), "誦詩三百, 授之以政, 不達. 使於四方, 不能專對, 雖多亦奚以爲?"(子路篇)라 하여 '詩三百'이라 칭하였다. 그 외의 많은 先秦諸子의 문장에서 이를 칭할 때 「詩曰」운운하며 그저 '시'로만 불렀음을 알 수 있다.

Ⅱ. 詩의 整理에 대한 諸說

이러한 시가 311篇(笙詩 6편 포함)으로 정착되기에는 그 과정에 있어서 대체적으로 '刪詩說', '採詩說', '獻詩說', '陳詩說' 등이 있으나, 이는 시 삼백 전체에 해당하는 대립된 독립주장이 아니라 종합적으로 살펴져야 한다. '산시설'에 대한 찬반론을 제외한 나머지 세 가지 설은 삼백 편 확정 成書에 주안점을 둔 것이 아니기 때문이다.

(가) 刪詩說

이 '산시설'은 사마천《史記》孔子世家에서 비롯되었다.
"古者, 詩三千餘篇. 及至孔子, 去其重, 取可施於禮義. 上采契后稷, 中述殷周之盛, 至幽厲之缺. ……三百五篇, 孔子皆弦歌之. 以求合韶武雅頌之音, 禮樂自此可得而述, 以備王道, 成六藝"

고대 시는 3천여 편이나 되었으나, 공자가 이를 3백여 편, 즉 10분의 1로 줄였다는 설이다. 그러나 그 뒤의 많은 이들은 이에 대해 이의를 제기하고 있다. 그 중에 唐 孔穎達은《左傳》襄公 29年에 吳나라 季札이 周의 음악을 본 것을 들어 반박하였다. 그는 疏(《正義》)에서 "此爲季札歌詩, 風有十五國, 其名皆與詩同, 唯其次第異耳. 則仲尼以前篇目先具, 其所刪削, 蓋亦無多. 記傳引詩, 亡逸甚少, 知本先不多也.《史記》孔子世家云：古者, 詩三千餘篇, 孔子去其重, 取三百五篇, 蓋馬遷之謬耳"라 하였는데, 여기에서 공영달의 논점을 살펴보면 다음 네 가지로 집약된다.

① 季札이 樂을 보았을 때의 시는 今本과 대략 같으나 차례가 다를 뿐임.
② 공자 이전에 이미 시는 찬집 정리되어 있어 공자가 줄였다고 해도 심히 적은 일부였을 것이라는 점.
③ 선진 제자들의 저술에 인용된 逸詩가 그렇게 많지 않은 것을 보면 공자가 10분의 1로 줄였다는 것은 믿기 어려움.

④ 따라서 사마천의 '산시설'은 오류임.

그 후 청대 崔述도《讀風偶識》에서 "孔子刪詩, 孰言之? 孔子未嘗自言之也,《史記》言之耳. 孔子曰 :「鄭聲淫.」 是鄭聲多淫詩也. 孔子曰 :「誦詩三百.」 是詩止有三百, 孔子未嘗刪也. 學者不信孔子所自言, 而信他人之言, 甚矣! 其可怪也"라 하여 공자 자신도 어디에도 자신이 시를 줄였다는 말을 한 적이 없고, 그저 '시삼백'이라 한 것을 보면 이는 심한 가정일 뿐이라 하였다. 그러나 공자의 산시작업은 없었다 해도 樂을 바르게(여기서 '樂'이란 시에 관련된 것을 말함), 즉 '正樂'한 사실은 인정된다.《論語》子罕篇에 "吾自衛返魯, 然後樂正, 雅頌各得其所"라 한 것이 그것이다. 그것도 다만 雅頌에 대하여 그 중에서도 '周頌'은 손을 대지 않고 魯頌과 商頌에 대해서만 정리한 것이라 여겨진다. 그 때문에 鄭玄도 "魯商兩頌爲孔子編者"라 한 것이다. 이에 대해 청대 魏源은《詩古微》에서 "夫子有正樂之功, 無刪詩之事 ; 刪詩之說, 自周秦諸子, 齊魯韓毛四家詩說, 皆未嘗及, 惟司馬遷因夫子刪書而並爲刪詩之說"이라 하였다. 이처럼 공자의 '산시설'은 아직껏 논란이 벌어지고 있는 문제이다.

즉, 사마천 이후로 班固, 鄭玄, 陸璣, 陸德明, 孔穎達, 歐陽修, 邵雍, 程頤, 朱熹, 顧炎武 등은 산시설을 일부 인정하였으나, 鄭樵, 葉適, 朱彝尊, 趙翼, 崔述, 方玉潤, 梁啓超 등은 시는 원래 305편이었고 刪詩작업이란 본래부터 없던 일이라 하였으며,《詩譜序正義》에도 이와 같은 주장이 보인다.

그러나 '산시설'을 긍정하는 쪽의 주장도 일리가 있다. 劉大白은 이렇게 말하고 있다.

"사마천의 산시설에 대해 뒷사람들은 자못 회의를 나타내며 산시한 적이 없다고 하였다. 또한 공자의 '詩三百, 一言以蔽之曰思無邪', '誦詩三百, 授之以政, 不達. 使於四方, 不能傳對, 雖多亦奚以爲?' 등의 구절을 들어 시는 다만 3백 편뿐이었다고 주장한다. 그러나 사실은 이와 다르다. 나는 주대에 採詩官을 두어 채시한 시가 3백 편에 그칠 수는 없다고 본다. 3백 편은 공자가 뽑은「詩歌讀本」으로 제자들을 가르치기 위한 것이었다. 그 때문에 '雖多 亦奚以爲?'라고 '多'를 말한 것이다. 이는 곧 3백 편 이외의 시가 있었음을 가리키는 것이다. '誦詩三百'이란 바로 자기의 選本을 두고 한 말이다."
(賴明德《國學導讀》詩經導讀을 볼 것)

한편 歐陽修는《毛詩本義》에서 "又刪詩云者, 非止全篇刪去, 或篇刪其章, 或章刪其句, 或句刪其字. 如「常棣之華, 偏其反而, 豈不爾思, 室是遠而?」此小雅〈常棣〉之詩, 夫子謂 : 其以室爲遠, 害於兄弟之義, 故篇刪其章也.「衣錦尙絅, 文之著也」, 此鄘風〈君子偕老〉之詩, 夫子謂其盡餙之過, 恐流而不返, 故章刪其句也.「雖能秉國成, 不自爲政, 卒勞百姓」, 此小雅〈節南山〉之詩, 夫子以能字爲意之害, 故句刪其字也"라 하여 시의 일부분을 깎고 다듬었을 것이라는 '부분산시설'을 주장하였으며 확정적으로 "馬遷謂'古詩三千餘篇, 孔子刪修三百', 鄭學之徒, 以遷爲謬, 予考之, 遷說然也"라 하였다.

또한 蘇轍도 "孔子刪詩三百五篇, 其亡者六焉"이라 하여 공자의 산시설을 인정하였다.

이상 공자산시설에 대해 살펴보았으며 이어서 採詩說, 獻詩說, 陳詩說에 대해 살펴보기로 한다. 이 설들은 시삼백으로 확정된 사실을 말하는 것이라기보다 시의 집성에 대한 이론이다.

(나) 採詩說

이는 採詩官(遒人)을 두어 각 지역, 혹 제후국의 시들을 채집하였다는 주장이다.

《左傳》襄公 14年에《夏書》를 인용하여 "遒人以木鐸徇於路"라 하였고, 杜預 注에 "徇於路, 求歌謠之言也"라 하였다. 즉, 노래를 채집하러 다닌 것이다.

한편《漢書》藝文志에는 "古有, 采詩之官, 王者所以觀風俗, 知得失, 自考正也. 孔子純取周詩, 上采殷, 下取魯, 凡三百五篇"이라 하였고, 역시《漢書》食貨志에도 "男女有不得所者, 因相與歌詠, 各言其傷. 春秋之月, 群居者將散, 行人振木鐸, 徇於路, 以采詩. 獻之太師, 比其音律, 以聞於天子"라 하여, 위정자

가 정치의 考正을 위해 관리를 두어 이를 모아(採詩) 바쳤던(獻詩) 것이다. 이
에 대해 《公羊傳》宣公 15年 何休의 注에는 "男女有所怨恨, 相從而歌, 飢者
歌其食, 勞者歌其事. 男年六十; 女年五十; 無子者, 官衣食之. 使之民間求詩,
鄕移於邑, 邑移於國, 國以聞於天子. 故王者不出戶牖, 盡知天下所苦, 不下堂
而知四方"이라 하여, 당시 혼인 문제와 사회 상황을 들어 그 이유와 방법을
설명하고 있다.

(다) 獻詩說

이는 공경대부들이 시를 지어 천자에게 바친 시가 있음을 말한 것이다.
따라서 시 전체에 대한 설명은 물론 아니다.

《國語》周語(上)에 西周 말 厲王의 卿士이며 邵康公의 손자인 穆公(姬虎)
이 厲王에게 "防民之口, 甚於防川. 川壅以潰, 傷人必多, 民亦如之. 是故爲川
者, 決之使導; 爲民者, 宣之使言. 故天子聽政, 使公卿至於列士獻詩, 瞽獻曲,
史獻書, 師箴, 瞍賦, 矇誦, 百工諫, 庶人傳語, 近臣盡規, 親戚補察, 瞽·史敎
誨, 耆·艾修之, 而後王斟酌焉"이라 한 것을 두고 말한 사례일 뿐이다.

(라) 陳詩說

이는 천자가 5년에 한 번 제후국을 巡狩하면서 民風을 살펴 太師(樂官)
로 하여금 그 상황을 진술하도록 하되 이를 시의 형식을 빌렸음을 말한다.
《禮記》王制篇에 "諸侯之於天子也, 比年一小聘, 三年一大聘, 五年一朝. 天子
五年一巡守: 歲二月, 東巡守至于岱宗, 柴而望祀山川; 覲諸侯; 問百年者, 就
見之, 命大師陳詩以觀民風, 命市納賈以觀民之所好惡"라 하였고, 鄭玄 注에
는 "陳詩, 謂采其詩而視之"라 하였으며, 孔穎達 疏에는 "此謂王巡守見諸侯
畢, 乃命其方諸侯. 大師是掌樂之官, 各陳其國風之詩, 以觀其政令之善惡: 若
政善, 詩辭亦善; 政惡則詩辭亦惡, 觀其詩則知君政善惡. 故〈天保〉詩云「民之

質矣. 日用飮食」, 是其政和, 若其政惡, 則〈十月之交〉:「徹我牆屋, 田卒汙萊」, 是也」라 하였다.

이상 살펴본 바와 같이 刪詩, 採詩, 獻詩, 陳詩는 서로 대립된 개념이 아니라 각각의 부분을 다루어 설명한 것으로 이해할 수 있다.

Ⅲ. 作者 및 時代

시는 민간에서 나왔기 때문에 작자를 알기는 매우 어렵다. 다만 시 본문 중에 가끔 작자가 나타나는 몇 편이 있으나 그들 역시 민간의 일부분이므로 정확한 사실은 알기 어렵다.

예를 들어, 小雅의 〈節南山〉에 「家父作誦」이라 하여 작자는 가보(家父), 〈巷伯〉에 「寺人孟子, 作爲此詩」라 하여 시인(寺人) 맹자(孟子)의 작품, 또 大雅의 〈崧高〉·〈烝民〉에는 「吉父作誦」이라 하여 尹吉甫의 작품임을 알 수 있다. 또한 다른 책의 기록을 통해 살필 수 있는 것이 있으니, 예를 들면 周公이 豳風의 〈鴟鴞〉편을 지었다고 《尙書》에 기록되어 있으며, 許穆公의 夫人이 鄘風의 〈載馳〉를 지었다는 기록이 《左傳》에 보인다. 그리고 小雅의 〈常棣〉는 《國語》에는 周公의 작으로, 《左傳》엔 召穆公의 작이라 하였다. 그러나 이와 같은 방법으로 시의 작자를 찾아내는 것은 실로 불가능하며 그 숫자도 손꼽을 정도에 불과하다. 그러므로 민간의 소산인 이 시는 오히려 일반서민의 정감을 더 진솔하게 표현하고 있으며 순수성을 지니고 있는 것이다.

한편 시의 제작시대에 대해서는 주초(BC 1122년?)부터 春秋 중기(BC 6세기)까지로, 비교적 일찍 출현한 시로는 商頌의 5편을 들고 있다. 그러나 今文學者들은 이는 宋(周가 殷을 멸하고 宋으로 하여금 殷의 제사를 계속하도록 함)의 시로, 宋 襄公을 찬미한 노래로 보고 있다. 그러나 《國語》晉語에 公孫固가 宋 襄公에 대해 商頌을 두고 얘기한 부분에 전혀 5편과 양공의 관계를 거

론하지 않았고, 또한 《魯語》(下)에도 閔馬父가,

"昔正考父校商之名頌十二篇於周太師, 以〈那〉爲首"라 한 구절이 보인다. 이에 대해 鄭衆은 "自考父至孔子, 又亡其七篇, 故餘五耳"라 하여 宋나라 大夫인 정고보(正考父)로 내려오면서 12편에서 5편으로 줄어 商頌은 〈那〉편을 첫 번째 순서로 하였다고 하였고, 지금의 商頌 5편의 원류는 상당히 오래된 것으로 보인다.

그 다음으로 오래된 것은 豳風의 〈七月〉편이라 보고 있다. 이 시는 小序에 비록 周公이 자신의 조상 后稷과 公劉의 덕을 노래한 것이라 하였으나 근거가 없고, 오히려 농민의 1년 생활을 읊은 것으로 보고 있다. 그러나 이 작품은 먼 夏나라 때의 작품은 아닐지라도 적어도 周人이 岐로 옮기기 전의 작품으로 볼 수 있다. 같은 방법으로 〈치효(鴟鴞)〉편은 《尙書》를 근거를 삼으면, 周公의 작이라 하여 그 시기는 商末周初로 볼 수 있다.

한편 《詩經》의 작품 중에 가장 늦게 출현한 것은 秦風의 〈渭陽〉편으로, 이는 秦康公이 그의 외삼촌 晉文公(重耳)을 보내면서 읊은 시로 알려져 있다. 또한 陳風의 〈株林〉편은 陳靈公이 夏姬에게 빠진 것을 풍자한 것이라 하였다. 다만 魯頌의 〈閟宮〉은 小序에 僖公을 찬양한 것이라 하였고, 〈鳲鳩〉에 "周公之孫, 莊公之子"라 하여 확실한 증거로 삼을 수 있다. 이로써 이 시기는 최소한 춘추 초기로, 늦어도 춘추 중엽으로 볼 수 있다. 따라서 《詩經》속의 시는 대체로 상말주초로부터 춘추 초중기까지의 시라 할 수 있다. 이를 간단히 정리하면 다음과 같다.

① 二南 : 文王이 周南·召南을 行化할 때의 樂章으로, 비교적 일찍 출현.
② 邶, 鄘, 衛 三風 : 대부분 東周 초기, 혹 西周 말.
③ 豳風 : 周公이 東征할 때의 작품으로 가장 이른 작품임.
④ 魏, 唐, 秦 三風 : 東周 초의 작품.
⑤ 檜風 : 西周 말의 작품.
⑥ 鄭, 齊, 陳, 曹, 王風 : 西周 중엽 이후부터 東周 초기.

⑦ 大, 小 二雅 : 대부분 西周시대.

⑧ 周頌 : 周나라 건국 초기 작품.

⑨ 魯頌 : 春秋 魯 僖公 때로 가장 늦음.

⑩ 商頌 : 商代의 郊祀 樂章을 宋이 이어받았다 하나 송대에 지어진 것으로 여김.

Ⅳ. 시의 편수 및 분포 지역

(1) 시의 편수

현존하는 《詩經(毛詩)》은 모두 311편이다. 그 중 〈南陔〉, 〈白華〉, 〈華黍〉, 〈由庚〉, 〈崇丘〉, 〈由儀〉(이들은 모두 小雅에 들어 있음)의 6편은 제목만 있고 가사는 없다. 이에 대해 혹은 秦火로 없어진 것이라 하나 그보다는 '笙詩'(곡조는 있으나 가사는 원래부터 없던 음악)로 보는 견해가 널리 인정되고 있다.

따라서 지금 가사가 전하는 것은 모두 305편이며, 크게 '風', '雅', '頌'으로 나뉘어 있다. 그 중 '풍'은 15개 나라(十五國風)에 160편으로, 이를 國別로 보면 周南 11편, 召南 14편, 邶 19편, 鄘 10편, 衛10편, 王 10편, 鄭 21편, 齊 11편, 魏 7편, 唐 12편, 秦 10편, 陳 10편, 檜 4편, 曹 4편, 豳 7편이다.

다음 '雅'는 모두 105편으로 다시 '小雅'와 '大雅'로 나뉜다.

특히 여기서는 笙詩까지 합하면 모두 111편으로, 이 111편을 小雅 80편과 大雅 31편으로 나누는데, 朱子의 《詩集傳》에서는 大雅의 뒤쪽 11편을 제외하고는 모두 10편씩 묶어 그 첫 수의 제목에 따라 「之什」으로 나눈 것이 특징이다.

이를 세분해서 보면 小雅 80편(실제 가사가 전하는 것 74편)은 鹿鳴之什 10편(南陔편은 笙詩이므로 실제는 9편), 白華之什 10편(白華, 華黍, 由庚, 崇丘, 田義 5편은 笙詩이므로 실제는 5편), 彤弓之什 10편, 祈父之什 10편, 小旻之什 10편,

北山之什 10편, 桑扈之什 10편, 都人士之什 10편이다.

大雅는 총 31편으로 文王之什 10편, 生民之什 10편, 湯之什 11편으로 되어 있다(그러나 「十三經註疏」《毛詩正義》는 분류방법이 이와 약간 다르다).

이어서 頌은 모두 40편으로 이는 다시 '周頌', '魯頌', '商頌'으로 나뉜다. 周頌은 淸廟之什 10편, 臣工之什 10편, 閔予小子之什 11편이다. 그리고 魯頌은 4편, 商頌은 5편으로 되어 있다.

(2) 시의 분포 지역

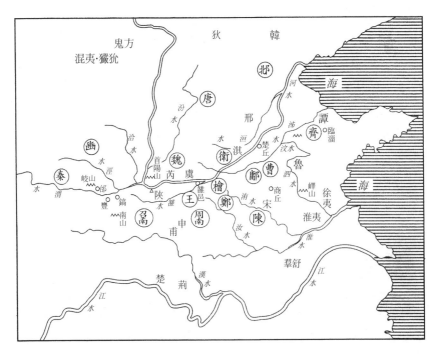

風, 雅, 頌 중에 '아'와 '송'은 지역과 관계가 없다. 따라서 15국풍을 지역별로 보면 대체로 다음과 같다.

① 周南 : 雍州 岐山의 남쪽. 周公 旦의 采邑이었으며 周의 남쪽에 속하므로 周南이라 함.

② 召南 : 岐山의 남쪽으로 武王이 召公 奭을 봉하였던 곳. 召公을 봉한 땅이 남쪽이어서 부른 이름.

③ 邶 : 鄁라고도 쓰며 古代 國名(뒤에 衛에 편입됨). 紂의 아들 武庚이 봉해졌던 곳으로 지금의 河南 湯陰縣 衛輝府 일대.

④ 鄘 : 武王이 殷을 멸하고 管叔을 봉하였던 곳. 지금의 河南 新鄉縣, 혹은 汲縣 일대.

⑤ 衛 : 武王의 동생이 봉해졌던 곳으로 紂의 古都인 朝歌, 滑縣 등지.

⑥ 王 : 洛邑. 지금의 洛陽. 王은 王畿, 王城을 뜻함.

⑦ 鄭 : 지금의 河南 新鄭縣 일대.

⑧ 齊 : 太公望이 封해졌던 곳. 지금의 山東지방, 臨淄, 營丘 등지.

⑨ 魏 : 戰國시대 魏나라 지방. 지금의 山西省 芮城縣.

⑩ 唐 : 成王이 그 동생 虞를 봉한 곳. 지금의 山西省 翼城縣 근처.

⑪ 秦 : 甘肅 秦州로 春秋시대의 陝西省 일대.

⑫ 陳 : 지금의 河南 開封부터 安徽省 일부.

⑬ 檜 : 鄶로도 표기하며 지금의 河南 密縣 일대.

⑭ 曹 : 지금의 山東 曹州 일대.

⑮ 豳 : 지금의 陝西 邠縣 일대.

V. 시의 내용

시의 내용은 애정, 혼인, 이별, 노동, 요역, 감상, 풍자, 농가, 송축, 종묘악가, 기도, 사냥, 전쟁, 위정자에 대한 압박, 회상 등 다양하다. 이를 대별하면 民間에 관계된 것과 귀족에 관계된 것으로 나눌 수 있다.

(1) 民間에 관계된 것

① 戀歌 : 靜女, 將仲子 등

② 結婚 : 關雎, 桃夭 등.

③ 哀悼 : 蓼莪, 葛生 등.

④ 讚美 : 淇奧, 碩人 등.

⑤ 頌賀 : 麟之趾 등.

⑥ 農歌 : 七月, 大田 등.

⑦ 感傷 : 氓, 谷風 등.

⑧ 和樂 : 君子陽陽, 蘀兮 등.

⑨ 諷刺 : 相鼠, 株林 등.

⑩ 思歸 : 小戎 등.

(2) 貴族에 관계된 것

① 宗廟 : 文王, 玄鳥 등.

② 頌神 : 豊年, 思文 등.

③ 禱歌 : 雲漢, 閟宮 등.

④ 宴會 : 鹿鳴 등.

⑤ 畋獵 : 車攻, 去日 등.

⑥ 戰爭 : 常武 등.

Ⅵ. 시의 六義

《周禮》春官 太師篇에 "敎六詩 : 曰風, 曰賦, 曰比, 曰興, 曰雅, 曰頌"이라
하였는데, 《詩序》에도 "詩有六義焉, 一曰風, 二曰賦, 三曰比, 四曰興, 五曰雅,
六曰頌"이라 하였으며, 六義說에 대하여 실제로 賦, 比, 興은 '시의 작법'을
두고 한 말이며, 風, 雅, 頌은 '시의 체재'를 두고 한 말이라 설명하였다. 이처
럼 두 가지는 서로 성질이 달라 함께 다룰 수 없다. 따라서 風, 雅, 頌과 賦,
比, 興을 나누어 설명하겠다.

⑴ 風, 雅, 頌

시의 편목 자체가 風(十五國風), 雅(小雅, 大雅), 頌(周頌, 魯頌, 商頌)으로 나뉘어 있지만 역대 경학가들의 의견은 각각 달랐다. 크게 셋으로 나누어 살펴보면 다음과 같다.

① 시편의 내용이 다르다는 데서 기인하였다는 주장
《毛詩大序》가 대표적이다. 즉, "上以風化下, 下以風刺上, 主文而譎諫. 言之者無罪, 聞之者, 足以戒. 故曰風. ……言天下之事, 形四方之風, 謂之雅. 雅者, 正也. 言王政之所由興廢也. 政有大小, 故有小雅焉, 有大雅焉. 頌者, 美盛德之形容, 以其成功, 告於神明者也"라 하여, 風은 개인에 관한 내용의 작품, 雅는 爲政에 관한 것, 頌은 神明에 관한 내용이라는 것이다.

② 作者의 다름에 따른 분류라는 주장
이는 鄭樵의 《六經奧論》(3)의 주장이 대표적이다. 그는 "'風者, 出於土風. 大概係小夫·賤隷·婦人女子之言 ; 其意雖遠, 而其言淺近重複, 故謂之風. 雅者, 出於朝廷士大夫. 其言純厚典則, 其體抑揚頓挫, 非復小夫·賤隷·婦人女子所能言者. 故曰雅. 頌者, 初無諷誦, 惟以舖張勳德而已"라 하였는데, 風은 평민이 지은 것이요, 雅는 사대부가 지은 것이며, 頌은 귀족의 손에 의해 지어진 것이라는 주장이다.

③ 詩篇의 音調가 서로 달라 구분되었다는 주장
이는 淸 惠周惕의 《詩說》이 대표적이다. 그는 "風·雅·頌, 以音別也. ……大小二雅, 當以音樂別之, 不以政之大小論也"라 하여, 風雅頌은 音調에 따른 구별이며, 大雅와 小雅는 음악에 따른 것으로 정치의 大小와는 무관하다 하면서, 《毛詩大序》의 주장을 반박하고 나섰다.

이상의 세 가지 설은 각 편에 맞추어 보아도 어느 것이 정확히 옳다고는 할 수 없다. 그러나 일반적으로 風, 雅, 頌의 내용과 특징에 따라 風은 지방

풍속, 풍자, 풍토, 풍교를 15개 국별로 나누어 읊은 민간풍요로서, 朱熹는 "閭巷風土男女情詞"의 노래라 하였으며, 雅는 '正'의 뜻으로 王政의 흥폐에 대하여 왕실 공경대부가 지은 것이며, 燕享朝會 때의 노래로 보고 있다. 혹은 大小雅는 서로 다른 시대에 형성된 음악의 변화로 보아 小雅는 燕禮에, 大雅는 饗禮 때 쓰이는 노래라 하였다. 그러나 근래에는 오히려 大雅가 군신 간의 조회 때의 음악이며 小雅는 군신 간의 饗宴 때의 음악이 아니었던가 보고 있다. 또한 頌은 盛德을 찬미하여 그 공을 神明에게 고할 때의 노래로 天神地祇와 宗廟에 쓰이는 廟樂이라 하였는데, 귀신이나 종묘제사 때의 歌舞之樂이며 그 때문에 周頌, 魯頌, 商頌으로 나뉜 것이라 하였다.

(2) 賦, 比, 興

부, 비, 흥은 시의 작법이므로 구체적으로 어느 작품이 賦이며 比, 興인지 확정지어 말할 수 없다. 그러나 朱熹 《詩集傳》에는 매 작품의 매 分章 앞에 빠짐없이 '賦也', '比也', '興也', 혹은 '賦而比', '比而興' 등으로 표시하여 밝혔다. 이를 이에 간단히 그 특징을 살펴보면 다음과 같다.

① 賦 : 敷, 鋪의 뜻으로 보고 있다. 즉, 어떤 사물을 직설적으로 설명하는 표현법이다. 鄭玄은 "賦之意同鋪, 言鋪陳政教善惡"이라 하였고, 朱熹는 "賦者, 直指其名, 直叙其事. 如〈葛覃〉·〈卷耳〉之類, 是也"라 하였다.

② 比 : 사물에 의탁하여 다른 사물을 비유함을 말한다. 鄭玄은 "見失不敢斥, 故取比類以言之"라 하였고, 朱熹는 "比者, 引物爲況. 如〈螽斯〉·〈綠衣〉等類, 是也"라 하였다.

③ 興 : 어떤 사물에 감촉을 받아 흥취를 일으킴을 말한다. 朱熹는 "興, 爲託物興詞, 本欲言其事, 而虛用兩句引起, 因而接續者. 如〈關雎〉·〈兎罝〉之類, 是也"라 하였으며 또한 "興比, 雖有類似, 然比者, 比方於物 ; 興者, 託事於物, 不難體察而知之. 且一章之中, 比興兼具者, 亦未嘗絶無也"라 하여, 比와 興이 섞인 것도 있음을 설명하였다.

이상 세 가지의 실례를 들면, 미인을 사실대로 표현하는 것은 賦요, 꽃을 말하면서 미인에 비유한 것은 比이며, 그 꽃을 미인에게 비유하여 흥취를 일으키게 하는 표현을 興이라 하겠다.

한편 《毛詩正義》에는 〈御製詠詩六義〉라는 五言絶句 형식의 노래가 실려 있다. 이를 전재하면 다음과 같다.

興:「擧物用引辭, 美刺適所託. 音響中宮商, 性情愜淡泊.」
賦:「敷事貴直陳, 斯乃言志本. 嗟哉相如流, 尙藻失之遠.」
比:「取彼以比此, 體物堪諧性. 蔽之思無邪, 要曰止於正.」
風:「必有關雎意, 方可行周官. 二南冠風首, 化源於是觀.」
雅:「體雖別小大, 義各具正變. 忠厚惻怛心, 同歸殊途見.」
頌:「和平涵二雅, 廣大蓋國風. 所以吳季札, 三歎盛德同.」

Ⅶ. 四始說

시의 六義說 외에 따로 四始說이 있다. 그러나 그 설은 각각 내용이 달라 혼란을 일으키고 있다.

① 司馬遷 : 단순히 《詩經》의 風, 小雅, 大雅, 頌의 각 첫째 시를 두고 한 말로 보았다.

즉 《史記》 孔子世家에 "古者, 詩三千餘篇, 及至孔子. …… 故曰 : 關雎之亂 (「之亂」 두 자는 衍文), 以爲風始, 鹿鳴爲小雅始, 文王爲大雅始, 淸廟爲頌始"라 하였다. 이는 사마천이 《魯詩》를 배웠기 때문에 그로써 분류한 것이기도 하다.

②《毛詩序》와 孔穎達 〈正義〉 : 왕도 흥쇠의 도리, 혹은 왕정 흥폐의 네 가지 단서의 뜻으로 보았다. 《毛詩序》에 "謂之風, 言天下之事, 形四方之風 ; 謂之雅, 雅者, 正也. 言王政之所由廢興也. 政有大小, 故有小雅焉, 有大雅焉.

頌者, 美盛德之形容, 以其成功, 告於神明者也. 是謂四始, 詩之至也"라 하였고, 孔穎達은 "風也, 小雅也, 大雅也, 頌也, 此四者, 人君行之則爲興, 廢之則爲衰. 是興廢之始, 故謂之四始"라 하였다.

③ 《汎歷樞》(원래 緯書로 일실되었으나 古微書 및 玉函山房의 輯佚本이 있음)에 의한 樂律說 : 원래 《齊詩》에도 四始說이 있었다. 《齊詩》는 五行家의 이론에 입각한 것이어서 모두들 황당무계하다고 여겼었다. 그러나 淸代에 이르러 이것은 원래 완전히 樂律에 의한 구분으로, 오히려 근거가 있다고 믿게 되었다. 앞의 두 四始說은 모두 시의 가사만을 근거로 한 것이었으나 이는 거기에 쓰인 음악을 두고 한 것으로, 이를 五行十二律에 맞추어 본 결과, 春夏秋冬 四時의 奏樂開始의 시편임을 알게 되었다. 《汎歷樞》에 "大明在亥, 水始也 ; 四牡在寅, 木始也 ; 嘉魚在巳, 火始也 ; 鴻雁在甲, 金始也"라 하였다.

오행가들은 오행과 시간, 계절, 十二支, 律呂(12음률)를 동서남북 네 방향과 배합하여 설명하였다. 즉, 北(水, 冬, 亥子丑, 應鍾, 黃鍾, 大呂), 東(木, 春, 寅卯辰, 太簇, 夾鍾, 姑洗), 南(火, 夏, 巳午未, 中呂, 蕤賓, 林鍾), 西(金, 秋, 申酉戌, 夷則, 南呂, 無射)이다. 이로 보면 「大明在亥」란 水性이며 겨울에 사용하는 음률로 應鍾의 음조를 쓴다는 뜻이다. 그러나 고대에는 시를 음악에 맞출 때 연속해서 삼편을 연주하였으므로 「大明在亥」란 大雅의 〈文王〉, 〈大明〉, 〈綿〉을, 「四牡在寅」이란 小雅의 〈鹿鳴〉, 〈四牡〉, 〈皇皇者華〉를, 「嘉魚在巳」는 小雅의 〈魚麗〉, 〈南有嘉魚〉, 〈南山有臺〉를, 「鴻雁在甲」은 小雅의 〈吉日〉, 〈鴻雁〉, 〈庭燎〉를 말하는 것으로, 그 중에 가운데 편을 들어 설명한 것이다. 또한 이는 궁중의 아악(모두 大雅, 小雅에만 있음)을 두고 사계의 始音을 이른 것이라 보고 있다.

Ⅷ. 詩序의 문제

현존하는 《毛詩》에는 311편 모두 앞에 '序'가 있으며 이를 두고 역대 大小의 구별이 있다고 여겼다. 이는 몇 구절로 그 시의 내용을 설명해 놓은 것이 있는데 이를 '小序'라 하고, 다만 國風의 周南 제 1편 關雎의 小序 다음에 "風, 風也, 敎也"의 전체 문장은 '大序'라 한다. 이 '대서'는 詩 전체에 通說(槪說)로 보기 때문이다. '三家詩'는 지금 없어졌으나 청대의 輯本을 근거로 보면 역시 서가 있었던 것으로 보인다. 그런데 이 小序와 大序가 누구의 글인지 역대로 내려오면서 주장이 달랐다. 각각의 주장을 간추려 보면 다음과 같다.

① 漢 鄭玄 : 大序는 子夏의 作, 小序는 子夏와 毛公의 합작.
② 魏 王肅 : 大, 小序 모두 子夏의 作.
③ 宋 范曄 : 衛宏이 謝曼卿의 학문을 배워서 序를 지음《後漢書》儒林傳)
④《隋書》經籍志 : 원래 子夏의 작품. 뒤에 毛公과 衛宏이 윤색함.
⑤ 唐 韓愈 : 子夏를 추앙하는 자가 지어 子夏의 이름을 의탁한 것임.
⑥ 唐 成伯璵 : 子夏가 序文의 첫 구절만 짓고 이를 모방해서 毛公이 지음.
⑦ 宋 王安石 : 시 작자가 지음.
⑧ 宋 程頤 : 小序는 國史의 舊文이며, 大序는 孔子가 지음.
⑨ 宋 蘇轍 : 衛宏이 지음. 다만 첫 구절만 공자가 지음.
⑩ 宋 王得臣 : 첫 구절은 공자가 지음.
⑪ 曹粹中 :《毛詩傳》에 처음 행해지던 설명이 정착되지 못하다가 뒤의 문인들이 서로 師說을 따라 전수하여 기록된 것임.

Ⅸ. 詩의 正變

옛 사람들은 시를 논함에 風과 雅에 대해서만 正風, 變風, 正雅, 變雅가 있다고 하였다. 이는 시가 王道의 흥폐에 따라 이를 반영해서 나타난 작품이란 뜻이다.《毛詩序》에 "至於王道衰, 禮義廢, 政敎失, 國異政, 家殊俗, 而變風·變雅作矣"라 하였고, 鄭玄의《詩譜說》에는 "文武之德, 光熙前緒, 以集

大命於厥身, 遂爲天下父母, 使民有政有居. 其時詩風有周南·召南, 雅有鹿鳴·
文王之屬. 及成王, 周公致太平, 制禮作樂, 而有頌聲興焉, 盛之至也. 本之由
此風雅而來, 故皆錄之, 謂之詩之正經. 後王稍更陵遲, 懿王始受譖享齊哀公,
夷身失體之後, 邶不尊賢. 自是而下, 厲也, 幽也, 政敎尤衰. …… 故孔子錄懿
王·夷王時詩, 訖於陳靈公淫亂之事, 謂之變風·變雅"라 하였다.

정치의 영향은 민간에게 미치며 시란 곧 백성의 心聲을 표현하는 것이므
로,《毛詩序》의 글처럼 "治世之音, 安以樂, 其政和 ; 亂世之音, 怨以怒, 其政
乖 ; 亡國之音, 哀以思, 其民困"이라 하여, 태평성대의 시는 '正'이며 쇠란한
때의 시는 '變'이라 본 것이다. 이에 의해 흔히 風에서 周南과 召南의 詩는
正風으로, 邶風 이하는 모두 變風으로, 또 雅에서도 小雅에서는 〈鹿鳴〉에
서 〈菁菁者莪〉까지는 正小雅로, 그 이하는 모두 變小雅로, 大雅에서는 〈文
王〉으로부터 〈卷阿〉까지는 正大雅로, 그 이하는 모두 變大雅로 보고 있다.

그러나 311편의 시가 모두 어느 왕의 어떤 정치에 직접 관련되어 있다는
것도 확실하지 않고, 또한 詩序의 설명도 억측이 심한 것이므로 확정적으
로 믿을 수 있는 이론은 아니다.

X. 시의 파별과 전수

(1) 시의 파별

시의 파별은 흔히 '三家詩'와《毛詩》로 나눈다. '삼가시'는《齊詩》,《韓詩》,
《魯詩》를 말하는데, 지금은《韓詩》의 外傳(《韓詩外傳》)만 전할 뿐 모두 사라
지고 없다. 따라서《모시》가 바로 지금 우리가 읽고 있는 시이며, 그 때문에
《시경》을 달리《모시》라고도 부른다.

먼저 '삼가시'에 대해 살펴보자.
秦始皇 焚書 이후 漢代 今古文의 대립은 아주 심하였다. 한대의 今文經

學에서 '시'는 《齊詩》, 《魯詩》, 《韓詩》의 三家가 있었는데, 《齊詩》는 齊나라의 轅固生으로부터 전해졌던 것이며, 《魯詩》는 魯나라의 申培公으로부터, 《韓詩》는 燕의 韓嬰으로부터 전해진 것이다.

신배공은 荀子의 再傳弟子로서 그와 韓嬰은 모두 漢 文帝 때 詩를 전공하여 博士가 되었다. 轅固生은 景帝 때에 이르러 博士가 되었다. 그러나 東漢 때에 古文經의 출현으로 나타난 것이 바로 《모시》이다.

《모시》는 魯나라 毛亨(大毛公)이 전한 것으로, 그는 스스로 子夏로부터 전해 받은 것이라 하면서 《毛詩故訓傳》 30권을 지었고, 이를 다시 趙나라 사람 毛萇(小毛公)에게 전해 주었다. 이 《모시》는 비록 漢 平帝(A.D 1–5) 때 잠깐 博士로 學官에 설립되었으나 오히려 민간 쪽으로 유전되다가, 鄭玄이 이 《故訓傳》을 근거로 〈箋〉을 짓게 되자, 鄭玄의 학문 명성에 힘입어 크게 성행하게 된다.

唐에 이르러 太宗 李世民은 이를 孔穎達에게 명하여 《五經正義》를 지을 때 《毛傳鄭箋》을 표준으로 삼게 하였으며, 이에 따라 唐宋 양대에 걸쳐 또다시 《모시》는 그 위치를 굳게 되었다. 송대 이후에 비록 《毛詩》에 반대하는 학자가 적지 않았고, 또한 淸代 儒家들의 연구와 '삼가시'의 輯本이 있었지만 완전하지 못하여, 《모시》는 그대로 독존적인 존재로 오늘날까지 시의 기본 範本으로 읽히게 되었다.

(2) 시의 전수

'삼가시'에서 《齊詩》는 魏나라 때 없어졌고, 《魯詩》는 晉나라 때에 없어졌으며, 《韓詩》는 北宋 때 없어졌다. 《韓詩》는 韓嬰이 지은 36권과 따로 內傳 4권, 外傳 6권이 있었으나 36권은 이미 일찍이 사라졌고, 隋唐 이후에 內外傳을 합해서 10권으로 한 것이 지금 전하는 《韓詩外傳》이며, 실제로는 「韓詩內外傳合本」이다. 다만 수당 이전의 본에 비해 잔결이 있을 뿐이다.

'삼가시'가 모두 없어지자 청대에 이르러 輯佚學과 考證學의 흥성으로 이

'삼가시'에 대한 연구가 활발하였다.

그 중 유명한 연구 목록을 보면 陳喬樅의 《三家詩遺說考》, 《齊詩翼氏學疏證》, 《詩四家異文考》와 魏源의 《詩古微》(이상 네 책은 《續皇情經解》)가 있다. 그리고 丁晏의 《三家詩補注》, 馮登府의 《三家詩異文疏證》(이상 두 책은 《皇淸經解》), 또 范家相, 葉鈞의 《重訂三家拾遺》(觀古堂彙刻書), 江翰의 《詩四家異文考補》(晨風閣叢書), 王先謙의 《三家詩義疏》(原刻本) 등이 있으며, 그 중에 진교종, 위원, 왕선겸 세 사람의 저술이 가장 널리 알려져 있다.

한편 《모시》는 鄭玄의 《毛詩箋》을 이어서 삼국 때 魏 王肅의 《詩解》, 蜀 李譔의 《毛詩傳》을 거쳐, 孔穎達의 《毛詩正義》에서 《十三經注疏本》으로 확정되었다.

그 후에 宋代에는 歐陽修의 《毛詩本義》, 鄭樵의 《詩傳辨妄》, 朱熹의 《詩集傳》, 蔡卞의 《毛詩名物解》, 王應麟의 《詩地理考》, 그리고 遠大에는 劉瑾의 《詩傳通釋》, 淸代에는 陳啓源의 《毛詩稽考篇》, 戴震의 《毛鄭詩考正》, 馬瑞辰의 《毛詩傳箋通釋》, 陳奐의 《詩毛氏傳疏》, 《鄭氏箋考微》 등이 널리 활용되고 있다.

참고로 詩經의 傳授를 표로 보이면 다음과 같다.

이상 《詩經》에 대해 전반적인 면만 간단히 살펴보았다. 기타 미진한 부분은 전문서와 각해설서 및 이 책의 본문, 그리고 부록 부분을 참고하기 바란다.

《詩經》傳授表

詩經

〔韓詩〕(今文) △韓 △嬰
- 韓商 — 薛漢
  - 杜撫
  - 澹臺敬伯
  - 韓伯高
  - 趙曄
  - 召馴 — 召休
  - 楊仁
  - 張匡
- 賁生 — 涿韓生 — 蓋饒
- 趙子
  - 蔡誼
  - 食子公 — 栗豐 — 張龍
  - 王吉 — 長孫順 — 髮福

〔齊詩〕(今文)
轅固生 — 夏侯始昌 — 后蒼
- 蕭望之
- 匡衡 — 匡咸
  - 師丹 — 滿昌
    - 張邯
    - 皮容 — 任末 — 景鸞
- 翼奉
- 白奇
  - 伏理 — 伏湛 — 伏恭
    - 伏農 — 伏無忌 — 伏質 — 伏完
    - 伏壽

〔毛詩〕〔古文〕
毛亨 — 毛萇 — 貫長卿 — 解延年 — 徐敖
- 陳俠 — 謝曼卿
  - 衛宏 — 徐巡
  - 賈徽 — 賈逵 — 鄭玄
- 王璜
- 鄭興 — 鄭衆

(今文)
浮邱伯
- 白生
- 楚王劉郢客(楚元王劉郢客)
- 申公
  - 徐公 — 王式 — 褚少孫
  - 許生
  - 闕門慶忌
  - 繆生
  - 楚王戊
  - 魯賜
  - 王臧
  - 瑕丘江公 — 博士江公 — 卓茂
    - 張長安 — 張游卿 — 元帝 — 靜晏；王扶
    - 唐長賓
    - 薛廣德 — 龔舍；龔勝
    - 韋賢 — 韋賞；韋玄成 — 哀帝
    - 許晏 — 李業
    - 魏應 — 劉佚
    - 右師細君 — 包咸 — 章帝 — 和帝
    - 高嘉 — 元帝 — 高容
  - 趙綰
  - 孔安國
  - 徐偃
  - 周霸
  - 夏寬
- 楚元王
- 繆生

〔魯詩〕
子夏 — 曾申 — 李克 — 孟仲子 — 根牟子 — 荀卿

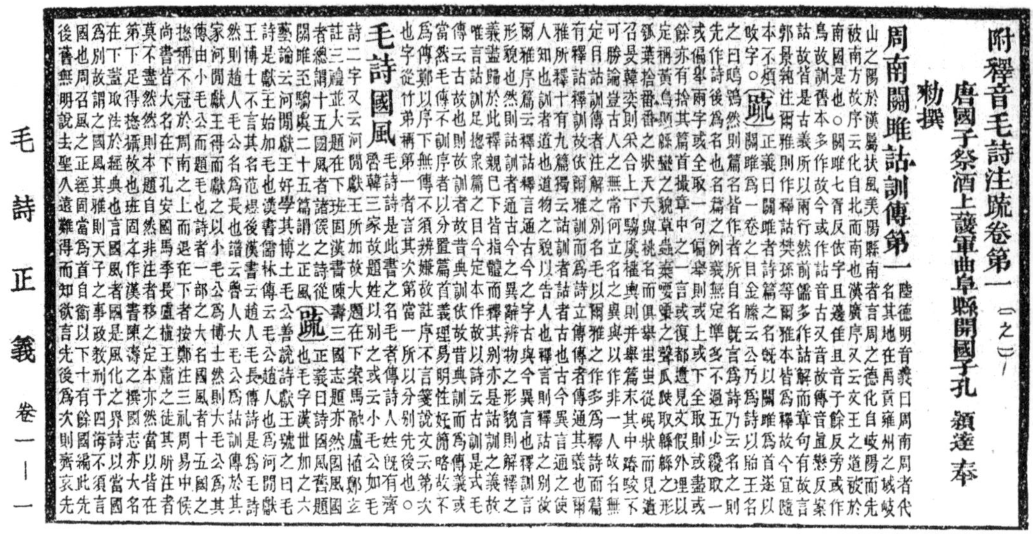
附釋音毛詩注疏卷第一（一之一）
唐國子祭酒上護軍曲阜縣開國子孔 穎達 奉
勑撰
周南關雎詁訓傳第一
毛詩國風
毛詩正義 卷一 一一

〈毛詩正義〉三十經注疏　中華書局印本(北京)

關關雎鳩在河之洲
好逑
窈窕淑女君子
詩疏一之一

三十經《毛詩正義》孔穎達　大灣藝文印書館(인본)

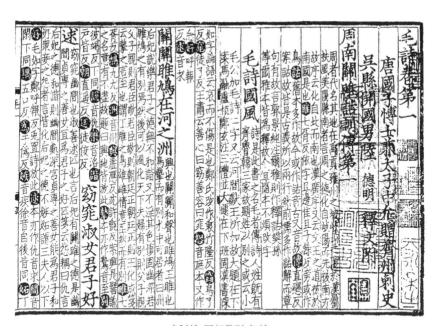

毛詩卷第一

周南關雎詁訓傳第一

唐國子博士兼太子中允贈齊州刺史吳縣開國男陸德明釋文附

毛詩國風

關關雎鳩在河之洲　窈窕淑女君子好逑

《毛詩》四部叢刊　初編

毛詩卷第一

周南關雎詁訓傳第一

國風

鄭氏箋

關雎，后妃之德也，風之始也，所以風天下而正夫婦也。故用之鄉人焉，用之邦國焉。風，風也，教也；風以動之，教以化之。

詩者，志之所之也，在心為志，發言為詩。情動於中而形於言，言之不足故嗟歎之，嗟歎之不足故永歌之，永歌之不足，不知手之舞之足之蹈之也。

情發於聲，聲成文謂之音。治世之音安以樂，其政和；亂世之音怨以怒，其政乖；亡國之音哀以思，其民困。故正得失，動天地，感鬼神，莫近於詩。先王以是經夫婦，成孝敬，厚人倫，美教化，移風俗。

故詩有六義焉：一曰風，二曰賦，三曰比，四曰興，五曰雅，六曰頌。上以風化下，下以風刺上，主文而譎諫，言之者無罪，聞之者足以戒，故曰風。

至于王道衰，禮義廢，政教失，國異政，家殊俗，而變風變雅作矣。國史明乎得失之迹，傷人倫之廢，哀刑政之苛，吟詠情性以風其上，達

《毛詩鄭義》新興書局印本

關關雎鳩在河之洲傳興也關關和聲也雎鳩王雎也鳥摯而有別水中可居者曰洲后妃說樂君子之德無不和諧又不淫其色慎固幽深若雎鳩之有別焉然後可以風化天下夫婦有別則父子親父子親則君臣敬君臣敬則朝廷正朝廷正則王化成箋云摯之言至也謂王雎之鳥雌雄情意至然而有別窈窕淑女君子好逑傳窈窕幽閒也淑善逑匹也言后妃有關雎之德是幽閒貞專之善女宜為君子之好匹箋云怨曰仇言后妃之德和諧則幽閒處深宮貞專之善女能為君子和好眾妾之怨者言皆化后妃之德不嫉妬謂三夫人以下音義雎七胥反鳩九尤反鳥之有至別者洲音州興虛應反沈許甑反案與是譬諭之名意有

歟此序是毛置篇端若毛知其誤自當改之何須作字也毛無破字之理故知從哀之義既以哀為義則以下義勢皆於鄭思賢才謂毛好賢則善女也無傷善也言其能使善道全也庶人好賢則善志有慚俊中道而廢則善心不已未嘗慚俊後妃之心當謂三章是也王反側有慚之心然則毛意無傷善之心當謂三章是也王蕭云良窈窕之不得思賢才之良賢無傷善之心焉若荀慕其色則善心傷也則善心傷也

欽定四庫全書
毛詩注疏 卷一
畐

《毛詩注疏》

詩經集傳卷一

宋 朱子 撰

國風一之

國風一也謂者諸侯所封之域而風者民俗歌謠之詩也謂之風者以其被上之化以有言而其言又足以感人如物因風之動以有聲而其聲又足以動物也是以諸侯采之以貢於天子天子受之而列於樂官於以考其俗尚之美惡而知其政治之得失焉舊說二南為正風所以用之閨門鄉黨邦國而化天下也十三國為變風則亦領在樂官以時存肄備觀而垂監戒耳周國本在禹貢雍州境內岐山之陽后稷十

周南一之一

三世孫古公亶父始居其地傳子王季歷至孫文王昌辟國寖廣於是徙都于豐而分岐周故地以為周公旦召公奭之采邑且使周公為政於國中而召公宣布於諸侯於是德化大成於南國迤被江沱汝漢之間莫不從化大抵徙于豐鎬之後天下之中者皆得以取法焉蓋其得之國中者雜以南國之詩則謂之周南言自天子之國而被於諸侯不但國中而已也其得之南國者則直謂之召南言自方伯之國被於南方而不敢繫於天子也岐山在今鳳翔府岐山縣豐在今京兆府鄠縣鎬在今京兆府長安縣終南山亦在今京兆府界

諸州鎬在豐東二十五里小序曰關雎麟趾之化王者之風故繫之周公南言化自北而南也鵲巢騶虞之德諸侯之風先王之所以教故繫之召公言自北而南也

關關雎鳩（音居）在河之洲（音鳩）窈窕（音杳窱）淑女君子好逑（音求）

○興也關關雌雄相應之和聲也雎鳩水鳥一名王雎狀類鳧鷖今江淮間有之生有定偶而不相亂偶常並遊而不相狎故毛傳以為摯而有別列女傳以為人未嘗見其乘居而匹處者蓋其性然也河北方流水之通名也洲水中可居之地也窈窕幽閒之意淑善也女者未嫁之稱蓋指文王之妃太姒為處子時而言也君子則指文王也好亦善也逑匹也毛傳云摯字與至通言其情意深至也○興者先言他物以引起所詠之辭也周之文王生有聖德又得聖女姒氏以為之配宮中之人於其始至見其有幽閒貞靜之德故作是詩言彼關關然之雎鳩則相與和鳴於河洲之上矣此窈窕之淑女則豈非君子之善匹乎言其相與和樂而恭敬亦若雎鳩之情摯而有別也後凡言興者其文意皆放此云漢匡衡曰窈窕淑女君子好逑言能致其貞淑不貳其操情欲之感無介乎容儀宴私之意不形乎動靜夫然後可以配至尊而為宗廟主此綱紀之首王化之端也可謂善說詩矣

參（初金反）差（初宜反）荇（音杏）菜左右流之窈窕淑女寤寐求之求之不得寤寐思服（叶蒲北反）悠哉悠哉輾（音展）轉（叶株戀反）反側

○興也參差長短不齊之貌荇接余也根生水底莖如釵股上青下白葉紫赤圓徑寸餘浮在水面或左或右言無方也流順水之流而取之也或寤或寐言無時也服猶懷也悠長也輾者轉之半轉者輾之周反者輾之過側者轉之留皆臥不安席之意○此章本其未得而言彼參差之荇菜則當左右無方以流之矣此窈窕之淑女則當寤寐不忘以求之矣蓋此人此德世不常有求之不得則無以配君子而成其內治之美故其憂思之深不能自已至於如此也

朱熹《詩集傳》 사고전서

詩經集傳

諸州鎬在豐東二十五里小序曰關雎麟趾之化
王者之風故繫之周公南言化自北而南也鵲巢
騶虞之德諸侯之風也先王之所
以教故繫之召公斯言得之矣

關關雎鳩 音徒 了
鳩在河之洲窈 音了
窕 反
淑女君子好逑 求音

○興也關關雌雄相應之和聲也雎鳩水鳥一名王雎
狀類鳧鷖今江淮間有之生有定耦而不相亂耦常並
遊而不相狎故毛傳以為摯而有別列女傳以為人未
嘗見其乘居而匹處者蓋其性然也河北方流水之通
名也洲水中可居之地也窈窕幽閒之意淑女者未
嫁之稱蓋指文王之妃太姒為處子時而言也君子則
指文王也好亦善也逑匹也毛傳云摯字與至通言其
情意深至也○興者先言他物以引起所詠之辭也周
之文王生有聖德又得聖女姒氏以為之配宮中之人
於其始至見其有幽閒貞靜之德故作是詩言彼關

然之雎鳩則相與和鳴於河洲之上矣此窈窕之淑女
則豈非君子之善匹乎言其相與和樂而恭敬亦若雎
鳩之情摯而有別也後凡言興者其文意皆放此云漢
匡衡曰窈窕淑女君子好逑言能致其貞淑不貳其操
情欲之感無介乎容儀宴私之意不形乎動靜夫然後
可以配至尊而為宗廟主此綱紀之首王化之端也可
以風天下而正夫婦故用之鄉人焉用之邦國焉
謂善說○參反初金 差初宜
詩矣○參差荇菜左右流之窈窕淑女 荇音

窹寐求之求之不得窹寐思服 叶蒲北反
悠哉悠哉輾 音展轉 音輾
反側
○興也參差長短不齊之貌荇接余也根生水底莖
如釵股然上青下白葉紫赤圓徑寸餘浮在水面或
左或右言無方也流順水之流而取之也或左或右
無時也服猶懷也悠長也悠哉悠哉則其懽慕之意
者輾之過側者轉之半轉之意○此章本其
未得而言彼參差之荇菜則當左右無方以流之矣

朱熹《詩集傳》 四部叢刊(3편)

詩卷第一
國風一

朱熹集傳

國者諸侯所封之域而風者
民俗歌謠之詩也謂之風者
以其被上之化以有言而其言
又足以感人如物因風之動
以有聲而其聲又足以動物也
是以諸侯采之以貢於天子
天子受之而列於樂官於
以考其俗尚之美惡而知其
政治之得失焉舊說二南為正風
所以用之閨門鄉黨邦國
而化天下也十三國為變風
則亦領在樂官以時存肄備
觀省而垂監戒耳
合之凡十五國云

風
○周公南言化自北而南
故繫之
鵲巢騶虞之德諸侯之風也先
王之所以教故繫之
召公斯言得之矣

關關雎鳩七余反
鳩在河之洲窈 鳥了徒
窕 反
淑女君子好逑 音求

○興也關關雌雄相應之和聲也關雎鳩
水鳥一名王雎狀類鳧鷖今江淮間有
之生有定偶而不相亂偶常並遊而不
相狎故毛傳以為摯而有別列女傳以
為人未嘗見其乘居而匹處者蓋其性
然也河比方流水之通名也洲水中可居
之地也窈窕幽閒之意淑善也女者未居

詩經卷之一

國風一

朱熹集傳

國者諸侯所封之域而風者民俗歌謠之詩也謂之風者以其被上之化以有言而其言又足以感人如物因風之動以有聲而其聲又足以動物也是以諸侯采之以貢於天子天子受之而列於樂官於以考其俗尚之美惡而知其政治之得失焉舊說二南為正風所以用之閨門鄉黨邦國而化天下也十三國為變風則亦領於樂官以時存備觀省而垂監戒耳合之凡十五國云

周南 一之一

周國名南方諸侯之國也周國本在禹貢雍州境內岐山之陽后稷十三世孫古公亶父始居其地傳子王季歷至孫文王昌辟國寖廣於是徙都于豐而分岐周故地以為周公旦召公奭之采邑且使周公為政於國中而召公宣布於諸侯於是德化大成於內而南方諸侯之國江沱汝漢之間莫不從化蓋三分天下有其二焉至于武王發又遷于鎬遂克商而有天下武王崩子成王誦立周公相之制作禮樂乃采文王之世風化所及民俗之詩被之筦弦以為房中之樂而又推之以及於鄉黨邦國所以著明先王風俗之盛而使天下後世之修身齊家治國平天下者皆得以取法焉蓋其得之國中者雜以南國之詩而謂之周南言自天子之國而被

關關雎鳩[관관저구]河人洲에잇도다窈窕[요됴]호淑女-君子의好逑이로다

於諸侯不但國中而已也其得之南國者則直謂之召南言自方伯之國被於南方而不敢以繫于天子也蓋周在今鳳翔府岐山縣豐在今京兆府鄠縣終南山北南方之國即今與元府西湖北等路諸州鎬在豐東二十五里小序曰關雎麟趾之化王者之風故繫之周公化自北而南也○南亦音那巣也○興者先言他物以

關關雎鳩[관관저구]-河人洲에잇도다窈窕호淑女-君子의好逑이로다

○興也關關雌雄相應之和聲也雎鳩水鳥一名王雎狀類鳧鷖今江淮間有之生有定偶而不相亂偶常並遊而不相狎故毛傳以為摯而有別列女傳以為人未嘗見其乘居也河北水中可居者也窈窕幽閒之意淑善也女者未嫁之稱蓋指文王之妃太姒為處子時而言也君子則指文王也好亦善也逑匹也○興者先言他物以引起所詠之詞也周之文王生有聖德又得聖女姒氏以為之配宮中之人於其始至見其有幽閒貞靜之德故作是詩言彼關關之雎鳩則相與和鳴於河洲之上矣此窈窕之淑女則豈非君子之善匹乎言其相與和樂而恭敬亦若雎鳩之情摯而有別也後凡言興者其文意皆放此云漢匡衡曰窈窕淑女君子好逑言能致其貞淑不貳其操情慾之感無介乎容儀宴私之

朱熹《詩集傳》(한. 世昌書館, 1978)

國風[국]

周南[쥬남]

○ 詩[시]經[경]諺[언]解[히]一 一

關[관]關[관]雎[져]鳩[구]ㅣ 在[저]河[하]之[지]洲[쥬]
ㅣ로다 窈[요]窕[됴]淑[슉]女[녀]ㅣ 君[군]
子[주]의 好[호]逑[구]ㅣ로다

關[관]關[관]ㅎᄂᆞᆫ 雎[져]鳩[구]ㅣ 河[하]人[ㅅ]洲[쥬]
에 잇도다 窈[요]窕[됴]淑[슉]女[녀]ㅣ 君[군]
子[주]ㅣ 好[호]

參[참]差[치]荇[힝]菜[채]를 左[자]右[우]流[류]之[지]
之[지]다로 參[참]差[치]荇[힝]菜[채]를
窈[요]窕[됴]淑[슉]女[녀]를 寤[오]寐[매]예 求[구]
求[구]ㅎ야 寤[오]寐[매]예 求[구]ㅎ야 어ᄃᆡ 몯
之[지]다로 求[구]ㅎ야도 得[득]디 몯ᄒ
ㅎ야 服[복]ᄒᆞᄂᆞ라 悠[유]哉[ᄌᆡ]悠[유]哉[ᄌᆡ]라
反[반]側[측]ᄒᆞ노소라

參[참]差[치]荇[힝]菜[채]를 左[자]右[우]流[류]之[지]
로流[류]ㅎ놋다 窈[요]窕[됴]淑[슉]女[녀]를
세며자매 求[구]ㅎ놋다 求[구]ㅎ야언디 몯
세며자세며자 思[ᄉ]ᄒᆞ니라 悠[유]ㅎ며 悠[유]
ᄒᆞᆯ디라 세며 思[ᄉ]ᄒᆞ며 服[복]ㅎ야 悠[유]
호다라세며ᄒᆞᆯ디라 輾[뎐]轉[뎐]ㅎ며

參[참]差[치]荇[힝]菜[채]를 左[자]右[우]采[ᄎᆡ]之[지]
之[지]다로 窈[요]窕[됴]淑[슉]女[녀]를
모之[지]다로 參[참]差[치]荇[힝]菜[채]를
窈[요]窕[됴]淑[슉]女[녀]ㅣ 君[군]

○ 詩[시]經[경]諺[언]解[히]一 二

參[참]差[치]荇[힝]菜[채]를 左[자]右[우]采[ᄎᆡ]之[지]
로采[ᄎᆡ]ㅎ놋다 窈[요]窕[됴]淑[슉]女[녀]를
琴[금]과 瑟[슬]로 友[우]
參[참]差[치]荇[힝]菜[채]를 左[자]右[우]芼[모]之[지]
다로芼[모]ㅎ놋다 窈[요]窕[됴]淑[슉]女[녀]를
芼[모]ㅎ놋다 窈[요]窕[됴]淑[슉]女[녀]를 鐘[종]과 鼓[고]
로樂[락]ㅎ놋다

樂[락]之[지]다로

參[참]差[치]荇[힝]菜[채]를 左[자]右[우]来[ᄎᆡ]之[지]

關[관]雎[져]三[삼]章[쟝]

○ 詩[시]經[경]諺[언]解[히]一

葛[갈]之[지]覃[담]兮[혜]여 施[이]于[우]中[듕]谷[곡]
이ㅎ야 葛[갈]의 覃[담]홈이 中[듕]谷[곡]에 施[이]ㅎ야
維[유]葉[엽]萋[쳐]萋[쳐]늘 黃[황]鳥[됴]ㅣ 어 黃[황]鳥[됴]于[우]
飛[비]리라 集[집]于[우]灌[관]木[목]ㅎ야 其[기]鳴[명]喈[ᄀᆡ]
喈[ᄀᆡ]리라 集[집]ㅎ야 其[기]鳴[명]喈[ᄀᆡ]
葛[갈]이 覃[담]쳐葛[갈]쳐ㅎ며 거놀黃[황]鳥[됴]ㅣ ᄂᆞ롬
닙이葛[갈]쳐葛[갈]쳐ㅎ며 거놀黃[황]鳥[됴]ㅣ 그우롬이 喈[ᄀᆡ]
이ᄲᆡᆯ기담기 集[집]ㅎ야 그우롬이 喈[ᄀᆡ]기
喈[ᄀᆡ]ㅎ더라

關雎　　　　　歐陽氏

論曰爲關雎之說者既差其時世至於大義亦已失
之蓋關雎之作本以雎鳩比后妃之德故上言雎鳩
在河洲之上關關然雄雌和鳴下言淑女以配君子
以述文王太姒爲好匹如雎鳩雄雌之和諧爾毛鄭
則不然謂詩所斥淑女者非太姒也是太姒有不妬
忌之行而謂閨深宮之善女皆得進御於文王所謂
淑女者是三夫人九嬪御以下報宮人爾然則上言

■歐詩■一

雎鳩方取物以爲比興而下言淑女自是三夫人九
嬪御以下則終篇更無一語以及太姒且關雎本謂
文王太姒以下終篇無一語及之此豈近於人情古之
人簡質不如是之迂也先儒辯雎鳩者甚衆皆不離
於水鳥惟毛公得之曰鳥摯而有別謂水上之鳥捕
魚而食鳥之猛摯者也而鄭氏轉釋摯爲至謂雌雄
情意至者非也且詩人本述后妃淑善之德反以猛摯
獨至也哉或曰詩人取其摯取其別也雎鳩之在
物比之豈不戾哉對曰不取其摯取其別也雎鳩之在
河洲聽其聲則和視其居則有別此詩人之所取也孟

송 구양수《詩本義》사부총간 三編

詩序卷上

宋　朱子　辨說

是毛公之前其傳已久宏樗增廣而潤色之耳故近
爲諸序本自合爲一編毛公分以寘諸篇之首則
作毛詩序今傳於世則序乃宏作明矣然鄭氏又以
爲國史皆無明文可考唯後漢書儒林傳以爲衛宏
詩序之作說者不同或以爲孔子或以爲子夏或以

世諸儒多以序之首句爲毛公所分而其下推說云
云者爲後人所益理或有之但今考其首句則已有
不得詩人之本意而肆爲妄說者矣況沿襲云云之
誤哉然計其初猶必自謂出於臆度之私非經本文
故且自爲一編別附經後又以尚有齊魯韓氏之說
並傳於世故讀者亦有以知其出於後人之手不盡
信也及至毛公引以入經乃不綴篇後而超冠篇端
不爲注文而直作經字不爲疑辭而遂爲決辭其後

《詩序》　朱熹(辨說) 사고전서

《詩傳大全》　明, 胡廣(等) 사고전서

化之所及故言先王之
所以教先生即父王也

關關雎 七余反
鳩 在河之洲 窈 烏了窕反 能了
宠反
淑女君子好

述 音逑

興也關關雌雄相應之和聲也雎鳩水鳥一名王雎
狀類鳧鷖 鳧音扶鷖 今江淮間有之生有定偶而不相亂偶
常並遊而不相狎故毛傳以為摯而有別列女傳以
為人未嘗見其乘居 乘去聲 而匹處焉者益其性然也

欽定四庫全書　卷　詩傳大全

地所謂摯而有別是也此說却與列女傳合乘居謂有定
四鳩同居○列女傳曰妄間男女之別國
大節故以雎鳩起興夫雎鳩之鳥人猶未嘗見詩經
而匹處也○華谷嚴氏曰左傳郯子五鳩鳩民者也
眼鳩氏之鳩是也○華谷嚴氏五鳩鳩民者也
嘉魚之鳩月令鳩化為鷹鳩
雖作鳴杜預云摯而有別故
司馬主法則鶻音骨鷟音鷟鸔

洲水中可居之地也窈窕幽閒之意
河水之北方流水之通名
女者未嫁之稱益挹文王之妃大姒
玖其故華城在洪州陳
留縣東北三十五里 為處子時而言也君子則指

《詩集傳》　송, 蘇轍 사고전서

欽定四庫全書

詩集傳 卷一

周南

文王之風謂之周南名周南何也
為其國者屬之周公所以
於諸侯者屬之名公詩
曰昔先王受命有如召公曰辟國百里言其治外也
故凡詩言周之內治由內而及外者謂之周公之詩
其言諸侯被周之澤而漸於善者謂之名公之詩其
風皆出於文王而有內外之異內得之深外得之淺
故名之詩不如周南之深周南稱后妃而名南稱
夫人名南有名公之詩而周南無周公之詩夫文王
受命稱王則大姒固稱后妃而諸侯稱之妻固稱夫人
周公在內近於文王功業明著則詩作於下此理之最
公在外遠於文王雖有德而不見則其詩不作名
明者也然則謂之周名者蓋因其職而名之也謂之
南者文王在西而化行於南方以其及之者言之也

宋　蘇轍　撰

詩本義卷[一]

關雎

宋　歐陽修　撰

論曰為關雎之說者既差其時世至於大義亦已失之
蓋關雎之作本以雎鳩比后妃之德故上言雎鳩在河
洲之上關關然雌雄和鳴下言淑女以配君子以述文
王太姒為好匹如雎鳩雌雄和鳴爾毛鄭則不然謂
詩所斥淑女者非太姒也是太姒有不妬忌之行而幽
閨深宮之善女皆得進御於文王所謂淑女者是三夫
人九嬪御以下眾宮人爾然則上言雎鳩方取物以為
比興而下言淑女自是三夫人九嬪御以下則終篇更
無一語以及太姒且關雎本謂文王太姒而終篇無一
語及之此豈近於人情古之人簡質不如是之迂也先
儒辨雎鳩者甚眾皆不離於水鳥惟毛公得之曰鳥摯
而有別謂水上之鳥捕魚而食鳥之猛摯者也而鄭氏
轉釋摯為至謂雌雄情意至者非也鳥獸雌雄皆有情

《詩本義》 宋, 歐陽修 사고전서

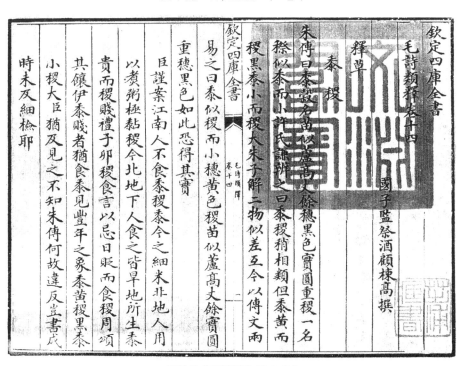

毛詩類釋卷十四

釋草

黍稷

國子監祭酒顧棟高撰

朱傳曰黍穀名苗似蘆高丈餘穗黑色實圓重穗一名
稷似黍而小許氏謂稷之曰黍稷稍相類但黍黃而
稷黑黍小而稷太朱子解二物似差互今以傳文兩

易之曰黍似稷而小穗黃色稷苗似蘆高丈餘實圓
重穗黑色如此恐得其實

臣謹案江南人不食黍稷今之細米非北地人用
以煮粥極黏稷今北地下人食之皆旱地所生黍
貴而稷賤禮子卯稷食言以忌日賤而食稷周頌
其饟伊黍賤者猶食黍見豐年之象黍黃稷黑黍
小稷大臣猶及見之不知朱傳何故違反豈書氏
時未反細檢耶

顧棟高《毛詩類釋》 사고전서

韓嬰撰

曾子仕於莒得粟三秉方是之時曾子重其

祿而輕其身親没之後齊迎以相楚迎以令
尹晉迎以上卿方是之時曾子重其身而輕
其祿懷其寶而迷其國者不可與語仁窶其
身而約其親者不可與語孝任重道遠者不
擇地而息家貧親老者不擇官而仕故君子
橋褐趨時當務為急傳云不逢時而仕任事

而敦其慮為之使而不入其謀貧焉故也詩
曰夙夜在公實命不同

傳曰夫行露之人許嫁矣然而未往也見一
物不具一禮不備守節貞理守死不往君子
以為得婦道之宜故舉而傳之揚而歌之以
絶無道之求防汙道之行乎詩曰雖速我訟
亦不爾從

孔子南遊適楚至於阿谷之隧有處子佩瑱
而浣者孔子曰彼婦人其可與言矣乎抽觴

《한시외전》(四部叢刊 三編)

欽定四庫全書

毛詩草木鳥獸蟲魚疏卷上

吳 陸璣 撰

方秉蘭兮

闌即蘭當為王者香草也春秋傳曰刈蘭而
卒楚辭云紉秋蘭孔
子曰蘭當為王者香草皆是也刈蘭澤蘭但
廣而長節節中赤髙四五尺漢諸池苑及許昌宮中皆
種之可著粉中故天子賜諸侯莖蘭藏衣著書中辟白
魚也

采采芣苢

芣苢一名馬舄一名車前一名當道喜在牛跡中生故
曰車前當道也今藥中車前子是也幽州人謂之牛舌
草可鬻與煮作茹大滑其子治婦人難產

言采其蘴

蘆今藥草貝母也其葉如栝樓而細小其子在根下如
芋子正白四方連累相著有分解也

《모시초목조수충어소》吳, 陸璣 사고전서

詩毛氏傳疏卷一　　　　　　　長洲陳奐學

周南關雎詁訓傳弟一　　毛詩國風

周南之國十一篇三十四章百五十九句〔疏〕南國
也柱江南本〔疏〕南柱周公司馬貞說於本周
漢之域周雍州地名柱岐山之陽譙周曰周公
大王所居扶風雍東北故世周公司馬貞說於本周
故曰東方諸侯率當武王雍東王之世營城是也周
伯率遂以歌於文王受命之後與治陝東都所采詩諸
禮樂屬樂章文王成五年與己焉陝內都王城之六年制東
裁毛詩小篆於大師名命之後三篇前則先師采編作
宄柱此毛詩三十四章鄭既始三十六章數金壇段氏玉

關雎三章一章四句二章章八句〔疏〕今本此分章故作
五章此分從後毛公本意言五章鄭所分故言
陸德明釋文云五章鄭所言孔穎達正義
放此是也小篆云各本章句柱篇後一

淸，陳奐《詩毛氏傳疏》皇淸經解 續編

陸氏草木鳥獸蟲魚疏圖解

淵景山述

草部

方秉蘭兮

蘭即蘭、香草也、春秋傳云、刈蘭而卒、楚辭云、紐秋蘭以爲佩、孔子曰蘭當爲王者香草、皆是也、其莖葉似藥草澤蘭、但廣而長、節節中赤、高四五尺、漢諸池苑及許昌宮中皆種之、可著粉中、故天子賜諸侯茝蘭、藏衣著書中辟白魚、

蘭に眞蘭幽蘭あり、詩經楚辭などに詠ずるは眞蘭なり、和名ふしばかま、又あららぎと云、眞蘭と澤蘭は一類二種なり、俱に水旁下濕の處に生ず、宿根より苗を生じ叢を成す、莖むらさきに、枝しろく節あかく葉みどりに、葉節に對して生ず、細齒あり、但、莖まろく節ながくして葉光り、岐あるものを蘭とし、莖すこしく方に、節みじかくして葉に毛あるものは澤蘭とす、本艸綱目芳草の類の蘭草の集解にみへたる時珍の說なり、蘭は香ばしきものなるゆへ、香い袋に入れ、又書物のあいだにをけば蟲をさく、と云へり、この方にても筑前などにはあるよしを記せり、今時花を賞玩するものは幽蘭にて眞蘭にはあらず、

采采芣苢

芣苢一名馬舄、一名車前、一名當道、喜在牛跡中生故曰車前當道也、今藥中車前子是也、幽州人謂之牛舌草、可㵸作茹、大滑、其子治婦人難產、

この草このんで牛馬のふみたるあとに生ず、舄は足あと也、故に馬舄と云、みちばたに生ずるにより

차례

《詩經》 ¼

I 국풍國風

6. 왕풍王風

《詩經》 상

Ⅰ 국풍國風

7. 정풍鄭風

《詩經》 중

II 아雅

1. 소아小雅

〈1〉「鹿鳴之什」

〈2〉「白華之什」

《詩經》 🄻

Ⅱ 아雅

2. 대아大雅

〈1〉「文王之什」

Ⅲ 송頌

1. 주송周頌

〈1〉「清廟之什」

〈2〉「臣工之什」

《詩經》부록

〈毛詩大序〉 ·················· 子夏(?)

〈關雎〉편 첫 머리 序는 흔히 '毛詩大序'라 칭하며, 그 외 각 편마다 앞에 간단한 설명을 붙인 것은 '小序'라 하여 구분하고 있다. 이 서문은 누가 지었는지에 대해서는 이제껏 의견이 분분하여 아직 정확한 답을 알 수 없다. 《漢書》藝文志에 《毛詩》(29권)와 《毛詩詁訓傳》(30권)이 저록되어 있으며, "漢나라 때 魯 申公의 《詩訓詁》(《魯詩》), 齊 轅固生의 《齊詩》, 燕 韓生(韓嬰)의 傳(《韓詩》)이 있어 모두 學官에 들었으며, 그 외 毛公의 시가 있어 자칭 子夏가 전한 것이라 하였으나 학관에 들지 못하였다"(又有毛公之學, 自謂子夏所傳, 而河間獻王好之, 未得立)라 하였다. 그리고 《漢書》儒林傳에는 申公을 趙나라 사람으로 河間獻王의 博士라 하였고, 다시 鄭玄에 이르러 魯人 毛亨을 大毛公으로, 趙人 毛萇을 小毛公이라 칭하면서, 이 大序는 子夏(卜商)가 지은 것이라 하였다. 그러나 〈四庫全書總目〉에는 大序란 따로 없으며, 이 역시 〈關雎〉편의 小序일 뿐으로, 先秦 이래 儒家의 詩에 대한 개괄적인 관점을 함께 기록한 것으로, 漢 景帝 때 毛萇(小毛公)에 의해 정리되었고, 다시 그의 제자들에 의해 수정되어 이루어진 것이라 하였다. 朱熹는 《詩序》(2권)를 정리하여 辨說을 붙였으며, '大序'와 '小序'를 나누어 자세히 설명하였다. 〈四庫全書〉에 "舊題 周 卜商(撰) 朱熹 辨說"이라 하여 열입되어 있다.

〈關雎〉, 后妃之德也, '風'之始也. 所以風天下而正夫婦也. 故用之鄕人焉, 用之邦國焉. '風', 風也, 敎也. 風以動之, 敎以化之. 詩者, 志之所之也. 在心爲志, 發言爲詩. 情動於中而形於言, 言之不足故嗟歎之, 嗟歎之不足故永歌之. 永歌

之不足, 不知手之舞之, 足之蹈之也. 情發於聲, 聲成文謂
之音.

治世之音安以樂, 其政和; 亂世之音, 怨以怒, 其政乖; 亡國
之音哀以思, 其民困. 故正得失, 動天地, 感鬼神, 莫近於詩.
先王以是經夫婦, 成孝敬, 厚人倫, 美教化, 移風俗. 故詩有
六義焉, 一曰風, 二曰賦, 三曰比, 四曰興, 五曰雅, 六曰頌.
上以風化下, 下以風刺上, 主文而譎諫, 言之者無罪, 聞之者
足以戒. 故曰風.

至于王道衰, 禮義廢, 政教失, 國異政, 家殊俗, 而'變風'·
'變雅'作矣. 國史明乎得失之迹, 傷人倫之廢, 哀刑政之苛,
吟詠情性以風其上, 達於事變而懷其舊俗者也. 故'變風'發
乎情, 止乎禮義. 發乎情, 民之性也; 止乎禮義, 先王之澤也.
是以一國之事, 繫一人之本謂之'風'.
言天下之事, 形四方之風謂之雅. '雅'者, 正也. 言王政之所
由廢興也. 政有小大, 故有小雅焉, 有大雅焉.
頌者, 美盛德之形容, 以其成功告於神明者也. 是謂'四始',
詩之至也.

然則<關雎>·<麟趾>之化, 王者之風, 故繫之周公. 南,
言化自北而南也. <鵲巢>·<騶虞>之德, 諸侯之風也, 先王
之所以教, 故繫之召公.

周南·召南, 正始之道, 王化之基. 是以<關雎>樂得淑女,
以配君子, 憂在進賢, 不淫其色, 哀窈窕, 思賢才, 而無傷善
之心焉. 是<關雎>之義也.

〈관저〉는 후비(太姒)의 덕을 칭송한 것이며, '風'의 시작이다. 천하의 풍교를 이루고 부부의 도를 바르게 함이다. 그 까닭으로 이를 써서 향인을 고화하고, 이를 써서 제후의 빈객과 신하를 교화한다. '풍'은 풍화이며 교화이다. 풍화로써 움직이게 하고 교화로써 가르친다. 시란 뜻이 가는 바이다. 마음속에 있으면 뜻이요, 말로 발현되면 시가 된다. 감정에 마음속에서 움직여 말로 표현되는 것이다. 말로 부족하기 때문에 차탄(嗟歎)하는 것이며, 차탄하는 것으로 부족하기에 목소리를 길게 뽑아 노래로 부르는 것이며, 길게 노래를 부르는 것으로 부족하기에, 손이 춤을 추고 발을 굴러 춤을 추는 것도 모르는 것이다. 감정이 소리에서 발현되고, 소리는 오음의 곡조에 맞추어 이루어지는 것이니 이를 일러 음조라 한다.

치세의 음악은 편안하여 즐겁고, 그 정치는 화락하지만, 난세의 음악은 원망하여 노기가 서리고, 그 정치는 이지러져 있으며, 망국의 음악은 슬프고 그리움에 차 있으며, 그 백성은 곤핍에 시달린다. 그러므로 득실을 바로잡고, 천지를 움직이고, 귀신을 감동시키는 것으로 시보다 가까운 것은 없다. 선왕은 이 까닭으로 부부를 경으로 삼고, 효경을 이루며, 인륜을 돈후하게 하여 교화를 아름답게 여기고, 풍속을 바꾸었던 것이다. 그러므로 시에는 육의(六義)가 있으니, 첫째는 풍, 둘째는 부, 셋째는 비, 넷째는 흥, 다섯째는 아, 여섯째는 송이다. 위에서는 아래를 풍화하고, 아래에서는 위를 풍자하여, 문식을 위주로 하되 풍자로써 미간(微諫)한 것으로 이를 말로 표현한 자는 죄가 없으며, 들은 자는 경계로 삼기에 족하다. 그래서 풍이라 하는 것이다.

왕도가 쇠하고 예의가 폐하여, 정교가 자리를 잃고 제후 나라마다 정치가 다르며, 가문에는 습속이 달라져 '변풍'과 '변아'가 생겨난 것이다. 나라의 사관은 득실의 흔적을 찾고, 인륜이 허물어진 것을 안타깝게 여기며, 형정의 가혹함을 안타깝게 여겨, 정성(情性)을 노래로 읊어 윗사람을 풍자하고, 일의 변화에 이르도록 하여 옛 풍속을 그리워한 것이다. 그러므로 변풍이 감정에서 발현되어 예의에 이르러야 그친 것이다. 감정에 발현된다는 것은 백성의 감성이요, 예의에 이르러야 그친다는 것은 선왕의 혜택을 뜻한다. 이로써 한 나라의 한 일은 한 사람의 근본에 매인 것이니 이를 일러 풍이라 한다.

천하의 일을 말로 표현하고, 사방 제후의 풍화를 설명하는 것을 일러 '아(雅)'라 한다. '아'란 정(正)이다. 왕정의 말미암은 바의 폐흥(廢興)이다. 정치에는 대소가 있다. 그 까닭으로 소아가 있고, 대아가 있는 것이다.

'송'(頌)이란 풍성한 덕을 형용하여 찬미하며, 이로써 그들이 이룬 공을 신명에게 고하는 것이다. 이를 일러 '사시'(四始)라 하니, 시의 지극함이다.

그렇다면 〈관저〉와 〈인지〉의 교화는 왕자(王者)의 풍교이다. 그 까닭으로 주공(周公)에게 연계시킨 것이다. '주남'은 교화가 북쪽 기주(岐周)에서 남쪽으로 미쳤음을 말한 것이다. 〈작소〉와 〈추우〉의 덕은 제후들의 풍교이며, 선왕 태왕과 계력의 교화에 의한 것이다. 그 때문에 소공(召公)에게 연계시킨 것이다.

주남과 소남은 처음을 바르게 한 도(道)이며, 왕화(王化)의 바탕이다. 이 까닭으로 〈관저〉는 숙녀가 군자의 짝이 됨과 현인을 진달시킬 것에 대한 근심, 그리고 그 색에 대해 음란하지 않음과, 요조를 안타깝게 여기고, 현인과 재능 있는 이를 그리워하되 선한 풍속에 상해를 주지 않는 마음을 즐겁게 여긴 것이다. 이것이 〈관저〉의 본의이다.

【后妃】天子의 아내. 흔히 周 文王(姬昌)의 비 太姒를 가리키는 것으로 보았음. 孔穎達 〈正義〉에 "言后妃性行合諧, 貞專化下, 寤寐求賢, 供奉職事, 是后妃之德也"라 하였음.
【風之始】'風'의 시작. 文王의 風化가 아내 太姒로부터 시작되었음을 강조한 함. 孔穎達 〈正義〉에 "言后妃之有美德, 文王風化之始也. 言文王行化始于其妻, 故用

此爲風敎之始"라 함.

【鄕人】百姓.《禮記》鄕飮酒禮에 "令鄕大夫以之敎其民也"라 함.

【邦國】諸侯가 賓客을 접대할 때 이를 사용함.《儀禮》燕禮에 "遂歌鄕樂. 周南〈關雎〉·〈葛覃〉·〈卷耳〉, ……大師告於樂正曰: 「正歌備.」樂正由楹內東楹之東告於公, 乃降復位"라 하였고, 孔穎達〈正義〉에 "令天下諸侯以之敎其臣也"라 함.

【情發於聲】〈鄭箋〉에 "發, 猶見也"라 함.

【聲成文謂之音】'聲'은 宮商角徵羽의 五音. '文'은 꾸미고 다듬어 문채를 이루어 曲調가 됨.〈鄭箋〉에 "聲, 謂宮商角徵羽也. '聲成文'者, 宮商上下相應"이라 함.

【哀以思】'哀'는 당세를 안타깝게 여기는 것. '思'는 옛 태평시대를 그리워하는 것.

【六義】《周禮》春官 太師에 "太師敎六詩: 曰風, 曰賦, 曰比, 曰興, 曰雅, 曰頌"이라 하였고, 孔穎達〈正義〉에는 "賦比興, 是詩之用; 風雅頌, 是詩之成形, 用彼三事, 成此三事, 是故同稱爲義"라 함.

【風化·風刺】'風化'는 임금의 정치가 백성의 풍속에 영향을 미침. '風刺'는 諷刺와 같으며, 백성이 譬喩로써 하되 直言으로써 叱斥하지는 않음을 뜻함.〈鄭箋〉에 "風化·風刺, 皆謂譬喩不斥言也"라 함.

【主文而譎諫】글 내용을 五音에 잘 맞추어 꾸미며, 婉曲하게 과실을 간함. 즉 직간 이나 극간의 방법을 쓰지 않음.〈鄭箋〉에 "主文, 主與樂之宮商相應也; 譎諫, 詠 歌依違, 不直諫"이라 함.

【變風·變雅】正風과 正雅에 상대하여 쓴말. 變風과 變雅는 西周 中衰 이후의 작 품들로 亂世之音, 亡國之音을 뜻함. 변풍은 邶風 이하 13국, 변아는 大雅의〈民 勞〉(259), 小雅의〈六月〉(183) 이후의 詩들임.

【國史】王室의 史官.〈正義〉에 "國史采衆詩時, 明其好惡, 令瞽矇歌之. 其無作主, 皆國史主之, 令可歌"라 함.

【一國之事】'一國'은 諸侯國을 뜻함. 아래의 '天下'와 구별됨.

【謂之風】〈正義〉에 "詩人覽一國之意, 以爲己心, 故一國之事, 繫此一人, 使言之也" 라 함.

【謂之雅】천하(천자)의 일을 다룬 것이 雅임.〈正義〉에 "詩人總天下之心, 四方風 俗, 以爲己意, 而咏歌王政, 故作詩道說天下之事, 發見四方之風, 所言者, 乃是天 子之政, 施齊正于天下, 故謂之雅, 以其廣故也"라 함.

【頌者】祭祀에서 그 군왕의 공덕을 形容하여 찬미하는 樂歌.

【四始】風, 大雅, 小雅, 頌의 시작되는 작품을 말하며, 이는 왕도의 흥쇠에 관련 이 있음.〈鄭箋〉에 "始者, 王道興衰之所由"라 하였고,〈正義〉에는 "風也, 小雅也, 大雅也, 頌也, 此四者, 人君行之則爲興, 廢之則爲衰"라 함.《史記》孔子世家에는 "上采契后稷, 中述殷周之盛, 至幽厲之缺, 始於衽席, 故曰〈關雎〉之亂以爲風始,

〈鹿鳴〉爲小雅始, 〈文王〉爲大雅始, 〈淸廟〉爲頌始"라 함.

【〈關雎〉·〈麟趾〉】〈關雎〉는 周南의 첫머리, 〈麟之趾〉(011)는 끝마무리 작품임. 문왕의 風化와 德敎 전체가 여기에 모두 표현된 것임. 〈正義〉에 "〈關雎〉·〈麟趾〉之化, 是王者之風, 文王之所以敎民也. 王者必聖周公, 聖人故繫之周公"이라 함.

【南】岐周의 남쪽. 즉 江水와 漢水 지역까지 文王의 교화가 미쳤음을 뜻함. 〈毛傳〉에 "謂其化從岐周被江漢之域也"라 하였고, 〈鄭箋〉에도 "自, 從也. 從北而南謂其化, 從岐周被江漢之域也"라 함. 〈正義〉에도 "言此文王之化, 自北土而行于南方故也"라 함.

【〈鵲巢〉·〈騶虞〉】召南의 첫머리와 끝. 이는 제후들이 이미 주나라 선대의 영향으로 교화가 되었으며, 특히 현인 소공이 나와 그 임무를 다한 작품들임을 말함. 〈正義〉에 "〈鵲巢〉·〈騶虞〉之德, 是諸侯之風. 先王太王·王季, 所以敎化民也. 諸侯必賢召公, 賢人故繫之召公"이라 함.

【先王之敎】이미 太王(古公亶父)과 王季(季歷)의 교화가 미쳤음. 〈鄭箋〉에 "先王, 斥大王·王季"라 함.

【周南·召南】周南 11편과 召南 14편은 왕업의 기본이었음을 뜻함. 〈正義〉에 "周南·召南二十五篇之詩, 皆是正其初始之大道, 王業風化之基本也"라 함.

【〈關雎〉之義】이는 《論語》八佾篇 "子曰:「關雎, 樂而不淫, 哀而不傷.」"의 뜻을 원용한 것임.

Ⅰ. 국풍國風
〈15國風 160편〉

　'國'은 제후 나라를 일컫는 말이며, '風'은 歌謠, 民謠, 風謠의 뜻이다. 따라서 國風은 各 제후국 지역의 民謠를 採集한 것이며, '風'은 그 지역 풍토와 풍속, 민간의 의식, 역사 등의 뜻을 함께 담고 있다. 이 國風에는 周南으로부터 豳에 이르는 15개 나라 혹 지역, 160篇이 실려 있어 흔히 '十五國風'이라 부른다. 즉 周南(11), 召南(14), 邶(19), 鄘(10), 衛(10), 王(王城 洛邑: 10), 鄭(21), 齊(11), 魏(7), 唐(12), 秦(10), 陳(10), 檜(4), 曹(4), 豳(7) 등이다.

　이들 작품은 주로 민간에서 나온 것이어서 작자는 알 수 없으며, 대체적으로 남녀간의 애정, 사회생활에서의 소박한 생활 감정, 이별과 요역, 생활고, 송축 등 매우 다양하다. 그럼에도 漢代 이후 宋代까지 해석가들은 '시'는 곧 유가에서 五經의 하나라는 이유로 이 모든 시들을 위정자의 정치득실과 연관을 지어 풀이하여 왔다. 특히 첫 〈關雎〉편부터 文王의 비 太姒와 관련시켜 '덕'이라는 굴레를 씌웠고, 뒤로 가면서 각 나라마다 정치 혼란 때문에 淫風이 성행했다는 식의 變風 개념을 공식을 만들어 규범화시켰다. 물론 이는 儒家 특유의 도덕, 교화, 문명화, 왕도의 실현 등 높은 이상을 실현하고자 하는 이유 때문이었다.

　그러나 그 내용을 순수하게 감정표현의 시로 보면 대체로 남녀 사이의 戀愛歌(79), 성인과 현인을 우러러보는 頌祝歌(19), 시대의 혼란과 외부의 침입을 막기 위해 나서야 하는 요역과 征役의 고달픔을 읊은 시(12), 사회와 時俗에 대한 불만을 토로한 諷刺詩(15), 生活苦를 견디지 못해 그 슬픔을 토로한 시(6), 여성으로서의 차별과 얽매임을 탄식한 시(6), 기타

당시 사회에서 있을 수 있는 여러 상황을 읊은 것(23) 등으로 나누기도
한다.

　우선 15개 지역, 혹 나라는 해제 부분을 참고하기 바란다.

　○ 朱熹 <集傳>
　'國'者, 諸侯所封之域, 而'風'者, 民俗歌謠之詩也. 謂之'風'
者, 以其被上之化, 以有言而其言. 又足以感人, 如物因風之
動, 以有聲, 而其聲又足以動物也. 是以諸侯采之, 以貢於天
子. 天子受之, 而列於樂官. 於以考其俗尙之美惡, 而知其政
治之得失焉.
　舊說:「二南爲正風, 所以用之. 閨門鄕黨邦國, 而化天下
也.」十三國爲變風, 則亦領在樂官, 以時存, 肄備觀省, 而垂
監戒耳. 合之凡十五國云.

1. 주남周南
11편 (001–011)

〈毛傳〉과 〈集傳〉에는 '周南'과 '召南'을 묶어서 설명하고 있다. 이는 제후국 이름이 아니며 지역 명칭이다.

《史記》燕召公世家에 "召公奭與周同姓, 姓姬氏. 周武王之滅紂, 封召公於北燕. 其在成王時, 召王爲三公 : 自陝以西, 召公主之 ; 自陝以東, 周公主之"라 하여, 서주 초 周公(姬旦)과 召公(姬奭)은 陝(지금의 河南省 陝縣)을 중심으로, 東都 洛邑(지금의 洛陽)의 제후들은 주공이 관할하고, 그 서쪽은 소공이 다스리기로 하면서 동시에 채읍을 봉지로 받았다. '주남'은 바로 주공 관할 아래 남쪽이라는 뜻으로 황하 중류와 남쪽 長江과 漢水 지역(지금의 河南 南東부와 湖北 북부) 일대를 가리킨다. '소남'은 소공이 다스리던 지역의 남쪽, 즉 지금의 하남 서남부와 장강 중·상류 지역이며, 이 역시 소공의 관할 아래라 하여 '소남'이라 칭한 것이다.

이 '주남'과 '소남'의 노래들은 모두가 文王, 武王, 周公 등 聖君과 성인의

德化가 이루어진 太平盛代의 노래들이라 여겨왔다. 그들은 이들 성인들에
감화하여 문명화하고 도덕과 윤리가 지켜진 내용이라 미화하고 있다. 그러
나 정치색을 배제한다면 아름답고 감성이 풍부한 戀愛詩이며, 婚姻, 戀思,
思婦, 思夫 등의 노래라 할 수 있다.

★역사적 관련 사항은《史記》周本紀 및 燕召公世家를 참조할 것.

○ 鄭玄《毛詩譜》<周南>·<召南>
周召者, <禹貢>雍州, 岐山之陽地名, 今屬右扶風美陽縣.
地形險阻, 而原田肥美. 周之先公曰'大王'者, 避狄難, 自豳
始遷焉. 而脩德建王業. 商王帝乙之初, 命其子王季爲西伯.
至紂, 又命文王典治南國·江漢·汝旁之諸侯. 於時三分天下.
有其二, 以服事殷. 故雍·梁·荆·豫·徐·揚之人, 咸被其德
而從之.

文王受命作邑於豐, 乃分岐邦周召之地, 爲周公旦·召公奭
之采地, 施先公之教於己所職之國. 武王伐紂, 定天下. 巡守
述職, 陳誦諸國之詩, 以觀民風俗. 六州者, 得二公之德教
尤純, 故獨錄之, 屬之大師, 分而國之. 其得聖人之化者, 謂
之<周南>; 得賢人之化者, 謂之召南. 言二公之德教, 自岐而
行於南國也. 乃棄其餘, 謂此爲風之正經. 古公亶父「聿來胥
宇, 爰及姜女」, 其後大任思媚, 周姜大姒嗣徽音, 歷世有賢
妃之助, 以致其治.

文王「刑于寡妻, 至于兄弟, 以御于家邦」. 是故二國之詩,
以后妃夫人之德爲首, 終以<麟趾>. <騶虞>言后妃夫人, 有
斯德, 興助其君子, 皆可以成功. 至於獲嘉瑞.

風之始所以風化天下, 而正夫婦焉. 故周公作樂, 用之鄉人
焉; 用之邦國焉. 或謂之房中之樂者, 后妃夫人侍御, 於其君
子, 女史歌之以節義, 序故耳.

<射禮>天子以<騶虞>, 諸侯以<貍首>, 大夫以<采蘋>, 士以<采蘩>爲節. 今無<貍首>, 周衰, 諸侯竝僭, 而去之. 孔子錄詩不得也. 爲禮樂之記者, 從後存之, 遂不得其次序. 周公封魯, 死諡曰文公; 召公封燕, 死諡曰康公, 元子世之, 其次子亦世, 守采地, 在王官, 春秋時周公·召公是也,

問者曰:「周南·召南之詩, 爲風之正經, 則然矣. 自此之後, 南國諸侯, 政之興衰, 何以無變風?」

答曰:「陳諸國之詩者, 將以知其缺失, 省方設敎, 爲黜陟時徐, 及吳楚·僭號稱王, 不承天子之風, 今棄其詩夷狄之也. 其餘江·黃·六·蓼之屬, 旣驅陷於彼俗, 又亦小國, 猶邾·滕·紀·莒之等, 夷其詩蔑, 而不得列於此.」

○ 朱熹 <集傳>

周, 國名; 南, 南方諸侯之國也. 周國本在禹貢雍州境內, 岐山之陽. 后稷十三世孫古公亶父, 始居其地. 傳子王季歷, 至孫文王昌, 辟國浸廣. 於是徙都于豐, 而分岐周. 故地以爲周公旦·召公奭之采邑. 且使周公爲政於國中, 而召公宣布於諸侯. 於是德化大成於內, 而南方諸侯之國, 江沱汝漢之間, 莫不從化, 蓋三分天下而有其二焉.

至子武王發, 又遷于鎬, 遂克商而有天下. 武王崩, 子成王誦立. 周公相之, 制作禮樂, 乃采文王之世, 風化所及民俗之詩被之筦弦, 以爲房中之樂, 而又推之, 以及於鄕黨邦國. 所以著明先王風俗之盛, 而使天下後世之脩身齊家治國平天下者, 皆得以取法焉. 蓋其得之國中者, 雜以南國之詩, 而謂之「周南」. 言自天子之國, 而被於諸侯, 不但國中而已也. 其得之南國者, 則直謂之「召南」. 言自方伯之國, 被於南方而不敢以繫於天子也. 岐周在今鳳翔府, 岐山縣豐在今京兆

府鄠縣, 終南山北南方之國, 卽今興元府京西湖北等路諸州.
鎬在豐東二十五里. 小序曰: <關雎>·<麟趾>之化, 王者之
風, 故繫之周公, 南言化自北而南也. <鵲巢>·<騶虞>之德,
諸侯之風也. 先王之所以敎, 故繫之召公, 斯言得之矣.

001(周-1) 관저(關雎)

*〈關雎〉: 첫 구절 '關關雎鳩'의 '關'자와 '雎'자를 따서 제목을 삼은 것. '雎鳩'는 '魚鷹', '魚鶖'라고도 불리며, 隼形目鶚科의 水中 捕食 猛禽類. 〈鄭箋〉에는 '王雎' 라 하였으며, 《爾雅》郭璞 注에는 '鵰'라 하였음. '鵰'는 무수리(독수리)의 일종. 수 리 중에 물고기를 잡아먹는 猛禽類. 王雎, 魚鷹, 猛禽 모두 권력을 상징한다 함. 《左傳》召公 17년 郯子가 魯나라에 이르러 고대 少皡氏 시대에는 새 이름으로 官職名을 삼았으며 雎鳩氏가 있었다 하였으며, 그 중 雎鳩氏는 司馬를 담당하였 다 함. 〈諺解〉物名에는 "關雎: 증경이"라 함.
*이 시는 后妃(文王의 妃 太姒)의 덕을 칭송한 것이라 함. '雎鳩는 雌雄이 정이 지 극하나 물러서 기다리며, 훌륭한 배필이 있을 것임을 기다릴 줄 안다'는 것을 태사에게 비유하여, 문왕의 덕이 우선 아내에게서 비롯되어 천하에 미쳤음을 노래한 것이라 함. 한편 《論語》八佾篇에는 "子曰:「關雎, 樂而不淫, 哀而不傷.」"이 라 하여 그 의의를 아주 높이 여겼음.

*전체 3장. 1장은 4구, 2장은 8구씩(關雎: 三章. 一章四句, 二章章八句).

(1) 興

關關雎鳩, 在河之洲.

關關(관관)ᄒᄂᆫ 雎鳩(져구)ㅣ, 河(하)ㅅ 洲(쥬)에 잇도다.

'관관'하고 우는 저 무수리, 물가 모래톱에 있도다.

窈窕淑女, 君子好逑!

窈窕(요됴)ᄒᆞᆫ 어진 女(녀)ㅣ, 君子(군ᄌ)의 好(호)ᄒᆞᆫ 딱이로다!

아리따운 아가씨, 군자의 좋은 짝이 되겠네!

【關關】새 울음소리를 표현한 擬聲語 疊語. 〈毛傳〉에 "興也. 關關, 和聲也"라 하 였고, 王先謙《三家詩義集疏》에 "《魯》說曰:「關關, 音聲和也.」《玉篇》:「關關, 和鳴 也.」"라 함. 朱熹〈集傳〉에는 "關關, 雌雄相應之和聲也"라 함.
【雎鳩】〈音義〉에 '雎'(七胥反), '鳩'(九尤反)으로 '처구'이나 한국음에 맞추어 '저구'

로 읽음. 〈毛傳〉에 "雎鳩, 王雎也. 鳥摯
而有別"이라 하였고, 〈鄭箋〉에 "摯之言
至也. 謂王雎之鳥, 雌雄情意至, 然而有
別"이라 함. 《集傳》에는 "雎鳩, 水鳥. 狀
類鳧鷖. 今江淮間有之生, 有定耦而不相
亂耦, 常並遊而不相狎, 故〈毛傳〉以爲摯
而有別. 《列女傳》以爲人未嘗見, 其乘居
而匹處者, 蓋其性然也"라 하였고, 聞一
多《詩經通義》에는 "與鳲鳩, 鶻鳩同類"
라 함. 《爾雅》郭璞 注와 李時珍《本草
綱目》에는 "鶚, 雕類"라 함.

【河】黃河(河水)를 가리키는 고유명사.
그러나 〈集傳〉에는 "河, 北方流水之通
名"이라 함.

【洲】혹 '州'로 표기된 판본도 있으며, 土
沙가 쌓인 모래톱. 三角洲. 혹 강 속의
작은 모래섬. 〈集傳〉에 "洲, 水中可居之地也"라 함. 〈毛傳〉에 "水中可居者曰洲.
后妃說樂君子之德, 無不和諧. 又不淫其色, 愼固幽深, 若雎鳩之有別焉. 然後可以
風化, 天下夫婦有別, 則父子親; 父子親, 則君臣敬; 君臣敬, 則朝廷正; 朝廷正, 則
王化成"이라 함.

【窈窕】곱게 자라 얌전하며 아리따운 모습을 표현하는 疊韻連綿語. 〈毛傳〉에
"窈窕, 幽閒也"라 하였고, 〈集傳〉에도 "窈窕幽閒之意"라 하여, '幽閒'의 뜻으로
보았음. 馬瑞辰의 《詩經通釋》에 "《方言》:「秦晉之間, 美心爲窈, 美狀爲窕.」一說:
善心爲窈, 善容爲窕"라 하여 낱개의 글자를 풀이하였으나 이는 連綿語일 뿐임.

【淑女】'淑'은 善의 뜻. 〈毛傳〉과 〈集傳〉에 "淑, 善也"라 함.

【女】文王(姬昌)의 妃 太姒를 가리키는 것이라 하였음. 〈集傳〉에 "女者, 未嫁之稱.
蓋指文王之妃太姒爲處子時而言也"라 함.

【君子】덕을 갖춘 이상적인 남자. 《詩經》에서 '君子'는 아내가 남편을 부르는 칭
호, 또는 통치자, 귀족, 덕을 갖춘 자 등을 지칭하는 뜻을 가지고 있음. 여기서
는 구체적으로 문왕을 가리킴. 〈集傳〉에 "君子, 則指文王也"라 함.

【好逑】훌륭한 配匹, 짝, 配偶者. 〈毛傳〉에 "逑, 匹也. 言后妃有關雎之德, 是幽閒,
貞專之善女. 宜爲君子之好匹"이라 하였고, 〈鄭箋〉에는 "怨耦曰仇. 言后妃之德和
諧, 則幽閒處深宮, 貞專之善女, 能爲君子和好. 衆妾之怨者, 言皆化后妃之德, 不
嫉妬. 謂三夫人以下"라 함. 〈集傳〉에는 "好, 亦善也; 逑, 匹也. 〈毛傳〉云:「摯字, 與

至通. 言其情意深至也.」라 함. 聞一多의 《詩經新義》에 "逑仇, 古通, ……君子好逑, 亦卽君子匹儔也"라 함.

*〈集傳〉에 "○'興'者, 先言他物, 以引起所詠之辭也. 周之文王, 生有聖德, 又得聖女姒氏以爲之配. 宮中之人, 於其始至見其有幽閒貞靜之德, 故作是詩. 言「彼關關然之雎鳩, 則相與和鳴於河洲之上矣. 此窈窕之淑女, 則豈非君子之善匹乎?」言其相與和樂而恭敬, 亦若雎鳩之情摯而有別也. 後凡言興者, 其文意皆放此云. 漢匡衡曰:「窈窕淑女, 君子好逑'. 言能致其貞淑, 不貳其操情, 欲之感無介乎容儀; 宴私之意, 不形乎動靜. 夫然後可以配至尊, 而爲宗廟主. 此綱紀之首, 王化之端也.」可謂善說詩矣"라 함.

(※匡衡: 西漢 때 經學家. 東海郡 承(지금의 山東省 蒼山縣 蘭陵鎭) 땅 출신. 元帝 때에 승상을 지냈으며 樂安侯에 봉해짐. 成帝 때 王尊에게 탄핵을 받아 관직을 박탈당함. 《漢書》(81)에 傳이 있음. 특히 《詩》에 밝아 "無說詩, 匡鼎來; 匡說詩, 解人頤"라는 평을 남김. 《史記》張丞相列傳,《漢書》(81) 匡衡傳,《西京雜記》(2) 聞詩解頤, 《蒙求》匡衡鑿壁 등을 참조할 것.)

(2) 興

參差荇菜, 左右流之.

參差(참치)호 荇菜(형치)를, 左(자)ㅣ며 右(우)로 流(류)ㅎ놋다.

올망졸망 조아기풀, 이리저리 찾고 있네.

窈窕淑女, 寤寐求之!

窈窕호 어진 女를, 씨며 자매 求ㅎ놋다!

아리따운 아가씨, 자나 깨나 그립도다!

求之不得, 寤寐思服.

求(구)ㅎ야 얻디 몯호 디라! 씨며 자매 思(ㅅ)ㅎ며 服(복)ㅎ야,

그리워해도 이루지 못해, 자나 깨나 그 생각.

悠哉悠哉! 輾轉反側!

悠(유)ㅎ며 悠호 디라, 輾(전)ㅎ며 轉(전)ㅎ며 反ㅎ며 側(측)ㅎ소라!

그리워라, 그리워! 잠 못 이뤄 뒤척이네!

草部
參差荇菜
傳行接余也集傳根生水
底莖如釵股上青下白葉
紫赤圓徑寸餘浮在水面
○顔氏家訓今按此方行
而圓蓋似尊似行
葉圓而稍羡又言尊似行
之尖也彼中書多言尊似行
而圓蓋土産之異也
有之黃華似尊

【參差】들쑥날쑥하며 올망졸망한 모습을 표현한 雙聲連綿語. 〈集傳〉에 "參差, 長短不齊之貌"라 함.

【荇菜】'接余'라고도 부르는 다년생 수초. 여름에 노란 색의 꽃이 피며 여린 잎은 식용으로 쓸 수 있음. 우리말로는 흔히 '조아기풀'이라 함. 〈諺解〉 物名에는 "荇:마름 ○도악이 ○猪蓴(져슌)"이라 함. 〈毛傳〉에 "荇, 接余也. 〈集傳〉에도 "荇, 接余也. 根生水底, 莖如釵股, 上青下白. 葉紫赤, 圓徑寸餘. 浮在水面"이라 함.

【左右】〈鄭箋〉에 "左右, 助也. 言后妃將共荇菜之葅, 必有助而求之者. 言三夫人·九嬪以下, 皆樂后妃之事"라 하였고, 〈集傳〉에 "或左或右, 言無方也"라 함.

【流之】'流'는 '求'와 같은 뜻(疊韻互訓). '찾다'의 뜻. 〈毛傳〉에 "流, 求也. 后妃有關雎之德, 乃能共荇菜, 備庶物以事宗廟也"라 하였고, 《集傳》에 "流, 順水之流而取之也"라 함. 陳奐《傳疏》에는 "古流求同部. ……流讀與求同. 其字作流, 其意爲求, 此古人假借之法也"라 함.

【寤寐】자나 깨나, 언제나. '寤'는 잠에서 깨어남. '寐'는 잠에 듦. 〈毛傳〉에 "寤, 覺;寐, 寢也"라 하였고, 〈鄭箋〉에 "言后妃覺寐, 則常求此賢女, 欲與之共己職也"라 함. 〈集傳〉에는 "或寤或寐, 言無時也"라 함.

【求之】그러한 남자를 찾고자 함.

【思服】'思'는 '생각하다, 그리워하다'의 뜻. '服'은 의미 없는 助字이며, '側'과 韻을 맞추기 위한 글자임. 그러나 〈毛傳〉에 "服, 思之也"라 하였고, 〈鄭箋〉에는 "服, 事也. 求賢女而不得, 覺寐則思己職事, 當誰與共之乎?"라 함. 〈集傳〉에는 "服猶懷也"라 함.

【悠哉】'그리워라!'의 의미. 〈毛傳〉에 "悠, 思也"라 하였고, 〈鄭箋〉에 "思之哉, 思之哉! 言己誠思之"라 함. 〈集傳〉에 "悠, 長也"라 함.

【輾轉】잠을 이루지 못하여 뒤척이는 상황을 표현한 雙聲(疊韻)連綿語. 그러나 〈鄭箋〉에 "臥而不周曰輾"이라 하였고, 〈集傳〉에는 "輾者, 轉之半;轉者, 輾之周"라 하였으나 이는 글자를 억지로 풀이한 것임.

【反側】反覆과 같은 뜻. 되풀이 함. 〈集傳〉에 "反者, 輾之過;側者, 轉之留. 皆臥不

安席之意"라 함.

＊〈集傳〉에 "○此章, 本其未得而言「彼參差之荇菜, 則當左右無方以流之矣. 此窈窕
之淑女, 則當寤寐不忘以求之矣.」蓋此人此德, 世不常有, 求之不得, 則無以配君
子而成其內治之美. 故其憂思之深, 不能自己至於如此也"라 함.

(3) 興

參差荇菜, 左右采之.

參差훈 荇菜를, 左ㅣ며 右로 采(치)ㅎ놋다.

올망졸망 조아기풀, 이리저리 뜯고 있네.

窈窕淑女, 琴瑟友之!

窈窕훈 어진 女를, 琴(금)과 瑟(슬)로 友(우)ㅎ놋다!

아리따운 아가씨, 금슬 좋게 함께 하리!

參差荇菜, 左右芼之.

參差훈 荇菜를, 左ㅣ며 右로 芼(모)ㅎ놋다.

올망졸망 조아기풀, 이리저리 고르도다.

窈窕淑女, 鍾鼓樂之!

窈窕훈 어진 女를, 鍾(죵)과 鼓(고)로 樂(라)ㅎ놋다!

아리따운 아가씨, 음악을 울려 즐겁게 해주리!

【采之】'采'는 '採'와 같음. 나물이나 풀 따위를 뜯거나 캠. 채집함. 〈鄭箋〉에 "言后
妃旣得荇菜, 必有助而采之者"라 하였고, 〈集傳〉에는 "采, 取而擇之也"라 함.

【琴瑟】'琴'은 五絃, 혹 七絃으로 된 絃樂器. '瑟'은 二十五絃으로 된 絃樂器. 둘
모두 고대 중국의 상류 가정에 보편화되었던 악기로서, 이러한 악기를 타면서
아리따운 아가씨와 사귀고 싶다는 뜻을 피력한 것임. 뒤에 '부부의 두터운 정'
을 표현하는 말로 轉義되기도 함. 〈集傳〉에 "琴, 五弦或七弦;瑟, 二十五弦, 皆絲
屬, 樂之小者也"라 함.

【友之】'友'는 '함께 하고 싶어함'. 〈毛傳〉에 "宜以琴瑟, 友樂之"라 하였고, 〈鄭箋〉
에는 "同志爲友. 言賢女之助, 后妃共荇菜, 其情意乃與琴瑟之志, 同共荇菜之時,

樂必作"이라 하였고, 〈集傳〉에 "友者, 親愛之意也"라 함.

【芼之】'芼'는 '擇'과 같은 뜻으로 '가려내다, 골라내다'의 뜻. '芼'는 《玉篇》에 인용된 이 구절이 '覒'로 되어 있어 '잘 살펴 골라내다'의 뜻임. 〈毛傳〉에 "芼, 擇也"라 하였고, 〈鄭箋〉에 "后妃旣得荇菜, 必有助而擇之者"라 함. 〈集傳〉에 "芼, 熟而薦之也"라 함.

【鍾鼓樂之】'음악을 울려 그녀를 즐겁게 해주리라'의 뜻. '鍾鼓'는 종과 북. 악기를 총칭하는 말. 음악, 풍악의 다른 표현. '鍾'은 '鐘'과 혼용하여 표기하기도 하며, '鼓'는 〈諺解〉에는 모두 '皷'자로 표기하였음. 〈毛傳〉에 "德盛者, 宜有鍾鼓之樂"이라 하였고, 〈鄭箋〉에 "琴瑟在堂, 鍾鼓在庭. 言共荇菜之時, 上下之樂, 皆作盛其禮也"라 함. 〈集傳〉에 "鍾, 金屬; 鼓, 革屬, 樂之大者也. 樂, 則和平之極也"라 함. 王國維는 고대 종과 북을 함께 사용하여 연주한 것은 天子와 諸侯들이며, 사대부의 경우 북만을 사용하였음을 이유로, 이 詩는 王族이 지은 것이라 추정하였음. '樂之'의 樂은 '락'으로 읽으며 '즐겁게 해주다'의 뜻.

*〈集傳〉에 "○此章, 据今始得而言「彼參差之荇菜, 旣得之, 則當采擇而亨芼之矣. 此窈窕之淑女, 旣得之, 則當親愛而娛樂之矣.」 蓋此人此德, 世不常有, 幸而得之, 則有以配君子而成內治. 故其喜樂尊奉之意, 不能自已, 又如此云"이라 함.

참고 및 관련 자료

1. 孔穎達 〈正義〉

〈關雎〉者, 詩篇之名, 旣以關雎爲首, 遂以關雎爲一卷之目. 金縢云:「公乃爲詩, 以貽王, 名之曰鴟鴞.」然則篇名皆作者所自名, 旣言爲詩, 乃云名之, 則先作詩, 後爲名也. 名篇之例義, 無定準, 多不過五, 少纔取一, 或偏擧兩字, 或全取一句. 偏擧則或上或下; 全取則或盡或餘, 亦有捨其篇首, 撮章中之一言, 或復都遺見文, 假外理以定. ……毛以爲關關然, 聲音和美者, 是雎鳩也. 此雎鳩之鳥, 雖雌雄, 情至猶能自別, 退在河中之洲, 不乘匹而相隨也. 以興情至性行和諧者, 是后妃也. 后妃雖說樂君子, 猶能不淫其色, 退在深宮之中, 不褻瀆而相慢也. 后妃旣有是德, 又不妬忌, 思得淑女以配君子, 故窈窕然, 處幽閒貞專之善女, 宜爲君子之好匹也. 以后妃不妬忌, 可共以事夫, 故言宜也. 鄭唯下二句爲異言幽閒之善女, 謂三夫·人九嬪, 旣化后妃, 亦不妬忌, 故爲君子. 文王和好衆妾之怨耦者, 使皆說樂也. 〈正義〉曰:〈釋詁〉云:「關關噰噰, 音聲和也.」是關關爲和聲也. 雎鳩, 王雎也. 〈釋鳥文〉郭璞曰:「鵰類也. 今江東呼之爲鶚. 好在江邊沚中, 亦食魚.」陸璣〈疏〉云:「雎鳩, 大小如鴟. 深目, 目上骨露, 幽州人謂之鷲.」而揚雄·許愼皆曰:「白鷢, 似鷹, 尾上白.」〈定本〉云:「鳥摯而有別, 謂鳥中雌雄情意至厚, 而猶能有別, 故以興后妃說樂君子, 情深猶能不淫其色.」傳爲'摯'

字, 實取至義. 故箋云「摯之言, 至.」王雎之鳥, 雌雄情意至, 然而有別.」所以申成毛傳也. 〈俗本〉云:「雎鳩, 王雎之鳥者.」誤也. 水中可居者, 曰洲.」〈釋水〉文也. 李巡曰:「四方皆有水, 中央獨可居.」〈釋水〉又曰:「小洲曰渚, 小渚曰沚, 小沚曰坻, 江有渚.」傳曰:「渚, 小洲也.」〈蒹葭〉傳·〈谷風〉箋竝云:「小渚曰沚.」皆依《爾雅》爲說也. 〈采蘩〉傳曰:「沚, 渚.」〈鳧鷖〉傳曰:「渚, 沚.」互言以曉人也. 〈蒹葭〉傳文云:「坻, 小渚也.」不言小沚者, 沚渚大小異名耳. 坻亦小於渚. 故舉渚以言之. '和諧'者, 心中和悅, 志意諧適, 每事皆然, 故云'無不和諧', 又解以'在河之洲', 爲喻之意言'后妃雖悅樂君子, 不淫其色. 能謹愼貞固, 居在幽閒深宮之內, 不妄淫媟君子, 若雎鳩之有別, 故以興焉.' 后妃之德, 能如是, 然後可以風化天下, 使夫婦有別. 夫婦有別, 則性純子孝, 故能父子親也. 孝子爲臣必忠, 故父子親, 則君臣敬; 君臣旣敬, 則朝廷自然嚴正; 朝廷旣正, 則天下無犯非禮, 故王化得成也. '窈窕'者, 謂淑女所居之宮, 形狀窈窕然, 故箋言'幽閒深宮', 是也. 傳知然者, 以其淑女己爲善稱, 則窈窕宜爲居處, 故云'幽閒', 言其'幽深而閒靜'也. 揚雄云'善心爲窈, 善容爲窕'者, 非也. '逑, 匹', 〈釋詁〉文. 孫炎云:「相求之匹, 詩本作逑.」《爾雅》多作'仇'字, 異音義同也. 又曰'后妃有關雎之德', 是'幽閒貞專之善, 女宜爲君子之好匹'者, 美后妃有思賢之心, 故說賢女宜求之狀. 總言宜求, 爲君子好匹, 則總謂百二十人矣. 〈正義〉曰:下箋三夫·人九嬪, 以下此直云三夫人以下, 然則九嬪以下, 總謂衆妾三夫人以下, 唯兼九嬪耳. 以其淑女, 和好衆妾, 據尊者, 故唯指九嬪以上也. 求菜論皆樂后妃之事, 故兼言九嬪以下, 總百二十人也. 若然, 此衆妾謂世婦·女御也. 《周禮》注云:「世婦·女御, 不言數者.」君子不苟於色, 有婦德者, 充之. 無則闕所以得有怨者, 以其職. 卑德小不能無怨, 故淑女和好之, 見后妃和諧, 能化輩下, 雖有小怨, 和好從化, 亦所以明后妃之德也. 此言百二十人者, 〈周南〉王者之風, 以天子之數擬之, 非其時卽然也. 何者? 文王爲諸侯早矣, 豈先無嬪妾, 一人皆須后妃求之, 且百二十人之數, 《周禮》始置. 鄭於〈檀弓〉差之, 帝嚳立四妃, 帝堯因焉. 舜不告而娶, 不立正妃, 夏增以九女爲十二人, 殷則增以二十七人爲三十九人, 至周增以八十一人爲百二十人. 當殷之時, 唯三十九人, 況文王爲諸侯世子, 豈有百二十人也?

2. 朱熹〈集傳〉

〈關雎〉, 三章, 一章四句, 二章章八句:

孔子曰:「〈關雎〉樂而不淫, 哀而不傷.」愚謂此言爲此詩者, 得其性情之正聲, 氣之和也. 蓋德如雎鳩, 摯而有別則一 后妃性情之正, 固可以見其一端矣. 至於'寤寐反側, 琴瑟鐘鼓', 極其哀樂, 而皆不過其則焉, 則詩人性情之正, 又可以見其全體也. 獨其聲氣之和, 有不可得, 而聞者雖若可恨, 然學者姑卽其辭而玩其理, 以養心焉, 則亦可以得學詩之本矣.

○匡衡曰:「妃匹之際, 生民之始, 萬福之原, 婚姻之禮正, 然後品物遂而天命全. 孔子論詩以〈關雎〉爲始, 言大上者, 民之父母. 后夫人之行, 不侔乎天地, 則無以奉神靈之統, 而理萬物之宜. 自上世以來, 三代興廢, 未有不由此者也.」

3. 《史記》周本紀

古公有長子曰太伯, 次曰虞仲. 太姜生少子季歷, 季歷娶太任, 皆賢婦人, 生昌, 有聖瑞. 古公曰:「我世當有興者, 其在昌乎?」長子太伯·虞仲知古公欲立季歷以傳昌, 乃二人亡如荆蠻, 文身斷髮, 以讓季歷.

4. 《列女傳》(1) 「周室三母」

三母者:大姜·大任·大姒. 大姜者, 王季之母, 有台氏之女. 大王娶以爲妃, 生大伯·仲雍·王季, 貞順率導, 靡有過失. 大王謀事遷徙, 必與大姜. 君子謂:「大姜廣於德教.」(德教本也, 而謀事次之.《詩》云:『古公亶父, 來朝走馬, 率西水滸, 至於岐下, 爰及姜女, 聿來胥宇.』此之謂也. 蓋太姜淵智非常, 雖太王之賢聖, 亦與之謀, 其知太王仁恕必可以比國人而景附矣.) 大任者, 文王之母, 摯任氏中女也. 王季娶爲妃. 大任之性, 端一誠莊, 惟德之行. 及其有娠, 目不視惡色, 耳不聽淫聲, 口不出敖言, 能以胎教. 溲於豕牢, 而生文王. 文王生而明聖, 大任教之以一而識百, 卒爲周宗. 君子謂:「大任爲能胎教.」古者, 婦人妊子, 寢不側, 坐不邊, 立不蹕, 不食邪味. 割不正不食, 席不正不坐, 目不視於邪色, 耳不聽於淫聲. 夜則令瞽誦詩, 道正事, 如此則生子形容端正, 才德必過人矣. 故妊子之時, 必愼所感, 感於善則善, 感於惡則惡. 人生而肖萬物者, 皆其母感於物, 故形音肖之, 文王母可謂知肖化矣. 大姒者, 武王之母, 禹後有莘姒氏之女. 仁而明道, 文王嘉之, 親迎於渭, 造舟爲梁. 及入, 大姒思媚大姜·大任, 旦夕勤勞, 以進婦道, 大姒號曰文母. 文王治外, 文母治內. 大姒生十男:長伯邑考·次武王發·次周公旦·次管叔鮮·次蔡叔度·次曹叔振鐸·次霍叔武·次成叔處·次康叔封·次冉季載. 大姒敎誨十子, 自少及長, 未嘗見邪僻之事. 及其長, 文王繼而敎之, 卒成武王·周公之德. 君子謂:「大姒仁明而有德.」詩曰:『大邦有子, 俔天之妹. 文定厥祥, 親迎于渭. 造舟爲梁, 不顯其光.』又曰:『大姒嗣徽音, 則百斯男.』此之謂也. 頌曰:『周室三母, 大姜妊姒. 文武之興, 蓋由斯起. 大姒最賢, 號曰文母. 三姑之德, 亦甚大矣.』

002(周-2) 갈담(葛覃)

*〈葛覃〉: 칡이 벋어나감. '葛'은 葛麻를 얻을 수 있는 豆科의 多年生 木質 藤本 植物. '覃'은 넝쿨 등이 '벋어나가다'의 뜻. 〈諺解〉物名에는 "葛: 츩"이라 함.
*이 시는 후비의 부덕을 칭송한 것이라 함. 그러나 일반적으로 女僕이 주인집 에서의 힘든 작업을 끝내고 師氏를 통해 주인에게 고하여, 친정나들이를 하는 기쁨을 노래한 것으로 보고 있음.

<序>: <葛覃>, 后妃之本也. 后妃在父母家, 則志在於女 功之事; 躬儉節用, 服澣濯之衣; 尊敬師傅; 則可以歸安父母, 化天下以婦道也.

　〈갈담〉은 后妃의 본이다. 후비가 부모의 집에 있다면 여자로서의 하는 일에 뜻을 두어, 몸소 검소하고 절약하여 의복을 세탁하는 일에 종사하 는 것이며, 師傅를 존경한다면 부모를 편안히 모시는 것을 귀결로 삼아 천하를 婦道로써 교화하는 것이다.

　〈箋〉: 躬儉節用, 由於師傅之教, 而後言尊敬師傅者, 欲見其性亦自然, 可以歸 安父母. 言嫁而得意, 猶不忘孝.

*전체 3장. 매 장 6구씩(葛覃: 三章. 章六句).

(1) 賦
葛之覃兮, 施于中谷, 維葉萋萋.

　葛(갈)의 覃(담)홈이, 中谷(중곡)에 施(이)ㅎ야, 닙이 萋萋(처처)ㅎ거늘,
　칡덩굴 벋어나가, 골짜기로 길게 나가, 그 잎들 무성하네.

黃鳥于飛, 集于灌木, 其鳴喈喈!

　黃鳥(황됴)의 ᄂᆞ롬이, 떨기 담(남)긔 集(집)ㅎ야, 그 우롬이 喈喈(기기)ㅎ 더라!

꾀꼬리는 날아올라, 저기 저쪽 숲에 앉아, 우는 소리 꾀꼴꾀꼴!

【葛覃】'葛'은 칡. 多年生草本植物로 꽃은 자홍색이며 줄기의 껍질로는 실을 꼬아 葛布를 만들 수 있음. '覃'(담)은 '벋어나가다'. '延'의 뜻. 〈毛傳〉에 "興也. 覃, 延也. 葛所以爲絺綌, 女功之事, 煩辱者"라 하였고, 〈鄭箋〉에 "葛者, 婦人之所有事也. 此因葛之性, 以興焉. 興者, 葛延蔓于谷中, 喩女在父母之家, 形體浸浸, 日長大也"라 함. 〈集傳〉에 "葛, 草名, 蔓生可爲絺綌者. 覃, 延"이라 함.

【施于中谷】'施'는 길게 벋어 나감. '이'(以豉反)로 읽음. '中谷'은 골짜기. 〈毛傳〉과 〈集傳〉에 "施, 移也. 中谷, 谷中也"라 함.

【維葉萋萋】'維'는 發語詞. 뜻은 없음. '萋萋'는 풀이 무성한 모양. 〈毛傳〉에 "萋萋, 茂盛貌"라 하였고, 〈集傳〉에도 "萋萋, 盛貌"라 함. 〈鄭箋〉에 "葉萋萋然, 喩其容色美盛也"라 함.

【黃鳥】꾀꼬리. 〈諺解〉物名에 "黃鳥:괴소리"라 함. 〈毛傳〉에 "黃鳥, 搏黍也"라 하여, 일명 '搏黍'라 하였음. 黃鸝, 黃鶯, 黃鸙, 流鶯, 鸝鶯. 혹은 黃雀이라고도 함. 〈集傳〉에 "黃鳥, 鸝也"라 함. 〈鄭箋〉에 "葛延蔓之時, 則搏黍飛鳴, 亦因以興焉"이라 함.

【灌木】키가 작은 나무. 위에 물을 뿌려 줄 정도 높이로 자라는 나무. 喬木에 상

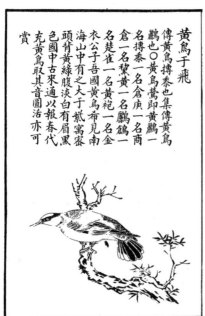

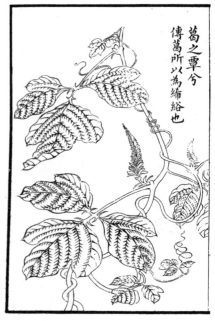

대됨. 〈毛傳〉과 〈集傳〉에 "灌木, 叢木也"라 함.

【喈喈】'꾀꼴꾀꼴'의 擬聲語. 새가 우는 소리를 疊語로 표현한 것. 〈毛傳〉과 〈集傳〉에 "喈喈, 和聲之遠聞也"라 함. 〈鄭箋〉에 "飛集叢木, 興女有嫁于君子之道, 和聲之遠聞, 興女有才美之, 稱達於遠方"이라 함.

＊〈集傳〉에 "○'賦'者, 敷陳其事而直言之者也. 蓋后妃旣成絺綌, 而賦其事追叙. 初夏之時, 葛葉方盛, 而有黃鳥鳴於其上也. 後凡言'賦'者, 放此"라 함.

(2) 賦

葛之覃兮, 施于中谷, 維葉莫莫.

葛의 覃홈이, 中谷에 施ᄒ야, 닙이 莫莫(막막)ᄒ거늘,

칡덩굴은 골짜기에 길게 벋어, 그 잎새들 검푸르네.

是刈是濩, 爲絺爲綌, 服之無斁!

이에 뷔며 이에 슬마, 絺(치)를 ᄒ며 綌(격)을 ᄒ니, 닙옴애 슬흠이 업도다!

이를 베어다가 쪄내어 굵고 가는 칡베 짜서, 옷 해 입어 좋을시고!

【維葉莫莫】'莫莫'은 무성함을 뜻하는 疊語. 앞 구절 '萋萋'에 상대하여 쓴 말. 그러나 〈毛傳〉에는 "莫莫, 成就之貌"라 하였고, 〈鄭箋〉에 "成就者, 其可采用之時"라 함. 〈集傳〉에 "莫莫, 茂密貌"라 함.

【是刈是濩】'是'는 王引之의 《經典釋詞》에서는 '於是'로 보았음. '刈'(예)는 '베다, 자르다'. '斬, 割'의 뜻. '濩'(확, 鑊)은 '삶다'. '煮(煑)의 뜻. 칡껍질 찐 다음 껍질을 벗겨 실을 뽑아서 칡베를 짬. 〈毛傳〉에 "濩, 煑之也"라 하였고, 〈集傳〉에 "刈, 斬; 濩, 煑也"라 함.

【爲絺爲綌】치포(絺布, 細葛布)와 격포(綌布, 粗葛布)를 만듦. '綌'은 〈集傳〉에 "音隙叶. 去略反"이라 하여 '격'으로 읽음. 〈毛傳〉과 〈集傳〉에 "精曰絺, 麤曰綌"라 함.

【服之無斁】'服'은 옷으로 해 입음. '斁(역)은 싫어함. 〈毛傳〉에 "斁, 厭也. 古者, 王后織玄紞, 公侯夫人紘綖, 卿之內子大帶, 大夫命婦成祭服, 士妻朝服, 庶士以下, 各衣其夫"라 하였고, 〈鄭箋〉에 "服, 整也. 女在父母之家, 未知將所適, 故習之以絺綌, 煩辱之事, 乃能整治之無厭倦, 是其性貞專"이라 함. 〈集傳〉에 "斁, 厭也"라 함. '斁'의 원음은 '두'이나, 〈集傳〉에 '音亦叶. 弋灼反'이라 하여 '역'으로 읽음.

*〈集傳〉에 "○此言「盛夏之時, 葛旣成矣. 於是治以爲布而服之. 無厭, 蓋親執其勞, 而知其成之. 不易所以心誠愛之, 雖極垢弊而不忍厭棄也.」"라 함.

(3) 賦

言告師氏,「言告言歸」.

師氏(ᄉ시)의 告(고)호야, "歸(귀)홈을 告호라" 호라.

보모님께 말씀드려, "내 친정간다"라 고하였네.

薄汙我私, 薄澣我衣.

잠깐 내 私(ᄉ)를 汙(오)호며, 잠깐 내 衣(의)를 澣(한)홀 디니,

잠깐 평상복 때를 빼고, 나들이옷도 빨래할지니,

害澣害否? 歸寧父母!

어늬를 澣호며 어늬를 마람즉 호뇨? 도라가 父母(부모)를 寧호리라!

어느 것은 빨고 어느 것은 안 빨 건가? 부모 뵈러 친정 가는데!

【言告師氏】 '言'은 〈毛傳〉에 "言, 我也"라 하였고, 〈毛傳〉은 '我'의 뜻으로 보았음. 그러나 일설에는 語助辭로 보았고, 〈集傳〉에는 "言, 辭也"라 하여 本義대로 보았음. '師氏'는 女師. 〈集傳〉에 "師, 女師也"라 함. 고대 大家에 女師를 두어 閨秀에게 四德(婦德, 婦言, 婦容, 婦功)을 가르쳤음. 保姆와 같음. 《詩經》에 '師氏'는 3번 나오며 이곳과 '楀維師氏'(大雅〈雲漢〉264) 및 '趣馬師氏'(小雅〈十月之交〉199)인데, 뒤의 두 곳은 男官, 여기서의 師氏는 〈毛傳〉에 "師, 女師也. 古者, 女師教以婦德·婦言·婦容·婦功. 祖廟未毁, 教于公宮, 三月祖廟, 旣毁教于宗室"이라 하였고, 〈鄭箋〉에는 "我告師氏者, 我見教告于女師也. 教告我以適人之道, 重言我者, 尊重師教也. 公宮宗室, 於族人皆爲貴"라 함. 이에 聞一多는 《詩經通義》에서 "師氏之職, 略同奴婢, 特以其年事長而明於婦道, 故尊之曰師, 親之曰姆耳. 姆, 卽師氏. ……論其性質, 直今傭婦之事耳."라 하여 집안 노예들을 총괄하는 老媽子. 즉 집안일을 하는 女老들의 長이며 역시 奴隸身分이라 하였음.

【言告言歸】 '歸'는 歸寧. 친정나들이. 出家한 여인이 친부모를 뵈러 친정에 가는 覲親. 그러나 '歸'는 '출가하다, 시집가다'의 뜻이 일반적이며, 〈毛傳〉에 "婦人謂嫁曰歸"라 하여, '출가'의 뜻으로 보았음. 이 경우 처녀가 시집가기 직전의 상황을 노래한 것이 됨.

【薄汙我私, 薄澣我衣】'薄'은 조사. 뜻은 없음. 그러나 〈集傳〉에는 "薄, 猶少也"라 하여 '적다, (시간적으로) 잠깐'의 뜻으로 보았음. '汙'(오)는 汚와 같으며, 〈毛傳〉에 "汙, 煩也"라 하였고, 〈鄭箋〉에 "煩, 煩撋之, 用功深澣. 謂濯之耳"라 함. 〈集傳〉에는 "汚, 煩撋之, 以去其汚. 猶治亂而曰亂也"라 함. '私'는 내복. 平常服. 늘 입는 옷. 〈集傳〉에 "私, 燕服也"라 함. 姚際恒의《詩經通論》에 "私, 袖"이라 하였음. '袖'은 《說文》에 "袖, 日日所常衣"라 함. '澣'은 세탁, 빨래. 〈毛傳〉에 "私, 燕服也. 婦人有副褘, 盛飾以朝. 事舅姑接見于宗廟, 進見于君子, 其餘則私也"라 하였고, 〈集傳〉에 "澣, 則濯之而已"라 함. '衣'는 禮服. 나들이옷. 〈鄭箋〉에 "衣謂褘, 衣以下至褖衣"라 하였고, 〈集傳〉에 "衣, 禮服也"라 함.

【害澣害否】'害'(갈)은 의문사. 〈毛傳〉과 〈集傳〉에 "害, 何也"라 함. '何, 曷, 胡, 安'과 같음. '否'는 '不'와 같음. 따라서 '割否'는 '盍'(어찌 −하지 않겠는가?)과 같음. 〈毛傳〉에 "私服宜澣, 公服宜否"라 하였고, 〈鄭箋〉에 "我之衣服, 今者何所當澣乎? 何所當否乎? 言常自潔淸, 以事君子"라 함.

【歸寧】친정나들이. 〈毛傳〉에 "寧, 安也. 父母在則有時歸寧耳"라 하였고, 〈集傳〉에 "寧, 安也. 謂問安也"라 함.

〈集傳〉에 ○朱注에 "上章旣成絺綌之服矣. 此章遂告其師氏, 使告于君子, 耳將歸寧之意. 且曰:「盍治其私服之汚, 而澣其禮服之衣乎?' 何者當澣, 而何者可以未澣乎? 我將服之以歸寧於父母矣.」"라 함.

참고 및 관련 자료

1. 孔穎達 〈正義〉

作〈葛覃〉詩者, 言后妃之本性也. 謂貞專節儉, 自有性也. 敍又申說之后妃先在父母之家, 則已專志於女功之事, 復能身自儉約, 謹節財用, 服此澣濯之衣, 而尊敬師傅. 在家本有此性, 出嫁脩而不改婦禮, 無愆當於夫氏, 則可以歸問安否於父母, 化天下以爲婦之道也. 〈定本〉后妃在父母家, 無'之'字, 化天下以婦道, 無'成'字, 有者, 衍也. 先言'后妃在父母家'者, 欲明尊敬師傅, 皆后妃在家時事, 說其爲本之意. 言'在父母之家'者, 首章是也. '志在女功之事'者, 二章'治葛以爲絺綌'是也. '躬儉節用, 服澣濯之衣'者, 卒章'汙私澣衣'是也. 澣濯卽是節儉, 分爲二者, 見由躬儉節用, 故能服此澣濯之衣也. 尊敬師傅, 卒章上二句, 言'告師氏'是也. '可以歸安父母'者, 卽卒章下一句, '歸寧父母'是也. '化天下以婦道'者, 因事生義, 於經無所當也. 經言'汙私澣衣', 在言歸之下, 則是在夫家之事也. 敍言'躬儉節用', 謂在父母之家者, 見其在家已然, 出嫁不改也. 〈正義〉曰:箋知躬儉節用, 由於師傅之教者, 以經'汙私澣衣', 在言告師氏之下故也. 歸寧父母, 乃是實事而言可以者, 能如此乃可以耳. 若不當夫氏, 雖歸安父母, 而父母尚憂. 今旣當夫氏, 仍得歸安父母, 言其嫁而得夫之意, 猶不忘孝

故也

2. 朱熹〈集傳〉

〈葛覃〉, 三章, 章六句:

此詩后妃所自作, 故無贊美之辭. 然於此可以見其已貴而能勤, 己富而能儉; 己長而敬不弛於師傅, 己嫁而孝不衰於父母. 是皆德之厚, 而人所難也.〈小序〉以爲后妃之本, 庶幾近之.

3. 班昭《女誡》婦行章

女有四行: 一曰婦德, 二曰婦言, 三曰婦容, 四曰婦功. 夫云'婦德', 不必才明絶異也; '婦言', 不必辯口利辭也. '婦容', 不必顔色美麗也; '婦功', 不必伎巧過人也. 幽閒貞靜, 守節整齊, 行已有恥, 動靜有法, 是謂'婦德'. 擇辭而說, 不道惡語, 時然後言, 人不厭於人, 是謂'婦言'. 盥浣塵穢, 服飾鮮潔; 沐浴及時, 身不垢辱, 是謂'婦容'. 專心紡績, 不好戲笑, 潔齊酒食, 以供賓客, 是謂'婦功'. 此四者, 女人之大節而不可乏無者也. 然爲之甚易, 唯在存心耳. 古人有言:「我欲仁, 而仁斯至矣.」此之謂也.

003(周-3) 권이(卷耳)

＊〈卷耳〉: 도꼬마리. 〈毛傳〉에 "卷耳, 苓耳也"라 하여, 일명 '苓耳', 혹 '蒼耳'라고
도 하며 중국 동북지역에서는 '母豬癩', 天津에서는 '蒺藜狗子'로도 불리는 일년
생 菊科 草本식물. 〈諺解〉物名에는 "卷耳: 도꼬마리"라 함. 王夫之의《詩經稗疏》
에는 鼠耳, 즉 鼠鞠이라는 풀로 역시 菊科에 속하며, 淸明節 전후에 채집하여 찹
쌀가루와 섞어 '饔餠'(인절미)을 만들어 먹기도 한다 하며, 가시가 돋은 씨(蒼耳
子)를 채집하여 藥으로도 사용함. 우리말로는 흔히 '도꼬마리'라 함. 〈集傳〉에는
"卷耳, 枲耳. 葉如鼠耳. 叢生如盤"이라 하여 '모시풀'의 일종으로 보았음.
＊이 시는 后妃의 뜻을 표현한 것이라 함. 그러나 일반적으로 이 시를 지은 이는
여인이며, 친척을 떠나 집과 이별하면서 가는 도중 겪을 이별의 아픔을 이 시에
의탁한 것으로 보고 있음.

〈序〉: 〈卷耳〉, 后妃之志也. 又當輔佐君子, 求賢審官. 知臣下之勤勞, 内有進賢之志, 而無險詖私謁之心, 朝夕思念, 至於憂勤也.

〈권이〉는 后妃의 뜻을 노래한 것이다. 또한 의당 군자가 현신을 구하고
관직에 앉힐만한 자를 살피도록 보좌하는 것이다. 신하의 勤勞를 알아내
고 안으로는 훌륭한 인물을 진달시켜 험한 치우침으로 사사롭게 청탁할
마음이 없도록 하며, 조석으로 사념하여 부지런히 힘쓸 일에만 근심이
이르도록 하는 것이다.

〈箋〉: 謁, 請也.

＊전체 4장. 매장 4구씩(卷耳: 四章. 章四句).

(1) 賦
采采卷耳, 不盈頃筐.

卷耳(권이)를 키며 키요디, 기운 筐(광)의 ᄎ디 몯ᄒᆞ야셔.

캐고 캐어도 도꼬마리, 기운 바구니에 채우지 못하여,

嗟我懷人, 寘彼周行!

슬프다, 내 사름을 싱각흔 디라, 뎌 큰 길헤 더듀라!

아, 임 생각에, 바구니 큰 길에 던져 놓네!

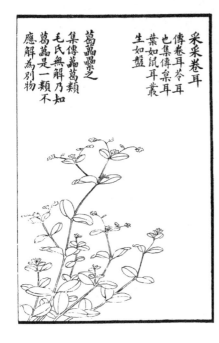

采采卷耳
傳卷耳苓耳
也集傳枲耳
葉傳如鼠耳
生如盤

葛葍蓏蔂之
集傳蓏蔂葛類
毛氏無解乃知
葛蓏是一類不
應解爲別物

【采采】나물 따위를 캐고 또 캠. '采'는 採와 같음. "憂者之興也. 采采, 事采之也"라 하였고, 〈集傳〉에는 "采采, 非一采也"라 함.

【頃筐】대바구니. 앞쪽은 낮고 뒤쪽이 높은 형태라 함. 〈毛傳〉에 "頃筐畚屬, 易盈之器也"라 하였고, 〈鄭箋〉에는 "器之易盈, 而不盈者, 志在輔佐君子憂思深也"라 함. 〈集傳〉에 "頃, 欹也; 筐, 竹器"라 함.

【嗟】감탄사.

【懷人】〈毛傳〉과 에 "懷, 思"라 하였고, 〈集傳〉에 "懷, 思也; 人, 蓋謂文王也"라 함.

【寘】'置'의 異體字. 〈毛傳〉에 "寘, 置"라 하였고, 〈集傳〉에는 "寘, 舍也"라 함.

【周行】〈集傳〉에 "周行, 大道也"라 함. 그러나 〈毛傳〉에 "行, 列也. 思君子官, 賢人置, 周之列位"라 하였고, 〈鄭箋〉에 "周之列位, 謂朝廷臣也"라 하여 '周의 行列', 곧 周王室의 지위라 하여 后妃에 연관시켜 풀이하였음.

*〈集傳〉에 "○后妃以君子不在而思念之, 故賦此詩託言. 方采卷耳, 未滿頃筐而心適念其君子, 故不能復采而寘之大道之旁也"라 함.

(2) 賦

陟彼崔嵬, 我馬虺隤.

뎌 崔嵬(최외)에 올오려 흐나, 내 ᄆᆞ리 虺隤(회퇴)흐란대,

험한 산 오르려니, 내 말이 지쳐 터벅거리는데,

我姑酌彼金罍, 維以不永懷!

내 아직 뎌 金罍(금뢰)옛 거슬 브어, 뼈 기리 싱각디 아니 호리라!

황금 술통의 술이나 따르면, 이 내 그리움 길게 끌고 가지 않을거나!

【陟彼崔嵬】'陟'은 오름. 〈毛傳〉과 〈集傳〉에 "陟, 升也"라 함. '崔嵬'는 산이 높은 모습을 표현하는 疊韻連綿語. 〈毛傳〉과 〈集傳〉에 〈毛傳〉에 "崔嵬, 土山之戴石者"라 함.

【我馬】여기의 "我"는 〈鄭箋〉에 "我, 我使臣也. 臣以兵役之事, 行出離其列位, 身勤勞於山險, 而馬又病, 君子宜知其然"이라 함.

【虺隤】피로에 지친 모습을 표현하는 疊韻連綿語. 孫炎《爾雅》注에 "馬疲不能升高之病"이라 함. 〈毛傳〉에 "虺隤, 病也"라 하였고, 〈集傳〉에는 "虺隤, 馬罷不能升高之病"이라 함.

【我姑】여기의 '我'는 〈鄭箋〉에 "我, 我君也. 臣出使功成而反, 君且當設饗燕之禮, 與之飮酒, 以勞之我, 則以是不復

長憂思也. 言且者, 君賞功臣, 或多於此"라 함. '姑'는 '우선, 잠시, 임시' 등의 뜻. 〈毛傳〉과 〈集傳〉에 "姑, 且也"라 함.

【金罍】〈毛傳〉에 "人君黃金罍"라 하였고, 〈集傳〉에는 "罍, 酒器. 刻爲雲雷之象, 以黃金飾之"라 함. '罍'는 술이나 물을 담는 그릇.

【維】語助辭, 發語辭.

【永懷】오래도록 마음속에 품고 그리워함. 〈毛傳〉과 〈集傳〉에 "永, 長也"라 함.

＊〈集傳〉에 "○此又託言欲登此崔嵬之山, 以望所懷之人, 而徃從之, 則馬罷病而不能進. 於是且酌金罍之酒, 而欲其不至於長以爲念也"라 함.

(3) 賦

陟彼高崗, 我馬玄黃.

뎌 노픈 岡(강)의 올오려 ᄒ나, 내 ᄆᆞᆯ이 玄(현)ᄒᆞᆫ 거시 黃(황)ᄒᆞᆫ란대,

저 높은 언덕 오르려니, 내 말은 지쳐 헐떡거리는데,

我姑酌彼兕觥, 維以不永傷!

내 아직 뎌 兕觥(시굉)애 브어, 뻐 기리 슬허 아니 호리라!

저 쇠뿔 잔에 술이나 따르면, 이내 아픔 더는 길게 가지 않을거나!

【高崗】높은 산등성이. 산의 능선. 〈毛傳〉과 〈集傳〉에 "山脊曰崗"이라 함.
【馬】〈諺解〉物名에는 "馬: ᄆᆞᆯ"이라 함.
【玄黃】말의 病色을 뜻함. 〈毛傳〉에 "玄, 馬病則黃"이라 하였고, 〈集傳〉에 "玄黃, 玄馬而黃, 病極而變色也"라 함. 聞一多《詩經通義》에는 "眼花, 亦謂之玄黃"이라 함.
【兕觥】'兕'는 외뿔소. '兕觥'은 쇠뿔로 만든 술잔. 〈毛傳〉에 "兕觥, 角爵也"라 하였고, 〈集傳〉에 "兕, 野牛, 一角靑色, 重千斤. 觥, 爵也. 以兕角爲爵也"라 함. 〈諺解〉物名에는 "兕:《說文》에 닐오디 들소 굳고 털이 프르고, 얼굴이 코키리 ᄀᆞ트니라. 《交州記》예 닐오디 兕ㅣ 九德의셔 나니 쓸 기리 석자 남고 얼굴이 병 ᄀᆞ트니라"라 함. 혹 '兕觥'은 청동기로 만든 코뿔소 코 모양의 酒器라고도 함. 한편 〈鄭箋〉에는 "觥, 罰爵也. 饗燕所以有之者, 飮酒禮, 自立司正之後, 旅酬必有醉而失禮者, 罰之. 亦所以爲樂"이라 함.
【永傷】긴 마음의 상처. 아픔. 앞의 '永懷'에 상대하여 쓴 말. 〈毛傳〉에 "傷, 思也"라 하였고, 〈鄭箋〉에 "此章爲意不盡, 申殷勤也"라 함.

(4) 賦

陟彼砠矣, 我馬瘏矣,

뎌 砠(저)의 올오려 ᄒ나, 내 ᄆᆞᆯ이 瘏(도)ᄒᆞ며,

저 돌산에 오르려니 내 말은 지쳐 늘어지며,

我僕痡矣, 云何吁矣?

내 종이 痡(부)ᄒᆞ니, 엇디 吁(우)케 ᄒᆞᄂᆈ뇨?

내 종조차 병들었으니, 아, 어쩌면 좋으리오?

【砠】〈毛傳〉과 〈毛傳〉에 "山石戴土曰砠"라 함.
【瘏】말이 너무 지쳐 병이 들어 걷지 못함. 〈毛傳〉에 "瘏, 病也"라 하였고, 〈集傳〉에 "馬病不能進也"라 함.
【痡】사람이 너무 지쳐 걷지 못하는 병. 〈毛傳〉에 "痡, 亦病也"라 하였고, 〈集傳〉에 "人病不能行也"라 함.
【云何】如何와 같음. '어찌하면'의 뜻.
【云】語助辭.
【吁】근심. 시름. 憂의 가차. 혹 탄식하는 소리. 그러나 〈毛傳〉에 "吁, 憂也"라 하였고, 〈集傳〉에도 "吁, 憂歎也.《爾雅》注引此爵'吁', 張目望遠也. 詳見〈何人斯〉篇"이라 하여 '吁'일 경우, 눈을 크게 뜨고 멀리 봄을 뜻한다 하였음. 〈鄭箋〉에 "此章言「臣旣勤勞於外, 僕馬皆病, 而今云何乎? 其亦憂矣.」深閔之辭"라 함.

참고 및 관련 자료

1. 孔穎達〈正義〉
作〈卷耳〉詩者, 言后妃之志也. 后妃非直憂在進賢, 躬率婦道, 又當輔佐君子. 其志欲令君子求賢德之人, 審置於官位, 復知臣下, 出使之勤勞. 欲令君子賞勞之內, 有進賢人之心. 唯有德是用, 而無險詖不正私請, 用其親戚之心. 又朝夕思此欲, 此君子官賢人, 乃至於憂思而成勤, 此是后妃之志也. 言又者, 繫前之辭, 雖則異篇而同, 是一人之事, 故言又爲亞次也. 輔佐君子, 總辭也. 求賢審官, 至於憂勤, 皆是輔佐君子之事. 君子所專后妃志意如然, 故云后妃之志也. '險詖'者, 情實不正, 譽惡爲善之辭也. '私謁'者, 婦人有寵, 多私薦親戚, 故厲王以艶妻, 方煽七子在朝. 成湯謝過婦謁盛, 與險詖私謁, 是婦人之常態, 聖人猶恐, 不免后妃能無此心, 故美之也. 至於憂勤, 勤爲勞心, 憂深不已, 至於勞勤, 后妃之篤志也. 至於憂勤, 卽首章上二句是也. 求賢審官, 卽首章下二句是也. 經敘倒者, 敘見后妃, 求賢而憂勤, 故先言求賢. 經主美后妃之志, 能爲此憂勤, 故先言其憂也.

2. 朱熹〈集傳〉
〈卷耳〉, 四章, 章四句:
此亦后妃所自作, 可以見其貞靜專一之至矣. 豈當文王朝會征伐之時, 羑里拘幽之日, 而作歟? 然不可考矣.

004(周-4) 규목(樛木)

*〈樛木〉: '樛'의 음은 '규(糾)'. 朱熹 〈集傳〉에 "木下曲曰樛"라 하여 '가지가 아래로 처져 굽은 모습의 나무'를 뜻함. 혹 나무 이름으로 보기도 함.
*이 시는 后妃가 아랫사람의 모범이 됨을 찬미한 것이라 함.

〈序〉: 〈樛木〉, 后妃逮下也. 言能逮下, 而無嫉妬之心焉.

〈규목〉은 후비가 아랫사람들에게 바르게 행동함이다. 능히 아래 첩들에게 잘하여 질투의 마음이 없도록 한 것이다.

〈箋〉: 后妃能和諧衆妾, 不嫉妬. 其容貌恒以善言逮下而安之.

*전체 3장. 매 장 4구씩(樛木: 三章. 章四句).

(1) 興
南有樛木, 葛藟纍之.

南애 樛(규)혼 남기 이시니, 葛과 藟(류)ㅣ 纍(류)ㅎ엿도다.
남산에 가지 드리운 나무 있어, 칡과 머루가 휘감겼네.

樂只君子! 福履綏之!

라온 君子(군ᄌᆞ)ㅣ여! 福(복)과 履(리)ㅣ 綏(유)ㅎ놋다!
즐거우신 군자시여! 복록이 그를 편안케 하네!

【南】南山, 앞산. 또는 남쪽 荊州(湖北) 및 揚州(江蘇) 지역. 〈毛傳〉에 "興也. 南, 南土也"라 하였고, 〈鄭箋〉에 "南土, 謂荊揚之域"이라 함. 〈集傳〉에는 "南, 南山也"라 함.
【樛】가지가 아래로 드리운 나무. 〈毛傳〉과 〈集傳〉에 "木下曲曰樛"라 함.
【葛藟】推藟, 千歲藟, 千歲木, 萬世藤, 㤾茶 등으로도 불리는 葡萄科 蔓生 식물. 四川 지역에서는 이 잎을 차로 사용한다 함. 한편 王念孫의 《廣雅疏證》에 "藟, 一名巨苽, 似虆蕪, 連蔓而生"이라 하였고, 宋開寶의 《本草》注에는 "虆蕪, 是山葡

藚"라 하여 '머루'라 하였음. 〈諺解〉物名에도 "蘽:멀에 ○묏멀외"라 하여 '머루'로 보았음. 〈鄭箋〉에는 '칡과 松蔓'이라 하였음. 〈集傳〉에 에는 "蘽, 葛類"라 함.

【蘽】'挂, 繫'의 뜻, 걸쳐 있음. 무성함. 〈毛傳〉에 "南土之葛蘽, 茂盛"이라 하였고, 〈集傳〉에 "蘽, 猶繫也"라 함. 〈鄭箋〉에는 "木枝以下垂之故, 故葛也, 蘽也. 得蘽而蔓之, 而上下俱盛. 興者喩后妃能以恩意下逮, 衆妾使得其次序, 則衆妾上附事之, 而禮義亦俱盛"이라 함.

【樂只】즐거움. 신이 남. 〈諺解〉에는 '라온'이라 풀이하였음. '只'는 助字. 〈集傳〉에 "只, 語助辭"라 함.

【君子】〈集傳〉에 "自衆妾而指后妃, 猶言小君內子也"라 하여 여러 첩 중에 后妃를 가리키며 '小君內子'와 같은 말이라 하였음.

【福履綏之】'福履'는 福祿과 같음. 馬瑞辰의 《詩經通釋》에 "履, 與祿雙聲, 故履得訓祿"이라 함. '綏'는 편안토록 해 줌. 〈毛傳〉과 〈集傳〉에 "履, 祿;綏, 安也"라 하여 모두 '편안히 여기다'의 뜻으로 보았음. 그러나 馬瑞辰은 "綏, 與遺通謓, 綏之言遺, 遺卽詒也"라 하여 '주다'의 뜻으로 보았음. 〈鄭箋〉에 "妃妾以禮義, 相與和合, 又能以禮樂, 樂其君子, 使爲福祿所安"이라 함. 한편 '綏'는 음이 '수'(綏之音雖)이나 〈諺解〉 전체에서 모두 '유'로 읽었으며, 그 이유는 알 수 없음.

＊〈集傳〉에 "○后妃能逮下, 而無嫉妒之心. 故衆妾樂其德, 而稱願之曰:「南有樛木, 則葛蘽蘽之矣. 樂只君子, 則福履綏之矣.」"라 함.

(2) 興

南有樛木, 葛蘽荒之.

南애 樛흔 남기 이시니, 葛과 蘽ㅣ 더폇도다.

남산에 가지 드리운 나무 있어, 칡과 머루가 뒤덮였네.

樂只君子! 福履將之.

라온 君子ㅣ여! 福과 履ㅣ 將(쟝)ᄒᆞᆺ다.

즐거우신 군자시여! 복록이 그를 도와주네.

【荒】'덮다'(掩, 奄, 蓋, 覆)의 뜻. 〈毛傳〉과 〈集傳〉에 "荒, 奄也"라 함. '奄'은 掩과 같음.

【將】〈毛傳〉에 "將, 大也"라 하였고, 〈鄭箋〉과 〈集傳〉에는 "將, 猶扶助也"라 함. 〈鄭箋〉에 "此章申殷勤之意"라 함.

(3) 興

南有樛木, 葛藟縈之.

南애 樛흔 남기 이시니, 葛과 藟ㅣ 버므럿도다.

남산에 가지 드리운 나무 있어, 칡과 머루가 휘감겼네.

樂只君子! 福履成之.

라온 君子여! 福과 履ㅣ 成(셩)ᄒ놋다.

즐거우신 군자시여! 복록이 그를 이루어주네.

【縈】〈毛傳〉과 〈集傳〉에 "縈, 旋也"라 하여, '휘돌아 감김(纏繞)'을 뜻함. 〈諺解〉에
는 "버므럿도다"로 풀이하였음.

【成】成就의 뜻. 〈毛傳〉과 〈集傳〉에 "成, 就也"라 함.

참고 및 관련 자료

1. 孔穎達 〈正義〉

作〈樛木〉詩者, 言后妃能以恩意, 接及其下衆妾, 使俱以進御於王也. 后妃所以能
恩意逮下者, 而無嫉妬之心焉. 〈定本〉'焉'作'也'. 逮下者三章, 章首二句是也. 既能逮
下, 則樂其君子, 安之福祿, 是由於逮下故也

005(周-5) 종사(螽斯)

*〈螽斯〉: 베짱이, 혹 메뚜기의 일종. 〈毛傳〉에 "螽斯, 蚣蝑也"라 하여, '蚣蝑'로도 불림. 그러나 〈諺解〉 物名에는 "螽斯: 뵈짱이"라 하여 베짱이라 하였음. 直翅目 螽斯科의 곤충. 앞날개 안쪽 接合處에 견고한 發聲器官이 있어 잘 울며, 암컷은 꼬리 끝에 産卵器官이 돌출되어 있다 함. 따라서 우리가 흔히 보는 메뚜기인지 확실치 않음. 농작물에 해를 끼치는 '蝗蟲'과는 다르다 하였음. 〈集傳〉에 "螽斯, 蝗屬, 長而靑, 長角長股, 能以股相切作聲, 一生九十九子"라 함.
*이 시는 后妃에게 자손이 많음을 찬미한 것이라 함. 劉向《列女傳》(1)에 의하면 文王과 太姒 사이에는 伯邑(姬考), 武王(姬發), 周公(姬旦), 管叔(姬鮮), 蔡叔(姬度), 曹叔(姬振鐸), 霍叔(姬武), 成叔(姬處), 康叔(姬封), 聃季(姬載) 등 열 명의 아들을 두었다 하였음.

〈序〉: 〈螽斯〉, 后妃子孫眾多也. 言若螽斯, 不妬忌則子孫眾多也.

〈종사〉는 후비의 자손이 많음을 말한 것이다. 마치 종사처럼 많음을 투기하지 않는다면 자손이 많게 될 것임을 말한 것이다.

〈箋〉: 忌, 有所諱惡於人.

*전체 3장. 매 장 4구씩(螽斯:三章. 章四句).

(1) 比

螽斯羽, 詵詵兮.

螽斯(종亽)의 지치, 詵詵(선선)ᄒ니.

메뚜기 깃이 가득, 수없이 많으니,

宜爾子孫, 振振兮!

네 子孫(亽손)이 振振(진진)홈이 맛당ᄒ도다!

의당 너의 자손도 이와 같이 많을지어다!

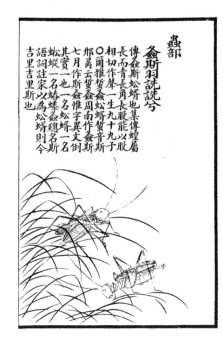

【羽】깃, 온통 깃을 펴고 떼를 지어 나는 모습. 嚴粲의 《詩輯》에 "螽, 蝗. 生子最多, 信宿卽群飛. 因飛而見其多, 故以羽言之"라 함.

【詵詵】많은 모양의 疊語. '莘莘'과 같음. 〈毛傳〉에 "詵詵, 衆多也"라 하였고, 〈集傳〉에는 "詵詵, 和集貌"라 함.

【宜】宜當. 마땅함. 〈鄭箋〉에 "凡物有陰陽, 情慾者無不妬忌, 維蚣蝑不耳. 各得受氣而生子, 故能詵詵然, 衆多后妃之德, 能如是, 則亦宜然"이라 함. 馬瑞辰은 "古文宜作'多', 竊謂宜从多聲, 卽有多意"라 함.

【爾】'너', 爾, 你, 汝와 같음. 螽斯를 가리킴. 〈集傳〉에 "爾, 指螽斯也"라 함.

【振振】무리지어 많은 모습. 馬瑞辰은 "振振, 謂衆盛也. 振振與下章繩繩, 蟄蟄, 皆爲衆盛"이라 함. 그러나 〈毛傳〉에는 "振振, 仁厚也"라 하였고, 〈鄭箋〉에는 "后妃之德, 寬容不嫉妬, 則宜女之子孫, 使其無不仁厚"라 하였으며, 〈集傳〉에는 "振振, 盛貌"라 함.

＊〈集傳〉에 "○'比'者, 以彼物比此物也. 后妃不妬忌, 而子孫衆多. 故衆妾以螽斯之羣處, 和集而子孫衆多. 比之言其有是德, 而宜有是福也. 後凡言'比'者, 放此"라 함.

(2) 比

螽斯羽, 薨薨兮.

螽斯의 지치, 薨薨(홍홍)하니.

메뚜기 깃이 가득, 홍홍거리니,

宜爾子孫, 繩繩兮!

네 子孫이 繩繩(승승)홈이 맛당하도다!

의당 너의 자손도 이처럼 끊임없으리!

【薨薨】〈毛傳〉에 "薨薨, 衆多也"라 하였고, 〈集傳〉에 "薨薨, 群飛聲"이라 함.《爾雅》에도 "薨, 衆也"라 하였음.

【繩繩】끈처럼 끊이지 않고 이어짐을 뜻하는 疊語. 〈集傳〉에 "繩繩, 不絶貌"라 함. 그러나 〈毛傳〉에는 "繩繩, 戒愼也"라 함.

(3) 比

螽斯羽, 揖揖兮.

螽斯의 지치, 揖揖(집집)하니.

메뚜기 깃이 가득, 잔뜩 모여드니,

宜爾子孫, 蟄蟄兮!

네 子孫이 蟄蟄(칩칩)홈이 맛당하도다!

의당 너의 자손도 화목하게 모이리라!

【揖揖】'揖'은 緝(집)으로 읽으며 '集'의 假借字. 〈集傳〉에 "揖揖, 會聚也"라 함. 모여듦을 뜻하는 疊語.

【蟄蟄】〈毛傳〉에 "蟄蟄, 和集也"라 하였고, 하였고, 〈集傳〉에는 "蟄蟄, 亦多意"라 함.《爾雅》에는 "蟄, 靜也"라 함.

참고 및 관련 자료

1. 孔穎達〈正義〉

此不妒忌得子孫衆多者, 以其不妒忌, 則嬪妾俱進所生, 亦后妃之子孫, 故得衆多也. 〈思齊〉云:「大姒嗣徽音, 則百斯男.」傳云:「大姒十子, 衆妾則宜百子.」是也. 王章皆言'后妃不妒忌, 子孫衆多', 旣言其多, 因說其美, 言仁厚戒愼和集耳. 〈正義〉曰: 忌者, 人有勝己, 己則諱, 其不如惡其勝己, 故曰'有所諱惡於人德', 是也. 此唯釋忌於義未盡, 故〈小星〉箋云:「以色曰妬, 以行曰忌.」故僖十年《左傳》說「晉侯其言多忌」, 是忌不謂色也. '嫉'者, 色行俱有又取怨憎之名, 則又甚於妬忌也. 故此與〈樛木〉同, 論后妃前云無嫉妬之心, 此云不妒忌, 是爲大同也. 又〈小星〉云「無妒忌之行」, 〈樛木〉云「無嫉妬之心」, 則嫉亦大同心之與行, 別外內之稱, 行爲心使表裏一也. 本'以色曰妬, 以行曰忌', 但後之作者, 妬亦兼行, 故云'妬賢嫉能'.

006(周-6) 도요(桃夭)

＊〈桃夭〉: '桃'는 복숭아나무. 薔薇科의 落葉喬木. 〈諺解〉物名에는 "桃: 복슝아"
라 함. '夭'는 첫 구절 '夭夭'의 한 글자를 취하여 제목을 삼은 것. '夭夭'는 아름답
고 싱싱한 모습을 뜻하는 疊語.
＊이 시는 후비의 덕에 의해 혼기를 놓치는 이도 없고, 늙도록 장가를 들지 못
하는 홀아비도 없는 풍속을 이루었음을 찬미한 것이라 함.

<序>: <桃夭>, 后妃之所致也. 不妬忌, 則男女以正, 婚
姻以時, 國無鰥民也.

　〈도요〉는 후비가 이룬 것이다. 투기를 하지 않으면 남녀가 정도에 맞게
되고, 혼인도 때에 맞을 것이며 나라에 늙도록 장가를 들지 못하는 홀아
비가 없게 될 것이다.

　〈箋〉: 老而無妻曰鰥.

＊전체 3장. 매 장 4구씩(桃夭: 三章. 章四句).

(1) 興
桃之夭夭, 灼灼其華.

　桃(도)의 夭夭(요요)홈이여, 灼灼(쟉쟉)혼 그 고지로다.
　복사꽃 요요한 모습, 선명하고 많은 그 꽃.

之子于歸, 宜其室家!

　之子(지즈)의 歸홈이여, 그 室家(실가)를 宜(의)케 흐리로다!
　이 색시 시집가면, 그 집안을 화순케 하리!

【桃】복숭아. 〈毛傳〉에 "興也. 桃有華之盛者"라 하였고, 〈鄭箋〉에 "興者, 喻時婦人
　皆得以年盛時行也"라 함. 〈集傳〉에 "桃, 木名. 華紅, 實可食"이라 함.

【夭夭】젊고 싱싱한 모습. 〈毛傳〉에 "夭夭, 其少壯也"라 하였고, 〈集傳〉에는 "夭夭, 少好之貌"라 함.

【灼灼】선명한 모습. 〈毛傳〉에 "灼灼, 華之盛也"라 하였고, 〈集傳〉에 "華之盛也. 木少則華盛"이라 함.

【華】꽃. 혹은 화려함.

【之子】시집가는 이 처녀. '之'는 지시대명사 '是'와 같음. 〈毛傳〉에 "之子, 嫁子也"라 하였고, 〈集傳〉에 "之子, 是子也. 此指嫁者而言也"라 함.

【于】〈毛傳〉에 "于, 徃也"라 함.

【歸】'시집가다'는 뜻. 〈集傳〉에 "婦人謂嫁曰歸.《周禮》仲春令:「會男女.」然則桃之有華, 正婚姻之時也"라 함.

【宜】〈毛傳〉에 "宜, 以有室家, 無踰時者"라 하였고, 〈鄭箋〉에 "宜者, 謂男女年時俱當"이라 함. 〈集傳〉에 "宜者, 和順之意"라 함.

【室家】집안. 〈集傳〉에는 室과 家는 구분하여 "室, 謂夫婦所居; 家, 謂一門之內"라 함.

＊〈集傳〉에 "○文王之化, 自家而國. 男女以正, 婚姻以時, 故詩人因所見以起興, 而歎其女子之賢, 知其必有以宜其室家也"라 함.

(2) 興

桃之夭夭, 有蕡其實.

桃의 夭夭홈이여, 蕡(분)혼 그 여름이로다.

복사꽃 요요한 모습, 크고 풍성한 그 열매로다.

之子于歸, 宜其家室!

之子의 歸홈이여, 그 家室를 宜케 ᄒ리로다!

이 색시 시집가면, 그 집안을 화목케 하리!

【有蕡】'有'는 助詞. '蕡'은 '크다, 풍성하다'의 뜻. 〈毛傳〉에 "蕡, 實貌, 非但有華色, 又有婦德"이라 하였고, 〈集傳〉에 "蕡, 實之盛也"라 함. 于省吾《毛詩新證》에는 "蕡, 墳, 頒, 與蕡古通. 頒, 蕡并應讀作班. 蕡, 古班字. '有蕡其實', 卽 '有班其實'. 《說文》:「頒, 大頭也.」引伸爲大"라 함.
【家室】앞 구절 '室家'를 도치해서 표현한 것. 〈毛傳〉과 〈集傳〉에 "家室, 猶室家也"라 함.

(3) 興

桃之夭夭, 其葉蓁蓁.

桃의 夭夭홈이여, 그 닙이 蓁蓁(진진)ᄒ도다.

복사꽃 요요한 모습, 그 잎이 진진하도다.

之子于歸, 宜其家人!

之子의 歸홈이여, 그 집 사ᄅᆞᆷ을 宜케 ᄒ리로다!

이 색시 시집가면, 그 집안 식구들 화평케 하리!

【蓁蓁】초목의 잎이 매우 무성한 모습. 〈毛傳〉에 "蓁蓁, 至盛貌. 有色有德, 形體 至盛也"라 하였고, 〈集傳〉에 "蓁蓁, 葉之盛也"라 함.
【宜】〈毛傳〉에 "一家之人盡以爲宜"라 함.
【家人】집안 식구들. 가족들. 〈鄭箋〉에 "家人, 猶室家也"라 하였고, 〈集傳〉에 "家 人, 一家之人也"라 함. '家室', '家人'은 모두 표현상의 變文. 〈正義〉에 "桓十八年 《左傳》曰:「女有家, 男有室.」室家謂夫婦也, 此云家人, 家有夫也, 猶婦也. 以異章 而變文耳. 故云家人猶室家也"라 함.

> ### 참고 및 관련 자료

1. 孔穎達 〈正義〉

作〈桃夭〉詩者, 后妃之所致也. 后妃內脩其化, 贊助君子, 致使天下, 有禮昏娶, 不 失其時. 故曰致也. 由后妃不妬忌, 則令天下男女, 以正年不過限, 昏姻以時, 行不踰 月. 故周南之國, 皆無鰥獨之民焉. 皆后妃之所致也. 此雖文王化使之然, 亦由后妃 內贊之致, 故因上〈螽斯〉, 后妃不妬忌, 後言其所致也. 且言致從家至國, 亦自近致 遠之辭也. 男女以正, 三章上二句是也. 昏姻以時, 下二句是也. 國無鰥民焉, 申述所致之美. 於經無所當也.〈正義〉曰: 劉熙《釋名》云:「無妻曰鰥者, 愁悒不寐, 目恒鰥鰥然.」故其字從魚, 魚目不閉也. 無夫曰寡, 寡, 踝也. 單獨之名, 「鰥」或作「矜」同, 蓋古今字異.〈王制〉曰:「老而無妻謂之矜, 老而無夫謂之寡.」則鰥寡年老, 不復嫁娶之名也.《孝經》注云:「丈夫六十無妻曰鰥, 婦人五十無夫曰寡也.」知如此爲限者, 以〈内則〉云:「妾雖老年, 未滿五十, 必與五日之御.」則婦人五十, 不復御明, 不復嫁矣. 故知稱寡, 以此斷也.〈士昏禮〉注云:「姆婦人年五十出, 而無子者, 亦出.」於此也, 本三十男, 二十女爲昏. 婦人五十, 不嫁; 男子六十, 不復娶. 爲鰥寡之限也.〈巷伯〉傳曰:「吾聞男女, 不六十, 不間居, 謂婦人也.」〈内則〉曰:「唯及七十, 同藏無間, 謂男子也.」此其差也.《白虎通》云:「鰥之言鰥鰥, 無所親. 則寡者, 少也. 言少匹對耳.」故〈鴻鴈〉傳「偏喪曰寡」, 此其對例也. 婦人無稱鰥之文, 其男子亦稱寡. 襄二十八年傳曰:「崔杼生成及彊, 而寡.」故《爾雅》云:「無夫無婦, 竝謂之寡. 丈夫曰索, 婦人曰嫠.」又許慎曰:「楚人謂寡婦爲霜, 竝其異名也.」鰥寡之名, 以老爲稱, 其有不得及時爲室家者, 亦同名焉. 卽此無鰥民, 謂年不過時過, 則謂之鰥. 故舜年三十不娶.《書》曰「有鰥在下」, 曰:「虞舜唐傳」孔子曰:「舜父頑母嚚, 不見室家之端.」故謂之鰥, 是三十不娶稱鰥也. 又〈何草不黃〉云:「何人不矜?」尙從軍未老, 不早還見室家, 亦謂之矜.《易》大過九二:「老夫得其女, 妻無不利.」九五:「老婦得其士夫, 無咎無譽.」彼鄭注云:「以丈夫年過娶, 二十之女, 老婦年過嫁. 於三十之男, 皆得其子.」彼言老若容男六十, 婦五十, 猶得嫁娶者. 禮宗子雖七十無, 無主婦, 是年過, 可以改娶, 則婦人五十, 或可以更嫁者. 言鰥寡, 據其不得嫁娶者耳. 傳言崔杼爲寡, 則有子亦稱寡. 鰥寡據其困者, 多是無子, 故〈王制〉及《周禮》皆云:「天民之窮, 而無所告者.」傳以「桃之夭夭」, 言其少壯, 宜其室家, 爲不踰時, 則上句言其年盛, 下句言嫁娶得時也. 但傳說昏嫁年月, 於此不著.〈摽有梅〉卒章, 傳曰「三十之男, 二十之女, 不待禮會而行之, 謂期盡之法, 則男女以正, 謂男未三十, 女未二十也. 此三章皆言「女得以年盛時行」, 則女自十五至十九也. 女年既盛, 則男亦盛矣. 自二十至二十九也.〈東門之楊〉傳曰:「男女失時, 不逮秋冬.」則秋冬嫁娶, 正時也. 言宜其室家, 無踰時, 則三章皆爲秋冬時矣. 鄭以三十之男, 二十之女, 仲春之月爲昏, 是禮之正法, 則三章皆上二句, 言婦人以年盛時行, 謂二十也. 下句言年時俱當, 謂行嫁, 又得仲春之正時也.

007(周-7) 토저(兎罝)

*〈兎罝〉: 토끼 잡는 그물. '兎'는 兔로도 표기하며 토끼. 〈諺解〉物名에는 "兎: 톳기"라 함. 齧齒類의 동물. '罝'(저)는 토끼를 몰아 잡는 그물. 〈毛傳〉에 "兎罝, 兎罟也"라 하였고, 〈集傳〉에도 "罝, 罟也"라 함.
*이 시는 후비의 교화가 널리 퍼져 모두가 덕을 좋아하고 현인이 많아지는 풍속을 이루었음을 칭송한 것이라 함.

〈序〉: 〈兎罝〉, 后妃之化也. 〈關雎〉之化行, 則莫不好德, 賢人衆多也.

〈토저〉는 후비의 교화이다. 〈관저〉편의 교화가 행해지면 덕을 좋아하지 아니하는 자가 없게 되며 현인이 많아질 것이다.

*전체 3장, 매 장 4구씩(兎罝: 三章. 章四句).

(1) 興
肅肅兎罝, 椓之丁丁.
肅肅(슉슉)흔 兎(토)의 그믈이여, 椓(탁)홈을 丁丁(졍졍)히 ᄒᆞ놋다.
가지런한 토끼그물, 말뚝을 쾅쾅 박아 치네.

赳赳武夫, 公侯干城!
赳赳(규규)흔 武夫(무부)ㅣ여, 公(공)과 侯(후)의 干(간)이며 城(셩)이로다!
늠름한 무사는, 공후의 간성일세!

【肅肅】縮縮의 假借. 공경을 다해 가지런히 함. 〈毛傳〉에 "肅肅, 敬也"라 하였고, 〈集傳〉에 "肅肅, 整飭貌"라 함. 〈鄭箋〉에 "罝兎之人, 鄙賤之事, 猶能恭敬, 則是賢者衆多也"라 함. 馬瑞辰은 "肅, 宿古通用. ……宿亦訓縮"이라 하였고, 聞一多는 "縮, 犯密也"라 하여 빽빽한 모습이라 하였음.
【椓】말뚝 따위를 쳐서 박음. 《說文》에 "椓, 擊也"라 함.

【丁丁】'쾅쾅'의 擬聲語를 疊語로 표현한 것. 말뚝 박는 소리. 〈毛傳〉과 〈集傳〉에 "丁丁, 椓杙聲也"라 함.

【赳赳】씩씩하고 늠름한 모습. 〈毛傳〉과 〈集傳〉에 "赳赳, 武貌"라 함.

【武夫】武士.

【公侯】諸侯. 여기서는 諸侯, 또는 諸侯의 나라를 가리킴. 고대 제후는 등급에 따라 公侯伯子男 五爵의 爵位가 있었음.

【干城】방패와 城. 〈毛傳〉에 "干, 扞也"라 하였고, 〈鄭箋〉에는 "干也, 城也, 皆以禦 難也. 此置兎之人, 賢者也"라 함. 〈集傳〉에 "干, 盾也. 干城, 皆所以扞外而衛內者" 라 함. 〈鄭箋〉에 "有武力可任爲將帥之德, 諸侯可任以國守扞城, 其民折衝禦難於 未然"이라 함.

＊〈集傳〉에 "○化行, 俗美賢才衆多, 雖置兎之野人, 而其才之可用猶如此. 故詩人因 其所事, 以起興而美之, 而文王德化之盛, 因可見矣"라 함.

(2) 興

肅肅兎罝, 施于中逵.

肅肅흔 兎의 그믈이여, 中逵(중규)에 施(시)ᄒ엿도다.

가지런한 토끼그물, 길가에 치고 있네.

赳赳武夫, 公侯好仇!

赳赳흔 武夫ㅣ여, 公과 侯의 好흔 짝이로다!

늠름한 무사는, 공후의 좋은 신하!

【施】그물을 침. 〈毛傳〉에 "施, 如字"라 하여 '시'로 읽음.

【中逵】逵中과 같음. '逵'는 〈毛傳〉과 〈集傳〉에 "逵, 九達之道"라 함. 즉 아홉 개 의 길이 交叉하는 곳. 한길, 대도, 대로.

【好仇】'仇'는 '逑'와 같음. 짝, 伴侶. '好仇'는 함께 일할 만한 훌륭한 사람을 가리 킴. 〈集傳〉에 "仇, 與逑同. 匡衡引〈關雎〉亦作'仇'字. 公侯善匹, 猶曰聖人之耦. 則 非特干城而已. 歎美之無已也. 下章放此"라 함. 〈鄭箋〉에 "怨耦曰仇. 此置兎之人, 敵國有來侵伐者, 可使和好之. 亦言賢也"라 함.

(3) 興

肅肅免罝, 施于中林.

肅肅흰 免의 그믈이여, 中林(중림)에 施흐엿도다.

가지런한 토끼그물, 숲 속에 치고 있네.

赳赳武夫, 公侯腹心!

赳赳흰 武夫ㅣ여 公과 侯의 腹心(복심)이로다!

늠름한 무사는, 공후의 심복일세!

【中林】林中, 숲 가운데. 《爾雅》에 "牧外謂之野, 野外謂之林"이라 함. 〈毛傳〉과
〈集傳〉에 "中林, 林中"이라 함.

【腹心】心腹과 같음. 가장 믿을만한 신하. 〈毛傳〉에 "可以制斷公侯之腹心"이라 하
였고, 〈鄭箋〉에 "此罝免之人, 於行攻伐, 可用爲策謀之臣, 使之慮無. 亦言賢也"라
함. 〈集傳〉에 "腹心, 同心同德之謂. 則又非特好仇而已也"라 함.

참고 및 관련 자료

1. 孔穎達 〈正義〉

作〈免罝〉詩者, 言后妃之化也. 言由后妃〈關雎〉之化行, 則天下之人, 莫不好德. 是
故賢人衆多, 由賢人多, 故免罝之人, 猶能恭敬, 是后妃之化行也. 經三章, 皆言賢人
衆多之事也. 經直陳免罝之人, 賢而云多者, 箋云罝免之人, 鄙賤之事, 猶能恭敬, 則
是賢人衆多, 是擧微以見著也. 〈桃夭〉言'后妃之所致', 此言'后妃之化'. 〈芣苢〉言'后
妃之美', 此三章所美如一, 而設文不同者, 以〈桃夭〉承〈螽斯〉之後, 〈螽斯〉以前, 皆
后妃身事. 〈桃夭〉則論天下昏姻, 得時爲自近及遠之辭, 故云所致也. 此〈免罝〉, 又
承其後, 已在致限, 故變言之化明后妃化之使然也. 〈芣苢〉以后妃事終, 故總言之美,
其實三者義通, 皆是化美所以致也. 又上言'不妬忌', 此言〈關雎〉之化行, 不同者, 以
〈桃夭〉說昏姻男女, 故言不妬忌, 此說賢人衆多, 以〈關雎〉求賢之事, 故言〈關雎〉之化
行. 〈芣苢〉則婦人樂有子, 故云和平. 序者隨義立文, 其實總上五篇, 致此三篇.

008(周-8) 부이(芣苢)

*〈芣苢〉: 질경이. 車前草, 馬舃, 蝦蟆衣. 〈諺解〉物名에는 "芣苢: ○길경이"라 함.
주로 도로 가에 자라는 多年生 草本植物. 씨를 車前子라 하며 잎은 나물로, 씨는
약재로 활용함. 〈毛傳〉에 "芣苢, 馬舃. 馬舃, 車前也. 宜懷妊焉"이라 하여, 고대에
임신에 좋은 효능이 있는 것으로 여겼음. 〈集傳〉에 "芣苢, 車前也. 大葉長穗, 好
生道旁"이라 함.
*이 시는 후비의 덕으로 천하가 화평하여 자식을 두게 됨을 즐겁게 여김을 칭
송한 것이라 함.

> 〈序〉: 〈芣苢〉, 后妃之美也. 和平, 則婦人樂有子矣.

> 〈부이〉는 후비의 훌륭함을 말한 것이다. 천하가 화평하면 부인이 자식
이 있음을 즐겁게 여길 것이다.

> 〈箋〉: 天下利, 政敎平也.

*전체 3장. 매 장 4구씩(芣苢:三章. 章四句).

(1) 賦

采采芣苢, 薄言采之.

키며 키는 芣苢(부이)를, 잠깐 키요라.

캐고 캐네 질경이, 잠깐 어서 캐어 보세.

采采芣苢, 薄言有之!

키며 키는 芣苢를, 잠깐 두라!

캐고 캐네 질경이, 이미 캐어 얻었네!

【采采】採取함. 〈毛傳〉에 "采采, 非一辭也"라 하였고, 〈集傳〉에 "采, 始求之也"라
함.
【薄言】두 글자 모두 發語辭. 〈毛傳〉에 "薄, 辭也"라 하였고, 劉淇의 《助字辨略》

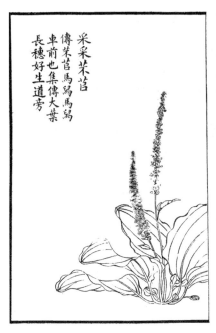

에 "薄, 辭也;言, 亦辭也. ……《詩》云'薄言', 皆是發語之詞"라 함. 그러나 '薄'은 〈諺解〉에는 '잠깐'으로 풀이하였고, '言'은 〈鄭箋〉에는 "薄言, 我薄也"라 하여 '나'의 뜻으로 보았음.

【采之·有之】'采'는 다음 구절 '有'와 구별하여 〈毛傳〉에 "采, 取也;有, 藏之也"라 하였고, 〈集傳〉에 "采, 始求之也;有, 旣得之也"라 함.

*〈集傳〉에 "○化行俗美, 家室和平, 婦人無事, 相與采此芣苢, 而賦其事, 以相樂也. 采之未詳何用, 或曰其子治産難"이라 함.

(2) 賦

采采芣苢, 薄言掇之.

키며 키는 芣苢룰, 잠깐 掇(텰)호라.

캐고 캐네 질경이, 잠깐 어서 주워보세.

采采芣苢, 薄言捋之!

키며 키는 芣苢룰, 잠깐 捋(랄)호라!

캐고 캐네 질경이, 잠깐 어서 훑어보세!

【掇】음은 '都奪反'(철). '줍다'의 뜻. 〈毛傳〉과 〈集傳〉에 "掇, 拾也"라 함.

【捋】음은 '力活反'(랄). '따다, 뽑다, 훑다' 등의 뜻. 〈毛傳〉에 "捋, 取也"라 하였고, 〈集傳〉에는 "捋, 取其子也"라 하여 그 씨를 채집함이라 하였음.

(3) 賦

采采芣苢, 薄言袺之.

키며 키는 芣苢를, 잠깐 袺(결)호라.

캐고 캐네 질경이, 옷섶에 담아보세.

采采芣苢, 薄言襭之!

키며 키는 芣苢를, 잠깐 襭(힐)호라!

캐고 캐네 질경이, 옷섶으로 싸 모으세!

【袺】'결'(結)로 읽으며 '옷섶에 담다'의 뜻. 〈毛傳〉에 "袺, 執衽也"라 하였고, 〈集傳〉에는 "袺, 以衣貯之而執其衽也"라 함.

【襭】'혈/힐'(絜, 戶結反)로 읽으며 '옷섶에 싸다'의 뜻. 〈毛傳〉에 "扱衽曰襭"이라 하였고, 〈集傳〉에 "襭, 以衣貯之, 而扱其衽於帶間也"라 함.

참고 및 관련 자료

1. 孔穎達 〈正義〉

若天下亂, 離兵役不息, 則我躬不閱. 於此之時, 豈思子也? 今天下和平, 於是婦人始樂有子矣. 經三章, 皆樂有子之事也. 〈定本〉和平, 上無'天下'二字, 據箋則有者, 誤也. 〈正義〉曰: 文王三分天下有其二, 言'天下'者, 以其稱王, 王必以天下之辭, 故〈騶虞〉序曰"天下純被文王之化", 是也. 文王平六州, 武王平天下, 事實平定, 唯不得言太平耳. 太平者, 王道大成, 圖瑞畢至, 故曰太平. 雖武王之時, 亦非太平也. 故《論語》〈八佾〉曰:「武, 盡美矣. 未盡善也.」注云「謂未致太平」, 是也. 武王雖未太平, 平定天下, 四海貢職, 比於文王之世, 亦得假稱太平. 故〈魚麗〉傳·〈魚藻〉箋, 皆云'武王太平'. 比於周公之時, 其實未太平也. 太平又名隆平, 隆平者, 亦據頌聲, 旣作盛德之隆. 故〈嘉魚〉·〈旣醉〉·〈維天之命〉序及《詩譜》皆言太平, 惟鄭〈康誥〉注云:「隆平已至.」《中候》序云:「帝舜隆平.」此要政治時和, 乃得稱也. 此三章, 皆再起采采之文, 明時婦人樂有子者衆, 故頻言采采, 見其采者多也. 六者互而相須, 首章言'采之有之', 采者, 始衽之辭; 有者已藏之稱. 總其終始也. 二章言采時之狀, 或掇拾之, 或捋取之, 卒章言所盛之處, 或袺之, 或襭之. 首章采之, 據初衽至, 則掇之捋之, 旣得, 則袺之襭之, 歸則有藏之, 於首章先言'有之'者, 欲急明婦人樂, 采而有子, 故與采之爲對, 所以總終始也. 六者, 本各見其一, 因相首尾, 以承其次耳. 掇捋, 事殊; 袺襭, 用別. 明非一人, 而爲此六事而已.

009(周-9) 한광(漢廣)

*〈漢廣〉: 漢水가 넓음. 漢水는 漢江, 혹 江河로도 불리며 長江의 최대 지류. 중국 秦嶺 남쪽 지금의 陝西 寧强縣에서 발원하여 沔縣을 거치면서 沔水로, 다시 동쪽으로 흘러 漢水로 불림. 그리고 安康에서 丹江口까지를 古代에는 滄浪水로 불렸으며 襄陽 이하는 별칭으로 襄江, 襄水로도 불렸음.
*이 시는 文王의 덕이 남국 江水와 漢水 지역까지 넓혀졌음을 칭송한 것이라 함.

　〈序〉: 〈漢廣〉, 德廣所及也. 文王之道被于南國, 美化行乎江漢之域, 無思犯禮, 求而不可得也.

　〈한광〉은 덕이 널리 미쳤음을 말한 것이다. 문왕의 도가 南國에 덮여 아름다움 교화가 강한 지역에 행해져서, 예를 범할 생각을 하지 않았고, 그렇게 해서 구해도 얻을 수 없었다.

　〈箋〉: 紂時淫風, 徧於天下. 維江漢之域, 先受文王之教化.

*전체 3장. 매 장 8구씩(漢廣: 三章. 章八句).

(1) 興而比
南有喬木, 不可休息.
　南(남)애 喬(교)호 남기 이시니, 可(가)히 쉬디 몯호리로다.
　남쪽에 교목 있으나, 쉴 수가 없네.

漢有游女, 不可求思!
　漢(한)애 游(유)호는 女ㅣ 이시니, 可히 求티 몯호리로다!
　한수에 노는 그 색시, 가까이 다가갈 수도 없네!

漢之廣矣, 不可泳思.
　漢의 너브미, 可히 泳(영)티 몯호며,

한수는 넓으니, 헤엄쳐도 건널 수 없고,

江之永矣, 不可方思!

江(강)의 길옴이, 可히 方(방)티 몯ᄒ리로다!

강수는 길고 길어, 작은 떼배로는 건널 수도 없네!

【喬木】높은 나무. 灌木과 상대되는 나무. 〈毛傳〉에 "興也. 南方之木, 美喬上竦也"
라 하였고, 〈集傳〉에 "上竦無枝曰喬"라 함.

【休息】'休'는 나무 그늘에 쉼. 馬瑞辰은 "休, 止息也. 從人衣木, 或作麻"라 함. '不
可休息'은 喬木은 높은 나뭇가지로 인해 그늘이 적어 그 밑에 쉬기에 적당치 않
음. 〈鄭箋〉에 "木以高其枝葉之故, 故人不得就而止息也"라 함.

【漢有游女】漢水에 나와 놀이하는 여인. '漢水'는 〈毛傳〉에 "漢上游女, 無求思者"
라 하였고, 〈集傳〉에 "漢水, 出興元府嶓冢山, 至漢陽軍大別山, 入江. 江漢之俗,
其女好游. 漢魏以後猶然. 如〈大堤之曲〉, 可見也"라 함. 聞一多《詩經通義》에 "三
家皆以游女爲漢水之神, 卽相傳鄭交甫所遇漢皋二女"라 함.

【不可求思】'思'는 語助辭. 〈毛傳〉에 "思, 辭也"라 하였고, 〈集傳〉에 "思, 語辭也.
篇內同"이라 함. '不可求'는 가까이 접근할 수 없음. 놀이 나온 여인이 너무 賢
淑하여 쉽게 犯接할 수 없음. 〈鄭箋〉에 "興者, 喩賢女雖出游流水之上, 人無欲求
犯. 禮者, 亦由貞絜使之然"이라 함.

【泳】헤엄쳐서 건넘. 〈毛傳〉에 "潛行爲泳"이라 하였고, 〈集傳〉에 "泳, 潛行也"라
함.

【江】長江. 〈集傳〉에 "江水, 出永康軍岷山, 東流與漢水合, 東北入海"라 함.

【永】長江이 긺. 〈毛傳〉과 〈集傳〉에 "永, 長也"라 함.

【方】〈集傳〉에 "方, 桴也"라 하였고, 〈毛傳〉에는 "方, 泭也"라 함. '桴, 泭'는 모두
뗏목, 혹은 작은 배. 雙聲互訓. 여기서는 '떼질하다, 뗏목으로 건너다'의 動詞로
쓰였음. 〈鄭箋〉에 "漢也, 江也, 其欲渡之者, 必有潛行乘泭之道. 今以廣長之故,
故不可. 又喩女之貞潔, 犯禮而徃, 將不至也"라 함.

＊〈集傳〉에 "○文王之化, 自近而遠, 先及於江漢之間, 而有以變其淫亂之俗. 故其
出游之女人, 望見之而知其端莊靜一, 非復前日之可求矣. 因以喬木, 起興江漢爲
比, 而反復詠歎之也"라 하여, 文王의 敎化가 江漢까지 퍼졌음을 말한 것이라
함.

(2) 興而比

翹翹錯薪, 言刈其楚.

翹翹(교교)흔 錯(착)흔 薪(신)애, 그 楚(초)를 뷔오리라.

빽빽한 잡목 속에, 베는 것은 두형나무.

之子于歸, 言秣其馬!

之子ㅣ 도라갈 제, 그 몰을 먹요리라!

그 색시 시집가면, 그의 말에 꼴이나 먹여야지!

漢之廣矣, 不可泳思.

漢의 너브미, 可히 泳티 몯ᄒ며,

한수는 넓으니, 헤엄쳐도 건널 수 없고,

江之永矣, 不可方思!

江의 길옴이, 可히 方티 몯ᄒ리로다!

강수는 길고 길어, 작은 떼배로는 건널 수도 없네!

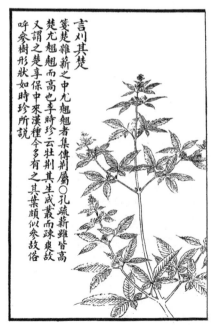

言刈其楚
篋楚雜薪之中尤翹翹者集傳荆屬○孔疏薪雖皆高
楚尤翹翹而高也李時珍云牡荆其生成叢而疎爽故
又謂之楚亨保中來漢種今多有之其葉頗似參故
呼參樹形狀如時珍所說

【翹翹】本義는 조류의 긴 꼬리 깃을 가리킴. 여기서는 雜草가 叢生으로 난 모습을 비유함. 〈毛傳〉에 "翹翹, 薪貌"라 하였고, 〈集傳〉에 "翹翹, 秀起之貌"라 함.

【錯薪】뒤얽힌 섭. '錯'은 〈毛傳〉과 〈集傳〉에 "錯, 雜也"라 함. 魏源의 《古詩微》에 "三百篇言取妻者, 皆以折薪取興. 蓋古者嫁娶必以燎炬爲燭, 故〈南山〉之'析薪', 〈車舝〉之析柞, 〈綢繆〉之'束薪', 〈豳風〉之'伐柯', 皆與此'錯薪', '刈楚'同興"이라 하여 혼인 때 햇불이나 촛불대신 사용할 나무를 뜻함.

【刈】'베다, 자르다'의 뜻.

【楚】灌木 이름. 杜荊. 〈集傳〉에 "楚, 木

名, 荆屬"이라 함. 〈諺解〉 物名에는 "楚: 가식나모 ○《說文》에 닐오디 떨기나모"
라 함. 〈鄭箋〉에 "楚, 雜薪之中尤翹翹者. 我欲刈取之, 以喻衆女皆貞潔, 我又欲取
其尤高絜者"라 함.

【之子】그녀. 고대 남녀 모두 '子'라 칭하였음. 〈鄭箋〉에 "之子, 是子也. 謙不敢斥,
其適已於是子之嫁, 我願秣其馬, 致禮餼示有意焉"이라 하였고, 〈集傳〉에 "之子,
指游女也"라 함.

【秣】말에게 먹일 꼴. 〈毛傳〉에 "秣, 養也"라 하였고, 〈集傳〉에 "秣, 飼也"라 함.

【馬】〈毛傳〉에 "六尺以上曰馬"라 함.

＊〈集傳〉에 "○以錯薪起興, 而欲秣其馬, 則悅之至. 以江漢爲比而歎, 其終不可求,
則敬之深"이라 함.

(3) 興而比

翹翹錯薪! 言刈其蔞.

翹翹흔 錯흔 薪애, 그 蔞(려)를 뷔오리라.

빽빽한 잡목 속에, 베는 것은 갈대풀.

之子于歸, 言秣其駒!

之子ㅣ 도라갈 제, 그 뭉아지를 먹요리라!

그 색시 시집가면, 그의 망아지에 꼴이나 먹여야지!

漢之廣矣, 不可泳思,

漢의 너브미 可히 泳티 몯ᄒ며,

한수는 넓으니, 헤엄쳐도 건널 수 없고,

江之永矣, 不可方思!

江의 길옴이 可히 方티 몯ᄒ리로다!

강수는 길고 길어, 작은 떼배로는 건널 수도 없네!

【蔞】〈集傳〉에 "音閭"라 하여 '려'로 읽음. '蘆'의 가차. 즉 갈대의 일종. '蔏蔞'라고
도 함. 〈毛傳〉에 "蔞, 草中之翹翹然"이라 함. 그러나 〈集傳〉에는 "蔞, 蔞蒿也. 葉
似艾, 靑白色, 長數寸, 生水澤中"이라 하였고, 陳奐의 〈傳疏〉에 "蒿嫩時可食, 老

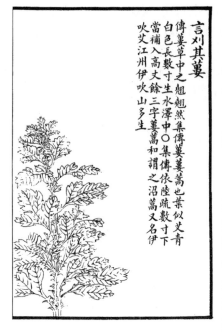

言刈其蔞
傳蔞草中之翹翹然集傳蔞蔞蒿也葉似艾青
白色長數寸生水澤中○集傳依陸疏數寸下
當補入高丈
餘三字蔞蒿和謂之沼蔞又名伊
吹艾江州伊吹山多生

則爲薪, 高丈餘"라 함. 〈諺解〉物名에
도 "蔞: 믈뿍"이라 함.
【駒】망아지. 〈毛傳〉에 "五尺以上曰駒"
라 하였고, 〈集傳〉에 "駒, 馬之小者"라
함. 〈諺解〉物名에는 "駒: 뭉아지"라 함.

참고 및 관련 자료

1. 孔穎達 〈正義〉
作〈漢廣〉詩者, 言德廣之所及也. 言文
王之道, 初致〈桃夭〉·〈芣苢〉之化, 今被
於南國, 美化行於江漢之域. 故男無思
犯禮, 女求而不可得. 此由德廣所及然
也. 此與〈桃夭〉, 皆文王之化, 后妃所贊
於此. 言文王者, 因經陳江漢, 指言其處
爲遠辭, 遂變后妃而言. 文王爲遠近積
漸之義, 故於此既言德廣〈汝墳〉, 亦廣可
知. 故直云道化行耳. 此既言美化, 下篇不嫌不美, 故直言文王之化, 不言美也. 言南
國, 則六州, 猶〈羔羊〉序云'召南之國'也. 彼言'召南', 此不言'周南'者, 以天子事廣, 故
直言南, 彼論諸侯, 故止言召南之國, 此無思犯禮, 求而不可得, 總序三章之義也.
〈正義〉曰: 言先者, 以其餘三州, 未被文王之化, 故以江漢之域, 爲先被也. 〈定本〉'先
被'作'先受', 因經序有江漢之文, 故言之耳. 其實六州, 共被文王之化, 非江漢獨先
也.

010(周-10) 여분(汝墳)

＊〈汝墳〉: 汝水 물가. 혹은 나라 이름. '汝'는 汝水. '墳'은 물이 넘치지 않도록 물가에 쌓은 제방. 〈毛傳〉에 "汝, 水名也; 墳, 大防也"라 함. '汝水'는 상류는 지금의 河南 汝河. 남쪽으로 汝南과 新蔡縣으로 흘러 다시 潁河(潁水)와 합류한 다음 長江 鄱陽湖로 흘러드는 물. 汝水 근처 汝墳이라는 나라.

＊이 시는 문왕의 교화가 여분이라는 나라에 영향을 주어 부인이 남편에게 정도로 힘쓸 것을 권한 내용이라 함. 그러나 여인이 行役나간 남편이 돌아옴을 즐거워하여 부른 노래로 보고 있음.

〈序〉: 〈汝墳〉, 道化行也. 文王之化行乎汝墳之國, 婦人能閔其君子, 猶勉之以正也.

〈여분〉은 도와 교화가 행해짐을 말한 것이다. 문왕의 교화가 여분의 나라에 행해져, 부인이 능히 그 남편을 불쌍히 여기되, 오히려 정도대로 힘쓸 것을 권한 것이다.

〈箋〉: 言此婦人, 被文王之化, 厚事其君子.

＊전체 3장. 매 장 4구씩((汝墳: 三章. 章四句).

(1) 賦
遵彼汝墳, 伐其條枚.

뎌 汝(여)ㅅ 墳(분)을 조차, 그 條(됴)와 枚(믜)를 버효라.

저 여수 가의 뚝방에서, 나뭇가지와 줄기를 베도다.

未見君子, 惄如調飢!

君子를 보디 몯흔 디라, 惄(녁)히 調飢(듀긔)흔 둧호라!

그대 얼굴 못 보니, 심한 허기에 지친 둧하다오!

【遵】따라감. 쫓아감. 沿, 循의 뜻. 〈毛傳〉과 〈集傳〉에 "遵, 循也"라 함.
【汝】汝水, 汝河. 河南省 西南을 흐르는 江. 〈集傳〉에 "汝水, 出汝州天息山, 徑蔡
　潁州入淮"라 함.
【墳】방죽. 큰 뚝. 뚝방. 〈集傳〉에 "墳, 大防也"라 함.
【條枚】'條'는 작은 가지, '枚'는 줄기. 〈毛傳〉과 〈集傳〉에 "枝曰條, 幹曰枚"라 함.
　〈鄭箋〉에 "伐薪於汝水之側, 非婦人之事. 以言己之君子賢者, 而處勤勞之職, 亦非
　其事"라 함.
【君子】남편.
【惄】근심, 憂愁. 간절함. 허기, 飢意. 〈毛傳〉에 "惄, 飢意也"라 하였고, 〈集傳〉에
　"惄, 音溺, 飢意也"라 하였으나 〈諺解〉에는 '녁'으로 읽었음. 陳奐 〈傳疏〉에 "《釋
　文》引《韓詩》作愵. 《方言》:「愵, 憂也.」"라 함.
【調】아침. '朝'의 假借. '調飢'는 아침의 허기. 〈毛傳〉에 "調, 朝也"라 하였고, 〈鄭
　箋〉에 "惄, 思也. 未見君子之時, 如朝飢之思食"이라 함. 그러나 〈集傳〉에는 "調,
　一作輖, 重也"라 하여 '심하다, 아주'의 뜻으로 보았으나, 〈鄭箋〉에 "未見君子之
　時, 如朝飢之思時"라 함. 이에 따라 〈諺解〉에도 '쥬긔'로 읽었음.
*〈集傳〉에 "汝旁之國, 亦先被文王之化者. 故婦人喜其君子行役而歸, 因記其未歸
　之時, 思望之情如此, 而追賦之也"라 함.

(2) 賦

遵彼汝墳, 伐其條肄.

뎌 汝ㅅ 墳을 조차, 그 條와 肄(이)를 버효라.

저 여수 가의 뚝방에서, 나뭇가지 그루터기 새싹을 베도다.

旣見君子, 不我遐棄!

이믜 君子를 보니, 나를 멀리 브리디 아니 ᄒ놋다!

그대 얼굴 대하니, 나를 멀리 버리시지는 않았구려!

【肄】'이'(異)로 읽으며, 베고 난 나무의 그루터기에서 다시 난 새싹. 〈毛傳〉에 "肄,
　餘也. 斬而復生曰肄"라 하였고, 〈集傳〉에도 "斬而復生曰肄"라 함.
【旣見】이윽고 만남. 1년만에 行役갔던 남편이 돌아옴. 〈毛傳〉에 "旣, 已"라 함.
【遐棄】멀리하여 버림. '遐'는 〈毛傳〉과 〈集傳〉에 "遐, 遠也"라 함. 〈鄭箋〉에 "已見君
　子, 君子反也. 于已反得見之, 知其不遠棄我, 而死亡於思, 則愈. 故下章勉之"라 함.

*〈集傳〉에 "○伐其枚而又伐其肄, 則踰年矣. 至是乃見其君子之歸, 而喜其不遠棄
我也"라 함.

(3) 比

魴魚赬尾, 王室如燬.

魴魚(방어)] 스리 붉거늘, 王室(왕실)이 燬(훼)ᄒᄂᆫ 듯ᄒᆞ도다.

방어의 꼬리가 붉어진 것이 마치 왕실에 불이 난 듯.

雖則如燬, 父母孔邇!

비록 燬ᄒᄂᆫ 듯ᄒᆞ나, 父母] 심히 갓가오시니라!

비록 불타는 듯하다 해도, 부모님 아주 가까이 계시니 어쩔 수 없네!

【魴魚】물고기 이름. 鯿魚라고도 불림.〈集傳〉에 "魴,魚名, 身廣而薄少力, 細鱗"이
라 함.〈諺解〉物名에는 "魴:방어"라 함.

【赬尾】꼬리가 붉어짐. 이 물고기는 피로하면 꼬리가 붉어진다 함.〈毛傳〉에 "赬,
赤也. 魚勞則尾赤"이라 하였고,〈集傳〉에 "赬, 赤也. 魚勞則尾赤. 魴尾本白, 而今

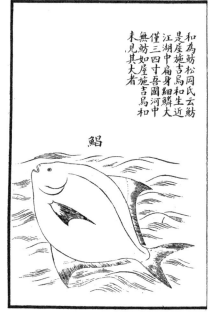
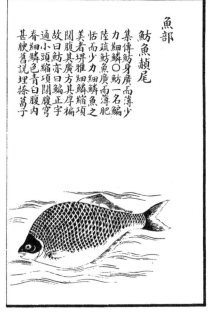

赤, 則勞甚矣"라 함.

【王室】〈集傳〉에 "室, 指紂所都也"라 함.

【燬】불탐. 〈集傳〉에 "燬, 焚也"라 함. 폭군 商紂의 폭정이 불타듯 심함을 비유함. 〈毛傳〉에 "燬, 火也"라 하였고, 〈鄭箋〉에 "君子仕於亂世, 其顔色瘦病, 如魚勞則尾赤. 所以然者, 畏王室之酷烈, 是時紂存"이라 하여 紂가 살아 있을 때였다 함.

【父母】〈集傳〉에 "父母, 指文王也"라 함.

【孔邇】아주 가까움. 〈毛傳〉과 〈集傳〉에 "孔, 甚; 邇, 近也"라 함. 부모가 가까이 계시니 어쩔 수 없음. 紂의 폭정을 견뎌낼 수밖에 없음을 말함. 〈鄭箋〉에 "辟此 勤勞之處, 或時得罪父母, 甚近當念之, 以免於害, 不能爲疏遠者計也"라 함.

＊〈集傳〉에 "○是時, 文王三分天下, 有其二, 而率商之叛國以事紂, 故汝墳之人, 猶以文王之命, 供紂之役. 其家人見其勤苦, 而勞之曰:「汝之勞旣如此, 而王室之政, 方酷烈而未已. 雖其酷烈, 而未已然文王之德如父母. 然望之甚近, 亦可以忘其勞矣.」此序所謂婦人能閔其君子, 猶勉之以正者. 蓋曰雖其別離之久, 思念之深, 而其所以相告語者, 猶有尊君親上之意, 而無情愛狎昵之私, 則其德澤之深風化之美, 皆可見矣. 一說父母甚近, 不可以懈於王事, 而貽其憂. 亦通"이라 함.

> 참고 및 관련 자료

1. 孔穎達〈正義〉

作〈汝墳〉詩者, 言道化行也. 文王之化, 行於汝墳之國, 婦人能閔念其君子, 猶復勸勉之, 以正義不可逃亡. 爲文王道, 德之化行也. 知此道, 非言道之道者, 以諸敘言道者, 皆爲言不爲道耳. 上云德廣所及光德, 後道事之次也. 言汝墳之國, 以汝墳之匯, 表國所在, 猶江漢之域, 非國名也. '閔'者, 情所憂念勉者, 勸之盡誠, 欲見情, 雖憂念, 猶能勸勉, 故先閔而後勉也. 臣奉君命, 不敢憚勞, 雖則勤苦, 無所逃避, 是臣之正道, 故曰勉之以正也. 閔其君子, 首章二章是也. 勉之以正, 卒章是也. 〈定本〉能閔上無'婦人'二字.

011(周-11) 인지지(麟之趾)

*〈麟之趾〉: 기린의 발. 〈諺解〉 物名에 "麟: 긔린"이라 함. 公族의 풍성함을 찬미한 것이라 함. 戴震은 "麟趾, 美公子之賢, 比於麟也. 麟之儀表, 見於趾額角矣. 公子之賢, 則見其振振矣"라 함.

*이 시는 〈關雎〉의 교화가 이루어지면 아무리 衰廢한 시대라 해도 公子들이 〈麟之趾〉처럼 후덕하게 될 것임을 노래한 것이며, 王道의 교화에 대한 마지막 마무리를 설명한 것이라 함.

> **〈序〉:** 〈麟之趾〉, 〈關雎〉之應也. 〈關雎〉之化行, 則天下無犯非禮. 雖衰世之公子皆信厚如〈麟趾〉之時也.

〈인지지〉는 〈관저〉의 응험이다. 〈관저〉의 교화가 행해지면 천하가 비례를 범하지 않는다. 비록 쇠세(衰世)의 공자들도 모두가 후덕스럽기가 마치 〈인지지〉의 시대와 같을 것이다.

〈箋〉: 〈關雎〉之時, 以麟爲應. 後世雖衰, 猶存〈關雎〉之化者, 君之宗族, 猶尙振振然, 有似麟應之, 時無以過也.

*전체 3장. 매 장 3구씩(麟之趾: 三章. 章三句).

(1) 興

麟之趾, 振振公子. 于嗟麟兮!

麟(린)의 발이여, 振振혼 公子(공ᄌ)ㅣ로소니, 于嗟(우차)홉다, 麟이로다!

인(麟)의 발이여, 인후한 공자(公子)에 비기리라. 아, 인이여!

【麟】고대 傳說的인 동물. 仁獸, 聖獸, 瑞獸. 麒麟이라고도 함. 四靈의 하나로 毛蟲의 長. 〈集傳〉에 "麟, 麕身牛尾馬蹄, 毛蟲之長也"라 함. 嚴粲《詩輯》에는 "有足者宜踶, 唯麟之足, 可以踶而不踶; 有額者宜抵, 唯麟之額, 可以抵而不抵; 有角者宜觸, 唯麟之角, 可以觸而不觸"이라 하였고, 陸璣의《本草疏》에는 "麟, 麕身牛尾

馬足, 黃色, 圓蹄, 一角, 角端有肉. 音中鍾呂, 行中規矩. 游必擇地, 詳而後處. 不履生蟲, 不踐生草, 不群居, 不侶行, 不入陷穽, 不罹羅網. 王者至仁則出"이라 하여, 여기서는 公子, 公姓, 公族에 비긴 것임.【趾】발.〈毛傳〉에 "興也. 趾, 足也. 麟信而應禮, 以足至者也"라 하였고,〈鄭箋〉에 "興者, 喻今公子亦信厚, 與禮相應, 有似於麟"이라 함.〈集傳〉에는 "趾, 足也. 麟之足, 不踐生草, 不履生蟲"이라 함.

【振振】인자하고 후덕함을 뜻함.〈毛傳〉에 "振振, 信厚也"라 하였고,〈集傳〉에 "振振, 仁厚貌"라 함.

【于嗟】〈毛傳〉과〈集傳〉에 "于嗟, 歎辭也"라 함.

＊〈集傳〉에 "○文王后妃, 德脩于身, 而子孫宗族, 皆化於善. 故詩人以麟之趾, 興公之子言. 麟性仁厚, 故其趾亦仁厚. 文王后妃仁厚, 故其子亦仁厚. 然言之不足, 故又嗟歎之言, 是乃麟也. 何必麕身牛尾而馬蹄然後, 爲王者之瑞哉!"라 함.

(2) 興

麟之定, 振振公姓. 于嗟麟兮!

麟의 니마여, 振振흔 公姓(공셩)이로소니, 于嗟홉다, 麟이로다!

인의 이마여, 인후한 공성에 비기리라. 아, 인이여!

【定】이마(額, 題)를 뜻함.〈毛傳〉에 "定, 題也"라 하였고,〈集傳〉에 "定, 額也. 麟之額, 未聞. 或曰有額而不以抵也"라 함.
【公姓】君主와 同姓인 자들. 公孫과 같음.〈毛傳〉에 "公姓, 公同姓"이라 하였고,〈集傳〉에는 "公姓, 公孫也. 姓之爲言生也"라 함.

(3) 興

麟之角, 振振公族. 于嗟麟兮!

麟의 쓸이여, 振振흔 公族(공족)이로소니, 于嗟홉다, 麟이로다!

인의 뿔이여, 인후한 공족에 비기리라. 아, 인이여!

【角】뿔. 〈毛傳〉에 "麟角, 所以表其德也"라 하였고, 〈鄭箋〉에 "麟角之末, 有肉示,
有武而不用"이라 함. 〈集傳〉에도 "麟一角, 角端有肉"이라 함. 〈毛傳〉에 "麟角, 表
其德也"라 함.

【公族】君王의 一族. 祖廟를 함께 모시는 親族. 〈毛傳〉에 "公族, 公同祖也"라 하였
고, 〈集傳〉에 "公族, 公同高祖, 祖廟未毀, 有服之親"이라 함.

참고 및 관련 자료

1. 孔穎達 〈正義〉

此〈麟趾〉, 處末者, 有〈關雎〉之應也. 由后妃〈關雎〉之化行, 則令天下無犯非禮, 天
下旣不犯禮, 故今雖衰世之公子, 皆能信厚如古, 致麟之時, 信厚無以過也. 〈關雎〉之
化, 謂〈螽斯〉以前, 天下無犯非禮, 〈桃夭〉以後也. 雖衰世之公子, 皆信厚如麟趾之
時, 此篇三章是也. 此篇處末則相終始, 故歷序前篇以爲此, 次旣因有麟名, 見若致
然. 編之處末, 以法成功也. 此篇本意, 直美公子信厚, 似古致麟之時, 不爲有〈關雎〉
而應之. 太師編之, 以象應敘者, 述以示法耳. 不然, 此豈一人作詩, 而得相顧, 以爲
終始也? 又使天下, 無犯非禮, 乃致公子信厚, 是公子難化於天下, 豈其然乎? 明是
編之, 以爲示法耳. 〈正義〉曰: 箋欲明時不致, 麟信厚似之, 故云〈關雎〉之時, 以麟爲
應, 謂古者太平行〈關雎〉之化, 至極之時以麟爲瑞, 後世雖衰, 謂紂時有文王之教,
猶存〈關雎〉之化, 能使君之宗族, 振振然, 信厚如麟應之, 時無以過也. 信厚如麟,
時實不致麟, 故張逸問〈麟趾〉義, 云「〈關雎〉之化, 則天下無犯非禮, 雖衰世之公子,
皆信厚, 其信厚如麟之時」, 箋云'喻今公子, 亦信厚與禮相應, 有似於麟'. 唯於此二
者, 時〈關雎〉之化, 致信厚未致麟?」答曰:「衰世者, 謂當文王與紂之時, 而周之盛德,
〈關雎〉化行之時, 公子化之, 皆信厚與禮合, 古太平致麟之時, 不能過也.」由此言之,
不致明矣. 鄭言'古太平致麟之時'者. 案《中候握河記》云:「帝軒題象麒麟在囿」又〈唐
傳〉云:「堯時麒麟在郊藪」又《孔叢》云:「唐虞之世, 麟鳳遊於田.」由此言之, 黃帝·堯·
舜, 致麟矣. 然感應宜同, 所以俱行〈關雎〉之化而致否, 異者亦時勢之運殊, 古太平
時行〈關雎〉之化至極, 能盡人之情, 能盡物之性, 太平化洽, 故以致麟文王之時, 殷
紂尙存, 道未盡, 行四靈之瑞, 不能悉致. 序云「衰世之公子」, 明由衰. 故不致也.」成康

之時, 天下太平, 亦應致麟, 但無文證, 無以言之. 孔子之時, 所以致麟者, 自爲制作
之應, 非化洽所致, 不可以難此也. 三章皆以麟爲喩, 先言麟之趾, 次定次角者, 麟
是走獸, 以足而至, 故先言趾因. 從下而上, 次見其額, 次見其角也. 同姓疎於同祖,
而先言姓者, 取其與定爲韻, 故先言之.

2. 朱熹〈集傳〉

〈麟之趾〉, 三章, 章三句:

序以爲〈關雎〉之應得之.

3. 〈周南〉 11편 총결

이상 〈周南〉 전체 11편을 총괄하여 朱熹〈集傳〉에는 이렇게 설명하고 있음.

周南之國, 十一篇, 三十四章, 百五十九句:

按: 此篇首五詩, 皆言后妃之德. 〈關雎〉, 擧其全體而言也. 〈葛覃〉·〈卷耳〉言其志
行之在己. 〈樛木〉·〈螽斯〉, 美其德惠之及人, 皆指其一事而言也. 其辭雖主於后妃,
然其實則皆所以著明文王身脩家齊之效也. 至於〈桃夭〉·〈兔罝〉·〈芣苢〉, 則家齊而
國治之效. 〈漢廣〉·〈汝墳〉, 則以南國之詩附焉, 而見天下已有可平之漸矣. 若〈麟之
趾〉, 則又王者之瑞, 有非人力所致而自至者, 故復以是終焉. 而序者以爲〈關雎〉之應
也. 夫其所以至此后妃之德, 固不爲無所助矣. 然妻道無成, 則亦豈得而專之哉? 今
言詩者, 或乃專美后妃, 而不本於文王, 其亦誤矣.

# 2. 소남召南
14편(012-025)

岐周의 남쪽(구체적으로 지금의 陝西 扶風이라고도 함)에 武王이 功臣인 姬奭에게 주어 그를 召公이라 불렀고, 이 그가 관할하던 지역의 南方에 소공의 덕이 미쳐 불리던 노래들이다. 특히 長江과 漢水 지역까지 넓혀나간 召公의 공적을 기리고 있다. 한편 召公(奭)은 뒤에 薊(지금의 북경)에 봉지를 받아 燕의 시조가 되었고, 그 후손으로서 옛 주남 땅에 그대로 있던 후손들이 爵位를 그대로 사용하여 왕실의 경사가 되기도 하여, 역시 소공이라 칭하였다. 그 때문에 소남에서 말하는 많은 召公들은 실제 召康公(姬奭) 외에 召穆公(姬虎) 등이 보이기도 한다. 그래서 〈甘棠〉편의 '召伯'은 소강공(姬奭)이 아니라 召穆公(姬虎)을 가리킨다. 〈毛傳〉과 〈集傳〉에는 周南과 함께 묶어 설명하고 있다.

　★역사적 관련 사항은《史記》周本紀 및 燕召公世家를 참조할 것.

　<集傳>에 "○召, 地名. 召公奭之采邑也. 舊說'扶風雍縣
南有召亭, 卽其地'. 今雍縣析爲岐山·天興二縣, 未知召亭的
在何縣? 餘已見周南篇"이라 함.

012(召-1) 작소(鵲巢)

*〈鵲巢〉: 까치둥지. 까치집. '鵲'은 山鵲, 乾鵲, 阿鵲으로도 불리며 속칭 喜鵲. 雀形目鴉科의 鳥類. 〈諺解〉物名에 "鵲: 가치"라 함.
*이 시는 부인이 덕이 있어야 군주가 업적을 이룰 수 있으며, 이는 마치 鳲鳩와 같아야 좋은 배필이 될 수 있음을 말한 것이라 함.

  〈序〉: 〈鵲巢〉, 夫人之德也. 國君積行累功以致爵位, 夫人起家而居有之, 德如鳲鳩乃可以配焉.
  〈작소〉는 부인의 덕을 말한 것이다. 나라의 군주는 행적을 쌓고 공을 세워 작위를 이루고, 부인은 집안을 일으켜 삶을 이루어감이 있으니, 덕은 마치 시구(鳲鳩)와 같아야 가히 배필이 될 수 있다.
  〈箋〉: 起家而居有之, 謂嫁於諸侯也. 夫人有均壹之德, 如鳲鳩然, 而後可配國君.

*전체 3장. 매 장 4구씩(鵲巢: 三章. 章四句).

(1) 興
維鵲有巢, 維鳩居之.
鵲(쟉)이 巢(소)를 두매, 鳩(구) l 居(거)ᄒᆞᆫᄂᆞᆺ다.
까치가 둥지를 지으니, 뻐꾸기가 들어가 사네.

之子于歸, 百兩御之!
之子 l 歸홈애, 百兩(빅량)으로 마ᄌᆞᆺ다!
그 부인 시집갈 땐, 수레 백 채로 맞이하네!

【維】發語辭.
【鵲巢】까치 둥지. 까치집. 〈毛傳〉에 "鳲鳩不自爲巢, 居鵲之成巢"라 하였고, 〈鄭

維鵲有巢
集傳鵲善爲巢其巢最爲完固○西海諸州多
有之夫如慈烏長尾尖嘴尾翮黑白相雜

維鳩居之
傳鳩鳲鳩秸鞠也集傳鳩性拙
不能爲巢或有居鵲之成巢者
○按毛氏以秸鳩解之然大抵
諸鳩拙于爲巢故禽經云拙
者其如鳩不能爲巢此鳩不必
指一種秸鳩見下鳩古云也理
法堯對異圓法堯之今人偏呼綠
色者爲也埋法堯是青鶴也鴒
爲異圓法堯

箋)에는 "鵲之作巢, 冬至架之, 至春乃成. 猶國君積行累功, 故以興焉. 興者, 鳲鳩
因鵲成巢而居有之, 而有均壹之德, 猶國君夫人來嫁, 居君子之室, 其德亦然也.
室, 燕寢也"라 함.

【鳩】비둘기. 鳲鳩, 秸鞠(길국, 雙聲連綿語의 鳥名). 〈毛傳〉에 "興也. 鳩, 鳲鳩, 秸鞠
也"라 함. 〈諺解〉 物名에 "鳩:비둘기"라 함. 그러나 일설에 鳲鳩(布穀鳥, 뻐꾸기)로
보고 있음. 貴州의 斑鳩(뻐꾸기의 일종)는 제 둥지를 짓지 않음. 〈集傳〉에 "鵲·鳩,
皆鳥名. 鵲, 善爲巢, 其巢最爲完固; 鳩, 性拙不能爲巢, 或有居鵲之成巢者"라 함.

【之子】夫人을 가리킴. 〈鄭箋〉에 "之子, 是子也"라 하였고, 〈集傳〉에 "之子, 指夫人
也"라 함.

【兩】수레 한 兩. 〈毛傳〉에 "百兩, 百乘也. 諸侯之子嫁於諸侯, 送御皆百乘"이라
하였고, 〈集傳〉에 "兩, 一車也. 一車兩輪, 故謂之兩"이라 함.

【御】'아(音迓)로 읽으며 '맞이하다'의 뜻. '迎'과 같음. 雙聲互訓. 〈鄭箋〉에 "御, 迎
也. 是如鳲鳩之子, 其徃嫁也. 家人送之, 良人迎之, 車皆百乘, 象有百官之盛"이라
하였고, 〈集傳〉에 "御, 迎也. 諸侯之子, 嫁於諸侯. 送·御, 皆百兩也"라 함.

＊〈集傳〉에 "○南國諸侯, 被文王之化, 能正心脩身以齊其家, 其女子亦被后妃之化,
而有專靜純一之德. 故嫁於諸侯, 而其家人美之. 曰「維鵲有巢, 則鳩來居之」, 是以
「之子于歸, 而百兩迎之」也. 此詩之意, 猶周南之有〈關雎〉也"라 함.

(2) 興

維鵲有巢, 維鳩方之.

鵲이 巢를 두매, 鳩ㅣ 方ㅎ놋다.

까치가 둥지를 지으니, 뻐꾸기가 차지하네.

之子于歸, 百兩將之!

之子ㅣ 歸홈애, 百兩으로 보내놋다!

그 부인 시집갈 땐, 수레 백 채로 보내주네!

【方】그 자리를 차지함. 占居함. 王引之 〈述聞〉에 "方, 讀爲放. ……《論語》里仁篇
「放於利而行」, 鄭·孔注幷曰:「放, 依也.」"라 함. 〈毛傳〉과 〈集傳〉에 에는 "方, 有之
也"라 함.

【將】배웅함. 보내줌. 〈毛傳〉과 〈集傳〉에 "將, 送也"라 하였고, 陳奐 〈傳疏〉에 "將,
訓行. 送, 又行之引申也"라 함.

(3) 興

維鵲有巢, 維鳩盈之.

鵲이 巢를 두매, 鳩ㅣ 盈(영)ㅎ얏도다.

까치가 둥지를 지으니, 비둘기 가득 차네.

之子于歸, 百兩成之!

之子ㅣ 歸홈애, 百兩으로 일오놋다!

그 부인 시집갈 땐, 수레 백 채로 예를 이루네!

【盈】가득 참. 〈毛傳〉에 "盈, 滿也"라 하였고, 〈鄭箋〉에 "滿者, 言衆媵姪娣之多"라
함. 〈集傳〉에도 "盈, 滿也. 謂衆媵姪娣之多"라 함.

【成】그 禮를 이룸. 〈毛傳〉에 "能成百兩之禮也"라 하였고, 〈集傳〉에 "成, 成其禮
也"라 함. 〈鄭箋〉에 "是子有鳲鳩之德, 宜配國君, 故以百兩之禮, 送迎成之"라 함.

1. 孔穎達〈正義〉

作〈鵲巢〉詩者, 言夫人之德也. 言國君積修其行, 累其功德, 以致此諸侯之爵位, 今夫人起自父母之家而來, 居處共有之, 由其德如鳲鳩, 乃可以配國君焉. 是夫人之德也, 經三章, 皆言起家而來居之, 文王之迎大姒, 未爲諸侯而言. 國君者, 召南諸侯之風, 故以夫人國君言之, 文王繼世爲諸侯, 而云積行累功, 以致爵位者, 言爵位致之爲難, 夫人起家而居有之, 所以顯夫人之德, 非謂文王之身, 始有爵位也.

013(소-2) 채번(采蘩)

*〈采蘩〉: 다북쑥을 뜯음. '采'는 採와 같음. 채집함. 뜯음. '蘩'은 皤蒿, 白蒿로도 불리는 菊科 多年生 草本 植物. 즉 쑥의 일종을 산흰쑥, 혹은 다북쑥으로 불림. 〈諺解〉物名에 "蘩: 다복뿍"이라 함. 〈毛傳〉에 "蘩, 皤蒿也"라 하였고, 〈集傳〉에 "蘩, 白蒿也"라 함.

*이 시는 제후의 부인이 제사의 직무를 잘 받듦을 노래한 것이라 함.

〈序〉: 〈采蘩〉, 夫人不失職也. 夫人可以奉祭祀, 則不失職矣.

〈채번〉은 부인이 그 직무를 잃지 않음을 말한 것이다. 부인이 제사를 받들 수 있다면 그 직무를 잃지 않은 것이다.

〈箋〉: 奉祭祀者, 采蘩之事也. 不失職者, 夙夜在公也.

*전체 3장. 매 장 4구씩(采蘩: 三章. 章四句).

(1) 賦
于以采蘩? 于沼于沚.

이예 뻐 蘩(번)을 키옴이, 沼(쇼)애며 沚(지)에 ᄒ놋다.

어디에서 다북쑥을 뜯냐고요? 못가에서 물가에서.

于以用之? 公侯之事!

이에 뻐 쁨이, 公과 侯의 事(ᄉ)애 ᄒ놋다!

어디 쓰느냐고요? 公侯의 제사에!

【于以】問詞, 즉 의문문을 만드는 語助辭. '於以'와 같음. 〈毛傳〉과 〈集傳〉에 "于, 於也"라 함. 〈鄭箋〉에 "于, 以. 猶言往也. 執蘩菜者, 以豆薦蘩菹"라 함. 그러나 〈諺解〉는 단순한 語助辭로 보았음.

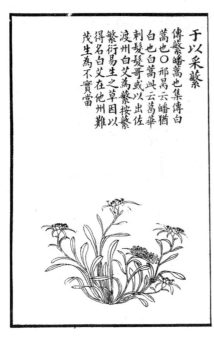

于以采蘩
傳蘩皤蒿也集傳白
蒿也○邢昺云皤猶
白也白蒿也以出佐
剌髮髮哥或出佐
渡州白艾爲蘩按蘩
繁衍易生之草因以
得名白艾在他州以
茂生爲白艾不實當

【于沼于沚】'于'는 語助辭, '沼'는 沼澤, '沚'는 물가 작은 모래톱(小洲). 〈毛傳〉에 "沼·池, 沚渚也"라 하였고, 〈集傳〉에 "沼, 池也; 沚, 渚也"라 함.

【公侯之事】公侯들의 제사 드리는 일. 〈毛傳〉에 "公侯夫人, 執蘩菜以助祭, 神饗德與信, 不求備焉. 沼沚谿澗之草, 猶可以薦. 王后, 則荇菜也, 之事, 祭事也"라 하였고, 〈集傳〉에 "事, 祭事也"라 함. 〈鄭箋〉에 "言夫人於君祭祀, 而薦此豆也"라 함.

＊〈集傳〉에 "○南國被文王之化, 諸侯夫人能盡誠敬, 以奉祭祀, 而其家人叙其事, 以美之也. 或曰蘩所以生蠶, 蓋古者, 后夫人有親蠶之禮. 此詩亦猶周南之有〈葛覃〉也"라 함.

(2) 賦

于以采蘩? 于澗之中.

이예 뻐 蘩을 키옴이, 澗(간) 가온듸 ᄒ놋다.

어디에서 다북쑥을 뜯냐고요? 산골 시냇가에서.

于以用之, 公侯之宮!

이예 뻐 뜸이, 公과 侯의 宮(궁)에 ᄒ놋다!

어디 쓰느냐고요? 공후의 사당에!

【澗】산골 물. 〈毛傳〉과 〈集傳〉에 "山夾水曰澗"이라 함.
【宮】廟堂. 혹은 《禮記》에 실려 있는 公桑의 蠶室이라고도 함. 〈毛傳〉에 "宮, 廟也"라 하였고, 〈集傳〉에 "宮, 廟也, 或曰卽《記》所謂公桑蠶室也"라 함.《禮記》祭義에 "古者, 天子諸侯, 必有公桑·蠶室, 近川而爲之. 築宮仞有三尺, 棘牆而外閉之"라 함.)

(3) 賦

被之僮僮, 夙夜在公.

被(피)의 僮僮(동동)홈이여, 일 져므리 公애 잇도다.

올린 가발은 공경한 모습, 이른 저녁 제사일 하지요.

被之祁祁, 薄言還歸!

被의 祁祁(긔긔)홈이여, 잠싼 도라가놋다!

올린 가발 느긋한 모습, 제사 끝내고 돌아오지요!

【被】머리 장식용 가발의 일종. '髮'의 假借. 〈毛傳〉에 "被, 首飾也"라 하였고, 〈集傳〉에 "被, 首飾也. 編髮爲之"라 하였고, 陳奐 〈傳疏〉에 "被, 亦用編髮"이라 하여 假髮을 뜻한다 하였음.

【僮僮】공경하는 모습. 〈毛傳〉과 〈集傳〉에 "僮僮, 竦敬也"라 함.

【夙夜】초저녁. 〈毛傳〉과 〈集傳〉에 "夙, 早也"라 함.

【公】〈鄭箋〉에 "公, 事也. 早夜在事, 謂視濯漑饎爨之事.《禮記》(曲禮):「主婦髮髢.」" 라 하였으나, 〈集傳〉에 에는 "公, 公所也"라 하여 公侯가 있는 곳이라 하였음. 혹 公桑이라고도 함. 〈集傳〉에 "或曰公, 卽所謂公桑也"라 함.

【祁祁】느리고 느긋한 모습. 〈毛傳〉에 "祁祁, 舒遲也. 去事有儀也"라 하였고, 〈集傳〉에도 "祁祁, 舒遲貌. 去事有儀也"라 함.

【薄言】〈鄭箋〉에 "言, 我也. 祭事畢, 夫人釋祭服而去髮髢. 其威儀祁祁然, 而安舒無罷倦之失"이라 함.

【還歸】'還'은 '선'(音旋)으로 읽으며 제사를 끝내고 집으로 돌아옴을 뜻함. 〈鄭箋〉에 "我還歸者, 自廟反其燕寢"이라 하였고, 〈集傳〉에는 "〈祭義〉曰:「及祭之後, 陶陶遂遂, 如將復入. 然不欲遽去, 愛敬之無已也.」"라 함.

⬚ 참고 및 관련 자료 ⬚

1. 孔穎達 〈正義〉

言夫人徃何處采此蘩菜乎? 於沼池·沚渚之傍采之也. 旣采之爲菹, 夫人徃何處用之乎? 於公侯之宮祭事, 夫人當薦之也. 此章言其采取, 故卒章論其祭事.

014(꿈-3) 초충(草蟲)

*〈草蟲〉: '艸蟲'으로도 표기하며, 특정 곤충을 지칭하는 않은 풀벌레로 여겨 왔으나, 〈毛傳〉에 "草蟲, 常羊也"라 하여, '常羊'(螮蟒)이라는 疊韻連綿語의 蟲名 이라 하였음. 郝懿行은 구체적으로 《爾雅義疏》에 "草螽, 《詩》作草蟲. ……《釋文》 引《草木疏》云:「草螽, ……大小長短如蝗而靑也. 善鳴」"이라 하여 베짱이를 가리 킴. 〈諺解〉物名에도 "草蟲:뵈짱이"라 함. 이는 直翅目螽斯科의 곤충으로 북방 에서는 흔히 '聒聒兒', '蟈蟈兒', 남방에서는 '叫哥兒'라 불리는 곤충. 〈集傳〉에 도 "草蟲, 蝗屬, 奇音, 靑色"이라 함.
*이 시는 大夫의 처가 능히 자신을 잘 방어하였음을 노래한 것이라 함.

〈序〉: 〈草蟲〉, 大夫妻能以禮自防也.
〈초충〉은 대부의 처가 능히 예로써 자신을 방어함을 말한 것이다.

*전체 3장. 매 장 7구씩(草蟲:三章. 章七句).

(1) 賦
喓喓草蟲, 趯趯阜螽.
喓喓(요요)ㅎ는 草蟲(초츙)이며, 趯趯(텩텩)ㅎ는 阜螽(부죵)이로다.
찌륵찌륵 우는 베짱이, 팔짝 뛰는 메뚜기.

未見君子, 憂心忡忡!
君子를 보디 몯혼 디라, 근심ㅎ는 ᄆᆞ음이 忡忡(츙츙)호라!
그대를 뵙지 못하니, 근심하는 마음 쿵덩쿵덕!

亦旣見止, 亦旣覯止, 我心則降!
쏘 이믜 보며, 쏘 이믜 만나면, 내 ᄆᆞ음이 곧 降(항)ㅎ리로다!
역시 이윽고 만나보고, 또 이윽고 보게 되면, 내 걱정 내려놓이네!

【喓喓】벌레의 울음소리를 형용한 疊語. 〈毛傳〉에 "興也. 喓喓, 聲也"라 하였고, 〈集傳〉에도 "喓喓, 聲也"라 함.

【趯趯】팔짝팔짝 뛰는 모습을 표현하는 疊語. '척척'으로 읽음. 〈毛傳〉에 "趯趯, 躍也"라 하였고, 〈集傳〉에도 "趯趯, 躍貌"라 함.

【阜螽】메뚜기. 〈諺解〉物名에 "阜螽:묏도기"라 함. 〈毛傳〉에 "阜螽, 蠜也. 卿大夫 之妻, 待禮而行, 隨從君子"라 하였고, 〈集傳〉에도 "阜螽, 蠜也"라 하여 누리의 일 종으로 보았음. 直翅目飛蝗科의 '虴蚱', '蚱虴'으로 불림. 〈鄭箋〉에는 "草蟲鳴, 阜 螽躍而從之. 異種同類, 猶男女嘉時, 以禮相求呼"라 함.

【未見君子】〈鄭箋〉에 "未見君子者, 謂在塗時也. 在塗而憂, 憂不當君子, 無以寧父 母, 故心衝衝然. 是其不自絶於其族之情"이라 함.

【忡忡】衝衝과 같음. 근심하는 모습을 나타낸 疊語 擬態語. 〈毛傳〉에 "忡忡, 猶 衝衝也. 婦人雖適人, 有歸宗之義"라 하였고, 〈集傳〉에도 "忡忡, 猶衝衝也"라 함.

【亦】若의 뜻.

【止】助詞. 虛辭. 〈毛傳〉에 "止, 辭也"라 하였고, 〈集傳〉에 "止, 語辭"라 함.

【旣見】〈鄭箋〉에 "旣見, 謂已同牢而食也"라 함.

【覯】만남(遇). 봄. 〈毛傳〉과 〈集傳〉에 "覯, 遇"라 함. '旣覯'는 〈鄭箋〉에 "旣覯, 謂 已昏也. 始者, 憂於不當, 今君子待己以禮, 庶自此, 可以寧父母, 故心下也. 《易》(繫 辭下)曰:「男女覯(構)精, 萬物化生.」"이라 함.

【降】마음이 놓임. 근심이나 걱정이 내려놓임(下). 〈毛傳〉과 〈集傳〉에 "降, 下也"라 함.

＊〈集傳〉에 "○南國被文王之化, 諸侯大夫行役在外, 其妻獨居, 感時物之變, 而思 其君子如此. 亦若周南之〈卷耳〉也"라 함.

(2) 賦

陟彼南山, 言采其蕨.

뎌 南山(남산)의 올라, 그 蕨(궐)을 키오라.

저 남산에 올라, 나는 그 고사리 캐지요.

未見君子, 憂心惙惙!

君子를 보디 몯혼 디라, 근심ᄒᆞᄂᆞᆫ ᄆᆞᅀᆞᆷ이 惙惙(쳘쳘)호라!

그대를 뵙지 못하여, 근심이 철철하였지요!

亦旣見止, 亦旣覯止, 我心則說!

쏘 이믜 보며, 쏘 이믜 만나면, 내 ᄆᆞᅀᆞᆷ이 곳 깃브리로다!

역시 이윽고 만나보고, 또 이윽고 서로 보니, 내 마음 즐거워라!

【陟】산에 오름. 〈集傳〉에 "登山, 蓋託以望君子"라 함.

【南山】〈毛傳〉에 "南山, 周南山也"라 함.

【言】'我'와 같음. 〈鄭箋〉에 "言, 我也. 我采者在塗, 而見采蟞菜者, 得其所欲得, 猶 己今之行者, 欲得禮以自喻也"라 하여, 雙聲互訓.

【蕨】고사리. 蟞菜라고도 부름. 〈諺解〉 物名에 "蕨:고사리"라 함. 〈毛傳〉에 "蕨, 蟞也"라 하였고, 〈集傳〉에도 "蕨, 蟞也. 初生無葉時, 可食. 亦感時物之變也"라 함.

【惙惙】마음이 불안정함. 〈毛傳〉에 "惙惙, 憂也"라 하였고, 〈集傳〉에도 "惙, 憂貌"라 함. 《說文》에 "惙, 一曰意不定也"라 함.

【說】'열'(音悅)로 읽으며 悅과 같음. 〈毛傳〉에 "說, 服也"라 하여, 悅服함.

(3) 賦

陟彼南山, 言采其薇.

뎌 南山의 올라, 그 薇(미)를 키오라.

저 남산에 올라, 나는 고비나물 캐지요.

未見君子, 我心傷悲!

君子를 보디 몯혼 디라, 내 무음이 슬허호라!

그대를 뵙지 못하여, 내 마음 괴롭고 슬펐지요!

亦旣見止, 亦旣覯止, 我今則夷!

쏘 이믜 보며, 쏘 이믜 만나면, 내 무음이 곧 편호리로다!

역시 이윽고 만나보고, 또 이윽고 서로 보니, 지금 나는 곧 평안하지요!

【薇】고비. 薇蕨.〈諺解〉物名에는 "薇:회초미"라 함.〈毛傳〉에 "薇, 菜也"라 하였고,〈集傳〉에 "薇, 似蕨而差大, 有芒而味苦. 山間人食之, 謂之迷蕨. 胡氏曰:「疑卽《莊子》所謂迷陽者」라 함. 巢菜, 혹 野碗豆라고도 불림.

【傷悲】슬프고 비통함.〈毛傳〉에 "嫁女之家, 不息火三日, 思相離也"라 하였고,〈鄭箋〉에 "維父母思已故已亦傷悲"라 함.

【則】곧. 강조의 의미로 쓰였음.

【夷】'平'과 같은 뜻. 편해짐, 기쁜 마음이 됨.〈毛傳〉과〈集傳〉에 "夷, 平也"라 하였고, 馬瑞辰《通釋》에는 "心平則喜"라 함.

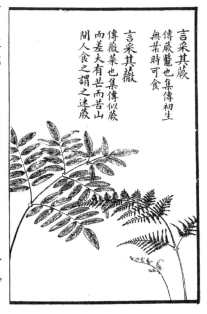

言采其蕨
傳蕨鱉也集傳初生
無葉時可食

言采其薇
傳薇菜也集傳似蕨
而差大有芒而苦山
閒人食之謂之迷蕨

⟮ 참고 및 관련 자료 ⟯

1. 孔穎達〈正義〉

作〈草蟲〉詩者, 言大夫妻能以禮自防也. 經言在室, 則夫唱乃隨;旣嫁則憂不當其禮, 皆是以禮自防之事.

015(껌-4) 채빈(采蘋)

*〈采蘋〉: 마름을 뜻음. '采'는 採와 같음. '蘋'은 大蓱(大萍), 속칭 田字草, 破銅錢,
四葉菜로 불림. 얕은 물에 떠서 사는 蘋科 蕨類植物로 우리말로는 浮萍草, 개구
리밥이라 하나 〈諺解〉物名에는 "蘋: ᄀ라안는 말암"이라 하여 '가라앉는 마름'
이라 하였음. 〈毛傳〉에 "蘋, 大蓱也"라 하였고, 〈集傳〉에는 "蘋, 水上浮萍也. 江東
人謂之蘋"라 함.
*이 시는 대부의 처가 법도를 잘 지켜 집안 선조의 제사를 공경히 받듦을 노래
한 것이라 함.

〈序〉: 〈采蘋〉, 大夫妻能循法度也. 能循法度, 則可以承
先祖, 共祭祀矣.

〈채빈〉은 대부의 처가 능히 법도를 잘 따름을 말한 것이다. 능히 법도
를 잘 따른다면 가히 선조의 뜻을 이어받을 수 있어 공경히 제사를 지
낼 것이다.

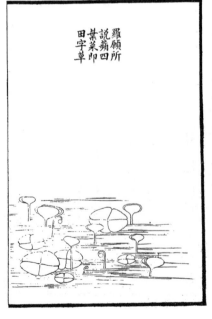

〈箋〉: 女子十年不出姆, 教婉娩聽從,
執麻枲, 治絲繭, 織紝組, 訓學女事, 以
共衣服. 觀於祭祀, 納酒漿籩豆, 菹醢
禮, 相助奠. 十有五而筓, 二十而嫁. 此
言能循法度者, 今旣嫁爲大夫妻, 能循
其爲女之時所學·所觀之事, 以爲法度.

*전체 3장. 매 장 4구씩(采蘋:三章. 章四
句).

(1) 賦

于以采蘋? 南澗之濱.

이에 뻐 蘋(빈)을 키옴이, 南澗(남간)ㅅ 가애 ᄒᆞ놋다.

어디에서 개구리밥을 뜯냐구요? 남쪽 시냇가에서.

于以采藻? 于彼行潦!

이에 뻐 藻(조)를 키옴이, 뎌 行潦(ᄒᆡᆼ로)애 ᄒᆞ놋다!

어디에서 마름풀을 뜯냐구요? 고인 물에서!

【于以】助詞. 역시 의문사의 조사로 풀이함.

【澗】산골짜기의 시냇물.

【濱】물가. 〈毛傳〉과 〈集傳〉에 "濱, 厓也"라 함.

【藻】물수세미. 혹 수초의 일종인 마름풀. 〈諺解〉 物名에는 "藻:뜨ᄂᆞ 말암 ○믈"
  이라 하여 '蘋'과 구분하였음. 〈毛傳〉에 "藻, 聚藻也"라 하였고, 〈集傳〉에도 "藻,
  聚藻也. 生水底, 莖如釵, 股葉如蓬蒿"라 함.

【行潦】〈毛傳〉과 〈集傳〉에 "行潦, 流潦也"라 함. 흐르는 도랑물. 혹은 비가 내려

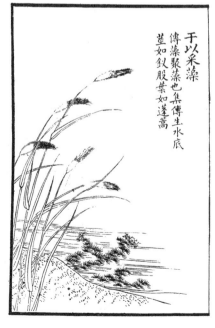

길 작은 웅덩이에 괸 물. 王先謙〈集疏〉에 "行潦, 二字相連爲義. 行之爲言流也. 雨水潦行, 亭蓄汚下之處, 其水無源, 故曰行潦"라 함. 〈鄭箋〉에 "古者, 婦人先嫁三月, 祖廟未毀, 教于公宮祖廟. 旣毀, 教于宗室, 教以婦德·婦言·婦容·婦功. 教成之, 祭牲用魚芼之, 以蘋藻, 所以成婦順也. 此祭, 女所出祖也. 法度莫大於四教, 是又祭以成之, 故擧以言焉. 蘋之言賓也; 藻之言澡也. 婦人之行, 尙柔順自潔淸, 故取名以爲戒"라 함.

＊〈集傳〉에 "○南國被文王之化, 大夫妻能奉祭祀, 而其家人叙其事, 以美之也"라 함.

(2) 賦
于以盛之? 維筐及筥.
이에 뻐 담옴이, 筐(광)과 민 筥(거)ㅣ예 ᄒᆞᆺ다.
어디에 이를 담냐구요? 광주리와 바구니에.

于以湘之? 維錡及釜!
이에 뻐 슬몸이, 錡(긔)와 민 釜(부)에 ᄒᆞᆺ다!
어디에 이를 삶냐구요? 가마솥에다 하지요!

【盛】'담다'의 動詞.

【筐及筥】'筐'과 '筥' 모두 竹器의 바구니. 方形을 筐, 圓形을 筥라 함. 〈毛傳〉과 〈集傳〉에 "方曰筐, 圓曰筥"라 함.

【湘】음식물을 찌거나 삶음. 조리함. 烹煮와 같음. 〈毛傳〉에 "湘, 亨也"라 하였고, 〈集傳〉에 "湘, 烹也. 蓋粗熟而淹以爲菹也"라 함. 《韓詩》에는 '鬺'으로 되어 있음.

【錡】솥. 鑊의 일종. 陸德明〈釋文〉에 "三足釜也"라 함.

【釜】역시 솥. 〈毛傳〉에 "錡釜屬, 有足曰錡, 無足曰釜"라 하였고, 〈集傳〉에 "有足曰錡, 無足曰釜"라 함. 〈鄭箋〉에 "亨蘋藻者, 於魚湆之中, 是鉶羹之芼"라 함.

＊〈集傳〉에 "○此足以見其循序, 有常嚴敬, 整飭之意"라 함.

(3) 賦

于以奠之? 宗室牖下.

이에 뻐 奠(뎐)홈이, 宗室(종실)ㅅ 牖(유) 아래 ᄒᆞᄂᆞ다.

어디에 이를 올리냐구요? 종실의 사당 창 밑에.

誰其尸之? 有齊季女!

뉘 그 尸 ᄒᆞᄂᆞ뇨? 齊(지)호 季女(계녀)ㅣ로다!

누가 이를 주재하느냐구요? 공경을 갖춘 막내딸이이지요!

【奠】제물을 神 앞에 자리를 정해 차려 놓음.〈毛傳〉과〈集傳〉에 "奠, 置也"라 함.
【宗室】宗家의 사당.〈毛傳〉과〈集傳〉에 "宗室, 大宗之廟也"라 함.
【牖下】둥그런 모습의 창문 아래.〈毛傳〉에 "大夫士祭於宗廟, 奠於牖下"라 하였고,〈鄭箋〉에 "牖下, 戶牖間之前. 祭不於室中者, 凡昏事於女, 禮設几筵於戶外, 此其義也. 與宗子主此祭, 維君使有司爲之"라 함.〈集傳〉에도 "大夫士祭於宗室牖下, 室西南隅所謂奧也"라 함.
【尸】제사를 주관함.〈毛傳〉과〈集傳〉에 "尸, 主也"라 함.
【齊】'재'로 읽으며 齋와 같음. 敬의 뜻.〈毛傳〉에 "齊, 敬"이라 하였고,〈集傳〉에 "齊, 敬貌"라 함.
【季女】막내딸. 고대 남녀 모두 출생순서에 따라 伯仲叔季의 차례로 字나 이름에 사용함.〈毛傳〉에 "季, 少也. 蘋藻, 薄物也; 澗潦, 至質也; 筐筥錡釜, 陋器也; 少女, 微主也. 古之將嫁女者, 必先禮之於宗室, 牲用魚芼之, 以蘋藻"라 하였고,〈集傳〉에 "季, 少也. 祭祀之禮, 主婦主薦豆, 實以菹醢. 少而能敬, 尤見其質之美, 而化之所從來者, 遠矣"라 함.〈鄭箋〉에도 "主設羹者, 季女則非禮女也. 女將行父, 禮之而俟迎者, 盖母薦之, 無祭事也. 祭禮主婦設羹, 教成之, 祭更使季女者, 成其婦禮也. 季女不主魚, 魚俎實男子設之, 其粢盛盖以黍稷"이라 함.

┌─────────────────┐
│ 참고 및 관련 자료 │
└─────────────────┘

1. 孔穎達〈正義〉
　作〈采蘋〉詩者, 言大夫妻能循法度也. 謂爲女之時所學所觀之法度, 今旣嫁爲大夫妻, 能循之以爲法度也. 言旣能循法度, 卽可以承事夫之先祖供奉夫家祭祀矣. 此謂已嫁爲大夫妻, 能循其爲女時事也.

016(召-5) 감당(甘棠)

*〈甘棠〉:흰아가위나무. 혹 白棠, 棠梨, 杜梨, 野梨, 杜樹 등으로 불리며 薔薇科
落葉喬木. 열매는 둥글고 작으며, 맛은 떫음. 흔히 팥배나무, 아가위나무로 불
림. 〈諺解〉物名에 "棠: 흰아가위"라 함. 〈毛傳〉에 "甘棠, 杜也"라 하였고, 〈集傳〉
에 "甘棠, 杜梨也. 白者爲棠, 赤者爲杜也"라 함. 처음 召伯은 召公(姬奭)으로, 周 文
王(姬昌)의 아들이며 武王(姬發)과 周公(姬旦)의 아우. 武王이 천하를 평정한 뒤 陝
의 왼쪽은 周公(旦)에게, 오른 쪽은 召公(奭)에게 나누어 관리토록 하였음. 그 召
公(奭)은 뒤에 薊(지금의 北京)에 봉해져 燕나라의 시조가 됨. 그러나 처음 관리하
며 식읍으로 받았던 곳은 그 후손이 대대로 이어왔으며, 여기서의 召伯은 召穆
公(姬虎)을 가리키는 것으로 봄. 그는 南國을 순행하며 文王의 정치를 널리 폄.
*이 시는 召伯(召穆公, 姬虎)이 남방에 가서 그 교화를 편 것을 찬미한 것이라 함.

〈序〉: 〈甘棠〉, 美召伯也. 召伯之敎, 明於南國.

〈감당〉은 소백을 찬미한 것이다. 소백의 교화가 남국에 밝혀졌다.

〈箋〉: 召伯, 姬姓, 名奭. 食采於召, 作上公爲二伯. 後封於燕, 此美其爲伯之
功, 故言伯云.

*전체 3장. 매 장 3구씩(甘棠: 三章. 章三句).

(1) 賦
蔽芾甘棠, 勿翦勿伐.

蔽芾(폐패)흔 甘棠(감당)을, 翦(전)티 말며 伐(벌)티 말라.

무성한 팥배나무, 자르지도 말고 베지도 마소.

召伯所茇!

召伯(소빅)의 茇(발)ᄒ던 배니라!

소백께서 쉬시던 곳이니!

【蔽芾】〈毛傳〉에 "蔽芾, 小貌"라 하였고, 〈集傳〉에는 "盛貌"라 하였음. '芾'는 폐(廢,

패)로 읽어 雙聲連綿語로 쓰인 것임.

【翦·伐】'翦'은 '剪'과 같음. 자름. '伐'은 쳐서 벰. 〈毛傳〉에 "翦, 去;伐, 擊也"라 하였고, 〈集傳〉에 "翦, 翦其枝葉也;伐, 伐其條榦也"라 함.

【召伯】召穆公(姬虎).

【茇】음은 '발'(鈸). 〈毛傳〉과 〈集傳〉에 "茇, 草舍也"라 하여, 그 나무 밑 풀에 머묾. 嚴粲의 〈箋〉에 "茇, 草舍也. 朱氏曰:「止于其下以自蔽, 猶草舍耳. 非眞作舍也.」"라 하였고, 胡承洪의 〈後箋〉에는 "茇字, 當爲廢之假借.《說文》:「廢, 舍也.」"라 함. 〈鄭箋〉에 "召伯聽男女之訟, 不重煩勞, 百姓止舍, 小棠之下而聽斷焉. 國人被其德, 說其化, 思其人, 敬其樹"라 함.

＊〈集傳〉에 "○召伯循行南國, 以布文王之政, 或舍甘棠之下. 其後人思其德, 故愛其樹而不忍傷也"라 함.

(2) 賦

蔽芾甘棠, 勿翦勿敗.

蔽芾한 甘棠을, 翦티 말며 敗(패)티 말라.

무성한 팥배나무, 자르지도 말고 꺾지 마소.

召伯所憩!

召伯의 憩(게)하던 배니라!

소백께서 쉬시던 곳이니!

【敗】〈集傳〉에 "敗, 折"이라 함.

【憩】〈毛傳〉과 〈集傳〉에 "憩, 息也"라 함. 〈集傳〉에 "勿敗, 則非特勿伐而已. 愛之愈久而愈深也. 下章放此"라 함.

(3) 賦

蔽芾甘棠, 勿翦勿拜.

蔽芾흔 甘棠을 翦티 말며 拜(빈)티 말라.

무성한 팥배나무, 자르지도 말고 뽑지도 마소.

召伯所說!

召伯의 說(셰)ᄒ던 배니라!

소백께서 머물러 쉬시던 곳이니!

【拜】〈鄭箋〉에 "拜之言, 拔也"라 하였고,《廣韻》에 "拔, 扒"이라 함. 〈集傳〉에는
"拜, 屈"이라 함.

【說】'셰'(音稅)로 읽으며, 〈毛傳〉과 〈集傳〉에 "說, 舍也"라 함. 〈毛傳〉에는 "說, 本
或作稅, 又作脫. 同始銳反, 舍也"라 하였음. '舍'는 역시 '머물러 쉬다(停留而息)의
뜻.

＊〈集傳〉에 "○勿拜, 則非特勿敗而已"라 함.

참고 및 관련 자료

1. 孔穎達〈正義〉

武王之時, 召公爲西伯, 行政於南土, 決訟于甘棠之下. 其教著明于南國, 愛結于民
心, 故作是詩以美之. 經三章皆言「國人愛召伯, 而敬其樹.」是爲美之也.

2.《史記》燕召公世家

召公奭與周同姓, 姓姬氏. 周武王之滅紂, 封召公於北燕. ……召公之治西方, 甚得
兆民和. 召公巡行鄉邑, 有棠樹, 決獄政事其下, 自侯伯至庶人各得其所, 無失職者.
召公卒, 而民人思召公之政, 懷棠樹不敢伐, 哥詠之, 作〈甘棠〉之詩.

017(곱-6) 행로(行露)

*〈行露〉: '이슬을 맞으며 길을 가다'의 뜻.
*이 시는 남자가 강압적으로 혼인을 요구하여 이를 듣지 않자 여자와 송사를 벌이자 召伯이 판결한 내용이라 함.

〈序〉: 〈行露〉, 召伯聽訟也. 衰亂之俗微, 貞信之教興, 彊暴之男, 不能侵陵貞女也.

〈행로〉는 소백이 송사를 판결한 것이다. 쇠퇴하고 어지러운 풍속이 미미해지자 정신(貞信)의 교화가 흥해져, 강포한 남자가 貞女를 어쩔 수 없었다.

〈箋〉: 衰亂之俗微, 貞信之教興者, 此殷之末世. 周之盛德, 當文王與紂之時.

*전체 3장. 1장은 3구씩, 2장은 6구씩(行露:三章. 一章章三句, 二章章六句).

(1) 賦

厭浥行露, 豈不夙夜? 謂行多露?

厭浥(엽읍)혼 길 이슬에, 엇디 일 져므리 아니려 흐리오 마는, 길헤 이슬이 한가 너겨니라?

촉촉이 내린 이슬길을 일찍 나섬에, 어찌 이른아침 이슥한 밤이라고 가지 못하리오? 많은 이슬길 가는 게 두렵다구요?

【厭浥】'엽읍'으로 읽음. 촉촉히 젖은 상태를 표현하는 雙聲連綿語. 〈集傳〉에 "厭, 入聲"이라 하여 '엽'으로 읽도록 되어 있음. 〈毛傳〉에 "興也, 厭浥, 濕意也"라 하였고, 〈集傳〉에 "厭浥, 濕意"라 함. 陳奐 〈傳疏〉에는 《說文》:「浥, 濕也.」厭浥濕, 三字聲同"이라 함.
【行】〈毛傳〉과 〈集傳〉에 "行, 道也"라 함.
【豈不】〈毛傳〉에 "豈不, 言有是也"라 함.

【夙夜】이른 아침과 이슥한 밤. 〈鄭箋〉에 "夙, 早也. 厭浥然, 濕道中, 始有露, 謂二月中嫁取時也. 言「我豈不知當夜成昏禮與?」謂道中之露大多, 故不行耳. 今彊暴之男, 以此多露之時, 禮不足而强來. 不度時之可否, 故云然. 《周禮》:「仲春之月, 令會男女之無夫家者, 行事必以昏昕.」"이라 하였고, 〈集傳〉에 "夙, 早也"라 함.

【謂】馬瑞辰 〈通釋〉에 "謂, 疑'畏'之假借. '謂行多露', 正言畏行道之多露耳"라 하여 '畏'의 假借字가 아닌가 하였음.

＊〈集傳〉에 "○南國之人, 遵召伯之敎, 服文王之化, 有以革其前日淫亂之俗. 故女子有能以禮自守, 而不謂强暴所汚者, 自述己志作此詩, 以絶其人言「道間之露方濕, 我豈不欲早夜而行乎?」畏多露之沾濡而不敢爾, 蓋以女子早夜獨行, 或有强暴侵陵之患, 故託以行多露而畏其沾濡也"라 하여, 아무리 이슬이 많고, 무섭더라도 가겠다는 의지를 보인 것이라 함.

(2) 興

誰謂雀無角? 何以穿我屋?

뉘 닐오듸 雀(쟉)이 쓸이 업다 ᄒ리오? 엇디 ᄡ 내 집을 듧ᄂᆞᆫ고 ᄒ며,

누가 일러 참새가 뿔(부리)이 없다 하는고? 우리 집 지붕을 어찌 뚫었지?

誰謂女無家? 何以速我獄?

뉘 닐오듸 네 家(가)ㅣ 업다 ᄒ리오? 엇디 ᄡ 나를 獄(옥)애 速(속)ᄒᄂᆞᆫ고 컨마ᄂᆞᆫ,

누가 일러 당신은 집이 없다고 하는고? 어찌 나를 송사로 법정에 불렀소?

雖速我獄, 室家不足!

비록 나를 獄애 速ᄒ나, 室家ᄂᆞᆫ 足(죡)디 몯ᄒ니라!

비록 나를 법정으로 불러낸다 해도, 그대와 혼인하여 가정을 꾸리기에 부족하다오!

【雀】참새. 〈諺解〉物名에 "雀: 춤새"라 함.
【角】聞一多 〈通義〉에 《說文》曰:「噣. 喙也.」角, 卽噣之本字"라 하여, '뿔'이 아니라

'부리'로 보아야 한다고 여기기도 하였음. 그러나 〈毛傳〉에 "不思物變, 而推其類. 雀之穿屋, 似有角者"라 함.

【穿】뚫음.

【女】汝와 같음. 二人稱代名詞. 너. 爾, 你와 같음. 〈鄭箋〉에 "女, 女(汝). 彊暴之男, 變異也. 人皆謂雀之穿屋, 似有角; 彊暴之男, 召我而獄, 似有室家之道於我也. 物有似而不同, 雀之穿屋, 不以角, 乃以味. 今彊暴之男, 召我而獄, 不以室家之道於我, 乃以侵陵, 物與事有似而非者. 士師所當審也"라 함.

【家】〈集傳〉에 "家, 謂以媒聘求爲室家之禮也"라 함.

【速】불러냄. 〈毛傳〉에 "速, 召"라 하였고, 〈集傳〉에도 "速, 召致也"라 함.

【獄】訴訟을 처결하는 場所. 〈毛傳〉에 "獄, 埆也"라 함.

【室家】혼인을 거쳐 夫婦에 의해 이루어지는 家庭.

【不足】〈毛傳〉에 "昏禮, 純帛不過五兩"이라 하였고, 〈鄭箋〉에 "幣可備也, 室家不足. 謂媒妁之言不和, 六禮之來, 强委之"라 함.

＊〈集傳〉에 "○貞女之自守如此, 然猶或見訟而召致於獄, 因自訴, 而言「人皆謂雀有角, 故能穿我屋」以興. 人皆謂「汝於我, 嘗有求爲室家之禮, 故能致我於獄. 然不知汝雖能致我於獄而求爲室家之禮, 初未嘗備如雀, 雖能穿屋而實未嘗有角也"라 함.

(3) 興

誰謂鼠無牙? 何以穿我墉?

뉘 닐오디 鼠(셔) ㅣ 엄니 업다 ᄒᆞ리오? 엇디 뻐 내 담을 듧는고 ᄒᆞ며,

누가 일러 쥐는 어금니가 없다고 하는고? 우리 집 담장은 어찌 뚫었지?

誰謂女無家? 何以速我訟?

뉘 닐오디 네 家ㅣ 업다 ᄒᆞ리오? 엇디 뻐 나ᄅᆞᆯ 訟애 速ᄒᆞᄂᆞᆫ고 컨마ᄂᆞᆫ,

누가 일러 그대에겐 집이 없다고 하는고? 어찌하여 나를 소송에 불렀소?

雖速我訟, 亦不女從!

비록 나ᄅᆞᆯ 訟애 速ᄒᆞ나, 쪼ᄒᆞᆫ 너ᄅᆞᆯ 좃디 아니 ᄒᆞ오리라!

비록 나를 소송에 걸어 불러낸다 해도, 역시 그대의 뜻을 따를 수 없다오!

【鼠】〈諺解〉物名에 "鼠:쥐"라 함.

【牙】어금니. 〈集傳〉에 "牙, 壯齒也"라 함.

【墉】담. 〈毛傳〉에 "墉, 牆也. 視牆之穿, 推其類, 可謂鼠有牙"라 하였고, 〈集傳〉에 "墉, 牆也"라 함.

【訟】訴訟.

【女從】從汝와 같음. 고대 어법에 否定文은 述目構造가 도치됨. '그대를 따름' '그대에게 시집감'의 뜻.

【不女從】〈毛傳〉에 "不從, 終不棄禮而隨, 此彊暴之男"이라 함.

＊〈集傳〉에 "○言「汝雖能致我於訟, 然其求爲室家之禮有所不足, 則我亦終不汝從矣.」"라 함.

참고 및 관련 자료

1. 孔穎達 〈正義〉

作〈行露〉詩者, 言召伯聽斷男女室家之訟也. 由文王之時, 被化日久, 衰亂之俗已微, 貞信之教乃興. 是故彊暴之男, 不能侵陵貞女也. 男雖侵陵, 貞女不從, 是以貞女被訟, 而召伯聽斷之.

018(召-7) 고양(羔羊)

*〈羔羊〉: 염소, 혹 어린 양. 〈諺解〉物名에 "羔: 삿기양 ○염쇼; 羊: 양"이라 함. 그러나 검은 염소의 單稱이기도 함. '羖羊'으로도 표기함. 〈毛傳〉에 "小曰羔, 大曰羊"이라 하였고, 〈集傳〉에는 "小曰羔, 大曰羊. 皮所以爲裘大夫燕居之服"이라 하여 羔와 羊을 분리하여 설명하였음. 고대 염소 가죽은 대부들의 갖옷을 만드는 주요 재료였음.
*이 시는 문왕의 덕이 소남 지역에 미쳐 그곳 위정자들이 모두 절검과 정직을 잘 지켜내고 있음을 노래한 것이라 함.

> 〈序〉: 〈羔羊〉, 〈鵲巢〉之功致也. 召南之國, 化文王之政, 在位皆節儉正直, 德如羔羊也.

　〈고양〉은 〈작소〉편의 효력이 나타난 것이다. 소남의 나라는 문왕의 政敎에 감화를 입어 위정자들이 모두 절검하고 정직하였고, 덕은 마치 〈고양〉편과 같았다.

　〈箋〉: 〈鵲巢〉之君, 積行累功, 以致此〈羔羊〉之化. 在位卿大夫, 競相切化, 皆如此〈羔羊〉之人.

*전체 3장. 매 장 4구씩(羔羊: 三章. 章四句).

(1) 賦
羔羊之皮, 素絲五紽.

羔羊(고양)의 皮(피)여, 흰 실로 다섯 고딕 紽(타)ᄒ엿도다.

염소 가죽, 흰 실로 다섯 타(紽)를 하였도다.

退食自公, 委蛇委蛇!

退(외)ᄒ야 食(식)홈을 公으로브터 ᄒ니, 委蛇(위이)ᄒ며 委蛇ᄒ도다!

물러나와 식사하러 가려고 공문(公門)으로부터 나서는 모습, 의젓하고 의젓하도다!

【素絲】흰 실. 〈毛傳〉과 〈集傳〉에 "素, 白也"라 함.

【五紽】〈毛傳〉에 "紽, 數也. 古者, 素絲以英, 裘不失其制, 大夫羔裘以居"라 하여, '紽'는 실타래를 세는 단위라 하였고, 〈集傳〉에 "紽, 未詳. 蓋以絲飾裘之名也"라 하여 구체적으로는 알 수 없으나 갖옷을 실로 수식하는 명칭일 것이라 함. 聞一多는 갖옷을 교차하여 바느질한 무늬라 여겼음. 뒤의 '緎', '總' 등과 더불어 〈毛傳〉에는 모두 "數也"라 하였고, 王引之는 五紽는 25絲, 五緎은 100絲, 五總은 400絲라 하였음.

【退食】조회에서 물러나 집에서 식사를 함. 〈集傳〉에 "退食, 退朝而食於家也"라 함. 그러나 馬瑞辰은 "公家供卿大夫之常膳. ……以「退食自公」, 爲自公食而退"라 하였음. 〈鄭箋〉에 "退食, 謂減膳也"라 하여, 식사의 요리 수를 줄이는 것이라 함.

【自公】〈毛傳〉에 "公, 公門也"라 하였고, 〈鄭箋〉에 "自, 從也. 從於公, 謂正直順於事也"라 하였으나, 〈集傳〉에 "自公, 從公門而出也"라 함.

【委蛇】'위이'로 읽으며 의젓함을 뜻하는 雙聲連綿語. 〈毛傳〉에 "委蛇, 行可從迹也"라 하였고, 〈集傳〉에 "委蛇, 音威音移. 自得之貌"라 함. 〈鄭箋〉에도 "委蛇, 委曲自得之貌. 節儉而順心志定, 故可自得也"라 함. 《離騷》에 "載雲旗之委蛇"라 함. 《韓詩》에는 '逶迤'로 되어 있으며 '구불구불 연이어 앞으로 가는 모습'을 뜻하는 雙聲連綿語로 쓰였음.

＊〈集傳〉에 "○南國化文王之政, 在位皆節儉正直, 故詩人美其衣服有常而從容自得如此也"라 함.

(2) 賦

羔羊之革, 素絲五緎.

羔羊의 革(혁)이여, 흰 실로 다섯 고딕 緎(역)ᄒ엿도다.

염소 가죽, 흰 실로 다섯 역(緎)을 하였구나.

委蛇委蛇, 自公退食!

委蛇ᄒ며 委蛇ᄒ니, 公으로브터 退ᄒ야 食ᄒ놋다!

의젓하고 의젓하네, 공문으로부터 물러나와 식사하러 가는 모습!

【革】가죽. 〈毛傳〉과 〈集傳〉에 "革, 猶皮也"라 함. 그러나 馬瑞辰은 가죽의 속(안
쪽)으로 보았음.
【緎】'역'으로 읽으며, 〈毛傳〉에 "緎, 縫也"라 하였고, 〈集傳〉에 "緎, 裘之縫界也"
라 함.
【自公退食】〈鄭箋〉에 "自公退食」, 猶退食自公"이라 함.

(3) 賦

羔羊之縫, 素絲五總.

羔羊의 縫(봉)이여, 흰 실로 다숫 고듸 總(총)ᄒ엿도다.

염소 가죽, 흰 실로 다섯 총(總)을 하였구나.

委蛇委蛇, 退食自公!

委蛇ᄒ며 委蛇ᄒ니, 退ᄒ야 食홈을 公으로브터 ᄒ놋다!

의젓하고 의젓하네, 밥 먹으러 공문으로부터 나서는 모습!

【縫】〈毛傳〉에 "縫, 言縫殺之大小, 得其制"라 하였고, 〈集傳〉에 "縫, 縫皮合之以
爲裘也"라 함.
【總】〈毛傳〉에 "總, 數也"라 하였으나, 〈集傳〉에는 "總, 亦未詳"이라 하여, 구체적
으로는 알 수 없다 하였음.

참고 및 관련 자료

1. 孔穎達 〈正義〉
作〈羔羊〉詩者, 言〈鵲巢〉之功所致也. 召南之國, 化文王之政, 故在位之卿大夫, 皆
居身節儉, 爲行正直, 德如羔羊. 然大夫有德, 由君之功, 是〈鵲巢〉之功所致也.

019(召-8) 은기뢰(殷其靁)

*〈殷其靁〉: 은은히 울리는 우레소리. '殷'은 '隱'과 같은 뜻이며, 멀리서 은은하게 우르릉 울리는 천둥소리. 〈集傳〉에 "殷, 靁聲也"라 함. '靁'는 '雷'의 大篆體(籒文) 글자로 '우레'를 뜻함.
*이 시는 소남 대부들이 행역에 나가면서 그 집안 식구들에게 그래도 의를 지킬 것을 권면한 내용이라 함.

<序>: <殷其靁>, 勸以義也. 召南之大夫遠行從政, 不遑寧處, 其室家能閔其勤勞, 勸以義也.

〈은기뢰〉는 義를 권면한 것이다. 소남의 대부들이 멀리 나가 행정에 종사하면서 편히 처할 겨를도 없었지만, 그 집 식구들은 그 힘듦을 안타까워하면서도 의를 권면하였다.

〈箋〉: 召南大夫, 召伯之屬. 遠行, 謂使出邦畿.

*전체 3장. 매 장 6구씩(殷其靁: 三章. 章六句).

(1) 興
殷其靁, 在南山之陽.

殷(은)ᄒᆞᄂᆞᆫ 그 靁(뢰)ᄂᆞᆫ, 南山ㅅ 陽(양)의 잇거늘,

은은히 들리는 우레소리, 남산의 양지쪽에서 나네.

何斯違斯, 莫敢或遑?

엇디 이 이에 違(위)ᄒᆞᆫ 디라, 敢(감)히 或(혹)도 遑(황)티 몯ᄒᆞᄂᆞᆫ고?

어찌 나를 떠나 멀리 그곳에서, 감히 틈도 내지 못하는가?

振振君子, 歸哉歸哉!

振振ᄒᆞᆫ 君子ᄂᆞᆫ, 도라오며 도라올 딘뎌!

미덥고 후덕한 그대, 돌아오소서, 돌아오소서!

【殷】은은히 울리는 천둥소리. 나라의 호령을 비유한다 함. 〈毛傳〉과 〈集傳〉에 "殷, 靁聲也"라 하였고, 〈鄭箋〉에 "靁, 以喩號令"이라 함.

【南山】앞산.

【陽】산의 남쪽. 〈毛傳〉에 "山南曰陽. 靁出地奮, 震驚百里山, 出雲雨以潤天下"라 하였고, 〈鄭箋〉에 "於南山之陽, 又喩其在外也. 〈召南〉, 大夫以王命, 施號令於四方, 猶靁殷殷然, 發聲於山之陽"이라 함. 〈集傳〉에도 "山南曰陽"이라 함.

【何斯違斯】'斯'는 두 위치에 따라 뜻이 달라 〈集傳〉에 "何斯'斯', 此人也; 違斯'斯', 此所也"라 함. 〈毛傳〉에는 "何此君子也? 斯, 此; 違, 去"라 함. '違'는 《爾雅》에 "違, 遠也"라 함.

【莫】無와 같음.

【或】有와 같음. 馬瑞辰《通釋》에 "或, 有, 古通用"이라 함.

【遑】경황, 겨를, 틈, 짬, 餘暇, 閑暇 등의 뜻. 〈毛傳〉과 〈集傳〉에 "遑, 暇也"라 함. 〈鄭箋〉에는 "何乎? 此君子; 適居此, 復去此, 轉行遠, 從事於王所命之方, 無敢或閒暇時, 閔其勤勞"라 함.

【振振】信實한 모습을 뜻하는 疊語. 〈毛傳〉과 〈集傳〉에 "振振, 信厚也"라 하였고, 〈鄭箋〉에는 "大夫信厚之君子, 爲君使功未成, '歸哉歸哉!' 勸以爲臣之義, 未得歸也"라 함.

＊〈集傳〉에 "○南國被文王之化, 婦人以其君子從役在外, 而思念之故, 作此詩. 言「殷殷然靁聲, 則在南山之陽矣. 何此君子, 獨去此而不敢少暇乎?」於是又美其德, 且冀其早畢事, 而還歸也"라 함.

(2) 興

殷其靁, 在南山之側.

殷ᄒᆞᄂᆞᆫ 그 靁ᄂᆞᆫ, 南山ㅅ ᄀᆞᆯ애 잇거늘,

은은히 들리는 우레소리, 남산의 곁에서 나네.

何斯違斯, 莫敢或息?

엇디 이 이에 違ᄒᆞᆫ 디라, 敢히 遑ᄒᆞ야 쉬디 몯ᄒᆞᄂᆞᆫ고?

어찌 나를 떠나 멀리 그곳에서, 감히 쉬지도 못하는가?

振振君子, 歸哉歸哉!

振振ᄒᆞᆫ 君子ᄂᆞᆫ, 도라오며 도라올 딘뎌!

미덥고 후덕한 그대, 돌아오소서, 돌아오소서!

【南山之側】〈毛傳〉에 "亦在其陰, 與左右也"라 함.
【息】그침. 쉼. 休息. 〈毛傳〉과 〈集傳〉에 "息, 止也"라 함.

(3) 興

殷其靁, 在南山之下.

殷ᄒᆞᄂᆞᆫ 그 靁ᄂᆞᆫ, 南山 아래 잇거늘,

은은히 들리는 우레소리, 남산의 아래쪽에서 나네.

何斯違斯, 莫或遑處?

엇디 이 이에 違ᄒᆞᆫ 디라, 或도 遑ᄒᆞ야 處(쳐)티 몯ᄒᆞᄂᆞᆫ고?

어찌 나를 떠나 멀리 그곳에서, 틈을 내어 편히 처하지도 못하는가?

振振君子, 歸哉歸哉!

振振ᄒᆞᆫ 君子ᄂᆞᆫ, 도라오며 도라올 딘뎌!

미덥고 후덕한 그대, 돌아오소서, 돌아오소서!

【南山之下】〈毛傳〉에 "或在其下"라 하였고, 〈鄭箋〉에 "下謂山足"이라 함.
【處】居의 뜻. 〈毛傳〉에 "處, 居也"라 하였고, 〈集傳〉에 "處, 上聲"이라 함.

> 참고 및 관련 자료

1. 孔穎達 〈正義〉

作〈殷其靁〉詩者, 言大夫之妻, 勸夫以爲臣之義. 召南之大夫遠行從政, 施王命於天下, 不得遑暇, 而安處其室家. 見其如此, 能閔念其夫之勤勞, 而勸以爲臣之義. 言雖勞而未可得歸, 是勸以義之事也.

020(召-9) 표유매(摽有梅)

*〈摽有梅〉:'摽'는 '표'(漂)로 읽으며 '던지다'(投)의 뜻. '梅'는 梅實을 가리킴. 그러나 매화꽃일 수도 있음.〈諺解〉物名에 "梅:민화"라 함. 薔薇科 落葉喬木으로 이른 봄에 꽃이 피어 初夏에 노랗게 열매가 익음.
*이 시는 문왕의 교화에 힘입어 남녀들이 혼기를 놓치지 않고 배필을 구할 수 있었음을 노래한 것이라 함.

<序>:〈摽有梅〉, 男女及時也. 召南之國被文王之化, 男女得以及時也.

〈표유매〉는 남녀가 혼인의 때를 놓치지 않음이다. 소남의 나라는 문왕의 교화를 입어, 남녀가 혼인의 때를 놓치지 않았다.

*전체 3장. 매 장 4구씩(摽有梅:三章. 章四句).

(1) 賦

摽有梅, 其實七兮.

摽(표)하는 梅(민)여, 그 여름이 닐굽이로다.

떨어지고 있는 매화나무, 달려 있는 열매 일곱 개뿐.

求我庶士, 迨其吉兮!

나를 求(구)하는 庶士(셔스)는, 그 吉(길)을 미츨 딘뎌!

나를 찾는 여러 선비들, 좋은 날에 날 데려가오!

【摽】떨어짐.〈毛傳〉에 "興也, 摽, 落也"라 하였고,〈集傳〉에도 "摽, 落也"라 함.
【梅】梅實.〈集傳〉에 "梅, 木名. 華白, 實似杏而酢"라 함.
【七】〈毛傳〉에 "盛極則隋落者, 梅也, 尙在樹者七"이라 하였고,〈鄭箋〉에 "興者, 梅實尙餘七未落, 喩始衰也. 謂女二十春盛, 而不嫁. 至夏則衰"라 함. '七'은 지정된 숫자가 아니며, 고대 7-10까지는 많은 수를, 3이하는 적은 수를 표시하는 것이

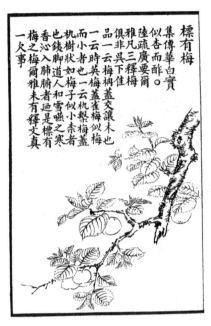

라 함.

【求我】나를 혼인 대상으로 찾음. 〈鄭箋〉에 "我, 我當嫁者"라 함.

【庶士】내게 장가들기를 바라는 여러 未婚의 선비들. '庶'는 衆의 뜻. 〈鄭箋〉과 〈集傳〉에 "庶, 衆"이라 함.

【迨】〈鄭箋〉에 "迨, 及也. 求女之當嫁者之衆士, 宜及其善時. 善時, 謂年二十; 雖夏未大衰"라 하였고, 〈集傳〉에 "迨, 及也"라 함.

【吉】吉日. 좋은 날. 나를 선택하여 좋은 날 혼인을 원함. 〈毛傳〉에 "吉, 善也"라 하였고, 〈集傳〉에 "吉, 吉日也"라 함.

＊〈集傳〉에 "○南國被文王之化, 女子知以貞信自守, 懼其嫁不及時, 而有强暴之辱也. 故言「梅落而在樹者, 少以見時, 過而大晚矣. 求我之衆士, 其必有及此吉日而來者乎!」"라 함.

(2) 賦

摽有梅, 其實三兮.

摽ᄒᄂᆫ 梅여, 그 여름이 세히로다.

떨어지고 있는 매화나무, 달려 있는 열매는 겨우 세 개뿐.

求我庶士, 迨其今兮!

나를 求ᄒᄂᆫ 庶士는, 그 이제를 미츨 딘뎌!

나를 찾는 뭇 선비들, 지금 당장 때가 왔다오!

【三】세 개만 나무에 달려 있으면 떨어진 것이 더욱 많을 것임을 암시한 것. 〈毛傳〉에 "在者三也"라 하였고, 〈鄭箋〉에 "此夏鄕晚, 梅之隋落, 差多在者, 餘三耳"라 함. 〈集傳〉에는 "梅在樹者三, 則落者又多矣"라 함.

【今】'지금 당장'의 뜻. 〈毛傳〉에 "今, 急辭也"라 하였고, 〈集傳〉에 "今, 今日也. 蓋不待吉矣"라 함.

(3) 賦

摽有梅, 頃筐墍之.

摽ᄒᆞᆫ 梅여, 筐을 기우려 墍(게)ᄒᆞ놋다.

떨어지고 있는 매화나무, 광주리에 이를 다 담았네.

求我庶士, 迨其謂之!

나를 求ᄒᆞᆫ 庶士는, 그 닐옴을 미츨 딘뎌!

나를 찾는 뭇 선비들, 말나온 김에 지금 당장!

【頃筐】광주리의 일종으로 앞쪽이 트여, 물건을 받아 쓸어 담을 수 있는 형태라
함.
【墍】〈毛傳〉에 "墍, 取也"라 하였고, 〈鄭箋〉에 "頃筐取之, 謂夏已晚, 頃筐取之於
地"라 함. 〈集傳〉에 "墍, 取也. 頃筐取之, 則落之盡矣"라 하여 '取하다'로 보았음.
그러나 〈谷風〉의 '不念昔者 伊我來墍'의 注에서 〈毛傳〉은 '墍, 息'이라 하여 '다
쓸어 담다'의 뜻하는 것으로 보았음. 〈鄭箋〉에는 "頃筐取之, 謂夏已晚"이라 함.
【謂之】'말 나왔을 때, 곧 지금 당장'의 뜻. 〈毛傳〉에 "不待備禮也. 三十之男, 二十
之女, 禮未備, 則不待禮會而行之者, 所以蕃育人民也"라 하였고, 〈鄭箋〉에 "謂,
勤也. 女年二十而無嫁, 端則有勤望之憂, 不待禮會而行之者. 謂明年仲春, 不待以
禮會之也. 時禮雖不備, 相奔不禁"이라 함. 〈集傳〉에는 "謂之, 則但相告語而約可
定矣"라 함.

> ### 참고 및 관련 자료

1. 孔穎達 〈正義〉

作〈摽有梅〉詩者, 言男女及時也. 召南之國, 被文王之化, 故男女皆得以及時. 謂紂
時俗衰政亂, 男女喪其配耦, 嫁娶多不以時. 今被文王之化, 故男女皆得以及時.

021(召-10) 소성(小星)

*〈小星〉: 작은 별. 여러 첩들을 비유함.
*이 시는 부인이 투기함이 없이 천첩에게도 은혜를 베풀어, 그들도 임금을 모실 수 있도록 하였음을 노래한 것이라 함.

> **〈序〉: 〈小星〉, 惠及下也. 夫人無妬忌之行, 惠及賤妾, 進御於君, 知其命有貴賤, 能盡其心矣.**
>
> 〈소성〉은 은혜가 아래에 미침이다. 부인이 妬忌의 행동이 없이 천첩에게 은혜가 미쳐 이들을 임금에게 나아가 모시도록 하니, 천첩도 그 命에 귀천이 있음을 알고 능히 그 마음을 다할 수 있었던 것이다.
>
> 〈箋〉: 以色曰妬, 以行曰忌. 命謂禮命貴賤.

*전체 2장. 매 장 5구씩(小星: 二章. 章五句).

(1) 興
嘒彼小星, 三五在東.

嘒(혜)흔뎌 小星(쇼셩)이여, 세히며 다ᄉᆞ시 東(동)애 잇도다.

희미하게 빛나는 저 작은 별들, 동녘 하늘에 셋, 다섯.

肅肅宵征, 夙夜在公, 寔命不同!

肅肅(슉슉)히 밤이 감이여, 일 져므리 公애 이쇼니, 진실로 命(명)이 흔 가지 아닐 시니라!

급히 서둘러 가네. 이른 새벽, 늦은 밤 임금 모시러. 진실로 등급이 다르기 때문!

【嘒】희미하게 비추는 별의 모습. 〈毛傳〉과 〈集傳〉에 "嘒, 微貌"라 함.
【小星】〈毛傳〉에 "小星, 衆無名者"라 함.

【三五】세 개 다섯 개. 〈毛傳〉에 "三, 心; 五, 噣. 四時更見"이라 하였고, 〈鄭箋〉에 "衆無名之星, 隨心噣在天, 猶諸妾隨夫人, 以次序, 進御於君. 心在東方, 三月時也; 噣, 在東方, 正月時也. 如是, 終歲列宿更見"이라 하여, 心星과 噣星이라 하였음. 이는 이름 없는 여러 별들이 心星과 噣星을 따라 하늘에 펼쳐져 있는 것은, 첩들이 부인을 따라 차례로 임금을 모심과 같은 것이라 하였음. 〈集傳〉에 "三五, 言其稀. 蓋初昏或將旦時也"라 함. 혹 參星 3개, 昴星 5개를 가리켜 參昴의 별로 보기도 함.

【肅肅】〈毛傳〉 "疾貌"라 하였고, 〈集傳〉에는 "肅肅, 齊遬貌"라 함. 姚際恒《通論》에도 "肅, 速同, 疾行貌"라 함.

【宵征】밤길을 감. '征'은 行과 같음. 〈毛傳〉과 〈集傳〉에 "宵, 夜; 征, 行也"라 함.

【夙夜】이른 아침과 늦은 밤. 〈鄭箋〉에 "夙, 早也"라 함.

【寔】〈毛傳〉에 "寔, 是也"라 하였고, 〈集傳〉에 "寔, 與實同"이라 함. 그러나 '是'의 本字로 보아 主語 '此'의 뜻으로도 풀이함. 〈諺解〉에는 '진실로'라 하여 副詞로 보았음.

【命】〈毛傳〉에 "命, 不得同於列位也"라 하였고, 〈集傳〉에 "命, 謂天所賦之分也"라 함. 運命. 分數. 役割로 풀이함이 맞음. 〈鄭箋〉에 "謂諸妾肅肅然, 夜行或早或夜在於君, 所以次序進御者, 是其禮命之數不同也. 凡妾御於君, 不敢當夕"이라 하여 '禮命', 즉 妾들의 等級으로 보았음.

*〈集傳〉에 "○南國夫人, 承后妃之化, 能不妒忌以惠其下. 故其衆妾美之如此. 蓋衆妾進御於君, 不敢當夕見星而徃, 見星而還. 故因所見以起興其於義無所取. 特取'在東''在公'兩字之相應耳. 遂言'其所以如此者, 由其所賦之分不同. 於貴者是以深以得御於君爲夫人之惠, 而不敢致怨於徃來之勤也.'"라 함.

(2) 興

嘒彼小星, 維參與昴.

嘒흐뎌 小星이여, 參(合)과 다못 昴(묘)ㅣ로다.

희미하게 빛나는 저 작은 별들, 바로 삼성과 묘성일세.

肅肅宵征, 抱衾與裯, 寔命不猶!

肅肅히 밤의 감이여, 衾(금)과 다못 裯(쥬)를 안오니, 진실로 命이 ᄀᆞ디 아닐 시니라!

급히 서둘러 가네. 이른 새벽, 늦은 밤 임금 모시러. 진실로 신분이 같지 않기 때문!

【參】별 이름. 오리온座의 별.
【昴】별 이름. 牡牛星. 두 별 모두 二十八宿 중 西方에 있음. 〈毛傳〉에 "參, 伐也; 昴, 留也"라 하여, 伐星과 留星이라 하였고, 〈鄭箋〉에도 "此言衆無名之星, 亦隨伐留在天"이라 함. 〈集傳〉에 "參·昴, 西方二宿之名"이라 함.
【抱衾與裯】'이불과 홑이불(침대 휘장)을 안고'의 뜻. 〈毛傳〉과 〈集傳〉에 "衾, 被也; 裯, 襌被也"라 하였고, 〈鄭箋〉에 "裯, 牀帳也. 諸妾夜行, 抱衾與牀帳, 待進御之, 次序不若, 亦言尊卑異也"라 함. 그러나 聞一多 〈新義〉에는 "〈樂宛〉'抛'作'抱', 幷二字古通之證. '抱衾與裯'者, ……抛棄衾裯, 不遑寢息"이라 하여 '抱'는 '抛'의 뜻으로, '諸妾 자신들이 이불과 홑이불을 덮고 편히 자거나 쉴 틈조차 포기하다'의 뜻으로 여겼음. 〈集傳〉에 "興亦取與'昴'與'裯'二字相應"이라 함.
【猶】若, 如와 같음. 雙聲互訓. 〈毛傳〉에 "猶, 若也"라 하였고, 〈集傳〉에는 "猶, 亦同也"라 함.

참고 및 관련 자료

1. 孔穎達 〈正義〉
作〈小星〉詩者, 言夫人以恩惠及其下賤妾也. 由夫人無妬忌之行, 能以恩惠接及其妾, 令得進御於君. 故賤妾亦自知其禮, 命與夫人貴賤不同, 能盡其心以事夫人焉.
2. 朱熹 〈集傳〉
〈小星〉, 二章, 章五句:
呂氏曰:「夫人無妬忌之行, 而賤妾安於其命. 所謂'上好仁而下必好義者'也.」

022(召-11) 강유사(江有汜)

*〈江有汜〉: '江'은 江水, 長江. '汜'는 음이 '사'이며 涘(사)와 같은 뜻. 물이 갈라져 흐름.
*이 시는 媵妾(고대 시집갈 때 데리고 가는 몸종)이 자신을 함께 데리고 가지 않는 嫡妻를 원망하지만, 끝내 다시 함께할 것임을 기대하며 읊은 것이라 하였으나, 혹 단순히 '버림받은 여인의 怨歌'로 보기도 하는 등 여러 설이 있음.

> 〈序〉: 〈江有汜〉, 美媵也. 勤而無怨, 嫡能悔過也. 文王之時, 江沱之間, 有嫡不以其媵備數; 媵遇勞而無怨, 嫡亦自悔也.

〈강유사〉는 잉첩을 찬미한 것이다. 부지런히 하면서 원망이 없으니 적처가 능히 과오를 후회한 것이다. 문왕 때에 江沱 지역에 어떤 적처가 그 잉첩을 데기로 갈 수자에 채우지 않아, 잉첩은 노고로움을 만났지만 원망이 없었고, 적처도 역시 스스로 후회한 것이다.

〈箋〉: 勤者, 以己宜媵而不得心望之.

*전체 3장. 매 장 5구씩(江有汜: 三章. 章五句).

(1) 興

江有汜, 之子歸, 不我以.

江에는 汜(ᄉ)ㅣ 잇거늘, 之子ㅣ 歸(귀)홀 제, 나를 以(이)티 아니 ᄒ놋다.

강물이 갈라져 흐르는 곳이 있는데, 그녀는 시집갔네, 나를 소용없다 하고.

不我以, 其後也悔!

나를 以티 아니 하나, 그 後(후)에 悔(회)ᄒ놋다!

나를 소용없다 하지만, 나중에 뉘우치게 되리라!

【江】長江.

【汜】물결이 갈라져 흐르다가 다시 합침을 뜻함. 〈毛傳〉에 "興也. 決復入爲汜"라
하였고, 〈鄭箋〉에 "興者, 喻江水大, 汜水小. 然得並流, 似嫡媵宜俱行"이라 함.
〈集傳〉에 "水決復入爲汜. 今江陵漢陽安復之間, 蓋多有之"라 함.

【之子歸】'之子'는 '그 사람', '그 녀'. 〈鄭箋〉에 "之子, 是子也. 是子, 謂嫡也"라 하였
고, 〈集傳〉에 "之子, 媵妾, 指嫡妻而言也"라 하여 媵妾이 嫡妻를 가리켜 부른 것
이라 함. '歸'는 시집감. 嫁와 같음. 〈鄭箋〉에 "婦人爲嫁曰歸"라 함. 이 구절은 '之
子于歸'여야 한다고 보기도 함. 한편 많은 현대어 해석은 '之子'는 남편, '歸'를
단순히 '나를 버리고 돌아가다'의 뜻으로 풀이하기도 함.

【我】媵妾 자신을 가리킴. 〈集傳〉에 "我, 媵自我也"라 함.

【以】〈鄭箋〉에 "以, 猶與也"라 하여 '같이하다'의 뜻으로 보았음. 〈集傳〉에는 〈集
傳〉에 "能左右之曰以. 謂挾己而偕行也"라 하였고, 陳奐의 〈傳疏〉에는 "〈載芟〉
傳:'以, 用也'. '不我以', 不用我"라 하여 '필요로 하다'의 뜻으로 보았음.

【也】구절 중간의 '也'는 대체로 강조의 의미를 지님.

【悔】후회함. 〈毛傳〉에 "嫡能自悔也"라 함. 물이 갈라졌다 다시 모이듯 嫡妻와 자
신(媵妾)도 다시 만날 것임을 암시한 것.

*〈集傳〉에 "○是時汜水之旁, 媵有待年於國, 而嫡不與之偕行者, 其後嫡被后妃夫
人之化, 乃能自悔而迎之. 故媵見江水之有汜, 而因以起興, 言'江猶有汜, 而之子之
歸. 乃不我以. 雖不我以, 然其後也亦悔矣.」라 함.

(2) 興

江有渚, 之子歸, 不以與.

江에는 渚(져)ㅣ 잇거늘, 之子ㅣ 歸홀 제, 나를 與(여)티 아니 ᄒᆞ놋다.

강물에 작은 모래톱 있는데, 그녀는 시집갔네, 나를 함께하지 않고.

不我與, 其後也處!

나를 與티 아니 ᄒᆞ나, 그 後에 處ᄒᆞ도다!

나를 함께하지 않지만, 나중엔 속을 끓이리라!

【渚】물 속의 작은 섬. 모래톱. 〈毛傳〉에 "渚, 小洲也. 水枝成渚"라 하였고, 〈鄭箋〉
에 "江水流而渚留, 是嫡與己異心, 使己獨留不行"이라 함. 〈集傳〉에 "渚, 小洲也.
水岐成渚"라 함. 《爾雅》에는 "水中可居者曰洲, 小洲曰渚"라 함.

【與】앞의 '以'와 같음. 〈集傳〉에 "猶, 以也"라 하였고, 陳奐 〈傳疏〉에는 "不我與, 不與我也. 以·與二字, 渾言義同"이라 함.
【處】〈集傳〉에 "處, 安也, 得其所安也"라 하였고, 〈毛傳〉에는 "處, 止也"라 하고, 〈鄭箋〉에 "嫡悔過, 自止"라 함. 그러나 聞一多 〈新義〉에는 "處, 亦疑當讀爲瘋. 訓憂, 處瘋同音"이라 하여 '瘋'(속을 끓이다)의 뜻이 아닌가 하였음.

(3) 興

江有沱, 之子歸, 不我過.

江애는 沱(타)ㅣ 잇거늘, 之子ㅣ 歸홀 제, 나를 過(과)티 아니 하놋다.

강물이 갈라져 따로 흘러가는데, 그녀는 시집갔네, 나를 함께 데려가지 않고.

不我過, 其嘯也歌!

나를 過티 아니ᄒ나, 그 嘯(쇼)ᄒ다가 歌ᄒ놋다!

나를 함께 데려가지 않았으니, 휘파람을 불다가 슬픈 노래 부르게 될 것!

【沱】〈毛傳〉과 〈集傳〉에 "沱, 江之別者"라 하였고, 〈鄭箋〉에 "岷山道, 江東別爲 沱"라 함.
【過】〈集傳〉에 "過, 謂過我而與俱也"라 함.
【嘯】휘파람. 〈集傳〉에 "嘯, 蹙口出聲, 以舒憤懣之氣. 言其悔時也歌, 則得其所處而 樂也"라 하여, (嫡妻가) 휘파람을 불어 불만을 누그러뜨리는 것이며, 후회할 때 노래를 부른다는 것은 그 처할 바를 얻어 즐거워하고 있음을 뜻한다 하였음. 〈鄭箋〉에도 "嘯, 蹙口而出聲. 嫡有所思而爲之, 旣覺自悔而歌, 歌者, 言其悔過, 以 自解說也"라 함. 그러나 王先謙 〈集疏〉에는 《漢書》陸賈傳注:「過, 至也.」 '不我過', 謂不至我所"라 하여, '내가 있는 곳으로 오지 않음'을 뜻한다 하였고, 聞一多 〈通義〉에는 "嘯歌者, 卽號歌, 謂哭而有言, 其言又有節調也"라 함. 따라서 마지막 구절에 대한 풀이도 매우 달라 '휘파람에 노래까지 부르면서', '나중에 다시 만나 휘파람불고 노래하며 즐거워하게 될 것', '(남편이 나에게 다시 오지 않으니) 내 슬퍼 휘파람 불며 슬픈 노래 부르네' 등 다양함.

1. 孔穎達 〈正義〉

作〈江有汜〉詩者, 言美媵也. 美其勤而不怨, 謂宜爲媵而不得行, 心雖勤勞而不怨於嫡. 故嫡亦能自悔過, 謂悔其不與俱行也. 當文王之時, 江沱之間, 有嫡不以其媵備妾御之數, 媵遇憂思之勢, 而無所怨. 而嫡有所思, 亦能自悔過也. 此本爲美媵之不怨, 因言嫡之能自悔. 故美媵而後兼嫡也. 嫡, 謂妻也; 媵, 謂妾也. 謂之媵者, 以其從嫡以送爲名也. 故〈士昏禮〉注云:「媵, 送也.」吉者, 女嫁必姪娣從, 謂之媵也.

2. 朱熹 〈集傳〉

〈江有汜〉, 三章, 章五句:

陳氏曰:「〈小星〉之夫人, 惠及媵妾, 而媵妾盡其心;〈江沱〉之嫡, 惠不及媵妾, 而媵妾不怨. 蓋父雖不慈, 子不可以不孝, 各盡其道而已矣.」

023(꼄-12) 야유사균(野有死麕)

＊〈野有死麕〉: '麕'은 노루(麏, 獐). 〈諺解〉物名에 "麕:노로"라 함. 어금니가 튀어 나와 '牙麕'이라고도 하며 反芻目 哺乳類 麝科 無角의 脊椎動物. 聞一多〈新義〉에 "古人婚禮納徵, 用鹿皮爲贄"라 하여, 고대 혼례에 鹿皮를 예물로 사용했다 함.
＊이 시는 무례하게 혼인을 요구하기도 하고 淫風이 풍속이 된 난세를 증오한 것이라 함.

<序>: <野有死麕>, 惡無禮也. 天下大亂, 彊暴相陵, 遂成 淫風. 被文王之化, 雖當亂世, 猶惡無禮也.

〈야유사균〉은 무례함을 증오한 것이다. 천하대란에 彊暴하고 서로 능멸하여 드디어 淫風이 조성되었다. 그런데 문왕의 교화를 입어, 비록 난세였지만 그래도 무례함을 증오한 것이다.

〈箋〉: 無禮者, 爲不由媒妁, 鴈幣不至, 劫脅以成昏. 謂紂之世.

＊전체 3장. 2장은 4구씩, 1장은 3구씩(野有死麕:三章. 二章章四句, 一章章三句).

(1) 興
野有死麕, 白茅包之.

들헤 죽은 麕(균)이 잇거늘, 白茅(빅모)로 ᄡᅡ놋다.

들에서 죽은 노루, 흰 띠풀로 싸 가지고,

有女懷春, 吉士誘之.

女ㅣ 春(츈)에 懷(회)ᄒᆞ거늘, 吉士ㅣ 달애놋다!

봄 되어 싱숭생숭 마음 설레는 아가씨 있어, 멋쟁이가 유혹하네.

【野】〈毛傳〉에 "郊外曰野"라 함.
【麕】〈集傳〉에 "麕, 獐也, 鹿屬無角"이라 함.
【白茅】흰 띠풀. 떼풀. 〈諺解〉物名에 "茅:뛰"라 함. 〈毛傳〉에 "白茅, 取潔淸也"라 함.

【包】쌈. 裹와 같음. 죽은 노루고기를 대강 싸서 구혼 예물로 삼고자 함. 〈毛傳〉에 "包, 裹也. 凶荒則殺禮, 猶有以將之野有死麕輩, 田之獲而分其肉"이라 하였고, 〈鄭箋〉에 "亂世之民貧, 而彊暴之男, 多行無禮. 故貞女之情, 欲令人以白茅裹束野, 中田者, 所分麕肉爲禮而來"라 함.

【懷春】思春의 뜻. 〈毛傳〉에 "懷, 思也. 春, 不暇待秋也"라 하였고, 〈集傳〉에 "懷春, 當春而有懷也"라 함. 〈正義〉에는 "女十五許嫁, 已遣媒以納采. 二十仲春始親迎. 故知非仲春月始思媒也"라 함.

【吉士】멋진 남자. 〈集傳〉에 "吉士, 猶美士也"라 함.

【誘】誘惑함. 그러나 〈毛傳〉에는 "誘, 道也"라 하였고, 〈鄭箋〉에 "有貞女思仲春, 以禮與男會. 吉士使媒人道成之疾, 時無禮而言然"이라 함.

*〈集傳〉에 "○美南國被文王之化, 女子有貞潔自守, 不爲強暴所汚者. 故詩人因所見以興其事而美之. 或曰賦也. 言美士以白茅包其死麕, 而誘懷春之女也"라 함.

(2) 興(賦)

林有樸樕, 野有死鹿.

수플에 樸樕(복속)이 이시며, 들헤 죽은 鹿(록)이 잇거늘,

숲속에 떡갈나무, 들에는 죽은 사슴 있네,

白茅純束, 有女如玉!

白茅로 純束(돈속)ᄒᆞᄂᆞ니, 女ㅣ 玉(옥)ᄀᆞᆮ도다!

흰 띠풀로 묶어 싸시네, 그 아가씨 옥 같으니!

【樸樕】떡갈나무. '樸(蒲木反)樕(音速)', 즉 '복속'으로 읽어 疊韻連綿語의 木名으로 보아야 하나, 〈毛傳〉과 〈集傳〉에 "樸樕, 小木也"라 하였고, 〈鄭箋〉에 "樸樕之中,

及野有死鹿, 皆可以白茅裹束, 以爲禮.
廣可用之物, 非獨麕也"라 함.

【鹿】사슴. 〈諺解〉 物名에 "鹿:사슴"이라
함. 麕은 뿔이 없으나 사슴은 뿔이 있
음. 〈毛傳〉에 "野有死鹿, 廣物也"라 하
였고, 〈集傳〉에 "鹿, 獸名, 有角"이라 함.
【純束】包와 같음. '싸다'의 뜻. '純'은 '音
豚'이라 하여 '돈'으로 읽음. 〈毛傳〉에
"純束, 猶包之也"라 하였고, 〈鄭箋〉에
"純讀如屯"이라 하였으며, 〈集傳〉에 "純
束, 猶包之也"라 하였고, 陳奐 〈傳疏〉에
도 "純, 亦束也"라 함.
【如玉】〈毛傳〉에 "德如玉也"라 하였고,
〈鄭箋〉에 "如玉者, 取其堅而潔白"이라
함. 〈集傳〉에는 "如玉者, 美其色也. 上三
句興下一句也. 或曰賦也. 言以樸樕藉死
鹿, 束以白茅, 而誘此如玉之女也"라 함.

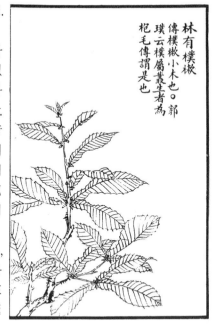

林有樸樕
傳樸樕小木也○郭
璞云樸屬叢生者爲
杞毛傳謂是也

(3) 賦

舒而脫脫兮, 無感我帨兮,

날호여 脫脫(태태)히 ᄒᆞ야, 내 帨(셰)를 感(감)티 말며,

가만가만 천천히, 내 손수건 건드리면 안돼요.

無使尨也吠!

尨(방)으로 ᄒᆞ여곰 즛게 말라!

삽살개로 하여금 짖지 않도록 하세요!

【舒】徐와 같음. 천천히, 가만가만히. 〈毛傳〉에 "舒, 徐也"라 하였고, 〈集傳〉에는
"舒, 遲緩也"라 함.
【脫脫】'태'(兌)로 읽으며 〈毛傳〉에 "脫脫, 舒遲也"라 하였고, 〈集傳〉에 "脫脫, 舒
緩貌"라 함. 〈鄭箋〉에 "貞女欲吉士以禮來, 脫脫然舒也. 又疾時無禮, 彊暴之男,
相劫脅"이라 함.

無使尨也吠
○傳尨狗也集傳犬也
傳尨狗也集傳田犬
也駉鐵載獫歇驕皆
田犬名長喙曰獫短
喙曰歇驕

【感】撼과 같음. 動의 뜻. 〈毛傳〉과 〈集傳〉에 "感, 動也"라 함.
【帨】'세'(稅)로 읽으며 〈毛傳〉에 "帨, 佩巾也"라 하였고, 〈集傳〉에 "帨, 巾"이라 함. 〈鄭箋〉에 "奔走失節, 動其佩飾"이라 함.
【尨】〈毛傳〉에 "尨, 狗也"라 하였고, 〈集傳〉에 '美邦反. 尨, 犬也'라 하여 '망'으로 읽도록 되어 있으나 〈諺解〉는 원음대로 '방'으로 읽었음. 삽살개. 〈諺解〉物名에 "尨:□필개"라 함.
【吠】개가 짖음. 〈毛傳〉에 "非禮相陵, 則狗吠"라 함.
*〈集傳〉에 "○此章乃述女子拒之之辭. 言姑徐徐而來, 毋動我之帨, 毋驚我之犬, 以甚言其不能相及也. 其凜然不可犯之意, 蓋可見矣"라 함.

참고 및 관련 자료

1. 孔穎達 〈正義〉
作〈野有死麕〉詩者, 言惡無禮, 謂當紂之世, 天下大亂, 彊暴相陵, 遂成淫風之俗. 被文王之化, 雖當亂世, 其貞女猶惡其無禮. 經三章, 皆惡無禮之辭也.

024〈김-13〉 하피농의(何彼襛矣)

*〈何彼襛矣〉: '襛'(농)은 꽃술이 많이 달려 예쁜 모습을 뜻함. 《韓詩》에는 '戎'으로 되어 있으며, 〈毛傳〉에 "襛, 猶戎戎也"라 함.
*이 시는 왕의 딸이 제후에게 시집을 가면서 스스로 부도를 지켰음을 노래한 것이라 함.

　　〈序〉:〈何彼襛矣〉, 美王姬也. 雖則王姬, 亦下嫁於諸侯, 車服不繫其夫, 下王后一等, 猶執婦道以成肅雝之德也.

　〈하피농의〉는 王姬를 찬미한 것이다. 비록 왕희의 신분이지만 역시 아래 제후에게 시집을 가면서, 車服을 남편의 신분에 얽매이지 않고, 황후의 신분을 한 단계 낮추면서 도리어 婦道를 지켜 肅雝之德을 성취시켰다.

　〈箋〉: 下王后一等, 謂車乘, 厭翟, 勒面繢, 總服, 則褕翟.

*전체 3장. 매 장 4구씩(何彼襛矣:三章. 章四句).

(1) 興
何彼襛矣? 唐棣之華.

엇디 뎌리 襛(농)ᄒᆞ뇨? 唐棣(당톄)의 華(화)ㅣ로다.

어찌 저리도 고울까? 당체의 꽃이로다.

曷不肅雝? 王姬之車!

엇디 肅(슉)ᄒᆞ며 雝(옹)티 아니리오? 王姬(왕희)의 車(거)ㅣ로다!

어찌 그토록 경건하고 온화할까? 왕희의 수레!

【襛】꽃술이 아름다운 모습. '戎戎'과 같음. 〈毛傳〉에 "興也. 襛, 猶戎戎也"라 하였고, 〈鄭箋〉에 "何彼乎? 戎戎者, 乃栘之華. 興者, 喩王姬顔色之美盛"이라 함. 〈集

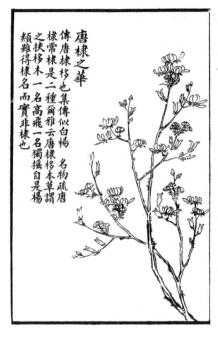

傳〉에도 "穠, 盛也. 猶曰戎戎也"라 함.

【唐棣】棠棣와 같음. 산매자나무. 혹 산아가위나무라고도 함. 〈諺解〉物名에 "唐棣: 블근아가외 ○산미즈"라 함. 〈毛傳〉에 "唐棣, 栘也"라 함. 《爾雅》郭璞注에도 "栘, 似白楊. 江東呼爲夫栘"라 하였고, 陸璣 〈草木疏〉에 "唐棣, 奧李也. 亦曰車下李"라 함. 그러나 聞一多 〈新義〉에는 "唐棣, 卽裳帷. ……常卽衣裳本字, 棣亦當讀爲帷. 裳帷, 張布在車上, 布下垂如帳"이라 하여 수레의 휘장으로 보았음.

【曷】어찌. 疑問詞. 〈鄭箋〉에 "曷, 何"라 함.

【肅雝】〈毛傳〉과 〈集傳〉에 "肅, 敬;雝, 和"라 하였고, 〈鄭箋〉에는 "言其嫁時, 始乘車, 則已敬和"라 함.

【王姬】周나라의 公主. 周나라는 姬姓이었음. 〈集傳〉에 "周王之女, 姬姓, 故曰王姬"라 함.

【王姬之車】여기서 '之'는 〈鄭箋〉에 "之, 徃也. 何不敬和乎? 王姬徃乘車也"라 하여 '가다'의 뜻이라 하였음.

*〈集傳〉에 "○王姬下嫁於諸侯, 車服之盛如此, 而不敢挾貴以驕其夫家. 故見其車者, 知其能敬且和, 以執婦道. 於是作詩以美之, 曰:「何彼戎戎而盛乎! 乃唐棣之華也. 此何不肅肅而敬雝雝而和乎!」 乃王姬之車也. 此乃武王以後之詩, 不可的知其何王之世. 然文王大姒之敎, 久而不衰, 亦可見矣"라 함.

(2) 興

何彼襛矣? 華如桃李.

엇디 뎌리 襛ᄒᆞ뇨? 華ㅣ 桃李(도리) 곧도다.

어찌 저리도 고울까? 화려하기가 마치 복사꽃, 오얏꽃같네.

平王之孫, 齊侯之子!

平王(평왕)의 孫(손)과, 齊侯(제후)의 子ㅣ로다!

평왕의 손녀요, 제(齊)나라 군주의 아들!

【桃李】복숭아와 오얏(자두). 〈諺解〉
物名에 "李:외얏"이라 함. 〈鄭箋〉에
"「華如桃李」者, 興王姬與齊侯之子, 顔
色俱盛"이라 함. 〈集傳〉에 "李, 木名.
華白, 實可食"이라 함.

【平王·齊侯】〈毛傳〉에 "平, 正也. 武王
女, 文王孫, 適齊侯之子"라 하여, 문왕
(姬昌)의 손녀이며 무왕(姬發)의 딸이
齊나라 군주의 아들에게 시집가는
것이라 함. 그러나 〈鄭箋〉에는 "平王
者, 德能正天下之王"이라 함. 〈集傳〉
에 "舊說:「平, 正也. 武王女, 文王孫,
適齊侯之子.」 或曰:「平王, 卽平王宜臼;
齊侯, 卽襄公諸兒. 事見《春秋》.」 未知
孰是"라 하여, 平王은 東周 첫 군주
平王(이름은 姬宜臼:B.C. 770−B.C.720년
까지 51년간 재위)이며, 齊侯는 齊襄公
(姜諸兒:B.C.697−B.C.686년까지 12년간 재위)이라 하였으나 알 수 없다 하였음.
＊〈集傳〉에 "○以桃李二物, 興男女二人也"라 함.

(3) 興

其釣維何? 維絲伊緡.

그 釣(됴)ᄒᆞᄂᆞᆫ 거시 므섯고? 絲(ᄉ)로 緡(민)ᄒᆞ얏도다.

물고기 낚으려면 어찌해야 하나요? 실을 꼬아 낚싯줄로 해야지.

齊侯之子, 平王之孫!

齊侯의 子와, 平王의 孫이로다!

제나라 군주의 아들이요, 평왕의 손녀!

【絲】비단실.

【伊】助字. 〈集傳〉에 "伊, 亦維也"라 함.

【緡】비벼 꼬아 만든 실. 낚싯줄로 사용함. 〈毛傳〉에 "伊, 維; 緡, 綸也"라 하였고,
〈集傳〉에 "緡, 綸也, 絲之合而爲綸, 猶男女之合而爲昏也"라 하여 婚姻이 성사됨
을 뜻한 것이라 함. 〈鄭箋〉에 "云釣者, 以此有求於彼:「何以爲之乎? 以絲之爲綸.」
則是善釣也. 以言王姬與齊侯之子, 以善道相求"라 함.

참고 및 관련 자료

1. 孔穎達 〈正義〉

作〈何彼襛矣〉詩者, 美王姬也. 以其雖則王姬天子之女, 亦下嫁於諸侯. 其所乘之
車·所衣之服, 皆不繫其夫爲尊卑, 下王后一等而已. 其尊如是, 猶能執持婦道, 以成
肅敬離和之德, 不以己尊而慢人. 此王姬之美, 卽經云:「曷不肅雝? 王姬之車!」是也.

025(召-14) 추우(騶虞)

*〈騶虞〉: 짐승 이름. 혹 사냥꾼. '騶'는 말을 모는 사람. '虞'는 虞人, 즉 고대 사냥 지역을 맡아 관리하는 관원. 《孟子》滕文公(下) "昔齊景公田, 招虞人以旌, 不至, 將殺之"의 注에 "虞人, 守苑囿之吏也"라 하였고, 《左傳》昭公 20年에 "諸侯田于沛, 招虞人以弓; 不進, 公使執之. 辭曰:「昔我先君之田也, 旃以招大夫, 弓以招士, 皮冠以招虞人. 臣不見皮冠, 故不敢進.」乃辭之. 仲尼曰:「守道不如守官.」君子韙之"라 하였음. 여기서는 사냥감을 몰아주는 몰이꾼을 가리킴. 王先謙〈集疏〉에도 "《魯》說曰:「騶者, 天子之囿也; 虞者, 囿之司獸者也.」"라 함. 그러나〈毛傳〉에는 "騶虞, 義獸也. 白虎黑文, 不食生物, 有至信之德, 則應之"라 하였고,〈集傳〉에도 "騶虞, 獸名. 白虎黑文, 不食生物者也"라 하여 疊韻連綿語의 獸名이라 하였음. 여기서는 우선 잠정적으로 짐승이름 '추우'로 풀이함.
*이 시는 騶虞가 하는 일이 힘들고 천한 작업이지만 정성을 다함으로써, 문왕의 교화가 만물에 미쳤음을 노래한 것이라 함.

〈序〉:〈騶虞〉,〈鵲巢〉之應也.〈鵲巢〉之化行, 人倫旣正, 朝廷旣治, 天下純被文王之化. 則庶類蕃殖, 蒐田以時. 仁如騶虞, 則王道成也.

〈추우〉는〈작소〉편의 應化이다.〈작소〉에서 교화가 행해짐으로써 인륜이 이윽고 바르게 되고, 조정이 다스려졌으며, 천하가 순박하게 문왕의 교화를 입게 되었다. 그렇게 되자 만물이 번식하고, 사냥 의식도 때에 맞게 행해졌다. 어질기가 추우와 같아져서, 왕도가 이루어진 것이다.

〈箋〉: 應者, 應德自遠而至.

*전체 2장. 매 장 3구씩(騶虞: 二章. 章三句).

(1) 賦
彼茁者葭, 壹發五豝.
뎌 茁(줄)흔 葭(가)애, 흔 번 發(발)홈애 다숫 豝(파)이로소니,

저 새싹이 돋고 있는 것은 갈대, 화살을 쏘아 암퇘지 다섯을 잡네.

于嗟乎騶虞!

于嗟홉다, 騶虞(추우)ㅣ로다!

아, 훌륭하다, 추우여!

【苗】풀의 싹이 힘차게 솟아남을 뜻함. 〈毛傳〉에 "苗, 出也"라 하였고, 〈集傳〉에 "苗, 生出壯盛之貌"라 함. 〈鄭箋〉에 "記蘆始出者, 著春田之早晩"이라 함.

【葭】갈대. 〈諺解〉物名에 "葭:ㄱ"이라 함. 〈毛傳〉에 "葭, 蘆也"라 하였고, 〈集傳〉에 "葭, 蘆, 亦名葦"라 함.

【壹發】화살을 한 번 쏨. 〈集傳〉에 "發, 發矢"라 함. 그러나 馬瑞辰〈通釋〉에는 "壹發五豝, 壹發五豵. 二'壹'字, 皆發語詞"라 하여 뜻이 없는 發語詞라 하였음.

【豝】산돼지의 암컷. 암퇘지. 〈集傳〉에 "豝, 牝豕也"라 하였고, 〈毛傳〉에도 "豕牝曰豝"라 함. 그러나 〈諺解〉物名에는 도리어 "豝:수돋"이라 하여 '수돼지'라 하였음. '壹發五豝'의 '五'는 虛數, 많음을 뜻함. 〈毛傳〉에 "虞人翼五豝, 以待公之發"이라 하였고, 〈集傳〉에 "猶言中必疊雙也"라 하여 '화살을 당기면 한꺼번에 겹쳐서 쌍으로 맞추다'의 뜻이라 하였음. 〈鄭箋〉에 "君射一發, 而翼五豝者, 戰禽獸之

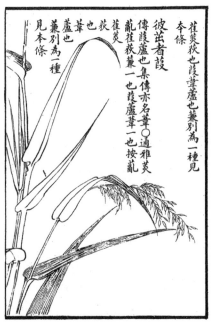

命, 必戰之者, 仁心之至"라 함.

【于嗟】감탄사. 〈鄭箋〉에 "于嗟者, 美之也"라 함.

【騶虞】〈毛傳〉에 "騶虞, 義獸也. 白虎黑文, 不食生物, 有至信之德, 則應之"라 하였고, 〈集傳〉에 "騶虞, 獸名, 白虎黑文, 不食生物者也"라 함. 〈諺解〉物名에는 "騶虞:《稗雅》의 닐오듸 섯녁 즘승이니, 님금이 지극혼 믿븐 덕이 이시면 나ᄂᆞ니라. 《山海經》의 닐오듸 쇼리 몸두곤 길고 다숫가지 비치 다 ᄀᆞᄌᆞ니 ᄐᆞ면 ᄒᆞᄅᆞ 쳔리를 가ᄂᆞ니라"라 함.

＊〈集傳〉에 "○南國諸侯, 承文王之化, 脩身齊家以治其國, 而其仁民之餘恩, 又有以及於庶類. 故其春田之際, 草木之茂, 禽獸之多, 至於如此. 而詩人述其事以美之, 且歎美之曰:「此其仁心自然, 不由勉強, 是卽眞所謂騶虞矣.」"라 함.

(2) 賦

彼茁者蓬, 壹發五豵.

뎌 茁혼 蓬(봉)애, 혼 번 發홈애 다숫 豵(종)이로소니,

저 새싹이 돋고 있는 쑥들, 화살을 쏘아 새끼돼지 다섯을 맞추네.

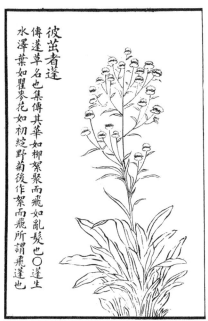

于嗟乎騶虞!

于嗟홉다, 騶虞ㅣ로다!

아, 훌륭하다, 추우여!

【蓬】쑥. 〈諺解〉 物名에 "蓬:다복쑥"이라 함. 〈毛傳〉과 〈集傳〉에 "蓬, 草名也"라고 만 하였으나,《說文》에는 "蓬, 蒿也"라 함.

【豵】1년 자란 돼지, 혹 새끼 돼지. 〈毛傳〉에 "一歲曰豵"라 하였고, 〈鄭箋〉에는 "豕生三曰豵"이라 함. 〈集傳〉에는 "一歲曰豵, 亦小豕也"라 함. 〈諺解〉 物名에는 "豵:ᄒ릅돋"이라 함.

참고 및 관련 자료

1. 孔穎達 〈正義〉

以〈騶虞〉處末者, 見〈鵲巢〉之應也. 言〈鵲巢〉之化行, 則人倫夫婦既已得正, 朝廷既治. 天下純被文王之化, 則庶類皆蕃息而殖長. 故國君蒐田以時, 其仁恩之心不忍盡殺, 如騶虞然, 則王道成矣. 〈鵲巢〉之化, 謂國君之化, 行於天下也. 人倫既正, 謂夫人均一不失其職, 是也. 朝廷既治, 謂以禮自防聽訟決事, 是也, 天下純被文王之化, 謂〈羔羊〉以下也. 此處〈騶虞〉於末, 以爲〈鵲巢〉之應, 以故歷序〈鵲巢〉以下. 然後言〈騶虞〉當篇之義, 由文王之化, 被於天下也. 故得庶類蕃殖, 即犯豵是也. 國君蒐田以時, 即章首一句是也. 仁如騶虞, 下二句是也. 言王道成者, 以此篇處末. 故總之言天下純被文王之化, 庶類又蒙其澤, 仁心能如騶虞, 則王化之道成矣. 所謂「周南」·「召南」, 王化之基也.

2. 朱熹 〈集傳〉

〈騶虞〉, 二章, 章三句:

文王之化, 始於〈關雎〉而至於〈麟趾〉, 則其化之入人者深矣. 形於〈鵲巢〉而及於〈騶虞〉, 則其澤之及物者廣矣. 蓋意誠心正之功, 不息而久, 則其熏蒸透徹融液周徧, 自有不能已者, 非智力之私所能及也. 故序以〈騶虞〉爲〈鵲巢〉之應, 而見王道之成, 其必有所傳矣.

3. 〈召南〉 14편 총결.

召南之國, 十四篇, 四十章, 百七十七句:

愚按:〈鵲巢〉至〈采蘋〉, 言夫人大夫妻, 以見當時國君大夫, 被文王之化, 而能脩身以正其家也. 〈甘棠〉以下, 又見由方伯能布文王之化, 而國君能脩之家以及其國也. 其辭雖無及於文王者, 然文王明德新民之功, 至是而其所施者, 溥矣. 抑所謂其民皥皡而不知爲之者, 與唯〈何彼襛矣〉之詩, 爲不可曉, 當闕所疑耳.

○'周南'·'召南'二國, 凡二十五篇, 先儒以爲正風, 今姑從之.

○孔子謂伯魚曰: 「女爲'周南'·'召南'矣乎? 人而不爲'周南'·'召南', 其猶正牆面而立也與!」

○《儀禮》鄕飮酒·鄕射·燕禮, 皆合樂周南〈關雎〉〈葛覃〉〈卷耳〉, 召南〈鵲巢〉〈采蘩〉〈采蘋〉, 燕禮又有房中之樂. 鄭氏注曰: 「弦歌周南·召南之詩, 而不用鐘磬云. 房中者, 后夫人之所諷誦, 以事其君子.」

○程子曰: 「天下之治, 正家爲先天下之家正, 則天下治矣. 二南正家之道也. 陳后妃夫人大夫妻之德, 推之士庶人之家一也. 故使邦國至於鄕黨, 皆用之. 自朝廷至於委巷, 莫不謳吟諷誦, 所以風化天下.」

3. 패풍邶風

19편(026-044)

《毛詩譜》에는 邶, 鄘, 衛 세 나라를 묶어서 설명하고 있다.

周 武王이 殷紂를 멸한 다음, 殷의 도읍 朝歌(지금의 河南 淇縣)를 중심으로 邶(북쪽. 지금의 河南 湯陰 동남), 鄘(남쪽. 지금의 河南 汲縣), 衛(동쪽)로 나누어 각각 殷紂의 아들 武庚(祿父)으로 하여금 殷나라 제사를 잇도록

하면서, 동시에 管叔, 蔡叔, 霍叔을 그 지역에 봉하여 武庚과 殷의 遺民들을 감독하도록 하였음. 이를 '三監'이라 함. 그런데 武王이 죽고 어린 成王이 들어서자 周公이 어린 조카를 위해 섭정을 할 때 이들은 주공이 성왕에게 불리하게 할 것이란 유언을 퍼뜨리며 武庚과 결탁하여 亂을 일으킴. 이에 주공이 이들을 평정한 뒤, 康叔(姬封)을 衛에 封하여 邶, 鄘의 땅까지도 아울러 다스리도록 하였음. 이에 康叔은 朝歌를 도읍으로 하였고, 그 후대에 드디어 邶와 鄘까지 통합하여 衛나라가 됨. 그 뒤 衛나라는 B.C.660년 狄의 침공을 받아 망하고 말았음. 한편〈鄘風〉과〈邶風〉은 衛나라 政治와 풍속이 문란해진 후기의 것이며,《左傳》吳나라 季札이 上國의 詩風을 批評한 기록에도 모두 '衛風'이라 되어 있는 것으로 보아 모두〈衛風〉이어야 하나, 당초 이 노래들을 편집하면서 邶, 鄘 지역의 民謠(風謠, 諷謠)를 별도로 나눈 것으로 보고 있음.

한편 앞의〈周南〉과〈召南〉을 '正道를 지키며 敎化를 노래한 것'이라 하여 '正風'이라고 하며,〈邶風〉이하는 정치 혼미와 군주의 淫風에 따라 禮가 붕괴되고 사회가 혼란에 빠지자, 이를 비난한 것과, 백성의 고통 등 애상에 젖은 하소연이 주를 이루어 이를 '變風'이라 함.

★《史記》衛康叔世家에 "衛康叔名封, 周武王同母少弟也. 其次尙有冉季, 冉季最少. 武王已克殷紂, 復以殷餘民封紂子武庚祿父, 比諸侯, 以奉其先祀勿絶. 爲武庚未集, 恐其有賊心, 武王乃令其弟管叔·蔡叔傅相武庚祿父, 以和其民. 武王旣崩, 成王少. 周公旦代成王治, 當國. 管叔·蔡叔疑周公, 乃與武庚祿父作亂, 欲攻成周. 周公旦以成王命興師伐殷, 殺武庚祿父·管叔, 放蔡叔, 以武庚殷餘民封康叔爲衛君, 居河·淇 故商墟"라 함.

★ 기타 관련 사항은《左傳》등을 참고할 것.

○ 鄭玄《毛詩譜》〈邶〉·〈鄘〉·〈衛〉
邶·鄘·衛者, 商紂變風, 方千里之地. 其封域, 在〈禹貢〉冀州, 大行之東, 北踰衡·漳, 東及兗州桑土之野. 周武王伐紂,以其京師, 封紂子武庚爲殷後. 庶殷頑民, 被紂化日久, 未可以建諸侯, 乃三分其地, 置二監, 使管叔·蔡叔·霍叔尹而教之. 自紂城而北, 謂之邶; 南謂之鄘; 東謂之衛.

武王旣喪, 管叔及其羣弟, 見周公將攝政, 乃流言於國曰: 「公將不利於孺子.」周公避之居東都, 二年秋大熟未穫, 有雷電疾風之異. 乃後成王悅而迎之, 反而遂居攝.

三監導武庚叛, 成王旣黜殷, 命殺武庚, 復伐三監. 更於此三國, 建諸侯, 以殷餘民封康叔於衛, 使爲之長. 後世子孫, 稍幷彼二國, 混而名之. 七世至頃侯, 當周夷王時, 衛國政衰, 變風始作. 故作者, 各有所傷, 從其國本, 而異之爲邶·鄘·衛之詩焉.

○朱熹 <集傳>

邶·鄘·衛, 三國名. 在禹貢冀州, 西阻太行, 北逾衡漳, 東南跨河, 以及兗州桑土之野. 及商之季而紂都焉. 武王克商, 分自紂城朝歌而北謂之邶, 南謂之鄘, 東謂之衛, 以封諸侯. 邶·鄘不詳其始封, 衛則武王弟康叔之國也. 衛本都河北, 朝歌之東, 淇水之北, 百泉之南. 其後不知何時幷得邶·鄘之地. 至懿公爲狄所滅, 戴公東徙渡河野處漕邑. 文公又徙居于楚丘朝歌故城, 在今衛州衛縣西二十二里, 所謂殷墟. 衛故都卽今衛縣, 漕楚丘, 皆在滑州. 大抵今懷衛澶相滑濮等州, 開封大名府界, 皆衛境也. 但邶·鄘地, 旣入衛, 其詩皆爲衛, 事而猶繫其故國之名, 則不可曉. 而舊說以此下十三國, 皆爲'變風'焉.

026(邶-1) 백주(柏舟)

*〈柏舟〉:‘柏’은 扁柏나무, 혹 側柏나무, 香柏나무. 〈諺解〉 物名에 "栢: 측빅"이라
함. 흔히 잣나무로 풀이하나 실제 우리의 잣나무나 側柏과는 다름. 매우 큰 나무
로 尖塔形으로 자라며 건축 자재, 造船 등에 쓰이며, 아울러 陵廟 등에 널리 심
기도 함. 예로 山東 泰山 岱廟, 陝西 黃帝陵, 北京 天壇 등의 扁柏은 수령이 매우
오래된 나무임. 〈諺解〉에는 ‘柏’자를 모두 ‘栢’자로 바꾸어 표기하였음.
*이 시의 고사는 《列女傳》 貞順傳 「衛寡夫人」편에는 衛 宣公(姬晉. B.C.718−B.
C.700년까지 19년간 재위)의 사건으로 되어 있음. 참고란을 볼 것.

> 〈序〉: 〈柏舟〉, 言仁而不遇也. 衛頃公之時, 仁人不遇, 小
> 人在側.

〈백주〉는 어질면서 불우함을 말한 것이다. 위 경공 때 어진 사람이 불
우하고 소인이 곁에 있었다.

〈箋〉: 不遇者, 君不受己之志也. 君近小人, 則賢者見侵害.

*전체 5장. 매 장 6구씩(柏舟:五章. 章六句).

(1) 比
汎彼柏舟, 亦汎其流.

汎(범)한 뎌 栢舟(빅쥬)ㅣ여, 쏘한 그 流(류)에 汎하엿도다.

둥둥 떠가는 저 잣나무배, 역시 물 중간에 둥실 떠가네.

耿耿不寐, 如有隱憂.

耿耿(경경)히 자디 몯하야, 隱憂(은우)를 둔는 듯 홈이,

가물가물 잠 못 이루는 밤, 깊은 시름 안고 있는 듯.

微我無酒, 以敖以遊!

내 술이 뼈 敖(오)하며 뼈 遊(유)홀 꺼시 업손 줄이 아니니라!

나에게 술이 없었다면, 이 마음 달래볼 길도 없었으리라!

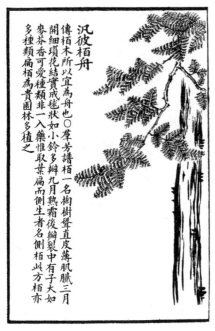

【汎】물에 둥둥 뜸. 〈毛傳〉에 "興也. 汎, 汎流貌"라 하였고, 〈集傳〉에도 "汎, 流貌"라 함.

【柏】〈諺解〉에는 모두 '栢'자로 표기하였으며, 편백나무, 혹 잣나무. 〈毛傳〉에 "柏木, 所以宜爲舟也"라 하였고, 〈集傳〉에 "柏, 木名"이라 함.

【亦汎其流】'流'는 물 중앙에서 흘러감. 〈毛傳〉에 "「亦汎汎其流」, 不以濟渡也"라 하였고, 〈鄭箋〉에 "舟載渡物者, 今不用而與衆物汎汎然, 俱流水中. 興者, 喩仁人之不見用, 而與羣小人並列, 亦猶是也"라 함.

【耿耿】깜빡깜빡하면서 잠을 이루지 못하는 상태. 〈毛傳〉에 "耿耿, 猶儆儆也"라 하였고, 馬瑞辰 〈通釋〉에는 "儆, 借作耿. 耿, 一作炯. 《詩》耿·炯, 音幷同"이라 함. 〈集傳〉에는 "耿耿, 小明憂之貌也"라 함.

【隱憂】시름. '隱' 역시 '憂, 病, 痛'의 뜻. 〈毛傳〉과 〈集傳〉에 "隱, 痛也"라 함. 雙聲連綿語로 쓴 것임. 《韓詩》에는 '殷憂'로 되어 있음. 〈鄭箋〉에는 "仁人旣不遇, 憂在見侵害"라 함.

【微】'無', '非'와 같은 뜻이며, 〈集傳〉에 "微, 猶非也"라 함. 흔히 '만약 –이 없었더라면, 아니었더라면'의 否定假定文을 표현할 때 쓰는 말.

【敖·遊】'敖遊'의 雙聲連綿語를 나누어 표현한 것. 原義는 '어슬렁거리다, 마음을 풀다, 소요하다' 등의 뜻. 〈毛傳〉에 "「非我無酒」, 可以敖遊, 忘憂也"라 함. 〈集傳〉에는 '敖'를 '고'(音翶)로 읽도록 하였음.

＊〈集傳〉에 "○婦人不得於其夫, 故以「柏舟」自比, 言「以柏爲舟, 堅緻牢實, 而不以乘載, 無所依薄, 但汎然於水中而已. 故其隱憂之深如此, 非爲無酒可以敖遊, 而解之也.」《列女傳》以此爲婦人之詩. 今考其辭氣, 卑順柔弱, 且居'變風'之首, 而與下篇相類, 豈亦莊姜之詩也歟?"라 함.

(2) 賦

我心匪鑒, 不可以茹.

내 ᄆᆞ음이 鑒(감)이 아니라, 可(가)히 ᄡᅥ 茹(여)티 몯ᄒᆞ리며,

내 마음 거울 아니니, 있는대로 비춰볼 수도 없네.

亦有兄弟, 不可以據.

ᄯᅩᄒᆞᆫ 兄弟(형뎨)이시나, 可히 ᄡᅥ 據(거)티 몯ᄒᆞ리로소니,

역시 형제가 있다고 해도, 가히 의지할 수도 없네.

薄言往愬, 逢彼之怒!

잠ᄭᅡᆫ 가 愬(소)ᄒᆞ고, 뎌의 怒(노)를 逢(봉)호라!

찾아가 하소하려다가, 도리어 그의 노여움만 하고 말았네!

【匪】非와 같음.

【鑒】물건을 비추어보는 거울. 〈毛傳〉에 "鑒, 所以察形也"라 하였고, 〈集傳〉에 "鑒, 鏡"이라 함. 戰國시대 이후에는 銅鏡을 모두 鑑(鑒)이라 불렀음.

【茹】헤아리는 것. 〈毛傳〉과 〈集傳〉에 "茹, 度也"라 하였고, 〈鄭箋〉에 "鑒之察形, 但知方圓白黑, 不能度其眞僞. 我心非如是, 鑒我於衆人之善惡, 外內心度知之"라 함. 그러나 있는 그대로 비추어보임을 뜻함. 陳奐 〈集疏〉에는 "容也"라 함. 胡承珙 〈後箋〉에 "歐陽本義訓茹爲納, 謂鑒納形在內, 不擇姸醜, 我心不能兼容善惡"이라 함.

【據】믿고 의지 함. 〈毛傳〉과 〈集傳〉에 "據, 依也"라 하였고, 〈鄭箋〉에 "兄弟至親, 當相據依. 言亦有不相據, 依以爲是者希耳. 責之以兄弟之道, 謂同姓臣也"라 함.

【薄言】두 글자 모두 語頭詞. 助詞.

【愬】'訴, 告'와 같음. 하소연함. 〈集傳〉에 "愬, 告也"라 함.

【逢彼之怒】〈毛傳〉에 "彼, 彼兄弟"라 함.

＊〈集傳〉에 "○言我心, 旣匪鑒, 而不能度物. 雖有兄弟, 而又不可依以爲重, 故往告之, 而反遭其怒也"라 함.

(3) 賦

我心匪石, 不可轉也.

내 ᄆᆞ음이 石(셕)이 아니라, 可히 轉(뎐)티 몯ᄒᆞ리며,

내 마음 돌이 아니니, 굴릴 수도 없네.

我心匪席, 不可卷也.

내 ᄆᆞ음이 席(셕)이 아니라, 可히 卷(권)티 몯ᄒᆞ리며,

내 마음 멍석이 아니니, 말 수도 없네.

威儀棣棣, 不可選也!

威儀(위의)ㅣ 棣棣(톄톄)ᄒᆞᆫ 디라, 可히 選(션)티 몯ᄒᆞ리로다!

위의는 갖출 대로 갖추었건만, 굽혀서 물러설 수도 없네!

【石】〈毛傳〉에 "石雖堅, 尙可轉"이라 함.

【轉】굴림.

【席】자리. 말아서 거둘 수 있는 돗자리. 〈毛傳〉에 "席雖平, 尙可卷"이라 함.

【卷】'捲'과 같음. 멍석 따위를 둘둘 말아 거둠. 〈鄭箋〉에 "言己心志, 堅平過於石席"이라 함.

【威儀】존엄과 체면을 지킬 수 있는 품위를 뜻함. 〈毛傳〉에 "君子望之, 儼然可畏, 禮容俯仰, 各有威儀耳"라 하였고, 〈鄭箋〉에 "稱己威儀如此者, 言己德備而不遇, 所以慍也"라 함. 《左傳》에 "有威而可畏, 謂之威; 有儀而可象, 謂之儀"라 함.

【棣棣】雍容하고 閒雅한 모습. 〈毛傳〉에 "棣棣, 富而閑習也"라 하였고, 〈集傳〉에 "棣棣, 富而閑習之貌"라 함.

【選】〈毛傳〉에 "物有其容, 不可數也"라 하였고, 〈集傳〉에는 "選, 簡擇也"라 함. 그러나 聞一多《風詩類鈔》에는 "選, 巽. 屈撓退讓也"라 하여 '굽혀 물러서다'의 뜻으로 보았음.

＊〈集傳〉에 "○言「石可轉而我心不可轉, 席可卷而我心不可卷.」威儀無一不善, 又不可得而簡擇取舍, 皆自反而無闕之意"라 함.

(4) 賦

憂心悄悄, 慍于群小.

ᄆ음애 憂(우)홈을 悄悄(쵸쵸)히 ᄒ거늘, 羣小(군쇼)의게 慍(온)히요라.

시름은 더욱 초초한데, 무리지은 소인배들에게 미움만 사고 있네.

覯閔旣多, 受侮不少.

閔(민)을 覯(구)홈이 이믜 하거늘, 侮(모)를 受(슈)홈을 젹이 아니호라.

쓰라림을 이미 많이 당하였고, 겪은 수모도 적지 않았네.

靜言思之, 寤辟有摽!

靜(경)히 셔 思(ᄉ)ᄒ고, 寤(오)ᄒ야 辟(벽)홈을 摽히 호라!

조용히 생각하다가, 잠에서 깨어, 툭툭 내 가슴만 치네!

【悄悄】근심하는 모양. 〈毛傳〉과 〈集傳〉에 "悄悄, 憂貌"라 함.
【慍于群小】'慍'은 성냄. 섭섭히 여김. 〈毛傳〉에 "慍, 怒也"라 하였고, 〈集傳〉에도 "慍, 怒意"라 함. 〈鄭箋〉에 "羣小, 衆小人, 在君側者"라 하였고, 〈集傳〉에 "群小, 衆妾也. 言見怒於衆妾也"라 하여 '여러 첩들에게 미움을 사다'의 뜻이라 하였음.
【覯】'보다, 당하다, 만나다'의 뜻. 〈集傳〉에 "覯, 見"이라 함.
【閔】憫과 같음. 〈毛傳〉과 〈集傳〉에 "閔, 病也"라 함.
【靜言】〈毛傳〉에 "靜, 安也"라 함. '言'은 〈鄭箋〉에 "言, 我也"라 함.
【寤】잠에서 깨어남. 그러나 聞一多 〈通義〉에는 "寤, 爲五之孶乳字, ……正當讀爲互"라 하여 '交互'의 뜻이라 하였음.
【辟】'擗'의 假借字. 침. 두드림. 〈毛傳〉과 〈集傳〉에 "辟, 拊心也"라 함.
【摽】'툭툭'의 擬聲語. 〈毛傳〉과 〈集傳〉에 "摽, 拊心貌"라 하였고, 聞一多 〈通義〉에 "摽, 讀爲嘌. ……象擊聲"이라 함.

(5) 比

日居月諸, 胡迭而微?

日(일)이며 月(월)이여, 엇디 迭(딜)ᄒ야 微(미)ᄒᄂ뇨?

해가 가고 달이 가면서, 어찌 차례로 빛이 희미해지는가?

心之憂矣, 如匪澣衣!

只음의 憂홈이여, 澣(한)티 아닌 衣곧도다!

마음은 시름에 잠겨, 빨지 않은 옷 입고 있는 듯!

靜言思之, 不能奮飛!

靜히 셔 思ᄒᆞ고 能(능)히 奮(분)ᄒᆞ야 飛(비)티 몯호라!

가만히 생각해보니, 능히 분격해 날아오를 수도 없네!

【日居月諸】해와 달. '居'와 '諸'는 뜻이 없는 助詞. 〈鄭箋〉에 "日, 君象也; 月, 臣象
也"라 함. 〈集傳〉에 "居諸, 語辭"라 함. 한편 이를 다시 묶어 疊韻連綿語 '居諸'
(거저)를 만들어 역시 '시간, 세월'의 뜻으로도 사용함. 韓愈 〈符讀書城南〉에 "豈
不旦夕念? 爲爾惜居諸"라 함.

【迭】〈集傳〉에 "迭, 更"이라 함. '서로, 차례로 바뀌어'의 뜻. '更'과 같음.《韓詩》에
는 '載'로 표기되어 있음.

【微】〈集傳〉에 "微, 虧也"라 함. 이지러짐. 〈毛傳〉에 "微, 謂虧傷也. 君道當常明如
日, 而月有虧盈. 今君失道, 而任小人, 大臣專恣, 則日如月然"이라 함.

【澣衣】옷을 때를 세탁함. 〈毛傳〉에 "如衣之不澣矣"라 하였고, 〈鄭箋〉에 "衣之不
澣, 則憒辱無照察"이라 함. 〈集傳〉에도 "匪澣衣, 謂垢汚不濯之衣"라 함.

【奮飛】분격하여 세차게 날개를 침. 〈毛傳〉에 "不能如鳥奮翼而飛去"라 하였고,
〈鄭箋〉에 "臣不遇, 於君猶不忍去, 厚之至也"라 함. 〈集傳〉에 "奮飛, 如鳥奮翼而
飛去也"라 함.

＊〈集傳〉에 "○言日當常明, 月則有時, 而虧猶正嫡當尊衆妾當卑, 今衆妾反勝正嫡,
是日月更迭而虧, 是以憂之至於煩冤憒眊, 如衣不澣之衣, 恨不能奮起而飛去也.」
라 함.

┌─────────────────┐
│ 참고 및 관련 자료 │
└─────────────────┘

1. 孔穎達 〈正義〉

箋以仁人不遇, 嫌其不得進仕. 故言不遇者, 君不受己之志以言, 亦汎其流, 明與小
人並列也. 言不能奮飛, 是在位不忍去也.《穀梁傳》曰:「遇者, 何志相得? 是不得君
志, 亦爲不遇也.」二章云「薄言徃愬, 逢彼之怒.」是君不受己之志也. 四章云「覯閔既
多, 受侮不少」是賢者見侵害也.

2.《列女傳》貞順傳「衛寡夫人」

夫人者, 齊侯之女也. 嫁於衛, 至城門而衛君死, 保母曰:「可以還矣.」女不聽, 遂入, 持三年之喪. 畢;弟立請曰:「衛, 小國也, 不容二庖, 願請同庖.」夫人曰:「唯夫婦同庖.」終不聽. 衛君使人愬於齊兄弟, 齊兄弟皆欲與後君, 使人告女, 女終不聽. 乃作詩曰:『我心匪石, 不可轉也;我心匪席, 不可卷也.』厄窮而不閔, 勞辱而不苟, 然後能自致也, 言不失也, 然後可以濟難矣. 詩曰:『威義棣棣, 不可選也.』言其左右無賢臣, 皆順其君之意也. 君子美其貞壹, 故舉而列之於詩也. 頌曰:『齊女嫁衛, 厥至城門. 公薨不返, 遂入三年. 後君欲同, 女終不渾. 作詩譏刺, 卒守死君.』

027(邶-2) 녹의(綠衣)

＊〈綠衣〉는 녹색의 옷을 뜻함. 그러나 '褖衣'(단의)의 오류로 여기고 있음. 이는 衛 莊公(이름은 揚. B.C.757-B.C.735년까지 23년 재위. 嬖妾을 사랑하여 그에게 난 州吁를 편애하였음)의 부인 齊나라 출신 莊姜(아들이 없었음)이, 첩이 자신의 지위를 참월하여, 자신이 夫人의 지위를 잃게 되자 처지를 비통하게 여겨 지은 것이라 함. '莊姜'의 '莊'은 莊公의 '莊', '姜'은 태어난 나라 齊나라에서 성씨(姜)를 합하여 호칭한 것임. 《史記》 衛康叔世家에 의하면 莊公 5년 齊女를 娶하여 夫人으로 삼았는데 그 齊女가 바로 莊姜임. 그녀는 齊 莊公의 嫡女이며 僖公(祿父)의 누나요, 東宮得伸의 누이였음. 衛 莊公에게 시집와서 그의 嫡妻가 됨. 한편 '綠衣'는 〈正義〉에 "綠, 當爲'褖'. 今轉作'綠'字之誤也"라 하여, '褖衣'(단의, 王后의 옷)의 오기라 하였음. 孔穎達 〈正義〉에도 "必知'綠'誤以'褖'是者. 此綠衣與內司服. 綠衣字同, 內司服掌王后之六服五服, 不言色, 唯綠衣言色, 明其誤也. 內司服注引〈雜記〉曰:「夫人服稅衣褕翟」又〈喪大記〉曰:「士妻以褖衣」言褖衣者, 甚衆. 字或作稅. 此綠衣者, 實作褖衣也. 以此言之內司服, 無褖衣而《禮記》有之, 則褖衣是正也. 彼綠衣宜爲褖衣, 故此綠衣亦爲褖衣也. 詩者咏歌, 宜因其所有之服, 而言不宜擧實無之綠衣以爲喻, 故知當作褖也"라 함.

＊이 시는 〈碩人〉(057)과도 관련이 있음. 역사 내용은 〈碩人〉편을 참조할 것.

〈序〉: 〈綠衣〉, 衛莊姜傷己也. 妾上僭, 夫人失位, 而作是詩也.

〈녹의〉는 衛 莊姜이 자신의 처지를 안타깝게 여긴 것이다. 첩이 참월하여 부인으로서 그 위치를 잃게 되자 이 시를 지은 것이다.

〈箋〉: 莊姜, 莊公夫人, 齊女, 姓姜氏. 妾上僭者, 謂公子州吁之母, 母嬖而州吁驕.

＊전체 4장. 매 장 4구씩(綠衣:四章. 章四句).

(1) 比

綠兮衣兮, 綠衣黃裏.

綠(록)혼 衣여, 綠이 衣오 黃(황)이 裏(리)로다.

초록색의 옷이여, 단의(褖衣)에 노란색으로 속을 대었네.

心之憂矣, 曷維其已?

무음의 憂흠이여, 언제 그 已(이)홀고?

마음의 시름이여, 언제나 그치려나?

【綠衣】〈毛傳〉에 "興也. 綠, 間色; 黃, 正色"이라 하였고, 〈鄭箋〉에 褖衣, 즉 왕후의
복장이라 하였음. 일반적으로 녹색의 윗옷이라 풀이하고 있음. 〈鄭箋〉에 "綠兮
衣兮者, 言褖衣自有禮制也. 諸侯夫人, 祭服之下鞠衣, 爲上展衣次之, 褖衣次之,
次之者, 衆妾, 亦以貴賤之等服之. 鞠衣黃, 展衣白, 褖衣黑, 皆以素紗爲裏. 今褖衣
反以黃爲裏, 非其禮制也. 故以喩妾上僭"이라 함.

【黃裏】속은 황색. '裏'는 속에 입는 옷. 余冠英〈選譯〉에 "裏, 在裏面的衣服, 卽
指下章'黃裳'的裳. 從上下說, 衣在上, 裳在下, 從內外說, 衣在外, 裳在裏"라 함.

【曷維其已】'曷'은 의문사. 여기서는 '언제나'의 뜻. '維其'는 조사. 미래를 나타냄.
'已'는 動詞. '그치다'의 뜻. 〈毛傳〉에 "憂雖欲自止, 何時能止也?"라 하였고, 〈集
傳〉에 "已, 止也"라 함. 〈集傳〉에 "綠蒼勝黃之間色, 黃中央土之正色, 間色賤而以
爲衣, 正色貴而以爲裏. 言皆失其所也"라 함.

＊○莊公惑於嬖妾夫人, 莊姜賢而失位, 故作此詩. 言「綠衣黃裏, 以比賤妾. 尊顯而
正嫡, 幽微, 使我憂之不能自已也.」라 함.

(2) 比

綠兮衣兮, 綠衣黃裳.

綠혼 衣여, 綠이 衣오 黃이 裳(상)이로다.

녹색의 옷이여, 단의에 노란 치마로다.

心之憂矣, 曷維其亡?

무음의 憂흠이여, 언제 그 亡(망)홀고?

마음의 시름이여, 언제나 그치려는가?

【衣】〈毛傳〉과〈集傳〉에 "上曰衣, 下曰裳"이라 함.
【黃裳】〈鄭箋〉에 "婦人之服, 不殊衣裳, 上下同色. 今衣黑而裳黃, 喩亂嫡妾之禮"라 함.
【亡】〈鄭箋〉에 "亡之言, 忘也"라 하였고, 〈集傳〉에도 "亡之爲言, 忘也"라 하여 '잊
다'의 뜻이라 하였으나, 王引之〈述聞〉에는 "亡, 有已也"라 함. 〈集傳〉에 《記》曰:
衣正色, 裳閒色. 今以綠爲衣, 而黃者自裏, 轉而爲裳, 其失所益甚矣"라 함.

(3) 比
綠兮絲兮, 女所治兮.

綠이 絲ㅣ라, 네의 治(치)ᄒᆞᄂᆞᆫ 배로다.

녹색의 실이여, 그대가 직조한 것이로다.

我思古人, 俾無訧兮!

내 녯 사람을 思ᄒᆞ야, ᄒᆞ여곰 訧(우)이 업게 ᄒᆞᆯ 디로다!

옛사람 생각하노니, 나로 하여금 일생 허물 없도록 해 주시기를!

【絲】비단실. 〈毛傳〉에 "綠, 末也; 絲, 本也"라 함.
【女】'汝'와 같으며, 〈鄭箋〉에 "女, 女(汝). 妾上僭者, 先染絲, 後製衣, 皆女之所治爲
也, 而女反亂之. 亦喩亂嫡妾之禮, 責以本末之行禮, 大夫以上衣織, 故本於絲也"
라 함. 〈集傳〉에 "女, 指其君子而言也"라 함.
【治】織繰(織組)를 함. 〈集傳〉에 "治, 謂理而織之也"라 함.
【古人】故人과 같으며 옛 사람.
【俾】使役助動詞. 〈毛傳〉에 "俾, 使"라 함.
【訧】〈毛傳〉과〈集傳〉에 "訧, 過也"라 함. 〈鄭箋〉에 "古人謂制禮者, 我思此人, 定
尊卑, 使人無過差之行, 心善之也"라 함.
＊〈集傳〉에 "○言「綠方爲絲而女, 又治之以比妾, 方也然, 則我將如之何哉! 亦思古
人, 有嘗遭此而善處之者, 以自勵焉. 使不至於有過而已.」"라 함.

(4) 比
絺兮綌兮, 凄其以風.

絺(치)며 綌(격)이여, 凄(처)흔 그 風(풍)으로 뻐ㅣ로다.

가는 칡베, 굵은 칡베옷에, 차가운 바람이 불도다.

我思古人, 實獲我心!

내 녯 사롬을 思호니, 진실로 내 무음을 獲(획)호도다!

옛 사람을 생각하노니, 진실로 내 마음에 꼭 들도록 행동해 주시기를!

【絺】細葛布. 칡의 섬유로 짠 가는 베.

【綌】칡의 올로 한 굵은 베. 粗葛布. 〈鄭箋〉에 "絺綌, 所以當暑, 今以待寒. 喩其失 所也"라 함.

【凄】'凄'로도 표기하며 〈毛傳〉과 〈集傳〉에 "凄, 寒風也"라 함.

【實獲我心】내 마음에 꼭 맞음. 〈毛傳〉에 "古之君子, 實得我之心也"라 함. 〈鄭箋〉 에 "古之聖人制禮者, 使夫婦有道, 妻妾貴賤, 各有次序"라 함.

＊〈集傳〉에 "○絺綌而遇寒風, 猶已之過時而見棄也. 故思古人之善處, 此者, 眞能 先得我心之所求也"라 함.

참고 및 관련 자료

1. 孔穎達 〈正義〉

作〈綠衣〉詩者, 言衛莊姜傷已也. 由賤妾爲君所嬖而上僭, 夫人失位而幽微, 傷已 不被寵遇, 是故而作是詩也. ……隱三年《左傳》曰:「衛莊公娶于齊, 東宮得臣之妹.」 曰莊姜是齊女, 姓姜氏也. 又曰:「公子州吁嬖人之子.」是州吁之母嬖也. 又曰:「有寵 而好兵. 石碏諫曰:『寵而不驕, 鮮矣.』」是州吁驕也. 定本妾上僭者, 謂公子州吁之母 也. 母嬖而州吁驕.

2. 朱熹 〈集傳〉

〈綠衣〉, 四章, 章四句:

莊姜事見《春秋傳》, 此詩無所考, 姑從序說. 下三篇同.

3. 《左傳》隱公 3년 傳

衛莊公娶于齊東宮得臣之妹, 曰莊姜, 美而無子; 衛人所爲賦〈碩人〉也. 又娶于陳, 曰厲嬀, 生孝伯, 早死. 其娣戴嬀, 生桓公, 莊姜以爲己子. 公子州吁, 嬖人之子也. 有 寵而好兵, 公弗禁. 莊姜惡之. 石碏諫曰:「臣聞愛子, 教之以義方, 弗納於邪. 驕·奢· 淫·泆, 所自邪也. 四者之來, 寵祿過也. 將立州吁, 乃定之矣; 若猶未也, 階之爲禍. 夫寵而不驕, 驕而能降, 降而不憾, 憾而能眕者, 鮮矣. 且夫賤妨貴, 少陵長, 遠間親, 新間舊, 小加大, 淫破義, 所謂六逆也; 君義, 臣行, 父慈, 子孝, 兄愛, 弟敬, 所謂六 順也. 去順效逆, 所以速禍也. 君人者, 將禍是務去, 而速之, 無乃不可乎?」弗聽. 其 子厚與州吁游, 禁之, 不可. 桓公立, 乃老.

4.《列女傳》(1)「齊女傅母」

女爲衛莊公夫人, 號曰莊姜. 姜交好. 始往, 操行衰惰, 有冶容之行, 淫泆之心. ……
莊姜者, 東宮得臣之妹也, 無子, 姆戴嬀之子桓公, 公子州吁, 嬖人之子也; 有寵, 驕
而好兵. 莊公弗禁, 後州吁果殺桓公.

028(邶-3) 연연(燕燕)

*〈燕燕〉: '燕'은 제비. 〈諺解〉物名에 "燕: 졉이"라 함. '鳦'(을)로도 불리는 燕形目 燕科의 조류. 〈毛傳〉에 "燕, 燕, 鳦也"라 함. 두 글자를 겹쳐 쓴 것은 시 구절에서 제목을 취하였기 때문임.
*이 시는 衛 莊公의 부인 莊姜이 첩(陳나라 출신 戴嬀)이 아들 完을 낳자 이를 자신의 아들로 삼고 그 첩을 자신의 나라로 보내주며 지은 시라 함. 시대 배경과 역사 줄거리는 앞장(027)을 참조할 것.

〈序〉: 〈燕燕〉, 衛莊姜送歸妾也.
〈연연〉은 위 장강이 첩을 보내준 내용을 읊은 것이다.
〈箋〉: 莊姜無子, 陳女戴嬀生子, 名完. 莊姜以爲己子. 莊公薨完立, 而州吁殺之. 戴嬀於是大歸, 莊姜遠送之于野, 作詩見己志.

*전체 4장. 매 장 6구씩(燕燕: 四章. 章六句).

(1) 興
燕燕于飛, 差池其羽.
燕(연)이며 燕의 飛홈이여, 差池(츼지)흔 그 羽(우) l 로다.
제비들 나는구나, 깃을 훨훨 치면서.

之子于歸, 遠送于野.
之子 l 歸홈애, 멀이 野의 가 보내오라.
그녀 시집가는 날, 들에 서서 보내노라.

瞻望弗及, 泣涕如雨!
瞻望(쳠망)흐야도 밋디 몯홀 디라, 泣涕(읍톄)홈을 비ㄱ티 호라!
그 뒷모습 좇다가, 눈물이 비오듯 펑펑!

【燕燕】'제비여, 제비여'의 뜻. 〈集傳〉에 "燕, 鳦也. 謂之燕燕者, 重言之也"라 함.
【差池】'치지'(差, 初宜反)로 읽으며, 흩어져 날아가는 모습을 표현한 雙聲連綿語(chà－chí), 혹 疊韻連綿語로 여겨짐. 〈毛傳〉에 "燕之于飛, 必差池其羽"라 하였고, 〈鄭箋〉에 "差池其羽, 謂張舒其尾翼"이라 함. 〈集傳〉에는 "差池, 不齊之貌"라 함. 姚際恒 〈通論〉에 "燕尾雙歧如剪, 故曰差池"라 함.
【之子】〈毛傳〉에 "之子, 去者也"라 하여 떠나는 그 사람이라 하였고, 〈集傳〉에 "之子, 指戴嬀也"라 하여 戴嬀를 가리킴.
【歸】〈集傳〉에 "歸, 大歸也"라 하였고, 〈毛傳〉에 "歸, 歸宗也"라 하여 자신의 종실 陳나라로 돌아감. 〈鄭箋〉에 "興戴嬀將歸, 顧視其衣服"이라 함.
【于野】교외를 넘어 그 밖 야외까지 감. 〈毛傳〉에 "于, 於也. 郊外曰野"라 하였고, 〈鄭箋〉에 "夫人之禮, 送迎不出門, 今我送是子, 乃至于野者, 舒其憤, 盡其情"이라 함.
【瞻望】멀리 떠나가는 모습을 보고 있음. 〈毛傳〉에 "瞻, 視也. 遠送過禮"라 함.
【泣涕】눈물을 펑펑 쏟음.
＊〈集傳〉에 "〇莊姜無子, 以陳女戴嬀之子完爲謂己子. 莊公卒, 完卽位, 嬖人之子州吁弑之. 故戴嬀大歸于陳, 而莊姜送之, 作此詩也"라 함.

(2) 興
燕燕于飛, 頡之頏之.
燕이며 燕의 飛홈이여, 頡(힐)ᄒ며 頏(항)ᄒ놋다.
제비들 나는데, 높게 낮게 나는데.

之子于歸, 遠于將之.
之子ㅣ 歸홈애, 멀이 가 보내오라.
그녀 시집 가는 날, 먼 밭치서 보내노라.

瞻望弗及, 佇立以泣!

瞻望ᄒ야도 밋디 몯ᄒᆯ 디라, 오래 셔셔 뻐 泣호라!

그 뒷모습 안 보여, 길가에서 오래도록 서서 운다네!

【頡之頏之】'頡頏'을 나누어 표현한 것. 〈毛傳〉과 〈集傳〉에 "飛而上曰頡, 飛而下
曰頏"이라 하였으나 본의는 雙聲連綿語임. 〈鄭箋〉에 "頡頏, 興戴嬀將歸出入前
却"이라 함.
【將】〈毛傳〉과 〈集傳〉에 "將, 行也"라 하였고, 〈鄭箋〉에는 "將, 亦送也"라 함.
【佇立】〈毛傳〉과 〈集傳〉에 "佇立, 久立也"라 함.

(3) 興

燕燕于飛, 下上其音.

燕이며 燕의 飛홈이여, 下(하)ᄒ며 上(상)ᄒᄂᆫ 그 소리로다.

제비들 나는데, 높게 우짖고, 낮게 우짖네.

之子于歸, 遠送于南.

之子ㅣ 歸홈애, 멀이 南의 가 보내오라.

그녀 자신의 고국으로 돌아가니, 남쪽 교외에서 보내노라.

瞻望弗及, 實勞我心!

瞻望ᄒ야도 밋디 ᄒᆯ 디라, 진실로 내 ᄆᆞ음을 勞(로)호라!

멀리 바라보니 뒷모습 가물가물, 실로 내 마음 힘들도다!

【下上其音】〈毛傳〉과 〈集傳〉에 "鳴而上曰上音, 鳴而下曰下音"이라 하였고, 〈鄭箋〉
에 "下上其音, 興戴嬀將歸. 言語感激, 聲有大小"라 함.
【南】〈毛傳〉과 〈詩傳〉에 "南者, 陳在衛南"이라 하여, 戴嬀의 고국 陳나라가 衛의
남쪽에 있어 이렇게 표현한 것이라 함.
【實】〈毛傳〉에 "實, 是也. 本亦作寔"이라 함.

(4) 賦

仲氏任只, 其心塞淵.

仲氏(중시)ㅣ 任(임)ᄒᆞ니, 그 ᄆᆞ옴이 塞(싁)ᄒᆞ며 淵(연)ᄒᆞ도다.

대규 중씨는 큰 인물, 그 마음은 진실되고 깊었지.

終溫且惠, 淑愼其身.

ᄆᆞ춤내 溫(온)ᄒᆞ고 또 惠(혜)ᄒᆞ야, 淑(슉)히 그 몸을 삼가고,

끝내 따뜻하고 게다가 순하며, 그 자신을 훌륭히 하고 신중히 했었지.

先君之思, 以勗寡人!

先君(션군)을 思홈으로, 뼈 寡人(과인)을 勗(욱)ᄒᆞ놋다!

선군 장공을 생각하여, 나에게 힘쓰도록 하였지!

【仲氏任只】〈毛傳〉에 "仲氏, 戴嬀字也. 任, 大"라 하였고, 〈鄭箋〉에 "任者, 以恩相親信也. 《周禮》六行: 孝, 友, 睦, 姻, 任, 恤"이라 함. '只'는 助字. 〈集傳〉에 "仲氏, 戴嬀字也. 以恩相信曰'任'. '只', 語辭"라 함.

【塞淵】〈毛傳〉에 "塞, 瘞; 淵, 深也"라 하였으나 〈集傳〉에는 "塞, 實; 淵, 深"이라 함. 마음 씀씀이가 깊음.

【終溫且惠】'終'은 '이미, 이윽고, 마침내'의 뜻. '惠'는 〈毛傳〉에 "惠, 順也"라 하였고, '溫'은 〈鄭箋〉에는 "溫, 謂顏色和也"라 함. 〈集傳〉에 "終, 竟. 溫, 和. 惠, 順"이라 함. '且'는 강조하거나 두 가지를 列擧하는 表現方式.

【淑】〈毛傳〉과 〈集傳〉에 "淑, 善也"라 함.

【先君】이미 돌아가신 임금. 莊公을 가리킴. 〈鄭箋〉에 "大嬀思先君莊公之故, 故將歸, 猶勸勉寡人以禮義"라 함. 〈集傳〉에 "先君, 謂莊公也"라 함.

【勗】〈毛傳〉과 〈集傳〉에 "勗, 勉也"라 함.

【寡人】〈毛傳〉에 "寡人, 莊姜自謂也"라 하여 莊姜이 자신을 일컬은 말. 〈集傳〉에 "寡人, 寡德之人, 莊姜自稱也. 君之思, 勉我; 使我常念之"라 함.

*〈集傳〉에 "○言「戴嬀之賢如此. 又以先君之思, 勉我使我常念之, 而不失其守也.」 楊氏曰:「州吁之暴, 桓公之死. 戴嬀之去, 皆夫人失位, 不見答於先君所致也. 而戴嬀, 猶以先君之思, 勉其夫人, 眞可謂溫且惠矣.」"라 함.

참고 및 관련 자료

1. 孔穎達〈正義〉

作〈燕燕〉詩者, 言衛莊姜送歸妾也. 謂戴嬀大歸, 莊姜送之. 經所陳皆訣別之後, 述其送之之事也.

029(邶-4) 일월(日月)

＊〈日月〉: 해와 달.
＊이 시는 위 장강이 자신의 처지를 비통하게 여긴 것임. 주우(州吁)의 난을 당하여, 자신이 선군에게 보답하지 못한 채 궁한 처지에 이르렀음을 애닲게 여겨 지은 것이라 함. 관련 사항은 앞의 두 장(027, 028)을 참조할 것.

<序>: <日月>, 衛莊姜傷己也. 遭州吁之難, 傷己不見答於先君, 以至困窮之詩也.
　〈일월〉은 衛 莊姜이 자신을 안타깝게 여긴 것이다. 州吁의 난을 만나 자신이 선군으로부터 보답을 얻지 못하여 이런 곤궁에 빠졌음을 슬퍼하여 지은 시이다.

＊전체 4장. 매 장 6구씩(日月:四章. 章六句).

(1) 賦
日居月諸, 照臨下土.
日이며 月이, 下土애 照(죠)ᄒᆞ야 臨(림)ᄒᆞ야 겨시니,
해도 가고 달도 가며, 이 세상을 비춰주고 있건만,

乃如之人兮, 逝不古處?
이러틋 흔 사름이, 古로 處티 아니 ᄒᆞᄂᆞ다?
이렇건만 이 사람(장공)이여, 어찌 옛날처럼 함께 할 수 없는고?

胡能有定? 寧不我顧?
엇디 能히 定(뎡)홈이 이시리오 마ᄂᆞᆫ, 엇디 나를 顧(고)티 아니 ᄒᆞᄂᆞ뇨?
어찌 능히 내 마음 안정시킬 수 없었나요? 어찌 나를 돌아보지도 않았나요?

【日居月諸】〈柏舟〉(026)의 注를 참조할 것. 〈毛傳〉에 "日乎月乎, 照臨之也"라 하였고, 〈鄭箋〉에 "日月, 喻國君與夫人也. 當同德齊意, 以治國者, 常道也"라 함. 〈集傳〉에 "日居月諸, 呼而訴之也"라 함.

【下土】下界의 땅. 이 세상.

【乃如】말을 바꿀 때 쓰는 말. 轉語詞.

【之人】〈集傳〉에 "之人, 指莊公也"라 함. 〈鄭箋〉에 "之人, 是人也. 謂莊公也"라 함.

【逝】〈集傳〉에 "發語詞"라 하였고, 〈毛傳〉에는 "逝, 逮"라 하였으나, 聞一多는 '曷'과 같은 疑問詞라 하였음.

【古處】〈毛傳〉에 "古, 故也"라 하였고, 〈鄭箋〉에는 "其所以接及我者, 不以故處, 甚違其初時"라 함. 聞一多〈通義〉에는 "古處, 本卽故處, ……'逝不古處', 言'曷不暫時留居?'"라 함. 〈集傳〉에 〈集傳〉에는 "古處, 未詳. 或云以古道相處也"라 함.

【定】〈毛傳〉에 "定, 止也"라 함. 마음을 안정시킴.

【胡·寧】〈毛傳〉에 "胡, 何"라 하였고, 〈集傳〉에 "胡·寧, 皆何也"라 하여 疑問詞로 보았으나, 〈鄭箋〉에는 "寧, 猶曾也. 君之行如是, 何能有所定乎? 曾不顧念我之言, 是其所以不能定完也"라 함.

【有定】〈毛傳〉에 "定, 止也"라 함.

＊〈集傳〉에 "○莊姜不見答於莊公, 故呼日月而訴之. 言「日月之照臨下土, 久矣. 今乃有如是之人, 而不以古道相處, 是其心志回惑亦何能有定哉! 而何爲其獨不我顧也?」見棄如此, 而猶有望之之意焉. 此詩之所以爲厚也"라 함.

(2) 賦

日居月諸, 下土是冒.

日이며 月이, 下土애 이 冒(모)ᄒ야 겨시니,

해도 가고 달도 가며, 온 세상을 덮어주건만,

乃如之人兮, 逝不相好.

이러틋 ᄒᆫ 사ᄅᆞᆷ이, 서ᄅᆞ 好티 아니 ᄒᆞᆫ다?

이렇건만 이 사람이여! 어찌 잘 지내지 못했나요?

胡能有定? 寧不我報?

엇디 能히 定홈이 이시리오 마ᄂᆞ, 엇디 나ᄅᆞᆯ 報(보)티 아니 ᄒᆞᄂᆞ뇨?

어찌 능히 나를 마음놓게 해주지 못했나요? 어찌 대답도 해주지 못했나요?

【冒】덮음. 〈毛傳〉과 〈集傳〉에 "冒, 覆也"라 하였고, 〈鄭箋〉에는 "覆, 猶照臨也"라 함.

【不相好】〈毛傳〉에 "不及我以相好"라 하였고, 〈鄭箋〉에 "其所以接及我者, 不以相好之恩情, 甚於已薄也"라 함.

【不報】〈毛傳〉에 "盡婦道, 而不得報"라 하였고, 〈集傳〉에 "報, 答也"라 하였고, 陳奐 〈傳疏〉에 "卽不答也"라 함.

(3) 賦

日居月諸, 出自東方.

日이며 月이, 出(츌)홈을 東方(동방)으로브터 ᄒᆞ샷다.

해도 가고 달도 가며, 저 동방에서 또 떠오르건만,

乃如之人兮, 德音無良.

이러틋 흔 사름이, 德音(덕음)이 良(량)홈이 업도다.

이렇건만 이 사람이여! 따뜻한 말 한 마디 없으셨군요.

胡能有定? 俾也可忘?

엇디 能히 定홈이 이시리오 마는, 히여곰 可히 니즐 거시라 ᄒᆞᄂᆞ냐?

어찌 내 마음 안정시켜주지 못하셨나요? 나로 하여금 잊을 수 있으리라고만 하셨나요?

【出自東方】〈鄭箋〉에 "自, 從也"라 하였고, 〈集傳〉에 "日旦必出東方, 望月亦出東方"이라 함. 〈毛傳〉에 "日始月盛, 皆出東方"이라 하였고, 〈鄭箋〉에 "言夫人當盛之時, 與君同位"라 함. 〈正義〉에는 "日月雖分照晝夜, 而日恒明; 月則有盈有闕, 不相盛, 盛則與日皆出東方, 猶君與夫人, 雖各聽內外, 而君恒伸; 夫人有屈有伸, 伸則與君同居尊位故"라 함.

【德音無良】'德音'은 愛情의 말. 덕담. 〈毛傳〉에 "音, 聲; 良, 善也"라 하였고, 〈集傳〉에 "德音, 美其辭; 無良, 醜其實也"라 함. 〈鄭箋〉에 "無善恩意之聲語於我也"라 함. 姚際恒 〈通論〉에는 "音字不必泥, 猶云'其德不良'耳"라 함.

【俾也可忘】〈鄭箋〉에 "俾, 使也. 君之行如此, 何能有所定, 使是無良可忘也?"라 하였고, 〈集傳〉에 "俾也可忘, 言何獨使我爲可忘者邪?"라 함.

(4) 賦

日居月諸, 東方自出.

日이며 月이, 東方으로브텨 出ᄒ샷다.

해도 가고 달도 가며, 동산으로부터 떠오르건만,

父兮母兮, 畜我不卒.

父와 母ㅣ, 나를 畜(흑)홈을 卒(졸)티 아니샷다.

아버지여, 어머니여! 나를 끝까지 길러주시지도 않으셨네.

胡能有定? 報我不述!

엇디 能히 定홈이시리오 마ᄂᆞᆫ, 나를 報호듸 述(슐)티 아니 ᄒᆞᄂᆞ다!

어찌 능히 내 마음 안정시켜 주지 못하셨나요? 나에게 보답이 도리에
어긋나셨구려!

【父兮母兮】〈鄭箋〉에 "父兮母兮者, 言己尊之如父, 又親之如母, 乃反養遇我不終也"
라 함.

【畜】'흑'으로 읽으며, 〈鄭箋〉과 〈集傳〉에 "畜, 養"이라 함.

【卒】〈鄭箋〉과 〈集傳〉에 "卒, 終也"라 함.

【不述】'述'은 〈毛傳〉에 "述, 循也"라 하였고, 〈鄭箋〉에 "不循, 不循禮也"라 함. 〈集
傳〉에 "述, 循也. 言不循義理也"라 하여, 不道, 無道의 뜻. 〈集傳〉에 "不得其夫而
歎, 父母養我之不終, 蓋憂患疾痛之極, 必呼父母, 人之至情也"라 함.

┌────────────────┐
│ 참고 및 관련 자료 │
└────────────────┘

1. 孔穎達 〈正義〉
俗本作以致困窮之詩者, 誤也.

2. 朱熹 〈集傳〉
〈日月〉, 四章, 章六句:
此詩當在〈燕燕〉之前, 下篇放此.

030(邶-5) 종풍(終風)

＊〈終風〉: 〈毛傳〉에는 "終, 日風爲終; 風, 暴疾也"라 하였고, 〈集傳〉에는 "終風, 終日風也"라 하였으며, 王引之 〈述聞〉에 "終, 猶旣也"라 하여, '바람(暴疾)이 멈추다', 혹은 '종일 부는 바람', 또는 '이미 불어 닥친 바람' 등의 뜻. 〈正義〉에 "終風, 《韓詩》云西風也"라 하여, 《韓詩》에는 〈西風〉으로 되어 있었다 함.
＊이 시는 衛 莊姜이 州吁의 포악(桓公 弑害)함을 만나, 엄청난 모멸을 당하면서도 그 상황을 바로잡지 못함을 비통하게 여겨 지은 시라 함. 관련 사항은 앞의 3장(027, 028, 029) 등을 참조할 것.

〈序〉: 〈終風〉, 衛莊姜傷己也. 遭州吁之暴, 見侮慢不能正也.

〈종풍〉은 위 장공이 자신의 처지를 안타깝게 여긴 것이다. 주우의 포악함을 만나 모멸을 당하면서 바로잡지 못한 것이다.

〈箋〉: 正, 猶止也.

＊전체 4장. 매 장 4구씩(終風:四章. 章四句).

(1) 比
終風且暴, 顧我則笑.

終風(종풍)이 쏘 暴(포)ᄒ나, 나를 顧ᄒ면 笑(쇼)ᄒᄂ니,

종일 바람이 불고 게다가 질풍일세, 그는 나를 보면 비웃었지.

謔浪笑敖, 中心是悼!

謔(학)ᄒ며 浪(랑)ᄒ며 笑ᄒ며 敖ᄒ디라, 中心에 이 悼(도)ᄒ놋다!

놀리고 마구하며, 비웃고 거만히 하니, 내 가슴 속은 상처받았네!

【且】두 가지 일을 列擧하여 함께 강조하는 표현법.
【暴】〈集傳〉에 "暴, 疾也"라 함.

【笑】업신여겨 비웃음. 〈毛傳〉에 "笑, 侮之也"라 하였고, 〈鄭箋〉에 "旣竟日風矣, 而又暴疾興者, 喩州吁之爲不善與終風之無休止, 而其間又有甚惡其在莊姜之旁, 視莊姜, 則反笑之, 是無敬心之甚"이라 함.

【謔浪笑敖】〈毛傳〉에 "言戲謔不敬"이라 하였고, 〈集傳〉에는 "謔, 戲言也;浪, 放蕩也"라 함. '笑敖'는 거만하게 굴며 비웃음.

【悼】〈集傳〉에 "悼, 傷也"라 하였고, 〈鄭箋〉에는 "悼者, 傷其如是然而已, 不能得而止之"라 함.

*〈集傳〉에 "○莊公之爲人, 狂蕩暴疾. 莊姜蓋不忍斥言之, 故但以終風且暴爲比. 言「雖其狂暴如此, 然亦有顧我, 則笑之時, 但皆出於戲慢之意;而無愛敬之誠, 則又使我不敢言而心獨傷之耳.」蓋莊公暴慢無常, 而莊姜正靜自守, 所以忤其意而不見答也"라 함.

(2) 比

終風且霾, 惠然肯來.

終風ᄒ고 쏘 霾(미)ᄒ나, 惠然(혜연)히 즐겨 來ᄒᄂ니,

바람이 불고 흙비까지 내리네. 그래도 은혜롭게 날 찾아오기를 바라네.

莫往莫來, 悠悠我思!

往(왕)토 아니며 來로(토) 아니 ᄒᄂ 디라, 悠悠(유유)ᄒ 내 思ㅣ로다!

가지도 않고 오지도 않으니, 길고 긴 그리움!

【霾】'매'로 읽으며 흙비. 〈毛傳〉에 "霾, 土雨也"라 하였고, 〈集傳〉에는 "霾, 雨土蒙霧也"라 함.

【惠然肯來】은혜로운 모습으로 찾아오기를 바람. '惠'는 〈鄭箋〉과 〈集傳〉에 "惠, 順也"라 함. 〈毛傳〉에 "言時有順心也"라 하였고, 〈鄭箋〉에는 "肯, 可也. 有順心然後, 可以來至我旁, 不欲見其戲謔"이라 함. '肯'에는 願望의 뜻이 들어 있음.

【莫往莫來】〈毛傳〉에 "人無子道, 以來事己. 己亦不得以母道, 往加之"라 함.

【悠悠我思】〈集傳〉에 "悠悠, 思之長也"라 하였고, 〈鄭箋〉에 "我思其如是, 心悠悠然"이라 함.

*〈集傳〉에 "○終風且霾, 以比莊公之狂惑也. 雖云狂惑, 然亦或惠然而肯來. 但又有莫往莫來之時, 則使我悠悠而思之, 望其君子之深厚之至也"라 함.

(3) 比

終風且曀, 不日有曀.

終風ᄒᆞ고 ᄯᅩ 曀(에)ᄒᆞ고, 날이 몯ᄒᆞ야셔 ᄯᅩ 曀ᄒᆞ놋다.

바람이 불고 게다가 날은 컴컴, 하루도 못가서 또 어둡네.

寤言不寐, 願言則嚔!

寤(오)ᄒᆞ얀 寐(미)티 몯ᄒᆞ며, 願ᄒᆞ얀 곧 嚔(톄)호라!

깨어났다가는 다시 잠을 못 이루니, 원컨대 그대 고꾸라져버리기를!

【曀】〈毛傳〉과 〈集傳〉에 "陰而風曰曀"라 함. 그러나 王先謙 〈集疏〉에는 《釋明》:「曀, 翳也.」謂日光掩翳也'라 하여 어두워 컴컴함을 뜻하는 것으로 보았음.
【不日有曀】하루가 가기 전에 또 흐림. 〈鄭箋〉에 "旣竟日風, 且復曀, 不見日矣. 而又曀者, 喩州吁闇亂甚也"라 하였고, 〈集傳〉에 "不日有曀. 言旣曀矣, 不旋日而又曀也. 亦比人之狂惑, 暫開而復蔽也"라 함. '有'는 又와 같음. 〈鄭箋〉에 "有, 又也"라 함.
【願言】〈鄭箋〉에 "言, 我; 願, 思也"라 하였고, 〈集傳〉에도 "願, 思也"라 함.
【嚔】〈毛傳〉에 "嚔, 跆也"라 하여, '넘어지다, 고꾸라지다'라 하였으나, 〈集傳〉에 "嚔, 鼽嚔也. 人氣感傷閉鬱, 又爲風露所襲, 則有是疾也"라 하여, '재채기'라 하였음. 그러나 〈鄭箋〉에는 "嚔, 讀當爲不敢'嚔咳'之'嚔'. 我其憂悼, 而不能寐. 女思我心如是, 我則嚔也. 今俗人嚔云「人道我此!」古之遺語也"라 하여, '비꼬아 꾸짖는 상투어'라 함. 嚴粲은 "言我爲傷悼汝之故, 寤覺而不寐, 願汝嚔也"라 하여, 역시 '고꾸라지다'의 뜻으로 보았음.

(4) 比

曀曀其陰, 虺虺其靁.

曀曀ᄒᆞᆫ 그 陰(음)이며, 虺虺(훼훼)ᄒᆞᆫ 그 靁(뢰)로다.

컴컴하여 어두운데, 우루룽하는 먼 우레 소리.

寤言不寐, 願言則懷!

寤ᄒᆞ얀 寐티 몯ᄒᆞ며, 願ᄒᆞ얀 곧 懷호라!

깨었다가 다시 잠을 못 이루니, 원컨대 그대 나로 인해 가슴이라도 아파해라!

【曀曀】〈毛傳〉에 "如常陰曀曀然"이라 하였고, 〈集傳〉에 "曀曀, 陰貌"라 함.
【虺虺】벼락이 치기 전의 우레 소리. 〈毛傳〉에 "暴若震靁之聲, 虺虺然"이라 하였고, 〈集傳〉에 "虺虺, 靁將發而未震之聲, 以比人之狂惑愈深而未已也"라 함.
【懷】〈毛傳〉에 "懷, 傷也"라 하였고, 〈鄭箋〉에 "懷, 安也. 女思我心如是, 我則安也"라 함. 〈集傳〉에는 "懷, 思也"라 함.

참고 및 관련 자료

1. 孔穎達 〈正義〉
言天旣終日風, 且其間又有暴疾, 以興州吁旣不善而其間, 又有甚惡在我莊姜之傍, 顧視我則反笑之, 又戲謔調笑而敖慢, 已莊姜無如之何. 中心以是悼傷, 傷其不能止之.

2. 朱熹 〈集傳〉
〈終風〉, 四章, 章四句: 說見上.

031(邶-6) 격고(擊鼓)

＊〈擊鼓〉: 북을 침. 전투의 시작을 뜻함.

＊이 시는 州吁를 원망한 내용임. 衛나라에서 주우가 무력으로 내란을 일으킨 다음 公孫文仲으로 하여금 그들을 끌고 陳나라와 宋나라를 평정하러 나서도록 하자, 용기만 있고 禮가 없는 그들을 두고 백성들이 원망한 것이라 함. 그러나 내용으로 보아 위나라 병사가 陳宋과의 전투에 장기간 出役에 돌아오지 못하면서, 그 아내와 臨別할 때의 약속을 회상한 것임. 〈伯兮〉편(062)을 참조할 것.

<序>: <擊鼓>, 怨州吁也. 衛州吁用兵暴亂, 使公孫文仲將而平陳與宋, 國人怨其勇而無禮也.

〈격고〉는 주우를 원망한 것이다. 위나라 주우가 군사를 일으켜 포악한 난을 저질러, 공손문중으로 하여금 陳과 宋을 평정하러 나서자 백성들이 그이 용맹하기만 할 뿐 예가 없음을 원망한 것이다.

〈箋〉: 將者, 將兵以伐鄭也. 平, 成也. 將伐鄭, 先告陳與宋, 以成其伐事.《春秋傳》曰:「宋殤公之卽位也, 公子馮出奔鄭. 鄭人欲納之, 及衛州吁立, 將修先君之怨於鄭, 而求寵於諸侯, 以和其民使告於宋曰:「君若伐鄭, 以除君害, 君爲主. 敝邑以賦, 與陳蔡從, 則衛國之願也.」宋人許之. 於是陳蔡方睦於衛, 故宋公·陳侯·蔡人·衛人伐鄭, 是也. 伐鄭在魯隱四年.

※州吁: 衛 莊公과 폐첩 사이에 난 아들. 뒤에 公子 完이 군주(桓公: B.C.734−B.C.719년 재위)가 되었으나 州吁가 난을 일으켜 桓公을 시해하고 자립하였다가, 그도 濮에서 살해되고 宣公(姬晉)이 뒤를 이음. 衛風〈碩人〉(057) 등의 본문 및 주를 참조할 것.

＊전체 5장. 매 장 4구씩(擊鼓: 五章. 章四句).

(1) 賦

擊鼓其鏜, 踊躍用兵.

皷(고) 擊(격)홈을 그 鏜(당)히 ᄒ거늘, 踊躍(용약)ᄒ야 兵(병)을 用ᄒ라.

북 치는 소리 둥둥 울리면, 이리 뛰고 저리 뛰며 전투 연습.

土國城漕, 我獨南行!

國(국)애 土(토)ᄒ며 漕(조)애 城(성)ᄒ거늘, 내 호을로 南으로 行(힝)ᄒ라!

남들은 조읍에서 흙일과 성쌓기 하는데, 나 홀로 남쪽으로 향하네!

【鏜】'당당, 둥둥'하는 북 소리. 〈毛傳〉에 "鏜然, 擊鼓聲也"라 하였고, 〈集傳〉에 "鏜, 擊皷聲也"라 함. 《說文》에 이를 인용하여 '鼞'이라 표기함.

【踊躍】급히 서둘러 뛰는 모습을 뜻하는 雙聲連綿語. 그러나 〈毛傳〉에 "使衆皆 踊躍用兵也"라 하였고, 〈集傳〉에는 "踊躍, 坐作擊刺之狀也"라 하였음.

【兵】兵器. 〈鄭箋〉에 "此用兵, 謂治兵時"라 하였고, 〈集傳〉에는 "兵, 謂戈戟之屬" 이라 함.

【土國】'土'는 動詞로서 흙일, 즉 토목공사에 매달림. '國'은 도읍. 衛나라 도읍은 朝歌, 지금의 河南省 淇縣.

【城漕】漕城을 수리하거나 쌓는 일. 〈集傳〉에 "土, 土功也. 國, 國中也. 漕, 衛邑名" 이라 하였고, 〈毛傳〉에도 "漕, 衛邑也"라 함. 〈鄭箋〉에 "此言衆民皆勞苦也. 或役 土功於國, 或脩理漕城, 而我獨見使從軍南行伐鄭, 是尤勞苦之甚"이라 함. '漕'는 《左傳》(閔公 2년)에는 '曹'로 되어 있음. 楚丘 부근에 있었으며 지금의 河南 滑縣 남쪽 白馬城.

【南行】鄭나라는 衛나라보다 남쪽에 있었음.

＊〈集傳〉에도 "○衛人從軍者, 自言其所爲, 因言「衛國之民, 或役土功於國, 或築城 於漕, 而我獨南行, 有鋒鏑死亡之憂, 危苦尤甚也.」"라 함.

(2) 賦

從孫子仲, 平陳與宋.

孫子仲(손ᄌ중)을 조차, 陳(진)과 다뭇 宋(송)을 平(평)ᄒ소라.

손자중이라는 장수를 따라, 陳나라와 宋나라를 평정하러 간다네.

不我以歸, 憂心有忡!

나를 더브러 歸티 아닌는 디라, ᄆᆞᆷ애 憂홈을 忡(츙)히 ᄒᆞ라!

나를 돌아가도록 해 주지 않으니, 근심스런 마음에 가슴만 울컥하네!

【孫子仲】장수 이름. 序에 말한 '公孫文仲'. 〈毛傳〉에 "孫子仲, 謂公孫文仲也. 平陳
與宋"이라 하였고, 〈鄭箋〉에 "子仲, 字也"라 함. 〈集傳〉에 "孫, 氏; 子仲, 字. 時軍
帥也"라 함.

【平陳與宋】陳과 宋 두 나라를 和平하게 함. 〈鄭箋〉에 "平陳與宋, 謂使告宋曰: 「君
爲主敝邑以賦, 與陳蔡從.」"이라 하였고, 〈集傳〉에 "平, 和也. 合二國之好. 舊說以
此爲《春秋》隱公四年, 州吁自立之時. 宋衛陳蔡伐鄭之事, 恐或然也"라 함.

【不我以歸】'以'는 與와 같음. 〈鄭箋〉에 "以, 猶與也. 與我南行, 不與我歸, 期兵凶
事, 懼不得歸, 豫憂之"라 함. 〈集傳〉에 "以, 猶與也. 言不與我而歸也"라 함.

【忡】근심함. 〈毛傳〉에 "憂心, 忡忡然"이라 함.

(3) 賦

爰居爰處, 爰喪其馬.

이에 居ᄒᆞ며 이에 處ᄒᆞ야, 이에 그 馬(마)를 喪(상)ᄒᆞ고,

이곳에서 있다가 또 다른 이곳에 처하다가, 말마저 잃었으니,

于以求之, 于林之下!

ᄡᅥ 求ᄒᆞ욤이, 수플 아래 ᄒᆞ라!

어디에서 찾으랴, 숲 속 아래를 헤매네!

【爰】助詞. 〈鄭箋〉과 〈集傳〉에 "爰, 於也"라 함.

【喪】'잃다'의 뜻. '失'과 같음. 雙聲互訓. 〈毛傳〉에 "有不還者, 有亡其馬者"라 하였
고, 〈鄭箋〉에는 "不還, 謂死也. 傷也, 病也, 今於何居乎? 於何處乎? 於何喪其馬
乎?"라 함. 〈集傳〉에 "於是居, 於是處, 於是喪其馬, 而求之於林下, 見其失位離次,
無鬪志也"라 함.

【于林之下】〈毛傳〉에 "山木曰林"이라 하였고, 〈鄭箋〉에 "于, 於也. 求不還者及亡其
馬者, 當於山林之下. 軍行必依山林, 求其故處, 近得之"라 함.

(4) 賦

死生契闊, 與子成說.

死(ᄉ)ᄒ며 生(ᄉᆡᆼ)ᄒ며 契闊(결활)홈애, 子로 더브러 說(셜)을 成호라.

죽든 살든 만나든 헤어지든, 그대와 굳게 언약했었지.

執子之手, 與子偕老!

子의 手(슈)를 執(집)ᄒ야, 子로 더브러 홈ᄭᅴ 늙쟈 호라!

그대 손 잡고서, 그대와 더불어 해로하자고 했었지!

【契闊】'契'은 〈鄭箋〉에 "苦結反"이라 하여 '결'로 읽음. 〈集傳〉에 "契, 與挈同. 契闊, 隔遠之意"라 함. 〈毛傳〉에 "契闊, 勤苦也"라 하였으나, 馬瑞辰 〈通釋〉에는 "契, 當讀如契合之契, 闊讀如疏闊之闊. ……契闊與死生相對成文, 猶云合離聚散耳"라 하여 '계활'로 읽어야 하며, 死生과 對를 이루어 흩어졌다 모였다 함을 뜻하는 말로 '계활'로 읽어야 한다 하였음. 連綿語로 여겨짐.

【子】함께 종군하는 戰友. 그러나 내용으로 보아 집에 남겨두고 온 아내를 가리킴.

【成說】약속하고 맹세함. 언약함. 〈毛傳〉에 "說, 數也"하였으며, 〈鄭箋〉에는 "從軍之士, 與其伍約, 死也生也, 相與處, 勤苦之中, 我與子, 成相說愛之恩, 志在相存救也"라 하였고, 〈音義〉에는 《韓詩》云: 「約, 束也.」 說, 音悅"이라 하여 '說'은 '悅'의 뜻으로 '열'로 읽어야 한다 하였음. 한편 馬瑞辰 〈通釋〉에는 "成說, 卽成言也. ……〈傳〉訓說爲數者, 蓋爲預有成計, 猶言有成約也"라 하였음. 〈集傳〉에는 "成, 說. 謂成其約誓之言"이라 함.

【偕老】부부가 함께 늙음. 〈毛傳〉에 "偕, 俱也"라 함. 〈鄭箋〉에 "執其手, 與之約誓, 示信也. 言俱老者, 庶幾俱免於難"이라 함.

＊〈集傳〉에 "○從役者, 念其室家, 因言「始爲室家之時, 期以死生契闊, 不相忘棄. 又相與執手, 而期以偕老也.」"라 함.

(5) 賦

于嗟闊兮, 不我活兮.

于嗟(우차)홈다, 闊(활)홈이여, 우리 闊(活)티 몯ᄒ리로다.

아, 안타깝도다, 멀리 떨어져 내 살아날 수 없으리라.

于嗟洵兮, 不我信兮!

于嗟홉다, 洵(순)이여, 우리 信(신)티 몯흐리로다!

아, 안타깝도다, 멀리 있음이여, 그 언약 펴볼 수 없게 되겠네!

【于嗟】感嘆詞. 〈集傳〉에 "于嗟, 歎辭也"라 함.

【洵】〈集傳〉에 "闊, 契闊也"라 함.

【活】〈集傳〉에 "活, 生"이라 하였고, '不我活'에 대해 〈毛傳〉에는 "不與我生活也"
라 하였고, 〈鄭箋〉에 "州吁阻兵安忍? 阻兵無衆安忍? 無親衆叛, 親離軍士, 棄其
約, 離散相遠, 故「吁嗟歎之闊兮! 女不與我, 相救活傷之!」"라 함. 《諺解》에는 '闊'
자로 잘못 표기되어 있음.

【洵·信】〈毛傳〉에 "洵, 遠;信, 極也"라 하였으나, 〈集傳〉에는 "洵, 信也. 信, 與申同"
이라 하여 뜻을 달리 하였음. 〈鄭箋〉에는 "歎其棄約, 不與我相親信, 亦傷之"라
함. 〈音義〉에는 "洵, 《韓詩》作'夐', 夐, 亦遠也"라 함.

＊〈集傳〉에 "○言「昔者, 契闊之約如此, 而今不得活;偕老之信如此, 而今不得伸意.
必死亡不復得與其室家, 遂前約之信也.」"라 함.

> ## 참고 및 관련 자료

1. 孔穎達 〈正義〉

作〈擊鼓〉詩者, 怨州吁也. 由衛州吁用兵暴亂, 乃使其大夫公孫文仲爲將, 而興兵
伐鄭. 又欲成其伐事, 先告陳及宋, 與之俱行. 故國人怨其勇而無禮, 怨與刺皆自下
怨上之辭. 怨者, 情所恚恨刺者, 責其愆咎大同小異耳. 故《論語》注云:「怨, 謂刺上
政.」譜云:「刺怨相尋.」是也. 言用兵暴亂者, 阻兵而安忍暴虐, 而禍亂也.

032(邶-7) 개풍(凱風)

*〈凱風〉: 온화한 바람, 혹 南風을 말함. 〈毛傳〉에 "興也. 南風謂之凱風, 樂夏之長養者"라 하였고, 〈鄭箋〉에 "興者, 以凱風, 喻寬仁之母"라 하였으며, 〈集傳〉에도 "南風, 謂之凱風. 長養萬物者也"라 함.
*이 시는 효자를 찬미한 내용이라 함. 衛나라가 풍속이 무너져가고 있을 때 어머니를 잘 모신 사례를 노래한 것이라 함.

> 〈序〉: 〈凱風〉, 美孝子也. 衛之淫風流行, 雖有七子之母, 猶不能安其室. 故美七子能盡其孝道, 以慰其母心, 而成其志爾.

〈개풍〉은 효자를 찬미한 것이다. 위나라에 음풍이 유행하여 비록 아들 일곱이나 둔 어머니였음에도, 오히려 능히 그 집에서 편히 지낼 수가 없었다. 그러므로 일곱 아들이 능히 효도를 다하여 어머니 마음을 위로하여 그 뜻을 이룰 수 있었음을 찬미한 것이다.

〈箋〉: 不安其室, 欲去嫁也. 成其志者, 成言. 孝子自責之意.

*전체 4장. 매 장 4구씩(凱風: 四章. 章四句).

(1) 比
凱風自南, 吹彼棘心.
凱風(개풍)이 南으로 브터, 뎌 棘心(극심)을 부놋다.
개풍이 남쪽으로부터, 저 대추나무 여린 가시에 부네.

棘心夭夭, 母氏劬勞!
棘心이 夭夭ᄒ거늘, 母氏(모시)ㅣ 劬勞(구로)ᄒ샷다!
여린 대추나무 가시 어리고 예쁜데, 어머님 고생하시는구나!

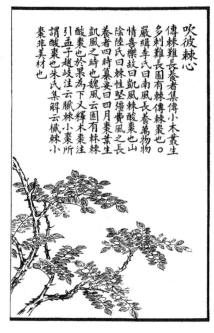

【凱風】和風. 南風.

【棘】대추나무. 棗의 이체자로 봄. 낙엽 관목, 가시가 많으며 노랗고 작은 꽃이 핌. 열매는 식용과 약용으로 사용함. 〈諺解〉 物名에 "棘:가시나모 ○쏘순대쵸"라 함. 〈鄭箋〉에 "棘, 猶七子也"라 함.

【心】대추나무의 새로 돋아난 가시. 〈集傳〉에 "棘, 小木叢生多刺難長, 而心又其稚弱而未成者也"라 함. 馬瑞辰 〈通釋〉에 "蓋棗棘初生, 皆先見尖刺, 尖刺卽心, 心卽纖小之義"라 함.

【夭夭】어린 나무가 파릇파릇하게 자라는 모습. 〈毛傳〉에 "夭夭, 盛貌"라 하였고, 〈集傳〉에 "夭夭, 少好貌"라 함.

【母氏】어머니.

【劬勞】고생함. 수고함. 〈毛傳〉과 〈集傳〉에 "劬勞, 病苦也"라 함. 〈鄭箋〉에 "夭夭, 以喩七子少長, 母養之, 病苦也"라 함.

＊〈集傳〉에 "○衛之淫風流行, 雖有七子之母, 猶不能安其室, 故其子作此詩. 以凱風比母, 棘心比子之幼. 時蓋曰:「母生衆子幼, 而育之, 其劬勞甚矣.」本其始而言, 以起自責之端也"라 함.

(2) 興

凱風自南, 吹彼棘薪.

凱風이 南으로 부터, 뎌 棘薪(극신)을 부놋다.

개풍이 남쪽으로부터, 저 다 자란 대추나무에 부네.

母氏聖善, 我無令人!

母氏ㅣ 聖(셩)ᄒ며 善(션)ᄒ거시ᄂᆞᆯ, 우리 어딘 사ᄅᆞᆷ이 업소라!

어머님 성스럽고 훌륭하건만, 나는 좋은 아들이 되지 못하였네!

【棘薪】섶으로 쓸 만큼 다 자란 대추나무. 〈毛傳〉에 "棘薪, 其成就者"라 함.
【聖·令】〈毛傳〉에 "聖, 叡也"라 하였고, 〈鄭箋〉에 "母乃有叡知之, 善德我七子: 無善人能報之者, 故母不安我室, 欲去嫁也"라 함. 〈集傳〉에 "聖, 叡; 令, 善也"라 하였으며, 〈鄭箋〉에도 "叡作聖; 令, 善也"라 함.

*〈集傳〉에 "○棘可以爲薪, 則成矣. 然非美材, 故以興子之壯大, 而無善也. 復以聖善稱其母, 而自謂無令人, 其自責也深矣"라 함.

(3) 興

爰有寒泉, 在浚之下.

이에 寒(한)흔 泉(천)이, 浚(쥰)ㅅ 아래 잇도다.

차가운 샘이 있어, 준(浚)고을 아래에 있네.

有子七人, 母氏勞苦?

아들 七人(칠인)이 이쇼딕, 母氏로 勞苦(로고)케 ᄒᆞᄂᆞ냐?

아들 일곱이나 두었건만, 어머님 고생시키고 있는가?

【爰有寒泉】'爰'은 〈鄭箋〉에 "爰, 曰也. 曰有寒泉者, 在浚之下浸潤之, 使浚之民逸樂, 以興七子, 不能如也"라 함. 棘薪이 寒泉에 피해를 입음. 聞一多 〈通義〉에 "蓋言泉水浸薪, 疑本篇寒泉, 乃承上章棘薪而言, 亦謂薪爲泉水所浸而受傷害"라 함. 섶이 물에 젖으면 사용할 수 없듯이 여자가 재앙을 입어 어머니로 하여금 더욱 힘들게 함을 비유한 것이 아닌가 함.
【浚】〈毛傳〉과 〈集傳〉에 "浚, 衛邑也"라 함. 〈毛傳〉에 "在浚之下, 言有益於浚"이라 함.

*〈集傳〉에 "○諸子自責, 言「寒泉在浚之下, 猶能有所滋益於浚, 而有子七人, 反不能事母, 而使母至於勞苦乎!」於是乃若微指其事, 而痛自刻責以感動其母心也. 母以淫風流行, 不能自守, 而諸子自責. 但以不能事母, 使母勞苦爲辭, 婉辭幾諫, 不顯其親之惡, 可謂孝矣. 下章放此"라 함.

(4) 興

睍睆黃鳥, 載好其音.

睍睆(현환)흔 黃鳥ㅣ, 그 소리를 됴히 ᄒᆞᄂᆞ다.

아름다운 꾀꼬리는, 좋은 소리로 울도다.

有子七人, 莫慰母心?

아들 七人이 이쇼딕, 엄이 므음을 慰(위)티 몯호느냐?

칠 형제 있건만, 어머니 마음 위로도 못해드리나?

【睍睆】〈集傳〉에 "睍, 與演同;睆, 與莞同"이라 하였고, 〈音義〉에 "睍, 胡顯反;睆, 華板反"이라 하여 '현환'으로 읽으며 雙聲連綿語. 〈毛傳〉에 "睍睆, 好貌"라 하였고, 〈鄭箋〉에 "睍睆, 以興顏色說也. 好其音者, 興其辭令順也. 以言七子, 不能如也"라 함. 그러나 일설에는 '間關'처럼 새의 울음소리를 표현한 것이라고도 함. 〈集傳〉에는 "睍睆, 淸和圓轉之意"라 함.

【黃鳥】꾀꼬리. 黃鶯, 流鶯, 黃鸝, 黃鸍, 黃雀.

【載】語助辭.

【慰】〈毛傳〉에 "慰, 安也"라 함.

＊〈集傳〉에 "○言「黃鳥猶能好其音以悅人, 而我七子獨不能慰悅母心哉!」"라 함.

참고 및 관련 자료

1. 孔穎達〈正義〉

作〈凱風〉詩者, 美孝子也. 當時衛之淫風流行, 雖有七子之母, 猶不能安其夫室, 而欲去嫁. 故美七子能自盡其孝順之道, 以安慰其母之心. 作是詩而成其孝子, 自責之志也. 此擧孝子之美, 以惡母之欲嫁. 故云雖有七子之母, 猶不能安其室, 則無子者, 不能安室, 可知也. 此叙其自責之由經, 皆自責之辭. 將欲自責, 先說母之勞苦. 故首章二章上二句, 皆言母氏之養己以下自責耳.

033(邶-8) 웅치(雄雉)

*〈雄雉〉: 장끼. 雉는 꿩. 〈諺解〉 物名에 "雉: 꿩"이라 함. 〈集傳〉에 "雉, 野雞雄者. 有冠長尾身, 有文采, 善鬪"라 함. 흔히 중국어로는 野雞라 부름. 《爾雅》와 《說文》에는 꿩의 명칭이 무려 15가지나 되며, 《詩經》에 보이는 '翬'(휘), '翟'(적), '鷮'(교) 역시 모두 이의 다른 이름임. 漢 高祖(劉邦)의 처 呂后의 이름이 雉여서 그 뒤로 이를 諱하여 野雞, 山雞로 불렀다 함.
*이 시는 衛 宣公을 풍자한 것으로, 그가 음란에 빠져 국사를 돌보지 않고, 자주 군사를 일으켜 대부들이 장기간 戍役에 시달렸으며, 남녀들이 제 때에 가정을 이루지 못하자 백성들이 걱정하여 이 시를 읊었다 함. 내용은 멀리 군역에 나가 있는 남편을 그리워하며 원망하는 아내의 노래 형식으로 되어 있음.

〈序〉: 〈雄雉〉, 刺衛宣公也. 淫亂不恤國事. 軍旅數起, 大夫久役, 男女怨曠, 國人患之而作是詩.

〈웅치〉는 위 선공을 풍자한 것이다. 음란에 빠져 국사를 돌보지 않았다. 자주 전쟁을 일으켜 대부들이 오래도록 군역에 나가 남녀들이 결혼하지 못함을 원망하자 백성들이 이를 걱정하여 이 시를 지은 것이다.

〈箋〉: 淫亂者, 荒放於妻妾, 烝於夷姜之等. 國人久處軍役之事, 故男多曠, 女多怨也. 男曠而苦其事, 女怨而望其君子.

*전체 4장. 매 장 4구씩(雄雉: 四章. 章四句).

(1) 興

雄雉于飛, 泄泄其羽.

雄雉(웅치)의 飛홈이여, 泄泄(예예)훈 그 羽ㅣ로다.

장끼가 날아가네. 천천히 그 날개를 퍼덕이네.

我之懷矣! 自詒伊阻!

내의 懷ᄒᄂᆫ 이여! 스스로 阻(조)홈을 詒(이)ᄒ놋다!

내 품은 생각이여! 스스로 나를 가로막고 있도다!

雄雉于飛
集傳雄野雞
雄者有冠長
尾身有文采
善鬪

【雄雉】〈集傳〉에 "雉, 野雞. 雄者, 有冠
長尾, 身有文采, 善鬪"라 함.
【泄泄】'예예'로 읽음.〈音義〉에 "泄, 移
世反"이라 하여 '예'로 읽음. 천천히 나
는 모습.〈集傳〉에 "泄泄, 飛之緩也"라
하였고,〈毛傳〉에 "興也. 雄雉見雌雉,
飛而鼓其翼, 泄泄然"이라 함.〈鄭箋〉에
"興者, 喩宣公整其衣服, 而起奮訊. 其形
貌志, 在婦人而已. 不恤國之政事"라 함.
【我之懷矣, 自詒伊阻】〈集傳〉에 "懷,
思;詒, 遺;阻, 隔也"라 함.〈毛傳〉에
"詒, 遺;伊, 維. 阻, 難也"라 하였고,〈鄭
箋〉에 "懷, 安也. 伊, 當作繄, 繄, 猶是
也. 君之行如是, 我安其朝而不去? 今
從軍旅久役, 不得歸, 此自遣, 以是患難"
이라 함.

* 〈集傳〉에 "○婦人以其君子從役于外, 故言「雄雉之飛, 舒緩自得如此, 而我之所思
者, 乃從役于外, 而自遺阻隔也.」"라 함.

(2) 興

雄雉于飛, 下上其音.

雄雉의 飛홈이여, 下ᄒ며 上ᄒᄂ 그 소리로다.

장끼가 날아가네, 오르내리며 우는 그 소리.

展矣君子! 實勞我心!

진실로 君子ㅣ여! 진실로 내 ᄆᆞ음을 勞케 ᄒ놋다!

진실로 임이시여! 정말로 내 마음 힘들게 하도다!

【上下其音】〈鄭箋〉에 "下上其音, 興宣公小大, 其聲怡悅婦人"이라 하였고,〈集傳〉에
는 "下上其音, 言其飛鳴自得也"라 함.

【展】〈毛傳〉에 "展, 誠也"라 함. '진실로'의 뜻. 〈鄭箋〉에 "誠矣, 君子愬於君子也. 君之行如是, 實使我心勞矣. 君若不然, 則我無軍役之事"라 하였고, 〈集傳〉에도 "展, 誠也. 言誠又言實, 所以甚言. 此君子之勞我心也"라 함.
【君子】남편을 가리킴.

(3) 賦

瞻彼日月, 悠悠我思.

뎌 日月을 瞻호니, 悠悠흔 내 思] 로다.

해와 달 쳐다보며, 끝없는 그리움.

道之云遠, 曷云能來?

길히 멀거니, 엇디 能히 來ᄒ리오?

길은 아득히 머니, 어찌 능히 올 수 있을까?

【瞻】〈毛傳〉에 "瞻, 視也"라 함.
【悠悠】〈集傳〉에 "悠悠, 思之長也"라 함.
【日月】〈鄭箋〉에 "日月之行, 迭往迭來. 今君子獨久行役, 而不來. 使我心悠悠然, 思之女. 怨之辭"라 함. 〈集傳〉에 "見日月之徃來, 而思其君子從役之久也"라 함.
【曷云能來】〈鄭箋〉에 "曷, 何也. 何時能來望之也?"라 함.

(4) 賦

百爾君子, 不知德行!

믈읫 君子는, 德行(덕힝)을 아디 몯ᄒ랴!

온갖 군자들이여, 덕행을 알지 못하도다!

不忮不求, 何用不臧?

忮(기)티 아니며 求티 아니면, 어디 뻐 臧(장)티 아니 ᄒ리오?

해악도, 탐욕도 부리지 않는다면, 무슨 일인들 잘 되지 않겠소?

【百】〈集傳〉에 "百, 猶凡也"라 함.

【爾】〈鄭箋〉에 "爾, 汝也. 女衆君子, 我不知人之德行, 何如者? 可謂爲德行而君, 或有所留, 或有所遣. 女怨之, 故問此焉"이라 함.

【德行】훌륭한 행동. 情이 있는 行動.

【不忮不求, 何用不臧】〈毛傳〉에 "忮, 害; 臧, 善也"라 하였고, 〈集傳〉에는 "忮, 害; 求, 貪; 臧, 善也"라 함. 〈鄭箋〉에 "我君子之行, 不疾害, 不求備於一人, 其行何用爲不善, 而君獨遠使之在外, 不得來歸? 亦女怨之辭"라 함.

＊〈集傳〉에 "○言「凡爾君子, 豈不知德行乎? 若能不忮害又不貪求, 則何所爲而不善哉? 憂其遠行之犯患, 冀其善處而得全也.」"라 함.

참고 및 관련 자료

1. 孔穎達〈正義〉

男旣從役於外, 女則在家思之. 故云男女怨曠, 上二章男曠之辭, 下二章女怨之辭.

034(邶-9) 포유고엽(匏有苦葉)

*〈匏有苦葉〉: '匏'는 瓠와 같음. 박. 〈諺解〉 物名에 "匏: 박"이라 함. 葫蘆瓠. 호로박. 아주 큰 것으로는 浮囊을 삼아 물을 건너는 데 사용하기도 하였다 함. 〈毛傳〉에 "興也. 匏謂之瓠, 瓠葉苦, 不可食也"라 하였고, 〈集傳〉에 "匏, 瓠也. 匏之苦者, 不可食. 特可佩以渡水而已. 然今尙有葉, 則亦未可用之時也."라 함.

*이 시는 衛 宣公이 부인 이강(夷姜)과 함께 음란함에 빠진 것을 풍자한 것이라 함. 그러나 젊은 아가씨가 물가에서 건너편의 애인을 기다리는 노래로 보기도 하며, 또는 은사가 벼슬을 바라지 않는 의지를 노래한 것이라고도 함.

〈序〉: 〈匏有苦葉〉, 刺衛宣公也. 公與夫人並爲淫亂.

〈포유고엽〉은 위 선공을 풍자한 것이다. 선공이 부인과 함께 음란한 짓을 하였다.

〈箋〉: 夫人, 謂夷姜.

*전체 4장. 매 장 4구씩(匏有苦葉: 四章. 章四句).

(1) 比
匏有苦葉, 濟有深涉.

匏(포)ㅣ 쁜 닙피 잇거늘, 濟(졔)ᄒᆞᆫ 듸 깁픈 涉(셥)이 잇도다.

호로박 잎은 써졌고(말랐고), 나루엔 깊은 건널목.

深則厲, 淺則揭!

깁거든 厲(려)ᄒ고, 엿거든 揭(게)홀 디니라!

깊으면 옷 입은 채로 건너고, 얕으면 옷 걷고 건너면 되지!

【匏有苦葉】 '匏'는 葫蘆박의 일종. '苦'는 쓴 맛. 박에는 甘匏瓜와 苦匏瓜 두 종류가 있으며, 쓴 것은 먹을 수 없다 함.《國語》魯語(下)에 "苦瓠匏不材, 於人共濟而已"라 하였고,《莊子》逍遙遊에 "今子有五石之匏, 何不盧以爲大樽, 而浮乎江

匏有苦葉
傳匏謂之瓠瓠葉苦不可食也集傳匏瓠也匏之苦者不
可食特可佩以渡水而已○埤雅長而瘦小曰瓠短頸大
腹曰匏按匏苦瓠甘本是兩種只
以味定之不可以形狀分別也

湖?"라 함.《論語》陽貨篇에 "佛肸召, 子
欲往. 子路曰:「昔者, 由也聞諸夫子曰:『
親於其身爲不善者, 君子不入也.』佛肸
以中牟畔, 子之往也, 如之何?」子曰:「然,
有是言也. 不曰『堅乎! 磨而不磷』;不曰『
白乎! 涅而不緇.』吾豈匏瓜也哉? 焉能
繫而不食?」"이라 함. 〈集傳〉에 "匏, 瓠
也. 匏之苦者, 不可食, 特可佩以渡水而
已. 然今尙有葉, 則亦未可用之時也"라
하였고, 〈鄭箋〉에는 "瓠葉苦而渡處深,
謂八月之時, 陰陽交會, 始可以爲昏禮,
納采·問名"이라 하여, 婚禮의 納采와
問名의 시기가 되었음을 이른 것이라
하였음. 그러나 일설에 '枯'로 보아, 호
로박이 8월이 되어 잎이 이미 말라, 이
를 따서 속을 파내어 浮囊으로 쓸 수
있음.

【濟】〈毛傳〉에 "濟, 渡也"라 하였고, 〈集傳〉에 "濟, 渡處也"라 하여, 나루로 보았음.

【涉】〈集傳〉에 "行渡水曰涉"이라 하였고, 〈毛傳〉에는 "由膝以上爲涉"이라 함. 그
러나 聞一多 〈通義〉에는 "涉, 名詞, 謂水中可濟涉之處, 猶津也"라 하여 濟涉은
津과 같은 뜻이라 하였음.

【厲】옷을 입고 허리띠 위까지 잠긴 채로 건넘. 〈集傳〉에 "以衣而涉曰厲"라 함.
〈毛傳〉에는 "以衣涉水爲厲, 謂由帶以上也"라 함. 그러나 聞一多는 《廣雅》曰:「厲,
帶也.」名詞, 帶謂之厲;動詞, 帶亦謂之厲"라 하여, '호로박을 浮囊으로 하여 허
리에 차고 건너다'의 뜻으로 보았음.

【揭】옷(바지)을 걷어 올리고 건넘. 〈集傳〉에 "褰衣而涉曰揭"라 하였고, 〈毛傳〉에
도 "揭, 褰衣也. 遭時制意如遇水, 深則厲, 淺則揭矣. 男女之際, 安可以無禮義, 將
無以自濟也?"라 함. 그러나 〈鄭箋〉에는 "旣以深淺, 記時因以水深淺. 喩男女之才
性, 賢與不肖及長幼也. 各順其人之宜, 爲之求妃耦"라 함.

＊〈集傳〉에 "○此刺淫亂之詩, 言「匏未可用, 而渡處方深, 行者當量其淺深而後可
渡, 以比男女之際, 亦當量度禮義而行也.」"라 함.

(2) 比

有瀰濟盈, 有鷕雉鳴.

瀰(미)히 濟(제)ㅣ 盈ᄒᆞ엿거늘, 鷕(요)히 雉ㅣ 鳴ᄒᆞ놋다.

나루엔 물이 차올랐고, 까투리는 '요'하고 울고 있네.

濟盈不濡軌, 雉鳴求其牡!

濟ㅣ 盈ᄒᆞ되 軌(궤) 젓디 아니며, 雉ㅣ 鳴ᄒᆞ야 그 牡(모)를 求ᄒᆞ놋다!

물결 넘쳐나도 수레는 젖지 않고, 까투리는 울음으로 장끼를 찾지!

【瀰】물이 깊음. 〈毛傳〉에 "瀰, 深水也"라 하였고, 〈鄭箋〉에 「有瀰濟盈」, 謂過於厲. 喻犯禮深也"라 함. 〈集傳〉에는 "瀰, 水滿貌"라 함.

【盈】〈毛傳〉에 "盈, 滿也. 深水, 人之所難也"라 함.

【鷕】'요'로 읽으며, 까투리의 울음소리를 音寫한 것. 〈毛傳〉에 "鷕, 雌雉聲也. 衛夫人有淫泆之志, 授人以色, 假人以辭, 不顧禮義之難, 至使宣公有淫昏之行"이라 하였고, 〈集傳〉에 "鷕, 雌雉聲"이라 함.

【濡】沾濕. '젖다'. 〈毛傳〉에 "濡, 漬也"라 함.

【軌】〈毛傳〉에 "由輈以上爲軌. 違禮義, 不由其道, 猶雉鳴而求其牡矣"라 하였으나, 〈集傳〉에는 "軌, 車轍也"라 하여 수레바퀴 자국이라 하였음.

【牡】수컷. 〈毛傳〉과 〈集傳〉에 "飛曰雌雄, 走曰牝牡"라 하여, 날짐승은 雌雄, 길짐승은 牝牡라 한다 하였음. 〈鄭箋〉에 "渡深水者, 必濡其軌, 言不濡者, 喩夫人犯禮而不自知. 雉鳴反求其牡, 喩夫人所求非所求"라 함.

＊〈集傳〉에 "○夫濟盈, 必濡其轍. 雉鳴當求其雄, 此常理也. 今濟盈而曰不濡軌, 雉鳴而反求其牡, 以比淫亂之人, 不度禮義, 非其配耦, 而犯禮以相求也"라 함.

(3) 賦

雝雝鳴鴈, 旭日始旦.

雝雝(옹옹)이 우는 鴈(안)은, 旭(욱)한 日이 비로소 아츰이 ᄒᆞᆫ느니라.

화답하는 기러기 울음소리에, 힘차게 솟는 해는 아침이 시작되네.

士如歸妻, 迨冰未泮!

士ㅣ 만일 妻(쳐)를 歸ᄒᆞ려 홀 딘댄, 冰(빙)이 泮(반)티 아닌 적을 미처

홀 디니라!

장가들고 싶어하는 선비, 얼음 풀리기 전에 해야 하는데!

雝雝鳴雁
集傳雁似鵞畏寒
秋南春北

【雝雝】기러기 울음소리. 그러나 〈毛傳〉에 "雝雝, 鴈聲和也"라 하였고, 〈集傳〉에는 "雝雝, 聲之和也"라 함.

【鴈】'雁'과 같음. 기러기. 〈諺解〉物名에 "鴈:기러기"라 함. 〈毛傳〉에 "納采用鴈"이라 하였고, 〈鄭箋〉에 "鴈者, 隨陽而處, 似婦人從夫, 故昏禮用焉. 自納采至請期用昕, 親迎用昏"이라 함. 〈集傳〉에는 "鴈, 鳥名. 似鵝. 畏寒, 秋南春北"이라 함.

【旭】〈毛傳〉에 "旭, 日始出, 謂大昕之時"라 하였고, 〈集傳〉에 "日初出貌"라 함.

【歸妻】'아내를 취함'. 여자가 시집가서 아내가 됨. 따라서 여기서는 '장가가다'의 뜻. 〈鄭箋〉에 "歸妻, 使之來歸於己"라 함.

【迨】〈毛傳〉에 "迨, 及也"라 함.

【泮】〈毛傳〉에 "泮, 散也"라 함. 疊韻互訓. 얼음이 갈라져 녹음. '牉'과 같음. 〈鄭箋〉에 "謂請期也. 氷未散, 正月中以前也. 二月可以昏(婚)矣"라 함. 〈集傳〉에 "昏禮:納采用鴈, 親迎以昏, 而納采·請期以旦, 歸妻以氷泮, 而納采·請期, 迨氷未泮之時"라 함.

*〈集傳〉에 "○言古人之於婚姻, 其求之不暴, 而節之以禮. 如此以深刺淫亂之人也"라 함.

(4) 比

招招舟子, 人涉卬否.

招招(쵸쵸)ᄒᆞᄂᆞᆫ 舟子(쥬ᄌᆞ)애, 人은 涉(셥)ᄒᆞ거늘 나ᄂᆞᆫ 아니 호라.

손짓하는 저 뱃사공이여, 남들 모두 건너가도 나는 안 건너네.

人涉卬否, 卬須我友!

人은 涉ㅎ거든 나는 아니 홈은, 내 내 벋을 기ᄃ리미니라!

남들 다 건너도 나는 안 건너는 것은, 나는 진정한 내 짝을 기다기 때문!

【招招】소리쳐 손짓하며 부르는 모습. 〈毛傳〉과 〈集傳〉에 "招招, 號召之貌"라 함. 그러나 聞一多 〈通義〉에는 "〈釋文〉引向注曰:「調調, 刁刁, 皆動搖貌.」……招招與 調調·刁刁聲同, 謂舟子鼓檝時, 身體屈申動搖之貌也"라 하여 사공이 노를 저을 때 굴신하는 동작을 표현한 것이라 하였음. 한편 〈集傳〉에 "音韶"라 하여 '소'로 읽도록 되어 있으나 〈諺解〉에는 '쵸'로 읽었음.

【舟子】뱃사공. 〈毛傳〉과 〈集傳〉에 "舟子, 舟人. 主濟渡者"라 함.

【人】남.

【卬】〈集傳〉에 "與昂同. 卬, 我也"라 하였고, 〈毛傳〉에도 "卬, 我也"라 하여 '我'의 뜻. 雙聲互訓. 따라서 '卬否'는 '나는 건너지 않겠다'의 뜻. 〈鄭箋〉에 "舟人之子, 號召當渡者, 猶媒人之會男女無夫嫁者, 使之爲妃匹, 人皆從之而渡, 我獨否"라 함.

【須】기다림. 待와 같음.

【友】伴侶가 될 사람. 나에게 맞는 사람. 〈毛傳〉에 "人皆涉, 我友未至, 我獨待之而 不涉, 以言室家之道, 非得所適, 貞女不行非得禮義, 昏姻不成"이라 함.

＊〈集傳〉에 "○舟人招人以渡, 人皆從之, 而我獨否者, 待我友之招而後從之也. 以 比男女, 必待其配耦而相從, 而刺此人之不然也"라 함.

참고 및 관련 자료

1. 孔穎達 〈正義〉

並爲淫亂, 亦應刺夫人. 獨言宣公者, 以詩者主謂規諫君. 故擧君言之其實, 亦刺 夫人也.

035(邶-10) 곡풍(谷風)

*〈谷風〉: 골바람, 東風, 暴風 등 여러 설이 있음. 〈毛傳〉에 "東風謂之谷風, 陰陽和而谷風至, 夫婦和則室家成, 室家成而繼嗣生"이라 하였고, 〈集傳〉에도 "東風謂之谷風"이라 하여 東風을 뜻하는 것으로 보았음.
*이 시는 부부가 도를 잃었음을 풍자한 것이라 함. 衛나라 사람들은 윗사람들의 잘못에 물들어 신혼 때 도를 잃고 옛 부인을 버려 부부가 쉽게 헤어지는 등 나라 풍속이 무너졌음을 안타깝게 여긴 것이라 함. 형식은 버림받은 여인이 집을 떠나면서 자신의 신세를 한탄한 내용으로 되어 있음. 같은 제목은 小雅(207)에도 있으며, 내용도 연관이 있는 것으로 여기고 있음.

  〈序〉: 〈谷風〉, 刺夫婦失道也. 衛人化其上, 淫於新昏而棄其舊室, 夫婦離絶, 國俗傷敗焉.

  〈곡풍〉은 부부가 도를 잃음을 풍자한 것이다. 위나라 사람들은 윗사람들의 영향으로 신혼에도 도를 잃고 옛 아내를 버리며, 부부가 이별하고 끊어지는 등 나라 풍속이 무너지고 말았다.

  〈箋〉: 新昏者, 新所與爲昏禮.

*전체 6장. 매 장 8구씩(谷風: 六章. 章八句).

  (1) 比
  習習谷風, 以陰以雨.

  習習(습습)혼 谷風(곡풍)이, 뻐 陰ᄒ며 뻐 雨ᄒᄂ니,
  살랑살랑 동풍 불어오더니, 날씨 흐리고 비가 내리네.

  黽勉同心, 不宜有怒!

  黽勉(민면)ᄒ야 ᄆᆞᄋᆞᆷ을 ᄒᆞ 가지로 홀디언뎡, 怒(노)를 두미 맛당티 아니니라!

힘써 한 마음 되어 살아야 할 판에, 이렇게 성을 내는 것은 옳지 않지요!

采葑采菲, 無以下體.

葑(봉)을 키며 菲(비)를 키기는, 下體(하톄)로 뻐 아니 홀 디니,

무를 뽑을 적에, 밑둥만 보고 하는 것은 아니랍니다.

德音莫違, 及爾同死!

德音이 違(위)티 아닐 딘댄, 널로 믿 흔 가지로 死홀 디니라!

덕 있는 말씀 변하지 않는다면, 그대와는 죽음도 같이하련만!

【習習】〈毛傳〉에 "習, 和舒貌"이라 하였고, 〈集傳〉에 "習習, 和舒也"라 함. 그러나 象聲詞로 바람소리를 표현한 것으로 봄.

【黽勉】'힘쓰다'의 雙聲連綿語. 〈毛傳〉에 "言黽勉者, 思與君子同心也"라 하였고, 〈鄭箋〉에 "所以黽勉者, 以爲見譴怒者, 非夫婦之宜"라 함.

【葑菲】무. 두 글자 합해서 하나의 草名(채소)의 雙聲連綿語가 아닌가 함. 그러나 〈毛傳〉에는 "葑, 須也;菲, 芴也"라 하여 의미가 정확하지 않으며, 다만 〈鄭箋〉에는 "此二菜者, 蔓菁與葍之類也. 皆上下可食, 然而其根, 有美時·有惡時. 采之者, 不可以根惡時, 幷棄其葉. 喻夫婦以禮, 義合顔色相親, 亦不可以顔色衰棄, 其相與之禮"라 함. '葍'은 현대 중국어 '무'는 疊韻連綿語 蘿葍(蘿卜, 蘆菔. luóbo)임. 馬瑞辰 〈通釋〉에 "葑, 通作芎. 芎藭, 芜菁也. ……《釋草》:「菲·芴.」…… 菲, 菔之一聲之轉, 菲, 菔, 葩, 聲亦相近, 蘆菔, 今作蘿卜"이라 함. 〈集傳〉에 "葑, 蔓菁也. 菲, 似葍, 莖麤葉厚而長有毛"라 함. 〈諺解〉物名에 "葑:만청이니 쉰무우;菲:댄무우류니《爾雅》의 土瓜ㅣ라 ᄒᆞ니라"라 함.

【無以下體】'下體'는 뿌리. 〈毛傳〉에 "下

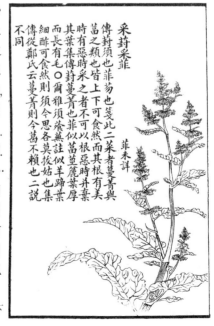

體, 根莖也"라 함. 밑둥만을 보고 위 잎사귀를 무시하지 말 것을 뜻함. 王夫之 《詩經稗疏》에는 "不可以其莖葉之惡而不采其根也, ……草木逆生, 則根在下爲上 體, 葉在上爲下體"라 함. 잎만 필요하고 뿌리는 거들떠보지 않는 것은 신인에게 빠져 옛사람을 버리는 것을 비유하는 것이라 함. 〈集傳〉에 "下體, 根也. 葑菲根 莖皆可食, 而其根, 則有時而美惡"이라 함.

【德音】〈集傳〉에 "德音, 美譽也"라 함.

【莫違】〈鄭箋〉에 "莫, 無"라 함.

【及】'더불어'의 뜻. 〈鄭箋〉에 "及, 與也. 夫婦之言, 無相違者, 則可與女長相與處, 至死顏色, 斯須之有"라 함.

*〈集傳〉에 "○婦人爲夫所棄, 故作此詩以叙其悲怨之情. 言「陰陽和而後雨澤降, 如 夫婦和而後家道成. 故爲夫婦者, 當黽勉以同心, 而不宜至於有怒.」又言:「采葑菲 者, 不可以其根之惡, 而棄其莖之美, 如爲夫婦者, 不可以其顏色之衰, 而棄其德音 之善. 但德音之不違, 則可以與爾同死矣.」"라 함.

(2) 賦而比

行道遲遲, 中心有違.

道(도)애 行홈을 遲遲(지지)히 ᄒ야, 中心(중심)에 違홈이 잇거늘,

가자니 걸음도 떨어지지 않아, 마음 속 못 끊는 정이 있기에,

不遠伊邇, 薄送我畿!

멀이 아니 ᄒ고 갓가이 ᄒ야, 잠깐 나를 畿(긔)예셔 보내ᄂ다!

멀리 나오지 않고 가까운 곳, 아주 문 안에서 나를 보내네!

誰謂荼苦? 其甘如薺.

뉘 닐오듸 荼(도)ㅣ 苦타 ᄒ더뇨? 그 ᄃ롬이 薺(졔)ᄀ도다.

누가 씀바귀 쓰다고 말하는가? 내 신세에 비하면 달기가 냉이 같은데.

宴爾新昏, 如兄如弟!

네의 新昏(신혼)을 宴(연)ᄒ야, 兄(형)ᄀ티 ᄒ며 弟(뎨)ᄀ티 ᄒᄂ다!

그대는 신혼의 즐거움에 빠져, 마치 형제들처럼 서로 즐기겠지!

【遲遲】〈毛傳〉과 〈集傳〉에 "遲遲,
徐行貌"라 함.

【中心】心中.

【違】〈毛傳〉에는 "違, 離也"라 하였
고, 〈鄭箋〉에 "違, 徘徊也. 行於道
路之人, 至將離別, 尙舒行, 其心
徘徊然. 喩君子於己不能如也"라
함. 〈集傳〉에는 "違, 相背也"라 함.
馬瑞辰 〈通釋〉에는 "〈釋文〉:《韓
詩》云:「違, 很也.」……很亦恨也"라
함.

【邇】〈鄭箋〉에는 "邇, 近也. 言君子
與己訣別, 不能遠維近耳. 送我裁
於門內, 無恩澤之甚"이라 함.

【畿】〈毛傳〉에 "畿, 門內也"라 함.

【茶】'도'로 읽으며 씀바귀. 흔히 매
우 쓴 맛을 비유할 때 거론함. 그

품물도고 삽화

러나 〈諺解〉物名에는 "茶:싀화"라 함. 〈毛傳〉에 "茶, 苦菜也"라 하였고, 〈集傳〉
에도 "茶, 苦菜, 蓼屬也. 詳見〈良耜〉"라 함.

【薺】냉이. 〈諺解〉 物名에 "薺:나이"라 함. 단 맛을 비유할 때 거론함. 〈集傳〉에
"薺, 甘菜"라 함. 〈鄭箋〉에 "茶, 誠苦矣, 而君子於己之苦毒, 又甚於茶. 比方之茶,
則甘如薺"라 함.

【宴】〈毛傳〉에 "宴, 安也"라 하였고, 〈集傳〉에는 "宴, 樂也"라 함. 즐김.

【新昏】남편이 다시 얻은 아내를 가리킴. '昏'은 婚과 같음. 〈集傳〉에 "新昏, 夫所
更娶之妻也"라 함.

＊〈集傳〉에 "○言「我之被棄, 行於道路, 遲遲不進. 蓋其足欲前, 而心有所不忍, 如
相背然而故. 夫之送我, 乃不遠而甚邇, 亦至其門內而止耳.」 又言「茶雖甚苦, 反甘
如薺, 以比己之見棄, 其苦有甚於茶, 而其夫方且宴樂其新昏, 如兄如弟, 而不見
恤.」 蓋婦人從一而終今, 雖見棄, 猶有望夫之情厚之至也"라 함.

(3) 比

涇以渭濁, 湜湜其沚.

涇(경)이 渭(위)로 뻐 濁(탁)ᄒ나, 湜湜(식식)ᄒ 그 沚(지)니라.

경수 때문에 위수가 탁해진다 해도, 물 속 모래톱은 맑은 곳 있거늘,

宴爾新昏, 不我屑以!

네의 新昏을 宴ᄒ야, 나를 屑(설)히 너겨 以티 아니 ᄒ느다!

그대는 신혼의 새 사람에게 빠져, 나를 깨끗하다 여기지도 않네!

毋逝我梁, 毋發我笱.

내 梁(량)애 가디 마라. 내 笱(구)를 發티 말라 ᄒ련마ᄂ,

내가 놓은 어살엔 가지도 말고, 내가 놓은 통발은 들추지도 마세요.

我躬不閱, 遑恤我後!

내 몸도 閱(열)티 몯ᄒ곤, 遑(황)ᄒ야 내 後를 恤(휼)ᄒ랴!

내 몸도 용납할 수 없는데, 내 뒷일 걱정할 겨를이 있으랴!

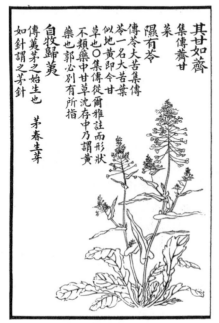

【涇·渭】둘 모두 물 이름. 涇水와 渭水. 〈毛傳〉에 "涇渭相入, 而淸濁異"라 하였고, 〈集傳〉에 "涇·渭, 二水名. 涇水, 出今原州百泉縣笄頭山, 東南至永興軍高陵, 入渭; 渭水, 出渭州渭源縣鳥鼠山, 至同州馮翊縣入河"라 함.

【湜湜】물이 맑은 모습. 〈鄭箋〉에 "湜湜持正貌. 喻君子得新昏, 故謂己惡也. 已之持正, 守初如沚然, 不動搖. 此絶去, 所經見, 因取以自喻焉"이라 함. 〈集傳〉에 "湜湜, 淸貌"라 함.

【沚】물 가운데의 작은 모래섬. 〈鄭箋〉에 "小渚曰沚, 涇水以有渭, 故見渭濁"이라 하였고, 〈集傳〉에 "沚, 水渚也"라 함.

【屑以】〈毛傳〉에 "屑, 絜也"라 함. '以'는

〈鄭箋〉에 "以, 用也. 言君子不復絜要我當室家"라 함. 〈集傳〉에는 "屑, 潔; 以, 與"라 함. 깨끗하게 여겨 자신을 상대함을 뜻함.

【毋逝】〈毛傳〉과 〈集傳〉에 "逝, 之也"라 하였고, 〈鄭箋〉에 "毋者, 謫禁新昏也. 女毋之我家, 取我爲室家之道"라 함.

【梁】돌을 쌓아 물을 막아 그 속이 비게 하여, 물고기가 往來할 수 있게 만든 통로. 물고기를 잡기 위한 어살. 〈毛傳〉에 "梁, 魚梁"이라 하였고, 〈集傳〉에 "梁, 堰石障水而空其中, 以通魚之徃來者也"라 함.

【筍】통발. 고기를 잡는 기구. 竹籠. 〈毛傳〉에 "筍, 所以捕魚也"라 하였고, 〈集傳〉에 "筍, 以竹爲器, 而承梁之空, 以取魚者也"라 함.

【閱】〈毛傳〉과 〈集傳〉에 "閱, 容也"라 함. '용납함'.

【躬·遑·恤】〈鄭箋〉에 "躬, 身; 遑, 暇; 恤, 憂也. 我身尙不能自容, 何暇憂我後所生子孫也?"라 함.

＊〈集傳〉에는 "○涇濁渭淸, 然涇未屬渭之時, 雖濁而未甚. 見由二水旣合而淸濁益分, 然其別出之渚流, 或稍緩, 則猶有淸處. 婦人以自比其容貌之衰久矣, 又以新昏形之益見憔悴, 然其心, 則固猶有可取者. 但以故夫之安於新昏, 故不以我爲潔而與之耳. 又言「毋逝我之梁, 毋發我之筍. 以比欲戒新昏, 毋居我之處, 毋行我之事, 而又自思我身且不見容, 何暇恤我已去之後哉!」知不能禁而絶意之辭也"라 함.

(4) 興

就其深矣, 方之舟之.

그 깁픈 ᄃᆡ 나아가란, 方ᄒᆞ며 舟ᄒᆞ고,

깊은 물에 나가서는, 작은 떼나 배로 건너면 되고요,

就其淺矣, 泳之游之!

그 여튼 ᄃᆡ 나아가란, 泳ᄒᆞ며 游호라!

얕은 물에 나가서는, 자맥질이나 헤엄치면 되지요!

何有何亡, 黽勉求之.

므서시 이시며 므서시 업스리오 ᄒᆞ야, 黽勉ᄒᆞ야 求ᄒᆞ며,

부유함이 무엇이며 가난함이 무엇이랴, 힘써 노력해서 구해 놓았거늘,

凡民有喪, 匍匐救之!

믈읫 民이 喪(상)이쇼매, 匍匐(포복)ᄒᆞ야 救(구)호라!

무릇 사람에게 재난이 있을 때는, 엉금엉금 기어서라도 구해준다는데!

【方之舟之】〈毛傳〉에 "舟, 船也"라 하였고, 〈鄭箋〉에 "方, 泭也"라 함. 〈集傳〉에도 "方, 桴; 舟, 船也"라 함.

【泳·游】〈鄭箋〉에 "潛行爲泳. 言深淺者, 喩君子之家, 事無難易, 吾皆爲之"라 함. 〈集傳〉에 "潛行曰泳, 浮水曰游"라 함.

【何有何亡】'亡'은 '有'에 상대하여 쓴 것. 〈毛傳〉에는 "有謂富也, 亡謂貧也"라 하며 貧富의 의미로 보았음. 〈鄭箋〉에는 "君子何所有乎? 何所亡乎? 吾其黽勉勤力, 爲求之, 有求多, 亡求有"라 함.

【黽勉求之】살림 늘이기에만 힘썼음을 말함.

【喪】凶禍之事. 不幸한 일. 다급한 재앙.

【匍匐】'엉금엉금 기다'의 雙聲連綿語. 〈集傳〉에 "匍匐手足並行, 急遽之甚也"라 함. 〈鄭箋〉에 "匍匐, 言盡力也. 凡於民有凶禍之事, 鄰里尙盡力往救之, 況我於君子家之事難易乎? 固當黽勉以疏喩親也"라 함.

＊〈集傳〉에 "○婦人自陳其治家勤勞之事, 言'我隨事盡其心力而爲之, 深則方舟, 淺則泳游, 不計其有與亡, 而勉強以求之. 又周睦其鄰里鄕黨, 莫不盡其道也.'"라 함.

(5) 賦

不我能慉, 反以我爲讎.

나를 能히 慉(휵)디 아니 ᄒᆞ고, 도ᄅᆞ혀 날로 뻐 讎(슈)를 삼ᄂᆞ다.

나를 능히 부양하지는 못하면서, 도리어 나를 원수로 여기다니,

旣阻我德, 賈用不售!

이믜 내 德을 阻(조)ᄒᆞ니, 賈(고)ㅣ 뻐 售(슈)티 몯홈이로다!

이윽고 나의 덕을 물리쳐 버리기를, 장사꾼이 팔리지 않은 물건 취급하듯!

昔育恐育鞫, 及爾顚覆.

네 育홀 제 育홈이 鞫(국)ᄒᆞ야, 널로 믿 顚覆(뎐복)홀가 저허ᄒᆞ다니,

지난날 어렵고 가난할 때엔, 그대와 함께 엎어지고 자빠질까 걱정했건만,

既生既育, 比予于毒!

이믜 生ᄒᆞ며 이믜 育(육)ᄒᆞ야ᄂᆞᆫ, 나ᄅᆞᆯ 毒(독)애 比(비)ᄒᆞᄂᆞ냐!

이윽고 살아나 살림이 넉넉해지자, 나를 무서운 독에다 비유하는가!

【慉】'흑'(許六反)으로 읽으며, 〈毛傳〉과 〈集傳〉에 "慉, 養也"라 하였으나, 〈鄭箋〉에
는 "慉, 驕也. 君子不能以恩驕樂我, 反憎惡我"라 함.
【讎】원수로 여김. 陳奐 〈傳疏〉에 "讎與仇同"이라 함.
【阻】〈毛傳〉에 "阻, 難也"라 하였고, 〈集傳〉에는 "阻, 却"이라 함.
【賈】'고'로 읽으며 장사를 함. 〈音義〉에 "賈, 音古, 市也"라 함.
【售】역시 상품을 팖. 〈音義〉에 "售, 市"라 함. 이 구절에 대해 〈鄭箋〉에는 "既難
却我, 隱蔽我之善, 我脩婦道而事之. 覬其察己, 猶見疏外, 如賣物之不售"라 함.
【昔育恐育鞫】'育'은 長의 뜻, '鞫'은 〈毛傳〉에는 '鞫'으로, 〈集傳〉에는 '鞠'으로 되
어 있음. 吳闓生 〈會通〉에 "育, 長; 鞫, 窮也"라 하여 '오래도록 곤궁함에 처해 있
다'는 뜻이라 하였음. 한편 聞一多 〈通義〉에는 "本篇'昔育恐育鞫', 義不可通, 疑
兩'育'字爲'有'之誤. ……且本篇與〈小雅〉谷風篇, 所咏一事, 唯文詞詳略爲異, 當系
一詩之分化. 此之'有恐有鞫', 即彼之'將恐將懼'. 有·將, 皆語詞, 鞫卽懼聲之轉也"
라 함. 〈毛傳〉에 "育, 長; 鞫, 窮也"라 하였고, 〈鄭箋〉에 "昔育, 育稚也"라 하였고,
〈集傳〉에는 "慉, 養; 阻, 却; 鞠, 窮也"라 함.
【及爾顚覆】네가 엎어지며 자빠짐. 많은 환난을 겪었음을 말함. 〈鄭箋〉에 "及, 與
也. 昔幼稚之時, 恐至長老窮匱, 故與女顚覆, 盡力於衆事, 難易無所辟"라 함.
【既生既育, 比予于毒】〈鄭箋〉에 "生, 謂財業也; 育, 謂長老也. 于, 於也. 既有財業
矣, 又既長老矣, 其視我如毒螫. 言惡己甚也"라 함.
＊〈集傳〉에 "○承上章, 言「我於女家勤勞如此, 而女既不我養, 而反以我爲仇讎. 惟
其心既拒却我之善, 故雖勤勞如此, 而不見取如賈之不見售也. 因念其昔時, 相與
爲生, 惟恐其生理窮盡, 而及爾皆至於顚覆, 今既遂其生矣. 乃反比我於毒而棄之
乎?」張子曰:「'育恐', 謂生於恐懼之中; '育鞫', 謂生於困窮之際.」亦通"이라 함.

(6) 興
我有旨蓄, 亦以御冬.

내 旨ᄒᆞᆫ 蓄(축)을 둠은, 쏘ᄒᆞᆫ 뻐 冬을 御(어)호레니라.

내 맛있는 채소를 비축해 둠은, 또한 추운 겨울을 나고자 함인데,

宴爾新昏, 以我御窮!

네의 新昏을 宴홈이여, 날로 뻐 窮(궁)을 御홈이랏다!

그대는 신혼의 새 사람에 빠져, 나는 궁할 때나 필요하다 여기는 것
인가!

有洸有潰, 旣詒我肄.

洸(광)ᄒ며 潰(궤)ᄒ야, 이믜 내게 肄(이)로 기타니,

거칠고 사납게 굴면서, 이미 나에게는 고생만 안겨주었지.

不念昔者, 伊余來墍!

네 내의 來ᄒ야 墍(게)ᄒ던 적을 念티 아니 ᄒ놋다!

지난 날 내 그대를 알뜰히 사랑하던 일은 생각지도 않는구나!

【旨蓄】'旨'는 〈毛傳〉에 "旨, 美"라 함. 越冬하기 위해 채소를 저장함. '蓄'은 馬瑞
辰 〈通釋〉에 "蓄與蓫古通. ……而詩言'旨'者, 自貧者視之爲旨耳. 蓫爲惡菜"라 하
여 蓄(蓫)이라는 조악한 채소를 갈무리함을 뜻하는 것으로 보았으며, '旨'라 표
현한 것은 가난한 자의 입장에서 한 말이라 하였음. 〈鄭箋〉에는 "蓄, 聚. 美菜者,
以禦冬月乏, 無時也"라 함.

【御】〈毛傳〉에 "御, 禦也"라 함. 〈鄭箋〉에 "君子亦但以我御窮苦之時, 至於富貴, 則
棄我如旨蓄"이라 하였고, 〈集傳〉에 "蓄, 聚; 御, 當也"라 함.

【洸·潰】〈毛傳〉에 "洸, 洸武也; 潰, 潰怒也"라 하여 거칠고 사나움을 표현하는 雙
聲連綿語를 분리하여 표현한 것으로 보임. 〈鄭箋〉에 "君子洸洸然, 潰潰然, 無
溫潤之色, 而盡遺我以勞苦之事, 欲窮困我"라 하였고, 〈集傳〉에는 "洸, 武貌; 潰,
怒色也"라 함. 함.

【詒】〈鄭箋〉에 "詒, 遺也"라 함.

【肄】〈毛傳〉과 〈集傳〉에 "肄, 勞也"라 함.

【尹】助詞, 維와 같은 사용법.

【余】'나'.

【來】助詞.

【墍】〈毛傳〉과 〈集傳〉에 "墍, 息也"라 하였고, 〈鄭箋〉에 "君子忘舊, 不念昔往, 昔

年稚我始來之時, 安息我"라 함. 한편 '墍'는 〈音義〉에 "許器反"으로 음이 '기'로 되어 있으나 〈諺解〉에는 '게'로 읽었음. 그러나 馬瑞辰 〈通釋〉에는 "愛, 正字作 㤅.《說文》:「愛, 惠也.」"라, 하여 愛의 假借字가 아닌가 하였음.

＊〈集傳〉에 "○又言「我之所以蓄聚美菜者, 蓋欲以禦冬月乏無之時, 至於春夏, 則不食之矣. 今君子安於新昏, 而厭棄我. 是但使我禦其窮苦之時, 至於安樂, 則棄之也.」又言:「於我極其武怒, 而盡遺我以勤勞之事. 曾不念昔者, 我之來息時也.」追言其始見君子之時, 接禮之厚怨之深也"라 함.

참고 및 관련 자료

1. 孔穎達 〈正義〉

作〈谷風〉詩者, 刺夫婦失其相與之道, 以至於離絕. 言衛人由化效其上, 故淫於新昏而棄其舊室, 是夫婦離絕, 致令國俗傷敗焉. 此指刺夫接其婦不以禮, 是夫婦失道, 非謂夫婦并刺也. 其婦既與夫絕一 乃陳夫之棄, 己見遇非道, 淫於新昏之事, 六章皆是.

036(邶-11) 식미(式微)

*〈式微〉:'式'은 발어사, '微'는 '衰微하다'의 뜻으로, 날로 여위어감을 뜻함.
*이 시는 黎侯(黎는 上黨 壺關縣에 있던 작은 제후국)가 狄人에게 쫓겨 衛나라로 피신하자 위나라에서는 두 읍을 주어 머물게 하였음. 그러자 여후가 그렇게 사는 것을 편안히 여기자 그 신하가 돌아갈 것을 권한 것이라 함. 그러나 〈集傳〉에도 "此無所考, 姑從序說"이라 하여 확신을 하지 못하고 있음. 일반적으로 백성들이 行役에 나가 고생을 하면서 통치자에게 원한을 토로한 것으로 보고 있음.

〈序〉: 〈式微〉, 黎侯寓于衛, 其臣勸以歸也.

〈식미〉는 여후(黎侯)가 위나라에 우거할 때 그 신하가 돌아갈 것을 권한 것이다.

〈箋〉: 寓, 寄也. 黎侯爲狄人所逐, 棄其國而寄於衛. 衛處之以二邑, 因安之. 可以歸而不歸, 故其臣勸之.

*전체 2장. 매 장 4구씩(式微: 二章. 章四句).

(1) 賦
式微式微, 胡不歸?

微(미)ᄒ며 微ᄒ거늘, 엇디 歸티 아니 ᄒᆞᄂᆢ뇨?

쇠미해지고 쇠미해지면서, 어찌 돌아가지 않으시나?

微君之故, 胡爲乎中露?

君의 故 옷 아니면, 엇디 中露(중로)애 ᄒᆞ리오?

임금 때문만 아니라면, 어찌 이렇게 이슬에 젖어 살겠는가?

【式微】〈毛傳〉에 "式, 用也"라 하였으나, 〈鄭箋〉에는 "式, 發聲也"라 하여 흔히 發語詞로 봄. 〈集傳〉에 "式, 發語辭"라 함. '微'는 날로 衰微해감. 혹은 '혼미하다'의

뜻으로도 봄. 〈鄭箋〉에 "式微式微者, 微乎微者也. 君何不歸乎? 禁君留止於此之辭"라 함. 〈集傳〉에는 "微, 猶衰也. 再言之者, 言衰之甚也"라 함.

【胡不歸】'胡'는 의문사. '何'와 같음.

【微君之故】여기서의 '微'는 非(疊韻互訓), 無(雙聲互訓)의 뜻. 〈毛傳〉에 "微, 無也"라 함. 흔히 '만약 -이 아니었더라면'의 否定假定文에 쓰임. 〈集傳〉에 "微, 猶非也"라 함.

【中露】〈毛傳〉에 "中露, 衛邑也"라 하였으나, 〈集傳〉에는 "中露, 露中也. 言有霑濡之辱, 而無所芘覆也"라 하여, '이슬을 맞고 있다'의 뜻으로 보았음. 이에 맞추어 풀이하였음. 혹 글자를 거꾸로 하여 韻을 맞춘 것이라 함. 〈鄭箋〉에는 "我若無君, 何爲處此乎? 臣又極諫之辭"라 함.

＊〈集傳〉에 "○舊說以爲黎侯失國而寓於衛, 其臣勸之曰:「衰微甚矣, 何不歸哉? 我若非以君之故, 則亦胡爲而辱於此哉?」"라 함.

(2) 賦

式微式微, 胡不歸?

微ᄒ며 微ᄒ거늘, 엇디 歸티 아니 ᄒᄂ뇨?

쇠미해지고 쇠미해지면서, 어찌 돌아가지 않으시나?

微君之躬, 胡爲乎泥中?

君의 躬 곳 아니면, 엇디 泥中(니중)애 ᄒ리오?

임금 자신의 몸만 생각하지 않는다면, 어찌 진흙에 묻혀 고통을 겪겠는가?

【微君之躬】'躬'은 몸. 임금의 몸. 여기서는 '임금께서 자신 몸 편한 것만 생각하는 것이 아니라면'의 뜻.

【泥中】〈毛傳〉에 "泥中, 衛邑也"라 하였으나, 〈集傳〉에는 "泥中, 言有陷溺之難, 而不見拯救也"라 하여, '진흙탕 속에서 빠져 나오기 어려움'이라 하였음.

1. 孔穎達 〈正義〉

此經二章, 皆臣勸以歸之辭. 此及〈旄丘〉, 皆陳黎臣之辭, 而在邶風者. 盖邶人述其意, 而作亦所以刺衛君也.

2. 朱熹 〈集傳〉

〈式微〉, 二章, 章四句: 此無所考, 姑從〈序說〉.

037(邶-12) 모구(旄丘)

*〈旄丘〉: 언덕. 앞이 높고 뒤가 낮은 언덕이라 함. 〈毛傳〉과 〈集傳〉에 "前高後下曰旄丘"라 함.
*이 시는 黎侯의 신하들이 자신들이 귀국하지 못하는 것은, 衛나라가 方伯과 連率(連帥)의 직무를 저버린 것이라 여겨 이를 책망한 것이라 함. 그러나 이 시는 귀족 부녀가 버림을 받고 쫓겨나 流離漂迫하면서 옛 사랑하던 사람을 원망하는 내용으로 보고 있음. 余冠英《詩經選譯》에 "女子呼愛人, 爲伯爲叔, 或白熟, 在《詩經》裏常見. '叔兮伯兮', 語氣象對兩人, 實際是對一人說話"라 하여 사랑하는 애인을 부르는 상투적 칭호라 하였음. 아울러 '不我以'의 '以'는 用과 같아 '나를 필요로 하지 않음'이며, '不我與'의 '與'는 '함께하다'와 '愛'의 뜻으로 '나를 함께하지 않음, 나를 사랑하지 않음'의 뜻으로 보아야 한다고 하였음.

> 〈序〉: 〈旄丘〉, 責衛伯也. 狄人迫逐黎侯, 黎侯寓于衛, 衛不能脩方伯·連率之職, 黎之臣子以責於衛也.

〈모구〉는 위나라 군주를 책망한 것이다. 狄人이 黎侯를 내쫓아, 여후가 위나라에 우거할 때, 위나라가 方伯과 連率 직무를 제대로 닦지 않자, 여나라 신하가 위나라에게 책임을 물은 것이다.

〈箋〉: 衛康叔之封, 爵稱侯. 今曰伯者, 時爲州伯也. 周之制: 使伯佐牧.《春秋傳》曰五侯九伯, 侯爲牧也.

※方伯·連率: '方伯'은 殷周시대 大諸侯로서의 통솔 직무, '連率'은 '連帥'로도 표기하며 十國 정도의 제후국을 통괄하여 인솔하는 책임.《禮記》王制篇에 "千里之外, 設方伯. …十國以爲連, 連有帥"이라 함. '黎侯'는 앞장(036)을 참조할 것.

*전체 4장. 매 장 4구씩(旄丘: 四章. 章四句).

(1) 興
旄丘之葛兮, 何誕之節兮?

旄丘(모구)의 葛이, 엇디 節(절)이 誕(탄)ᄒ뇨?

언덕 위에 칡이여, 마디가 어찌 저리도 벋어나갔는가?

叔兮伯兮, 何多日也?

叔이며 伯이, 엇디 日이 하뇨?

숙이여 백이여, 어찌 날짜가 이리 많은가?

【旄丘之葛】〈毛傳〉에 "興也. 諸侯之國, 以國相連屬, 憂患相及, 如葛之蔓延, 相連及也"라 함.

【誕】〈毛傳〉과 〈集傳〉에 "誕, 闊也"라 함. 〈鄭箋〉에는 "土氣緩則葛生闊, 節興者, 喩此時衛伯不恤其職, 故其臣於君事, 亦疏廢也"라 함. 馬瑞辰은 "何誕之節兮, 猶云何延其節也'. 延, 長也"라 하여 '延'의 뜻으로 보았음.

【叔・伯】〈集傳〉에 "叔伯, 衛之諸臣也"라 하였고, 〈鄭箋〉에도 "叔伯, 字也"라 하여, 叔과 伯을 衛의 신하의 이름(字)라 함. 춘추시대에는 같은 성씨(姬氏)의 제후국끼리는 서로 叔伯으로 불렀음.

【多日】〈毛傳〉에 "日月以逝, 而不我憂"라 하였고, 〈鄭箋〉에 "呼衛之諸臣叔與伯, 與女期迎我君而復之. 可來而不來, 女日數何其多也? 先叔後伯, 臣之命不以齒"라 함.

＊〈集傳〉에 "○舊說: 黎之臣子, 自言久寓於衛, 時物變矣. 故登旄丘之上, 見其葛長大而節疎闊, 因託以起興, 曰:「旄丘之葛, 何其節之闊也? 衛之諸臣, 何其多日而不見救也?」此詩本責衛君, 而但斥其臣, 可見其優柔而不迫也"라 함.

(2) 賦

何其處也? 必其與也.

엇디 그 處ᄒ엿ᄂ뇨? 반ᄃ시 與ᄒᄂ 니 잇도다.

어찌해 그렇게 머무시는지? 틀림없이 위나라와 관계 때문이리라.

何其久也? 必有以也!

엇디 그 오라뇨? 반ᄃ시 以(이) 잇도다!

어찌 그토록 오래 끄는가? 반드시 까닭이 있으리로다!

【處】〈集傳〉에 "處, 安處也"라 함.

【與】與國, 즉 同盟國. 衛나라와 黎나라의 관계를 가리킴. 〈集傳〉에 "與, 與國也"라 하였고, 〈毛傳〉에는 "言與仁義也"라 하였고, 〈鄭箋〉에 "我君何以處於此乎? 必以衛有仁義之道故也. 責衛今不行仁義"라 함.

【以】까닭, 다른 이유. 〈集傳〉에 "以, 他故也"라 하였고, 〈毛傳〉에는 "必以有功德"이라 하였으며, 〈鄭箋〉에는 "我君何以久留於此乎? 必以衛有功德故也. 又責衛今不務功德也"라 함.

＊〈集傳〉에 "○因上章「何多日也?」而言「何其安處而不來? 意必有與國相俟而俱來耳.」又言「何其久而不來? 意其或有他故, 而不得來耳.」詩之曲盡人情, 如此"라 함.

(3) 賦

狐裘蒙戎, 匪車不東.

狐裘(호구)ㅣ 蒙戎(몽융)ᄒᆞ니, 車ㅣ 東티 아닌ᄂᆞᆫ 주리 아니라,

여우가죽 갖옷 다 낡아 닳아가도록, 수레 동쪽으로 오지 않음이 없건만,

叔兮伯兮, 靡所與同!

叔이며 伯이, 더브러 同ᄒᆞᆯ 배 업도다!

숙이여 백이여, 더 이상 함께 더불어 할 수 없는 이들이구나!

【狐裘】여우가죽으로 만든 갖옷. 〈諺解〉 物名에 "狐:여ᅌᅮ"라 함. 〈毛傳〉과 〈集傳〉에 "大夫狐蒼裘"라 함.

【蒙戎】어지럽게 다 닳아 낡았음을 뜻하는 疊韻連綿語. 〈毛傳〉에 "蒙戎, 以言亂也"라 하였고, 〈集傳〉에는 "蒙戎, 亂貌, 言弊也"라 함. 한편 陸德明 〈釋文〉에는 "依《左傳》讀作'尨茸'"이라 함.

【匪車不東】'匪'는 '非'. 혹 '彼'의 뜻으로도 봄. '東'은 '동쪽으로 오다'는 뜻. '모든 수레는 동쪽으로 오지 않음이 없다'의 뜻. 〈毛傳〉에 "不東, 言不來東也"라 하였고, 〈鄭箋〉에 "刺衛君臣, 形貌蒙戎然, 但爲昏亂之行, 女非有戎車乎? 何不來東, 迎我君而復之? 黎國在衛西, 今所寓在衛東"이라 하여 黎君이 머물고 있는 곳이 동쪽 衛나라이므로 이렇게 표현한 것이라 함.

【靡所與同】함께 할 바가 없음. 함께 할 수 없음. '靡'는 無, 非, 未와 같음. 〈毛傳〉에 "無救患恤同也"라 하였고, 〈鄭箋〉에는 "衛之諸臣, 行如是, 不與諸伯之臣同. 言其非之特甚"이라 함.

〈集傳〉에 "○又自言「客久而裘弊矣. 豈我之車不東告於女乎? 但叔兮伯兮, 不與我
同心, 雖徃告之而不肯來耳.」 至是始微諷切之, 或曰:「狐裘蒙戎', 指衛大夫而譏其
憒亂之意; '匪車不東', 言非其車不肯東來救我也. 但其人不肯與俱來耳.」 今按: '黎
國在衛西', 前說近是"라 함.

(4) 賦

瑣兮尾兮, 流離之子.

瑣(쇄)호며 尾혼 이, 流離(류리)혼 子ㅣ로다.

어릴 땐 예쁘고 고운 것은, 올빼미 새끼.

叔兮伯兮, 褎如充耳!

叔이며 伯이, 褎(우)히 耳를 充혼 듯호도다!

숙이여 백이여, 웃기만 하며 귀마개를 하여 듣지 못하는 것 같구나!

【瑣兮尾兮】〈毛傳〉에 "瑣尾, 少好之貌.
少好長醜, 始而愉樂, 終以微弱"이라 하
여, '어렸을 때의 예쁜 모습, 어렸을 때
는 예쁘나 자라서는 추한 것'이라 하였
고, 〈集傳〉에는 "瑣, 細;尾, 末也"라 함.
吳闓生 〈會通〉에는 "瑣 小也;尾, 微也"
라 함.

【流離】雙聲連綿語의 새 이름. 〈鄭箋〉
에 "衛之諸臣, 初有小善, 終無成功, 似
流離也"라 하였고, 〈集傳〉에는 "流離,
漂散也"라 하여 '흘러 떠돌다'의 雙聲連
綿語로 보이나 〈音義〉에는 "流離, 鳥也.
又作鶹離. ……《爾雅》云:「鳥少美而長醜,
爲鶹鷅.」《草木疏》云:「梟也. 關西謂之流
離. 大則食其母.」"라 하여 鳥名, 즉 올빼
미(梟)라 하였음.

【褎如充耳】'褎'는 '우'(音又)로 읽음. 〈毛
傳〉에 "褎, 盛服也;充耳, 盛飾也. 大夫褎然, 有尊盛之服, 而不能稱也"라 하였으

나, 〈鄭箋〉에는 "充耳, 塞耳也. 言衛之諸臣, 顔色褎然, 如見塞而無聞知也. 人之耳聾, 恒多笑而已"라 하여 '귀마개를 하여 아무것도 듣지 못함을 이른 것'이라 하였음. 한편 〈集傳〉에도 "褎, 多笑貌; 充耳, 塞耳也. 耳聾之人, 恒多笑"라 함. '充耳不聞'을 뜻함.

＊〈集傳〉에 "○言「黎之君臣, 流離瑣尾, 若此. 其可憐也, 而衛之諸臣, 褎然如塞耳, 而無聞何哉?」 至是然後, 盡其辭焉. 流離患難之餘, 而其言之有序而不迫, 如此其人, 亦可知矣!"라 함.

참고 및 관련 자료

1. 孔穎達 〈正義〉

作〈旄丘〉詩者, 責衛伯也. 所以責之者, 以狄人迫逐黎侯, 故黎侯出奔來寄於衛, 以衛爲州伯當脩連率之職, 以救於己, 故奔之. 今衛侯不能脩方伯連率之職, 不救於己, 故黎侯之臣子, 以此言責衛而作此詩也.

2. 朱熹 〈集傳〉

〈旄丘〉, 四章, 章四句: 說同上篇.

038(邶-13) 간혜(簡兮)

*〈簡兮〉: '簡'은 〈毛傳〉에 "簡, 大也"라 하였고, 〈鄭箋〉에는 "簡, 擇"이라 하여 '簡擇'의 뜻으로 보았음. 그러나 〈集傳〉에 "簡, 簡易不恭之意"라 하여 '거만하여 쉽게 여기면서 공손하지 못한 모습'이라 하였음. 한편 孔穎達 〈疏〉에는 '大德'으로 보았고, 나아가 '鼓聲'(북소리)로 보는 견해도 있음. 그런가 하면 兪曲園은 '僩'과 같은 뜻으로 '씩씩하다'의 의미로 보기도 하였음. 朱熹의 의견에 따라 풀이함.
*이 시는 나라에 현능한 이를 등용하지 못함을 안타깝게 여긴 것이라 함.

> <序>: <簡兮>, 刺不用賢也. 衛之賢者仕於伶官, 皆可以承事王者也.

〈간혜〉는 현능한 이를 등용하지 않음을 풍자한 것이다. 위나라 현자는 伶官의 낮은 벼슬자리에 있었으나 모두가 王道의 사업을 이어받을 만한 이들이었다.

〈箋〉: 伶官, 樂官也. 伶氏世掌樂官, 而善焉. 故後世多號樂官爲伶官.

*전체 4장. 3장은 4구씩, 1장은 6구(簡兮: 四章. 三章章四句, 一章章六句). 〈集傳〉에는 〈舊本〉에는 "三章, 章六句라 하였으나 개정함"(舊三章六句, 今改定)이라 하였음.

(1) 賦
簡兮簡兮! 方將萬舞.

簡(간)호며 簡히! 보야흐로 쟝춧 萬(만)으로 舞(무)호라.

거만하며 거만하도다! 만무 춤을 사방에 벌이로다.

日之方中, 在前上處!

日이 보야흐로 中호얏거늘, 前上處의 在(지)호라!

해는 남중한 정오에, 앞줄 맨 위에 자리를 잡고 있네!

【簡兮】〈鄭箋〉에 "「擇兮擇兮」者, 爲且祭祀, 當萬舞也"라 함.

【方】四方. 〈毛傳〉에 "方, 四方也"라 함.

【將】실행함. 실시함. 〈毛傳〉에 "將, 行也"라 함. 그러나 〈鄭箋〉에는 "將, 且也"라
함.

【萬舞】춤 이름. 방패와 도끼, 깃을 들고 추는 춤. 〈毛傳〉에 "以干羽爲萬舞, 用之
祭祀山川, 故言於四方"이라 하였고, 〈鄭箋〉에는 "萬舞, 干羽也"라 함. 〈集傳〉에
는 "萬者, 舞之總名. 舞用干戚, 文用羽籥也"라 함.

【日之方中】해가 正南方에 있을 때인 正午. 南中. 〈毛傳〉에 "敎國子弟, 以日中爲期"
라 함.

【在前上處】前列의 윗자리에 있음. 〈鄭箋〉에 "在前上處者, 在前列上頭也.《周禮》
大胥:「掌學士之版, 以待致諸子. 春入學舍, 采合舞"라 함. 〈集傳〉에는 "日之方中,
在前上處', 言當明顯之處"라 함.

＊〈集傳〉에 "○賢者不得志, 而仕於伶官, 有輕世肆志之心焉. 故其言如此, 若自譽
而實自嘲也"라 함.

(2) 賦

碩人俁俁, 公庭萬舞.

碩(석)흔 人이 俁俁(우우)ᄒ니, 公庭의셔 萬으로 舞ᄒ놋다.

큰 사람 덩치 크고 멋진 모습, 공후의 뜰에서 만무 춤을 추는구나.

有力如虎, 執轡如組!

힘 이슘이 虎 ᄀᆞᆮᄐ며, 轡(비)ㅣ 執(집)홈을 組(조)ᄀᆞ티 ᄒ놋다!

힘 세기는 마치 호랑이 같고, 잡은 말고삐는 실을 꼬듯 부드럽네!

【碩人】훌륭한 人物. '碩'은 '大'의 뜻. 〈毛傳〉에 "碩人, 大德也"라 하였고, 〈集傳〉에
도 "碩, 大也"라 함.

【俁俁】크고 멋진 모습. 〈毛傳〉에 "俁俁, 容貌大也"라 하였고, 〈集傳〉에 "俁俁, 大
貌"라 함. '俁'는 '우'(疑矩反)로 읽음. 〈毛傳〉에 "萬舞非但在四方, 親在宗廟公庭"이
라 함. 〈音義〉에 의하면《韓詩》에는 "扈扈"라 하고 '美貌'라 풀이하였다 함.

【公庭】宮中 뜰. 公은 諸侯의 작위.

【虎】〈諺解〉 物名에 "虎:범"이라 함.

【執轡】'轡'는 말의 고삐. 馬繮繩. 〈集傳〉에 "轡, 今之韁也"라 함.

【組】실로 옷감 등을 짜는 훌륭한 솜씨. 〈毛傳〉에는 "組, 織組也. 武力比於虎, 可以御亂御衆, 有文章, 言能治衆動於近, 成於遠也"라 하였고, 〈鄭箋〉에는 "碩人有御亂御衆之德, 可任爲王臣"이라 함. 〈集傳〉에는 "組, 織絲爲之, 言其柔也. 御能使馬, 則轡柔如組矣"라 하여 부드럽게 다룸을 뜻한다 하였음.
＊〈集傳〉에 "○又自譽其才之無所不備, 亦上章之意也"라 함.

(3) 賦

左手執籥, 右手秉翟.

左手로 籥(약)을 잡고, 右手로 翟(뎍)을 잡오라.

왼 손엔 피리를 잡고, 오른 손엔 꿩 깃을 잡고,

赫如渥赭, 公言錫爵!

赫(혁)히 渥(악)흔 赭(쟈)근거늘, 公이 爵(쟉)을 주시다!

붉기가 마치 짙은 단주를 바른 듯, 공께서 술잔을 하사하네!

【籥】피리의 일종. 〈毛傳〉에 "籥, 六孔"이라 하였고, 〈鄭箋〉에는 "以竹爲之, 長三尺, 執之以舞"라 함.
【翟】〈毛傳〉에 "翟, 翟羽也"라 하였고, 〈集傳〉에는 "執籥秉翟者, 文舞也. 籥如笛而六孔, 或曰三孔. 翟, 雉羽也"라 함. 〈鄭箋〉에 "碩人多才多藝, 又能籥舞. 言文武道備"라 함.
【赫】〈毛傳〉과 〈集傳〉에 "赫, 赤貌"라 함.

【渥赭】'渥'은 〈毛傳〉과 〈集傳〉에 "渥, 厚漬也"라 하였고, '赭'는 〈集傳〉에 "赭, 赤色
也. 言其顔色之充盛也"라 함. 혹 붉은 색 顔料 丹朱를 만드는 赭石이라고도 함.
【言】語助辭.
【錫】윗사람이 아랫사람에게 내림. 賜와 같음.
【爵】술잔. 〈毛傳〉에 "祭有畀煇胞翟, 閽寺者, 惠下之道, 見惠不過一散"이라 하였
고, 〈鄭箋〉에는 "碩人容色, 赫然如厚傅丹, 君徒賜其一爵而已. 不知其賢而進用之,
散受五升"이라 함. 〈集傳〉에는 "公言錫爵, 卽《儀禮》燕飮而獻工之禮也. 以碩人而
得此, 則亦辱矣. 乃反以其賚予之親, 洽爲榮而誇美之, 亦玩世不恭之意也"라 함.

(4) 興

山有榛, 隰有苓.

山애 榛(진)이 이시며, 隰(습)에 苓(령)이 잇도다.

산에는 개암나무, 진펄는 감초풀.

云誰之思? 西方美人.

누를 思ᄒᆞᄂᆞ뇨? 西方의 美ᄒᆞᆫ 人이로다.

누구 생각하는가? 서방의 미인일세.

彼美人兮, 西方之人兮!

뎌 美ᄒᆞᆫ 人이여, 西方읫 사ᄅᆞᆷ이로다!

저 미인이여, 서방의 사람이로다!

【榛】개암나무. 낙엽관목. 황갈색 꽃이 피며, 열매를 개암이라 함. 〈諺解〉 物名에
"榛:개얌"이라 함. 〈毛傳〉에 "榛, 木名"이라 하였고, 〈鄭箋〉에 "榛, 本亦作蓁, 子可
食"이라 하였고, 〈集傳〉에는 "榛, 似栗而小"라 함.
【隰】〈毛傳〉과 〈集傳〉에 "下濕曰隰"이라 함.
【苓】약초의 일종. 구체적으로 알 수 없으나 혹 甘草, 蒼耳(도꼬마리), 黃藥, 地黃
등 여러 설이 있음. 〈諺解〉 物名에는 "苓:감초"라 함. 〈毛傳〉에는 "苓, 大苦"라 하
였고, 〈鄭箋〉에는 "《本草》云: 甘草"라 함. 〈鄭箋〉에 "榛也, 苓也, 生各得其所以,
言碩人處非其位"라 함. 〈集傳〉에는 "苓, 一名大苦. 葉似地黃, 卽今甘草也"라 하
여 甘草라 함.

山有榛
集傳榛似栗而小○爾雅
翼禮記鄭玄註言關中甚
多此果蓋關中秦地也榛之
從秦蓋取此意榛子從朝
鮮來此方亦多有之

【云誰之思】‘云’과 ‘之’는 모두 助字. ‘누구를 생각하는가’의 뜻.

【西方美人】〈鄭箋〉에 “我誰思乎? 思周室之賢者, 以其宜薦碩人與在王位”라 하였고, 〈集傳〉에는 “西方美人, 託言以指西周之盛王. 如〈離騷〉亦以美人目其君也. 又曰西方之人者, 歎其遠而不得見之辭也”라 함.

【彼美人】〈毛傳〉에는 “乃宜在王室”이라 하였고, 〈鄭箋〉에는 “彼美人, 謂碩人也”라 함.

＊〈集傳〉에 “○賢者, 不得志於衰世之下國, 而思盛際之顯王, 故其言如此而意遠矣”라 함.

참고 및 관련 자료

1. 孔穎達〈正義〉

作〈簡兮〉詩者, 刺不能用賢也. 衛之賢者, 仕於伶官之賤職, 其德皆可以承事王者, 堪爲上臣, 故刺之. 伶官者, 樂官之總名.

2. 朱熹〈集傳〉

〈簡兮〉, 四章, 三章 章四句, 一章六句:

舊三章, 章六句, 今改定.

張子曰:「爲祿仕而抱關擊柝, 則猶恭其職也. 爲伶官, 則雜於侏儒俳優之間, 不恭甚矣. 其得謂之賢者, 雖其迹如此, 而其中固有以過人. 又能卷而懷之, 是亦可以爲賢矣. 東方朔似之.」

039(邶-14) 천수(泉水)

*〈泉水〉: 샘물. 〈集傳〉에는 "泉水, 卽今衛州共城之百泉也"라 하여 구체적인 샘물 이름이라 하였음.
*이 시는 「鄘風」〈載馳〉와 같은 내용으로 衛 宣公의 딸 許穆夫人이 어버이의 죽음과 조국을 그리워하면서 읊은 시라 함.

<序>: <泉水>, 衛女思歸也. 嫁於諸侯, 父母終, 思歸寧而不得, 故作是詩以自見也.

〈천수〉는 위나라 여자가 돌아가고 싶어 한 것이다. 제후에게 시집가서 부모가 생을 마치자 친정에 가고 싶으나 갈 수 없어, 그 때문에 이 시를 지어 자신의 심사를 표현한 것이다.

〈箋〉: 以自見者, 見己志也. 國君夫人, 父母在, 則歸寧; 没則使大夫寧於兄弟. 衛女之思歸, 雖非禮, 思之至也.

*전체 4장. 매 장 6구씩(泉水:四章. 章六句).

(1) 興
毖比泉水, 亦流于淇.
毖(비)혼 뎌 泉水(천수)도, 쏘혼 淇(긔)로 流(류)ᄒ놋다.
졸졸 솟아나는 샘물도, 기수 찾아 흐르거니와,

有懷于衛, 靡日不思.
衛예 懷홈이 이셔, 日로 思티 아닌 적 업시 ᄒ니,
衛나라 그리워함을, 어느 날인들 생각지 않은 적이 없었네.

孌彼諸姬, 聊與之謀!
孌(련)혼 뎌 모든 姬(희)와, 애아로시 더브러 謀(모)호라!
어여쁜 저 언니 동생들과, 함께 애오라지 계책을 세워보리라!

【毖】샘물이 솟아나 흐르는 모습을 뜻함. 〈毛傳〉에 "興也. 泉水始出, 毖然流也"라 함. 馬瑞辰 〈通釋〉에 "毖者, 泌之假借. ……泌亦泉水涌出之貌"라 하여 '泌'의 가차라 하였음. 〈集傳〉에도 "毖泉始出之貌"라 함.

【泉水】〈集傳〉에 "泉水, 卽今衛州共城之百泉也"라 하여 衛州 共城의 百泉이라 함.

【淇】衛나라를 흐르는 물. 〈毛傳〉에 "淇, 水名也"라 하였고, 〈鄭箋〉에는 "泉水流而入淇, 猶婦人出嫁於異國"이라 함. 〈集傳〉에는 "淇水, 出相州林廬縣東流, 泉水自西北而東南來注之"라 함.

【有懷于衛】〈鄭箋〉에 "懷, 至"라 함.

【靡日不思】'靡'는 無와 같음. 하루도 생각하지 않은 날이 없음. 〈鄭箋〉에 "靡, 無也. 以言我有所至念於衛, 我無日不思也. 所至念者, 謂諸姬·諸姑·伯姊"라 함.

【孌】〈毛傳〉과 〈集傳〉에 "孌, 好貌"라 함.

【諸姬】시집올 때, 따라온 同姓의 女性들. '姬'는 衛나라는 周와 同姓諸侯였음. 〈毛傳〉에 "諸姬, 同姓之女"라 하였고, 〈鄭箋〉에는 "諸姬者, 未嫁之女, 我且欲略與之謀, 婦人之禮, 觀其志意, 親親之思也"라 함. 〈集傳〉에는 "諸姬, 謂姪娣也"라 함. 陳奐 〈傳疏〉에는 "衛姬姓. 衛女嫁諸侯, 有姪娣從, 故以諸姬爲同姓之女"라 함.

【聊】〈毛傳〉에 "聊, 願也"라 하였으나, 〈鄭箋〉에는 "聊, 且略之辭"라 함.

＊〈集傳〉에 "○衛女嫁於諸侯, 父母終, 思歸寧而不得, 故作此詩. 言「毖然之泉水, 亦流于淇矣. 我之有懷于衛, 則亦無日而不思矣. 是以卽諸姬, 而與之謀衛歸.」衛之計, 如下兩章之云也"라 함.

(2) 賦

出宿于泲, 飮餞于禰.

泲(자)애 出흐야 宿흐고, 禰(녜)예 餞(젼)을 飮(음)흐니,

자(泲) 땅에서 자고 나와, 예(禰) 땅에서 전송의 술잔을 기울였었지.

女子有行, 遠父母兄弟.

女子의 行 둠이, 父母와 兄弟를 멀이 흔 디라,

여자로서의 도리란, 부모 형제를 멀리 떠날 수밖에 없는 것,

問我諸姑, 遂及伯姊!

우리 모든 姑(고)드려 묻고, 드듸여 伯姊(빅쥐)의게 及(급)호라!

고모들에게 물었었고, 큰언니에게도 언제 다시 만날지 물었었지!

【沘‧禰】〈毛傳〉에 둘 모두 "沘, 地名; 禰, 地名"이라 하였고, 〈鄭箋〉에는 "沘禰者, 所嫁國"이라 하였으며, 〈集傳〉에는 "沘, 地名; 禰, 亦地名. 皆自衛來時所經之處也"라 하여 시집올 때 거쳐 온 곳들이라 하였음. 〈鄭箋〉에도 "適衛之道所經, 故思 宿餞"이라 함.

【飮餞】送別宴. 路祭. '餞'은 祖餞의 줄인 말. '餞行'과 같으며 먼 길을 떠나는 사 람을 위해 여는 잔치.《四民月令》에 의하면 고대 黃帝의 아들 유조(纍祖)가 먼 길을 떠나 도중에 죽자 사람들이 그를 '路神'으로 여겨 길 떠나는 자를 보호해 달라는 뜻으로 祭를 올리기 시작한 것에서 유래되었다 함. 〈毛傳〉에는 "祖而舍 軷, 飮酒於其側曰餞, 重始有事於道也"라 하였고, 〈集傳〉에는 "飮餞者, 古之行者, 必有祖道之祭. 祭畢, 處者送之, 飮於其側, 以後行也"라 함.

【女子有行】出嫁할 때 여자로서의 禮道. 〈鄭箋〉에 "行, 道也. 婦人有出嫁之道, 遠 於親親, 故禮緣人情, 使得歸寧"이라 함.

【諸姑‧伯姊】'諸姑'는 여러 姑母들. '伯姊'는 맏언니. 〈毛傳〉에 "父之姊妹稱姑, 先 生曰姊"라 하였고, 〈鄭箋〉에는 "寧則又問姑及姊, 親其類也. 先姑侯姊, 尊姑也"라 함. 그러나 〈集傳〉에는 "諸姑伯姊, 卽所謂諸姬也"라 함.

＊〈集傳〉에 "○言「始嫁來時, 則固已遠其父母兄弟矣. 況今父母旣終, 而復可歸哉? 是以問於諸姑伯姊, 而謀其可否云耳.」鄭氏曰:「國君夫人, 父母在則歸寧, 沒則使 大夫寧於兄弟.」"라 함.

(3) 賦

出宿于干, 飮餞于言.

干(간)의 出ᄒᆞ야 宿ᄒᆞ고, 言에 餞을 飮ᄒᆞ야,

간(干) 땅에서 자고 나와, 언(言) 땅에서 전별의 술잔을 마셨지.

載脂載舝, 還車言邁.

곧 脂(지)ᄒᆞ며 곧 舝(할)ᄒᆞ야, 車를 還(선)ᄒᆞ야 邁(매)ᄒᆞ면,

수레 굴대에 기름 치고, 수레 돌려 달렸었지.

遄臻于衛, 不瑕有害?

샐리 衛예 臻(진)ᄒᆞ련마ᄂᆞᆫ, 아니 엇던 害(해) 이실가?

빠르게 달려 위나라에 이른들, 무슨 일이 있겠는가?

【干·言】시집간 나라의 교외. 〈毛傳〉에 "干·言, 所適國郊也"라 하였고, 〈鄭箋〉에는
"干·言, 猶沚禰, 未聞遠近同異"라 함. 〈集傳〉에는 "干·言, 地名. 適衛所經之地也"
라 함.

【載】語助辭.

【脂】수레 軸에 바르는 윤활유. 〈毛傳〉에 "脂牽其車, 以還我行也"라 하였고, 〈集
傳〉에 "脂, 以脂膏塗其輋, 使滑澤也"라 함.

【輋】쇠로 만든 수레의 축. 〈集傳〉에 "輋, 車軸也. 不駕則脫之, 設之以後行也"라
하였고, 陸德明 〈釋文〉과 〈音義〉에 "車軸頭金也"라 함.

【還車】'還'은 '선'으로 읽으며 수레를 되돌림. 〈集傳〉에 "還, 回旋也, 旋其嫁來之車
也"라 함.

【言】나. 〈鄭箋〉에는 "言還車者, 嫁時乘來, 今思乘以歸"라 함.

【邁】빠르게 감. 혹 '멀다'(遠)의 뜻이라고도 함.

【遄臻】빠르게 감. 〈毛傳〉과 〈集傳〉에 "遄, 疾; 臻, 至"라 함.

【瑕】〈毛傳〉에는 "瑕, 遠也"라 하여 '遐'의 뜻으로 보았으나, 〈集傳〉에는 "瑕, 何,
古音相近通用. 言:「如是則其至衛疾矣. 然豈不害於義理乎?」疑之而不敢遂之辭也"
이라 하여 의문사 '何'로 보았으며, 〈鄭箋〉에는 "瑕, 猶過也"라 함. 王引之 〈經傳
釋文〉에도 "瑕, 何也. ……'瑕不', 皆謂'何不'也"라 하였고, 馬瑞辰 〈通釋〉에도 "瑕·
何, 古通用, 遐之言胡也, ……'不遐', 猶云'不無', 疑之之詞也"라 함.

【害】疑問詞. '何'와 같음. 雙聲互訓. 〈鄭箋〉에 "害, 何也. 我還車疾至於衛, 而返於
行, 無過差, 有何不可以止我?"라 함.

(4) 賦
我思肥泉, 茲之永歎.

내 肥泉(비천)을 思ᄒ야, 이에 기리 歎(탄)호라.

나는 비천 땅을 그리워하며, 이에 그저 길게 탄식하네.

斯須與漕, 我心悠悠.

須(슈)와 다(뭇) 漕(조)를 思ᄒ니, 내 ᄆ음이 悠悠ᄒ도다.

수 땅과 조 땅은, 내 마음 끝없게 하네.

駕言出遊, 以寫我憂!

駕(가)ᄒ야 出遊ᄒ야, 뼈 내 憂를 寫(샤)홀가!

가마타고 나가 노닐며, 내 근심을 떨쳐버릴까!

수레 타고 밖에 나가, 이 내 시름 없애볼까!

【肥泉】〈集傳〉에 "肥泉, 水名"이라 하였고, 〈毛傳〉에는 "所出同, 所歸異爲肥泉"이
라 하여 같은 원천에서 나왔으나 다른 곳으로 흘러드는 샘물이라 하였음.

【玆】〈鄭箋〉에 "玆, 此也. 自衛而來所渡水, 故思此而長歎"이라 함. 疊韻互訓.

【須·漕】〈毛傳〉과 〈集傳〉에 "須漕, 衛邑也"라 하였고, 〈鄭箋〉에는 "自衛而來所經
邑. 故又思之"라 함.

【悠悠】〈集傳〉에 "悠悠, 思之長也"라 함.

【言】語助詞. 그러나 '我', '以', '而', '用' 등의 뜻을 가지고 있음.

【寫】〈毛傳〉과 〈集傳〉에 "寫, 除也"라 함. '瀉'와 같은 뜻. 근심 따위를 쏟아내어
없앰. 〈鄭箋〉에는 "旣不得歸寧, 且欲乘車出遊, 以除我憂"라 함. 〈集傳〉에 "旣不
敢歸, 然其思衛地, 不能忘也. 安得出遊於彼, 而寫其憂哉!"라 함.

> ### 참고 및 관련 자료
>
> 1. 孔穎達〈正義〉
> 此時, 宣公之世. 宣父莊, 兄桓. 此言父母已終, 未知何君之女也. 言嫁於諸侯, 必
> 爲夫人, 亦不知所適何國. 蓋時簡札不記, 故序不斥言也.
>
> 2. 朱熹〈集傳〉
> 〈泉水〉, 四章, 章六句:
> 楊氏曰:「衛女思歸, 發乎情也. 其卒也不歸, 止乎禮義也. 聖人著之於經, 以示後世
> 使知適異國者, 父母終, 無歸寧之義, 則能自克者, 知所處矣.」

040(邶-15) 북문(北門)

＊〈北門〉: 城의 北門. 北은 어둡고 침침하여, 不幸을 상징함.〈毛傳〉에 "北門, 背明鄉陰"이라 하였고,〈集傳〉에도 "北門, 背陽向陰"이라 함.
＊이 시는 지위는 낮고 직무는 무거운 小吏가 곤궁에 처해 이를 호소할 데가 없음을 읊은 것임.

〈序〉: 〈北門〉, 刺仕不得志也. 言衛之忠臣不得其志爾.

〈북문〉은 벼슬하는 자가 뜻을 얻지 못함을 풍자한 것이다. 위나라 충신이 그 뜻을 얻지 못하고 있음을 말한 것이다.

〈箋〉: 不得其志者, 君不知己志而遇困苦.

＊전체 3장. 매 장 7구씩(北門: 三章. 章七句).

(1) 比

出自北門, 憂心殷殷.

出홈을 北門(븍문)으로브터 ᄒ야, ᄆᆞ음애 憂홈을 殷殷(은은)호라.

북문으로부터 나와, 마음이 근심 속에 쌓였네.

終窶且貧, 莫知我艱.

ᄆᆞ춤내 窶(구)ᄒ고 ᄯᅩ 貧(빈)ᄒ거늘, 내 艱(간)홈을 아디 몯ᄒᄂ다.

끝내 궁벽하고 빈한한데도, 내 어려움을 알아주지 않네.

已焉哉! 天實爲之, 謂之何哉?

마롤 디라! 하ᄂᆞᆯ히 진실로 ᄒ시니, 니른 ᄃᆞᆯ 엇디ᄒ리오?

어쩔 수 없도다! 하늘이 실로 이렇게 해놓았으니, 말한들 어쩌겠는가?

【出自北門】〈鄭箋〉에 "自, 從也. 興者, 喩己仕於闇君, 猶行而出北門, 心爲之憂殷殷然"이라 함.

【殷殷】근심하는 모습을 표현한 疊語. 〈集傳〉에 "殷殷, 憂也"라 함.
【且】'게다가'의 뜻. 두 가지를 묶어 강조할 때의 표현법.
【窶·貧】窶는 '구'(其矩反)로 읽음. 〈毛傳〉에 "窶者, 無禮也; 貧者, 困於財"라 하여 '窶'는 禮를 갖추지 못할 정도로 궁벽함을 뜻함. 〈集傳〉에는 "窶者, 貧而無以爲 禮也"라 함.
【艱】〈鄭箋〉에는 "艱, 難也. 君於己, 祿薄, 終不足以爲禮. 又近困於財, 無知己, 以 此爲難者. 言君旣然矣, 諸臣亦如之"라 함.
【已焉哉】'끝났도다, 어쩔 수 없다'의 뜻.
【天實爲之】하늘이 그렇게 하는 것임.
【謂之何哉】'謂'에 대해 馬瑞辰〈通釋〉에 "按謂, 猶奈也"라 함. 그러나 〈鄭箋〉에는 "謂, 勤也. 詩人事君, 無二志, 故自決歸之於天"이라 함.
＊○〈集傳〉에 "衛之賢者, 處亂世事暗君, 不得其志. 故因出北門而賦, 以自比. 又歎 其貧窶, 人莫知之, 而歸之於天也"라 함.

(2) 賦

王事適我, 政事一埤益我.

王의 事ㅣ 내게 適(뎍)ᄒ엿거늘, 政事ㅣ 흔골ᄋᆞ티 내게 두터이 益(익)ᄒ 놋다.

나랏일 내게 던져졌고, 행정업무는 모두 나에게 더욱 쏟아져오네.

我入自外, 室人交徧讁我.

내 入흠을 밧그로부터 호니, 집사름이 서르 다 나를 讁(뎍)ᄒᄂ다.

밖에서 돌아오면, 식구 돌아가며 번갈아 모두 날 책하네.

已焉哉! 天實爲之, 謂之何哉?

마롤 디라! 하늘히 진실로 ᄒ시니, 니른 들 엇디ᄒ리오?

어쩔 수 없도다! 하늘이 실로 이렇게 해놓았으니, 말한들 어쩌겠는가?

【王事】公事. 國事. 나라를 위한 公務의 일. 〈集傳〉에 "王事, 王命使爲之事也"라 함.
【適我】나에게 맡겨짐. 나에게 던져놓음. '適'은 '投'의 뜻. 馬瑞辰〈通釋〉에 "適, 當 爲擿之省. ……《說文》: 擿字注: 「一曰投也.」"라 함. 부세의 업무가 자신에게 던져 짐. 그러나 〈毛傳〉과 〈集傳〉에는 "適, 之也"라 함.

【政事】〈集傳〉에 "政事, 其國之政事也"라 함.

【一】〈集傳〉에 "一, 猶皆也"라 하여, '모두, 한결같이'의 뜻.

【埤益】〈毛傳〉과 〈集傳〉에 "埤, 厚也"라 함. '益'은 加의 뜻. 〈鄭箋〉에는 "國有王命, 投使之事, 則不以之彼, 必來之我; 有賦稅之事, 則減彼一而益我. 言君政偏己兼其苦"라 함.

【室人】가족. 〈集傳〉에 "室, 家"라 함.

【交徧】'번갈아 가면서 모두가'의 뜻. '徧'은 遍과 같음.

【讁】'謫'과 같음. 견책함. 詰責함. 〈毛傳〉과 〈集傳〉에 "讁, 責也"라 하였고, 〈鄭箋〉에 "我從外而入, 在室之人, 更迭徧來, 責我使己去也. 言室人亦不知己志"라 함.

＊〈集傳〉에 "王事旣適我矣. 政事又一切以埤益我, 其勞如此, 而窶貧又甚. 室人至無以自安, 而交徧讁我, 則其困於內外極矣"라 함.

(3) 賦

王事敦我, 政事一埤遺我.

王의 事ㅣ 내게 敦(퇴)ᄒ엿거늘, 政事ㅣ 흔글ᄀ티 내게 두터이 遺(유)ᄒ놋다.

나랏일은 나에게 던져지고, 행정업무는 모두가 나에게 가중되네.

我入自外, 室人交遍摧我.

내 入홈을 밧그로브터 ᄒ니, 집사름이 서르 다 나를 摧(최)ᄒ놋다.

밖에서 돌아오면, 식구들은 번갈아 모두 나를 좌절시키며 기롱하네.

已焉哉! 天實爲之, 謂之何哉?

마롤 디라! 하늘히 진실로 ᄒ시니, 니른 들 엇디ᄒ리오?

어쩔 수 없도다! 하늘이 실로 이렇게 해놓았으니, 말한들 어쩌겠는가?

【敦】'퇴'(都回反)로 읽음. 〈毛傳〉에 "敦, 厚"라 하였으나 〈鄭箋〉과 〈集傳〉에는 "敦, 猶投擲也"라 하여 '던져지다'라 하였음. 馬瑞辰 〈通釋〉에는 "敦, 爲槌之假借. 敦與槌雙聲, 槌借作敦, ……〈釋文〉引《韓詩》: 「敦, 迫.」"이라 함.

【埤遺】두텁게 加해짐. 〈毛傳〉과 〈集傳〉에 "遺, 加也"라 함.

【摧】꺾음, 좌절시킴. 沮喪시킴. 〈毛傳〉과 〈集傳〉에 "摧, 沮也"라 하였고, 〈鄭箋〉에

는 "摧者, 刺譏之言"이라 하여 자극하고 기롱하는 말이라 함. 〈音義〉에는 "《韓詩》作譧"라 함.

참고 및 관련 자료

1. 孔穎達〈正義〉

謂衛君之闇不知士有才能, 不與厚祿. 使之困苦, 不得其志, 故刺之也. 經三章皆不得志之事也. 言士者, 有德行之稱, 其仕爲官尊卑不明也.

2. 朱熹〈集傳〉

〈北門〉, 三章, 章七句:

楊氏曰:「忠信重祿, 所以勸士也. 衛之忠臣, 至於窶貧, 而莫知其艱, 則無勸士之道矣. 仕之所以不得志也. 先王視臣如手足, 豈有以事投遺之, 而不知其艱哉? 然不擇事而安之, 無懟憾之辭, 知其無可奈何, 而歸之於天, 所以爲忠臣也.」

041(邶-16) 북풍(北風)

*〈北風〉: 북쪽 바람. 朔風과 같은 뜻으로 춥고 냉함을 상징함. 〈毛傳〉에 "興也. 北風, 寒涼之風"이라 하였고, 〈集傳〉에도 "北風, 寒涼之風也"라 함.
*이 시는 衛나라의 학정에 견디지 못한 백성들이 가족을 이끌고 뿔뿔이 흩어 짐을 읊은 것. 그러나 일설에는 사랑하는 두 사람이 겨울 풍설을 헤치고 함께 돌아가는 심정을 노래한 것이라고도 함.

> **〈序〉: 〈北風〉, 刺虐也. 衛國並爲威虐, 百姓不親, 莫不相攜持而去焉.**
> 〈북풍〉은 학정을 풍자한 것이다. 위나라는 군신이 함께 위엄과 학정을 저질러 백성들이 서로 화목하지 못하여 서로 손을 잡고 떠나지 않은 이가 없었다.

*전체 3장. 매 장 6구씩(北風: 三章. 章六句).

(1) 比
北風其凉, 雨雪其雱.
北風(북풍)이 그 凉(량)ᄒ며, 雨ᄒᄂ 雪(셜)이 그 雱(방)히 ᄒ놋다.
북풍의 그 싸늘함이여, 눈까지 펑펑 내리네.

惠而好我, 攜手同行.
惠ᄒ야 나를 好ᄒᄂ 니로, 手를 攜(휴)ᄒ야 ᄒ 가지로 行호리라.
사랑을 베풀어 나를 사랑하는 이와, 손을 잡고 함께 떠나네.

其虛其邪? 旣亟只且!
그 虛(허)히 ᄒ며 그 邪(셔)히 ᄒ랴? 이믜 亟(극)ᄒ도다!
그들이 관용을 베풀며 느슨하게 다스리겠어? 어서 빨리 떠나야 해!

【北風】〈毛傳〉에 "興也. 北風, 寒涼之風"이라 하였고, 〈集傳〉에도 "北風, 寒涼之風
也"라 함.

【涼】찬 기운. 〈集傳〉에 "涼, 寒氣也"라 함.

【雨雪】눈이 내림. '雨'는 動詞.

【雱】눈이 심하게 내림. 〈毛傳〉에 "雱, 盛貌"라 하였고, 〈集傳〉에도 "雱, 雪盛貌"
라 함. 〈鄭箋〉에 "寒涼之風, 病害萬物, 興者喩君, 政敎酷暴, 使民散亂"이라 함.

【惠】〈毛傳〉과 〈集傳〉에 "惠, 愛"라 함.

【攜手】손을 잡음. '攜'는 携의 本字.

【同行】함께 감. 〈毛傳〉에 "行, 道也"라 하였고, 〈鄭箋〉에 "性仁愛而又好我者, 與
我相攜持同道而去, 疾時政也"라 함. 〈集傳〉에는 "行, 去也"라 함.

【虛】관용을 베푸는 척함. 〈毛傳〉에 "虛, 虛也"라 하였고, 〈集傳〉에 "虛, 寬貌"라 함.

【邪】'서'(音徐. 邪, 讀如徐)로 읽으며, 〈鄭箋〉에 "邪讀如徐"라 하였고, 〈集傳〉에는
"邪, 一作徐, 緩也"라 함. 느슨하게 다스리는 척함.

【亟】〈毛傳〉과 〈集傳〉에 "亟, 急也"라 함.

【只且】'且'는 '저'(音疽, 下同)로 읽으며 두 글자 모두 語助辭. 〈鄭箋〉에 "言今在位
之人, 其故威儀, 虛徐寬仁者. 今皆以爲急刻之行矣. 所以當去以此也"라 하였고,
〈集傳〉에 "只且, 語助辭"라 함.

＊〈集傳〉에 "○言「北風雨雪, 以比國家危亂將至, 而氣象愁慘也. 故欲與其相好之
人, 去而避之. 且曰'是尙可以寬徐乎? 彼其禍亂之迫已甚, 而去不可不速矣!」"라 함.

(2) 比

北風其喈, 雨雪其霏.

北風이 그 喈(기)하며, 雨하는 雪이 그 霏(비)하놋다.

북풍은 휙휙 불어오고, 눈은 마구 흩어지며 쏟아지네.

惠而好我, 攜手同歸.

惠하야 나를 好하는 니로, 手를 攜하야 한 가지로 歸호리라.

사랑하여 나를 좋아하는 이와, 손잡고 함께 좋은 곳으로 돌아가네.

其虛其邪? 旣亟只且!

그 虛히 하며 그 邪(셔)히 하랴? 이믜 亟(극)하도다!

그들이 관용을 베풀며 느슨하게 다스리겠어? 어서 빨리 떠나야 해!

(3) 比

莫赤匪狐, 莫黑匪烏?

赤(젹)디 아니타 狐(호)ㅣ 아니며, 黑(흑)디 아니타 烏(오)ㅣ 아니가?

빨갛지 않다고 여우가 아니겠으며, 검지 않다고 까마귀가 아니겠는가?

惠而好我, 攜手同車.

惠ᄒ야 나를 好ᄒᄂ 니로, 手를 攜ᄒ야 車를 ᄒ 가지로 호리라.

사랑하여 나를 좋아하는 이와, 손잡고 수레 함께 타고 떠나네.

其虛其邪? 旣亟只且!

그 虛히 ᄒ며 그 邪히 ᄒ랴? 이믜 亟ᄒ도다!

그들이 관용을 베풀며 느슨하게 다스리겠어? 어서 빨리 떠나야 해!

【狐】여우. 〈集傳〉에 "狐, 獸名, 似犬, 黃赤色"이라 함.
【烏】까마귀. 〈集傳〉에 "烏, 亞鴉(鴉), 黑色"이라 함. 〈諺解〉 物名에 "烏: 가마괴"라
  함. '狐烏'에 대해 〈集傳〉에는 "皆不祥之物, 人所惡見者也. 所見無非此物, 則國將
  危亂可知, 同行同歸, 猶賤者也"라 함. 〈毛傳〉에는 "狐赤烏黑, 莫能別也"라 하였
  고, 〈鄭箋〉에는 "赤則狐也, 黑則烏也. 猶今君臣相承爲惡如一"이라 함.
【同車】귀한 신분조차도 떠남. 〈毛傳〉에 "攜手就車"라 하였고, 〈集傳〉에 "同車,
  則貴者亦去矣"라 함.

参고 및 관련 자료

1. 孔穎達〈正義〉

作〈北風〉詩者, 刺虐也. 言衛國君臣, 並爲威虐, 使國民百姓不親附之, 莫不相攜
持而去之, 歸於有道也.

042(邶-17) 정녀(靜女)

*〈靜女〉: '靜'은 귀엽고 얌전함을 뜻함. 〈毛傳〉에 "靜, 貞靜也. 女德貞靜, 而有法度, 乃可說也"라 하였고, 〈集傳〉에는 "靜者, 閒雅之意"라 함.
*이 시는 衛 宣公이 예를 갖추지 않고 며느리를 맞은 것을 비난한 것이라 함. 그러나 혹 순수하게 남녀의 密愛를 읊은 것이라고도 함.

〈序〉: 〈靜女〉, 刺時也. 衛君無道夫人無德.

〈정녀〉는 당시 풍속을 비판한 것이다. 위나라 임금과 부인은 도도 없고 덕도 없었다.

　〈箋〉: 以君及夫人無道德, 故陳靜女遺我以彤管之瀀德, 如是可以易之爲人君之配.

*전체 3장. 매 장 4구씩(靜女: 三章. 章四句).

(1) 賦
靜女其姝, 俟我于城隅.

靜(정)흔 女(녀) | 그 姝(슈)하니, 나를 城ㅅ 隅(우)에서 俟(ㅅ)하더니,
정녀의 그 아름다움이여, 나를 성 모퉁이에서 기다리네.

愛而不見, 搔首踟躕!

愛(이)호디 보디 몯하야, 首(슈)를 搔(소)하고 踟躕(지쥬)호라!
사랑하되 얼른 눈에 띄지 않아, 머리 긁적이며 머뭇거렸네!

【靜女】〈集傳〉에 "靜者, 閒雅之意"라 함.
【姝】'주'(赤朱反)로 읽어야 하나 〈諺解〉에는 '슈'로 읽었음. 〈集傳〉에는 "音樞. 姝, 美色也"라 함. 〈毛傳〉에도 "姝, 美色也"라 함.
【俟】기다림. 〈毛傳〉에 "俟, 待也"라 함.

【城隅】城모퉁이. 〈毛傳〉에 "城隅, 以言高而不可踰"라 하였고, 〈鄭箋〉에는 "女德, 貞靜然後可蓄; 美色然後可安. 又能服從待禮而動, 自防如城隅, 故可愛之"라 함. 그러나 〈集傳〉에는 "城隅者, 幽僻之處"라 함.

【愛而不見】'愛'를 글자 本義대로 '사랑하다'로 풀이하고 있으나, '薆'의 假借로 보아 '잘 보이지 않음'의 뜻으로도 해석함. 《爾雅》에 "薆, 隱也"라 함. '不見'은 〈集傳〉에 "不見者, 期而不至也"라 함.

【搔首】머리를 긁음.

【踟躕】머뭇거림을 표현하는 雙聲連綿語. '躊躇, 躑躅, 徘徊' 등의 뜻. 〈毛傳〉에 "言志往而行止"라 하였고, 〈鄭箋〉에는 "志往謂踟躕, 行正謂愛之, 而不往見"이라 하여 正道를 지키고자 가지 않았다고 높이 여겼으나, 〈集傳〉에는 "踟躕, 猶躑躅也"라 하였고, 이어서 "此淫奔期會之詩也"라 하여 '淫奔之詩'로 보았음.

(2) 賦

靜女其孌, 貽我彤管.

靜혼 女ㅣ 그 孌(련)하니, 나를 彤管(동관)을 貽(이)하놋다.

정녀의 그 고운 모습이여, 나에게 동관을 주었네.

彤管有煒, 說懌女美!

彤管이 煒(위)하니, 女의 美홈을 깃거호라!

동관은 붉은 빛이 나고, 그 여자 아름다운 모습에 기꺼워하네!

【孌】〈集傳〉에 "孌, 好貌. 於是則見之矣"라 함.

【貽】'詒', '遺'와 같음. 선물로 줌. 〈鄭箋〉에 "貽, 本又作詒. 音怡, 遺也"라 함.

【彤管】붉은 칠을 한 대롱, 또는 紅管草라는 풀이름, 혹은 붉은 칠을 한 붓 등 여러 설이 있음. 〈毛傳〉에 "既有靜德, 又有美色, 又能遺我以古人之法, 可以配人君也. 古者, 后夫人必有女史. '彤管之法': 史不記過, 其罪殺之. 后妃羣妾, 以禮御於君所, 女史書其日月, 授之以環, 以進退之. 生子月辰, 則以金環退之; 當御者, 以銀環進之, 著于左手; 既御, 著于右手. 事無大小, 記以成法"이라 하여 后妃와 羣妾으로서 임금을 모셔 잉태하도록 기일을 계산하여 진퇴를 기록한 女史(女子 史官)의 임무라 하였고, 〈鄭箋〉에 "彤管, 筆赤管也"라 하여 혹 붉은 색을 칠한 붓이 아닌가 하였음. 〈集傳〉에는 "彤管, 未詳何物, 蓋相贈以結殷勤之意耳"라 하였음.

【煒】〈毛傳〉과 〈集傳〉에 "煒, 赤貌. 彤管以赤心, 正人也"라 함.

【說懌】두 글자 모두 '기뻐하다, 기꺼워하다'의 뜻. '說'은 悅과 같음. 〈鄭箋〉에 "說懌, 當作說釋. 赤管煒然, 女史以之說釋, 妃妾之德, 美之"라 하였고, 〈集傳〉에 "言既得此物, 而又悅懌此女之美也"라 함.

(3) 賦

自牧歸荑, 洵美且異.

牧(목)으로브터 荑(예)를 歸ᄒ니, 진실로 美ᄒ고 또 異ᄒ도다.

야외에서는 새싹을 내게 주었네, 진실로 곱고도 특이하였지.

匪女之爲美, 美人之貽!

네 美ᄒᆫ 주리 아니라, 美ᄒᆫ 人의 貽ᄒᆫ 거실 ᄉᆡ니라!

너 새싹이 그렇게 고운 것이 아니라, 미인이 준 것이기 때문이지!

【牧】〈毛傳〉에 "牧, 田官也"라 하였으나, 〈集傳〉에는 "牧, 外野也"라 하였고, 〈鄭箋〉에는 "牧, 州牧之牧"이라 함. 이에 따라 풀이하였음.

【歸】〈集傳〉에 "歸, 亦貽也"라 하여 '주다'의 뜻.

【荑】'제'(徒兮反)로 읽으며, 풀의 새순, 새싹. 그러나 〈諺解〉 物名에는 "荑: 쎼오기", 즉 삘기, 뻬리라 함. 〈毛傳〉에 "荑, 茅之始生也. 本之於荑, 取其有始有終"이라 하였고, 〈集傳〉에도 "荑, 茅之始生者"라 함. 그러나 구체적으로 '芍藥'을 가리키는 것으로도 봄. 余冠英 〈選譯〉에 "芍藥, 香草名, 和蘼蕪同類. 男女以芍藥相贈, 是結恩情的表示"라 함.

【洵】'信'과 같은 뜻. 雙聲互訓. 〈集傳〉에 "洵, 信也"라 하였고, 〈鄭箋〉에도 "洵, 信也. 茅絜白之物也. 自牧田歸荑其信美而異者, 可以供祭祀, 猶貞女在窈窕之處, 媒氏達之, 可以配人君"이라 함.

【異】기이함. 特異함.

【匪女】여기서의 '女'는 汝와 같음. 二人稱 '너'. '荑'를 가리킴. 〈集傳〉에 "女, 指以荑言也"라 함.

【美人之貽】美人이 보낸 것이기 때문임. 〈毛傳〉에 "非爲荑徒說美色而已. 美其人, 能遺我法則"이라 하였고, 〈鄭箋〉에는 "遺我者, 遺我以賢妃也"라 함.

＊〈集傳〉에 "言「靜女又贈我以荑, 而其荑亦美且異. 然非此荑之爲美, 特以美人之所贈, 故其物亦美耳.」"라 함.

참고 및 관련 자료

1. 孔穎達〈正義〉

道德一也, 異其文耳. 經三章皆是陳靜女之美, 欲以易今夫人也. 庶輔贊於君使之有道也. 此直思得靜女以易夫人, 非謂陳古也. 故經云 '俟我貽我', 皆非陳古之辭也.

043(邶-18) 신대(新臺)

*〈新臺〉: 새로 지은 누대.
*이 시는 衛 宣公(춘추시대 衛나라 군주. 姬姓이며 이름은 晉. B.C.718–B.C.700년까지 19년간 재위함)이 아들 伋(夷姜 소생)을 위해 齊나라 공주를 며느리로 맞으려 했으나 그가 예쁘다는 것을 알고 新臺를 지어놓고 자신이 강제로 차지하자, 齊女가 한탄함을 비유하여 백성들이 읊은 시라 함. 관련 사항은 다음 장 〈二子乘舟〉(044)의 참고란을 볼 것. 그러나 朱熹는 사실 여부는 알 수 없다 하였음.

〈序〉: 〈新臺〉, 刺衛宣公也. 納伋之妻, 作新臺于河上而要之, 國人惡之而作是詩也.

〈신대〉는 衛 宣公을 비난한 것이다. 급(伋)의 처를 며느리로 맞이하면서, 하수가에 신대를 지어놓고 자신이 차지하려 하자, 백성들이 이를 추악하게 여겨 이 시를 지은 것이다.

〈箋〉: 伋, 宣公之世子.

*전체 3장. 매 장 4구씩(新臺:三章. 章四句).

(1) 賦
新臺有泚, 河水瀰瀰.

新臺(신딕)ㅣ 泚(ᄌ)ᄒᆞ니, 河ㅅ 水ㅣ 瀰瀰(미미)ᄒᆞ도다.
새로 지은 누대 선명하고, 하수는 가득하여 넘실대도다.

燕婉之求, 籧篨不鮮!

燕婉(연완)을 求홈애, 籧篨(거져)이 鮮(션)티 아니 ᄒᆞ도다!
아름다운 배필을 구하려 하였더니, 엉뚱하게 꼽추를 만나다니!

【泚】〈毛傳〉에 "泚, 鮮明貌"라 하였고, 〈集傳〉에도 "泚, 鮮明也"라 함.《韓詩》에는 '璀'로 되어 있음.

【河】黃河, 河水.

【瀰瀰】〈毛傳〉에 "瀰瀰, 盛貌. 水所以潔, 汙穢反于河上, 而爲淫昏之行"이라 하였
고, 〈集傳〉에도 "瀰瀰, 盛也"라 함. 물이 가득하여 넘실대는 모습.

【燕婉】아름다운 모습을 형용한 雙聲連綿語. 〈毛傳〉에 "燕, 安;婉, 順也"라 함.
夫婦가 好合함을 뜻함. 혹 아름다운 配匹을 뜻하는 것으로 世子 伋을 비유한
것이라 함.

【之】是의 뜻.

【籧篨】〈毛傳〉에 "不能俯者"라 하여 '몸을 굽혀 아래를 내려다볼 수 없는 병에
걸린 자'라 하였고, 〈集傳〉에는 "籧篨, 不能俯疾之醜者也. 蓋籧篨, 本竹席之名.
人或編以爲囷, 其狀如人之擁腫而不能俯者, 故又因以名此疾也"라 하여 몸을 굽
힐 수 없는 꼽추를 뜻하는 疊韻連綿語. 한편 陳奐 〈傳疏〉에는 《國語》:「籧篨·戚
施. 爲八疾之二.」라 하였으며, '籧篨'는 雞胸, '戚施'는 駝背라 함. 일설에는 籧篨
와 戚施는 詹諸와 居儲라고도 하며 이는 蝦蟇(역시 雙聲連綿語), 즉 두꺼비를 일
컫는 말이라고도 함. 여기서는 衛 宣公을 비유한 것임.

【鮮】〈鄭箋〉에 "鮮, 善也. 伋之妻, 齊女來嫁於衛, 其心本求燕婉之人, 謂伋也. 反得
籧篨不善, 謂宣公也. 籧篨, 口柔常觀人顔色, 而爲之辭. 故不能俯也"라 하였으나,
〈集傳〉에는 "鮮, 少也"라 함.

＊〈集傳〉에 "○舊說以爲衛宣公, 爲其子伋, 娶於齊, 而聞其美, 欲自娶之, 乃作新臺
於河上, 而要之. 國人惡之而作此詩, 以刺之. 言'齊女本求與伋爲燕婉之好, 而反得
宣公醜惡之人也.」라 함.

(2) 賦

新臺有洒, 河水浼浼.

新臺ㅣ 洒(최)ᄒ니, 河ㅅ 水ㅣ 浼浼(매매)ᄒ도다.

새로 지은 누대는 높이 솟아 있고, 하수 물은 평평히 출렁출렁.

燕婉之求, 籧篨不殄!

燕婉을 求ᄒ옴애, 籧篨ㅣ 殄(딘)티 아니 ᄒ놋다!

아름다운 배필 구하는가 하였더니, 도리어 꼽추는 죽지도 않고 있네!

【洒】'최'(七罪反)로 읽으며 《韓詩》에는 '漼'로 되어 있다 함. 〈毛傳〉과 〈集傳〉에
"洒, 高峻也"라 함.

【浼浼】'浼'는 '매'로 읽음. 〈毛傳〉에는 "浼浼, 平地也"라 하였고, 〈集傳〉에는 "浼浼, 平也"라 함. 물이 가득하여 평지처럼 이어졌음을 뜻함. 《韓詩》에는 '泯泯'로 되어 있으며 注에 "盛貌"로 되어 있었다 함.

【殄】죽어 없어짐. 〈毛傳〉에 "殄, 絶也"라 하였고, 〈鄭箋〉에는 "殄, 當作腆. 腆, 鮮也"라 하여, '腆'이어야 하며 이는 '鮮'을 뜻으로 앞 구절의 '鮮'과 같다 하였음. 馬瑞辰 〈通釋〉에 "腆·殄, 古通用. ……殄與珍古同音, 故腆借作珍, 即可借作殄"이라 함. 그러나 〈集傳〉에는 "殄, 絶也. 言其病不已也"라 함.

(3) 興

魚網之設, 鴻則離之.

魚網(어망)을 設(셜)홈애, 鴻(홍)이 곧 離(리)ᄒ도다.

고기 그물 쳐놓았더니, 엉뚱하게 큰기러기가 걸렸다네.

燕婉之求, 得此戚施!

燕婉을 求홈애, 이 戚施(쳑시)를 得ᄒ도다!

아름다운 배필 구하고자 하였는데, 이런 꼽추를 만나다니!

【鴻】큰기러기. 〈諺解〉物名에 "鴻:기러기"라 함. 〈集傳〉에 "鴻, 鴈之大者"라 함. 그러나 聞一多는 '鴻'은 '苦'로 읽어야 하며 '苦蚿'(두꺼비를 뜻하는 疊韻連綿語의 蟲名) 즉 '蝦蟆'(역시 두꺼비를 뜻하는 疊韻連綿語), '蟾蜍'(역시 두꺼비를 뜻하는 雙聲連綿語)로 보았음. 그의 〈詩新臺鴻字說〉에 "苦, 即鴻之古讀也. ……而苦蚿, 實蟾蜍之異名"이라 함. 이는 衛 宣公을 비유한 것임. 그러나 또 다른 설은 '鴻'은 '公'과 疊韻互訓하여 衛 宣公의 公으로 보기도 함.

【離】〈集傳〉에 "離, 麗也"라 하였으며, 이는 '罹'와 같음. 모두 雙聲互訓으로 '걸리다, 걸려들다'의 뜻. 물고기(及)를 잡으려

고 어망을 쳐놓았는데 엉뚱하게 큰기러기, 혹 두꺼비(衛 宣公)가 걸려들었음을 말함. 〈毛傳〉에 "言所得, 非所求也"라 하였고, 〈鄭箋〉에는 "設魚網者, 宜得魚. 鴻 乃鳥也, 反離焉. 喩齊女以禮來求世子; 而得宣公"이라 함.

【戚施】駝背라고도 하며 역시 꼽추를 뜻함. 앞의 '籧篨' 注를 참조할 것. 〈毛傳〉 에 "戚施, 不能仰者"라 하였고, 〈鄭箋〉에 "戚施, 面柔下人以色, 故不能仰也"라 하 여 "위를 쳐다볼 수 없는 병에 걸린 자"라 함. 〈集傳〉에도 "戚施, 不能仰, 亦醜疾 也"라 함.

＊〈集傳〉에 "○言設魚網而反得鴻; 以興求燕婉, 而反得醜疾之人, 所得非所求也"라 함.

　（참고 및 관련 자료）

1. 孔穎達〈正義〉

此詩, 伋妻蓋自齊始來, 未至於衛, 而公聞其美, 恐不從己, 故使人於河上爲新臺, 待其至於何, 而因臺所以要之耳. 若己至國, 則不須河上要之矣.

2. 朱熹〈集傳〉

〈新臺〉, 三章, 章四句:

凡宣姜事首末, 見《春秋傳》(桓公 16年 傳). 然於詩, 則皆未有考也. 諸篇放此.

3. 기타 관련 사항은 다음 장 〈二子乘舟〉(044) 참고란을 볼 것.

044(邶-19) 이자승주(二子乘舟)

*〈二子乘舟〉: 배를 타고 떠난 두 아들(伋, 壽)을 불쌍히 여긴 내용임.
衛 宣公(춘추시대 衛나라 군주. 姬姓이며 이름은 晉. B.C.718–B.C.700년까지 19년간 재위
함)은 첫 부인 夷姜에게 伋(急子)을 낳아 태자로 삼았으며, 급에게 齊女를 아내로
맞아 며느리로 삼고자 하다가 齊女가 아름답다는 것을 알고 자신이 차지하고는
(이가 宣姜, 齊 僖公의 딸), 급에게는 다른 여자를 구해 주었음. 한편 선공은 선강
과 사이에 壽와 朔 두 아들을 낳았는데, 宣姜은 급을 없애고 자신의 아들이 태
자가 되도록 하고자 자신의 둘째 아들 朔과 모의하여 伋을 모함하여, 선공으로
하여금 급을 제나라 사신으로 보내도록 하여, 가는 길에 몰래 자격을 숨겨놓고
죽이도록 하였음. 이를 알게 된 壽가 이복 형 伋에게 일러주었으나 '아버지의 명
이라 도망할 수 없다' 하자 술을 먹여 잠들게 하고, 대신 그의 부절을 들고 사신
의 길에 나서 자객에게 죽게 됨. 뒤늦게 도착한 급도 역시 죽음을 당하는 일이
벌어지고 말았음.
*이의 관련 고사는 《左傳》桓公 16년 傳과 《史記》衛世家, 劉向《新序》및 《列女
傳》등에 널리 실려 있음. 참고란을 볼 것.

〈序〉: 〈二子乘舟〉, 思伋壽也. 衛宣公之二子爭相爲死, 國人傷而思之作是詩也.

　〈이자승주〉는 급(伋)과 수(壽)를 그리워한 것이다. 衛 宣公의 두 아들이
서로 (대신 죽기를) 다투다가 죽자, 백성들이 이를 애달피 여기며, 그리워
하여 이 시를 지은 것이다.

*전체 2장. 매 장 4구씩(二子乘舟:二章. 章四句).

(1) 賦
二子乘舟, 汎汎其景.

　二子ㅣ 舟를 乘하니, 汎汎(범범)한 그 景(영)이로다.
　두 아들을 태우고 제나라로 떠나는 배, 빠르고 막힘없이 그림자처럼

사라지네.

願言思子, 中心養養!

願ᄒᆞ야 子를 思ᄒᆞᄂᆞᆫ디라, 中心이 養養(양양)호라!

걱정하며 두 아들 그리워할 때마다, 마음속에 안타까움만 가득!

【二子】衛 宣公의 두 아들 伋과 壽. 〈集傳〉에 "二子謂伋·壽也"라 하였고, 〈毛傳〉에
는 "二子, 伋·壽也. 宣公爲伋取於齊女而美, 公奪之, 生壽及朔, 朔與其母, 愬伋於
公, 公令伋之齊使, 賊先待於隘, 而殺之. 壽知之以告伋使去之, 伋曰:「君命也. 不
可以逃.」壽竊其節, 而先往, 賊殺之, 伋至曰:「君命殺我, 壽有何罪?」賊又殺之, 國
人傷其涉危, 壽往如乘舟, 而無所薄"이라 함.

【乘舟】河水를 건너 齊나라로 감. 〈集傳〉에 "乘舟, 渡河如齊也"라 함.

【汎汎】배가 물에 떠서 흘러가는 모습. 〈毛傳〉에 "汎汎然, 迅疾而不礙也"라 함.

【景】'영'으로 읽으며, 멀리 그림자처럼 사려져가는 모습. '影'과 같음. 〈集傳〉에
"景, 古影字"라 함. 그러나 〈集傳〉에는 '擧兩反'이라 하였고, 〈毛傳〉에도 "景, 如字.
或音影"이라 하여 '경', '영' 두 가지 음을 제시하고 있음.

【願】매번의 뜻. 〈毛傳〉에 "願, 每也"라 함. 그러나 〈鄭箋〉에는 "願, 念也"라 하였
으며,《爾雅》에도 "願, 思也"라 함.

【言】'我'의 뜻.

【中心】心中.

【養養】근심에 가득 차 안타까워함. 〈毛傳〉에 "養養然, 憂不知所定"이라 하였고,
〈鄭箋〉에는 "念我思此二子, 心爲之憂養養然"이라 함. 〈集傳〉에도 "養養, 猶漾漾,
憂不知所定之貌"라 함.

＊〈集傳〉에 "○舊說以爲宣公納伋之妻, 是爲宣姜. 生壽及朔, 朔與宣姜愬伋於公.
公令伋之齊使, 賊先待於隘而殺之. 壽知之以告伋, 伋曰:「君命也. 不可以逃.」壽竊
其節而先往, 賊殺之. 伋至曰:「君命殺我, 壽有何罪?」賊又殺之, 國人傷之而作是
詩也"라 함.

(2) 賦

二子乘舟, 汎汎其逝.

二子ㅣ 舟를 乘ᄒᆞ니, 汎汎히 그 逝(셔)ᄒᆞ놋다.

두 아들을 태우고 제나라로 가는 배, 두둥둥 멀리 사라지도다.

願言思子, 不瑕有害?

願ᄒᆞ야 子를 思ᄒᆞ니, 아니 엇던 害 인ᄂᆞᆫ가?

두 아들 내 걱정할 때마다, 어찌 그들이 가지 않을 수 있었겠는가?

【逝】〈毛傳〉과 〈集傳〉에 "逝, 往(往)也"라 함.

【不瑕有害】이 구절은 〈泉水〉(039) 제 3절에도 있음. 그 곳 注를 참조할 것. 〈集傳〉에 "不瑕, 疑辭. 義見〈泉水〉, 此則見其不歸而疑之也"라 함. 〈毛傳〉에 "言二子之不遠害"라 하였고, 〈鄭箋〉에는 "瑕, 猶過也. 我思念此二子之事, 於行無過差, 有何不可而不去也?"라 함. 孔穎達 〈正義〉에는 "此國人思念之至, 故追言其本何爲不去, 而取死深閔之之辭也"라 함.

참고 및 관련 자료

1. 孔穎達 〈正義〉

作〈二子乘舟〉詩者, 思伋壽也. 衛宣公之二子伋與壽爭相爲死, 故國人哀傷而思念之, 而作是〈二子乘舟〉之詩也. 二子爭相爲死, 卽首章二句是也. 國人傷而思之, 下二句是也.

2. 朱熹 〈集傳〉

〈二子乘舟〉, 二章, 章四句:

太史公曰:「余讀〈世家〉, 言至於宣公之子以婦見誅, 弟壽爭死以相讓. 此與晉太子申生, 不敢明驪姬之過同, 俱惡傷父之志, 然卒死亡, 何其悲也! 或父子相殺, 兄弟相戮, 亦獨何哉?」(《史記》衛康叔世家)

3. 《左傳》桓公 16年 傳

初, 衛宣公烝於夷姜, 生急子, 屬諸右公子. 爲之娶於齊, 而美, 公取之, 生壽及朔. 屬壽於左公子. 夷姜縊. 宣姜與公子朔構急子. 公使諸齊, 使盜待諸莘, 將殺之. 壽子告之, 使行. 不可, 曰:「棄父之命, 惡用子矣? 有無父之國則可也.」及行, 飲以酒, 壽子載其旌以先, 盜殺之. 急子至, 曰:「我之求也, 此何罪? 請殺我乎!」又殺之. 二公子故怨惠公. 十一月, 左公子洩·右公子職立公子黔牟, 惠公奔齊.

4. 《史記》衛康叔世家

十八年, 初, 宣公愛夫人夷姜, 夷姜生子伋, 以爲太子, 而令右公子傅之. 右公子爲太子取齊女, 未入室, 而宣公見所欲爲太子婦者好, 說而自取之, 更爲太子取他女. 宣公得齊女, 生子壽·子朔, 令左公子傅之. 太子伋母死, 宣公正夫人與朔共讒惡太子伋. 宣公自以其奪太子妻也, 心惡太子, 欲廢之. 及聞其惡, 大怒, 乃使太子伋於齊而令盜遮界上殺之, 與太子白旄, 而告界盜見持白旄者殺之. 且行, 子朔之兄壽, 太子異母弟也, 知朔之惡太子而君欲殺之, 乃謂太子曰:「界盜見太子白旄, 卽殺太子, 太子可毋行.」太子曰:「逆父命求生, 不可.」遂行. 壽見太子不止, 乃盜其白旄而先馳至界. 界盜見其驗, 卽殺之. 壽已死, 而太子伋又至, 謂盜曰:「所當殺乃我也.」盜幷殺太子伋, 以報宣公. 宣公乃以子朔爲太子. 十九年, 宣公卒, 太子朔立, 是爲惠公.

5. 《列女傳》(7 孽嬖篇)「衛宣公姜」

宣姜者, 齊侯之女, 衛宣公之夫人也. 初, 宣公夫人夷姜生伋子, 以爲太子. 又娶於齊曰宣姜, 生壽及朔. 夷姜旣死, 宣姜欲立壽, 乃與壽弟朔謀構伋子. 公使伋子之齊, 宣姜乃陰使力士待之界上而殺之, 曰:「有四馬, 白旄至者必要殺之.」壽聞之以告太子曰:「太子其避之.」伋子曰:「不可, 夫棄父之命, 則惡用子也?」壽度太子必行, 乃與太子飲, 奪之旄而行, 盜殺之. 伋子醒, 求旄不得, 遽往追之, 壽已死矣. 伋子痛壽爲己死, 乃謂盜曰:「所欲殺者乃我也, 此何罪? 請殺我.」盜又殺之. 二子旣死, 朔遂立爲太子. 宣公薨, 朔立是爲惠公, 竟終無後. 亂及五世. 至戴公而後寧. 詩云:『乃如之人, 德音無良.』此之謂也. 頌曰:『衛之宣姜, 謀危太子; 欲立子壽, 陰設力士. 壽乃俱死, 衛果危殆. 五世不寧, 亂由姜起.』

6. 《新序》節士篇

衛宣公之子伋也, 壽也, 朔也. 伋, 前母子也; 壽與朔, 後母子也. 壽之母與朔謀, 欲殺太子伋而立壽也, 使人與伋乘舟於河中, 將沈而殺之. 壽知, 不能止也, 因與之同舟, 舟人不得殺伋, 方乘舟時, 伋傅母恐其死也, 閔而作詩, 二子乘舟之詩是也. 其詩曰:『二子乘舟, 汎汎其景. 願言思子, 中心養養.』於是壽閔其兄之且見害, 作憂思之詩, 黍離之詩是也. 其詩曰:『行遇靡靡, 中心搖搖. 知我者謂我心憂; 不知我者謂我何求? 悠悠蒼天, 此何人哉?』又使伋之齊, 將使, 盜見載旄, 要而殺之, 壽止伋, 伋曰:「棄父之命, 非子道也, 不可.」壽又與之偕行, 壽之母不知能止也, 因戒之曰:「壽無爲前也.」壽又爲前, 竊伋旄以先行, 幾及齊矣, 盜見而殺之. 伋至, 見壽之死, 痛其代己死, 涕泣悲哀, 遂載其屍還, 至境而自殺, 兄弟俱死. 故君子義此二人, 而傷宣公之聽讒也.

4. 용풍鄘風
10편(045−054)

〈鄘風〉(지금의 河南 汲縣 일대)은 〈衛風〉에 포함되어야 함. 앞 '邶風'의 해설을 참조할 것.

〈集傳〉에 "說見上篇"이라 함.

045(鄘-1) 백주(柏舟)

*〈柏舟〉: 扁柏나무로 만든 배.
*이 시는 衛나라 共伯(僖侯, 釐侯의 아들)의 처 姜氏夫人이 공백이 일찍 죽어 과부가 되자 어머니가 개가할 것을 강요했지만 스스로 개가하지 않을 것임을 맹세한 내용이라 함.《史記》衛康叔世家에 "釐侯十三年, 周厲王出奔于彘, 共和行政焉. 二十八年, 周宣王立. 四十二年, 釐侯卒, 太子共伯餘立爲君. 共伯弟和有寵於釐侯, 多予之賂; 和以其賂賂士, 以襲攻共伯於墓上, 共伯入釐侯羨自殺. 衛人因葬之釐侯旁, 謚曰共伯"이라 함. 그러나 일반적으로 과부가 된 여인이 개가하지 않겠다는 의지를 표명한 것으로도 봄.

〈序〉: 〈柏舟〉, 共姜自誓也. 衛世子共伯蚤死, 其妻守義, 父母欲奪而嫁之, 誓而弗許, 故作是詩以絶之.

　〈백주〉는 공강(共姜)이 스스로 서약한 것이다. 衛 世子 共伯(釐侯의 아들. 餘)이 일찍 죽고, 그 처가 의를 지키고자 하였으나, 부모가 그의 뜻을 빼앗아 개가시키려 함에 이를 거부하고자 서약하였다. 그 까닭으로 이 시를 지어 거절한 것이다.

　〈箋〉: 共伯, 僖侯釐侯, 羨之世子.

*전체 2장. 매 장 7구씩(柏舟: 二章. 章七句).

(1) 興
汎彼柏舟, 在彼中河.
　汎흔 뎌 柏舟(빅쥬)ㅣ여, 뎌 中河(중하)의 잇도다.
　두둥실 저 편백나무 배여, 저 하수 가운데 떠 있네.

髧彼兩髦, 實維我儀, 之死矢靡它!
　髧(담)흔 뎌 兩髦(량모)ㅣ, 진실로 내 儀(의)니, 죽으매 니를디언뎡 矢(시)호리니 他(它)ㅣ 업소리라!

저 두 줄기 늘어뜨린 머리, 실로 내 사랑 짝이니, 죽음에 이를지라도 맹세코 다른 마음 갖지 않으리!

母也天只, 不諒人只?

母ㅣ 天이시니, 사름을 諒(량)티 아니 ᄒ시ᄂ냐?

어머니여, 하늘이여, 사람을 믿지 않으시나?

【汎】물 위에 둥둥 떠 있는 모습.

【中河】黃河의 한가운데. 〈毛傳〉에 "興也. 中河河中"이라 하였고, 〈鄭箋〉에 "舟在河中, 猶婦人之在夫家, 是其常處"라 함. 〈集傳〉에 "中河, 中於河也"라 함.

【髧】'담'(音髶)으로 읽으며, 양쪽으로 머리가 드리운 모습. 〈毛傳〉에 "髧, 兩髦之貌"라 하였고, 〈集傳〉에도 "髧, 髮垂貌"라 함. 共伯을 가리킴. 〈鄭箋〉에 "兩髦之人, 謂共伯也"라 함.

【髦】머리카락이 눈썹에 닿음. 부모를 모시고 있는 아들의 머리 표시라 함. 〈毛傳〉에 "髦者, 髮至眉, 子事父母之飾"이라 하였고, 〈集傳〉에는 "兩髦者, 剪髮夾囟. 子事父母之飾, 親死, 然後去之. 此蓋指共伯也"라 함.

【我】〈集傳〉에 "我, 共姜自我也"라 함.

【儀】짝. 配匹. 〈毛傳〉과 〈集傳〉에 "儀, 匹也"라 하였고, 〈鄭箋〉에 "實, 是. 我之匹, 故我不嫁也. 《禮》: 世子昧爽而朝, 亦櫛纚笄, 總拂髦, 冠綏纓"이라 함. 馬瑞辰 〈通釋〉에 "儀, 爲偶字之假借"라 함.

【之死矢靡它】'之'는 〈毛傳〉과 〈集傳〉에 "之, 至也"라 함. '矢'는 〈毛傳〉과 〈集傳〉에 "矢, 誓"라 함.

【靡】〈毛傳〉과 〈集傳〉에 "靡, 無也"라 함.

【它】'他'와 같으며, 它心. 딴 마음. 改嫁할 마음. 〈毛傳〉에 "至己之死, 信無它心"이라 함.

【母也天只】〈毛傳〉에는 "母也, 天也. 尙不信我, 天謂父也"라 함. '只'는 〈集傳〉에 "只, 語助辭"라 함.

【不諒人只】〈毛傳〉과 〈集傳〉에 "諒, 信也"라 함.

＊〈集傳〉에 "○舊說以爲衛世子共伯蚤死, 其妻共姜守義, 父母欲奪而嫁之. 故共姜作此以自誓, 言「柏舟則在彼中河, 兩髦則實我之匹. 雖至於死, 誓無它心. 母之於我覆育之恩, 如天罔極, 而何其不諒我之心乎?」 不及父者, 疑時獨母在, 或非父意耳"라 함.

(2) 興

汎彼柏舟, 在彼河側.

汎흔 뎌 柏舟ㅣ여, 뎌 河ㅅ フ애 잇도다.

두둥실 저 편백나무 배여, 저 하수 가에 있구나.

髧彼兩髦, 實維我特, 之死矢靡慝!

髧흔 뎌 兩髦ㅣ, 진실로 내 特(특)이니, 죽으매 닐룰디언뎡 矢호리니 慝
(특)이 업소리라!

두 줄기 늘어뜨린 머리, 진실로 나의 짝이니, 죽음에 이를지언정 맹세
코 사악한 마음 갖지 않으리!

母也天只, 不諒人只?

母ㅣ 天이시니, 사룸을 諒티 아니 흐시ᄂ냐?

엄마여 저 하늘이여, 사람을 믿지 않으시나?

【特】짝. 〈毛傳〉과 〈集傳〉에 "特, 亦匹也"라 함.

【慝】邪惡함. 變心함. 〈毛傳〉에 "慝, 邪也"라 하였고, 〈集傳〉에도 "慝, 邪也. 以是
爲慝, 則其絶之甚矣"라 함.

참고 및 관련 자료

1. 孔穎達〈正義〉

作〈柏舟〉詩者, 言其共姜自誓也. 所以自誓者, 衛世子共伯蚤死, 其妻共姜守義不
嫁, 其父母欲奪其意而嫁之. 故與父母誓而不許更嫁, 故作是〈柏舟〉之詩, 以絶止父
母奪己之意. 此誓云己至死無他心, 與鄭伯誓母云「不及黃泉無相見」, 皆豫爲來事之
約, 卽盟之類也. 言衛世子者, 依〈世家〉共伯之死, 時釐侯已葬, 入釐侯羨自殺, 則未
成君. 故繫之父在之辭, 言世子以別於衆子.

2.《史記》衛康叔世家

釐侯十三年, 周厲王出奔于彘, 共和行政焉. 二十八年, 周宣王立. 四十二年, 釐侯
卒, 太子共伯餘立爲君. 共伯弟和有寵於釐侯, 多予之賂; 和以其賂賂士, 以襲攻共
伯於墓上, 共伯入釐侯羨自殺. 衛人因葬之釐侯旁, 謚曰共伯, 而立和爲衛侯, 是爲
武公.

046(鄘-2) 장유자(牆有茨)

*〈牆有茨〉: '牆'은 판자로 만든 담장. '茨'는 찔레(蒺藜)를 뜻함. 장미와 비슷하며 가시가 있음. 〈諺解〉物名에는 "茨:납가시"라 함. 衛 宣公이 죽고 혜공(朔)이 아직 어릴 때, 혜공의 庶兄 公子 頑(夷姜의 아들이며 公子 伋의 형, 시호는 昭伯)이 宣公의 부인이며 혜공의 어머니인 宣姜과 淫烝(私通)하여, 齊子, 戴公, 文公, 宋 桓公의 부인, 許 穆公의 부인 등 다섯을 낳았음.
*이 시는 衛나라 궁중의 이처럼 荒淫無恥한 비밀을 폭로한 것이라 함. 아울러 앞의 여러 장과 연결된 것이며,《左傳》閔公 2년 傳과《史記》衛康叔世家에 관련 사항이 실려 있음. 참고란을 볼 것.

〈序〉: 〈牆有茨〉, 衛人刺其上也. 公子頑通乎君母, 國人疾之而不可道也.

〈장유자〉는 위나라 사람들이 윗사람을 풍자한 것이다. 공자 완(頑, 昭伯)이 임금 惠公(朔)의 어머니(宣姜)와 사통하자, 國人들이 疾惡하면서, 가히 도로 여길 수 없다고 여겼다.

〈箋〉: 宣公卒, 惠公幼, 其庶兄頑烝於惠公之母, 生子五人, 齊子·戴公·文公·宋桓夫人·許穆夫人.

※烝: 淫烝. 아랫사람이 손위 여자와 私通함. 원래는 고대 군주나 귀족의 多妻制에서 媵娣制와 烝報制가 있었음. 烝報制란 부친이 죽은 뒤 자신의 생모 이외에는 아버지가 거느리던 모든 여인을 자신의 처로 삼을 수 있으며, 그리하여 낳은 아들의 지위도 역시 적자와 같은 대우를 해 주는 것임. 춘추시대 이러한 제도가 통용되었으며《左傳》에 예닐곱 가지 예가 보임. 한편 媵娣制는 여자가 시집갈 때 함께 데리고 가는 여동생 등도 역시 남편의 媵妾이 되는 예로 이는 장기간 지속되었음.
*전체 3장. 매 장 6구씩(牆有茨: 三章, 章六句).

(1) 興

牆有茨, 不可埽也.

牆(장)애 茨(ㅈ)ㅣ 이시니, 可히 埽(소)티 몯ㅎ리로다.

담을 덮은 찔레는, 쓸어버리지도 못하네.

中冓之言, 不可道也.

中冓(중구)읫 言이여, 可히 道티 몯ㅎ리로다.

그 속에서 추악한 밀어여, 말로 할 수 없네.

所可道也, 言之醜也!

可히 道홀 밴댄, 言이 醜(취)홉도다!

말로 할 수 있기는 하나, 말을 해도 추악한 것들일세!

【牆】담장. 〈毛傳〉에 〈毛傳〉에 "興也. 牆, 所以防非常"이라 함.

【茨】찔레. 〈毛傳〉에 "茨, 蒺藜也"라 하였고, 〈集傳〉에 "茨, 蒺藜也. 蔓生細葉, 子
有三角, 刺人"이라 함.

【埽】掃의 本字. 쓸어서 없애버림. 〈毛
傳〉에 "欲埽去之反傷牆也"라 하였고,
〈鄭箋〉에는 "國君以禮防制一國, 今其宮
內有淫昏之行者, 猶牆之生蒺藜"라 함.

【中冓】〈毛傳〉에는 "中冓, 內冓也"라 함.
깊숙한 閨房. 〈鄭箋〉에는 "內冓之言,
謂宮中所冓成. 頑與夫人淫昏之語"라
함. 그러나 〈集傳〉에는 "中冓, 謂舍之
交積材木也"라 하였고, 陳奐 〈傳疏〉에
《說文》:「冓, 交積材也.」……凡室必積材
蓋屋, 故室內謂之內冓"라 하였으며, 馬
瑞辰 〈通釋〉에는 "〈釋文〉:「冓本又作
遘.」《玉篇》引作寠. 冓·遘·寠, 皆爲垢.
……垢, 當讀爲詬, 恥辱也. ……此詩內
冓, 亦當讀爲內詬, 謂內室詬恥之言"이
라 하여, 內室에서의 醜惡한 密語라

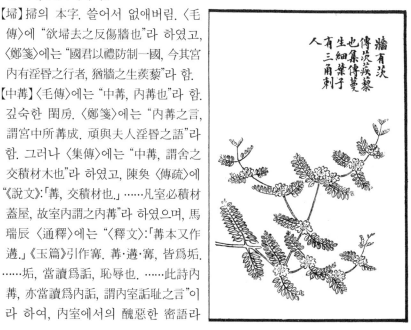

하였음.

【道】'말하다'의 뜻. 〈集傳〉에 "道, 言"이라 함.

【醜】〈毛傳〉에 "於君醜也"라 하였고, 〈集傳〉에 "醜, 惡也"라 함.

*〈集傳〉에 "○舊說以爲宣公卒, 惠公幼, 其庶兄頑烝於宣姜. 故詩人作此詩以刺之. 言「其閨中之事, 皆醜惡而不可言.」理或然也"라 함.

(2) 興

牆有茨, 不可襄也.

牆애 茨ㅣ 이시니, 可히 襄(양)티 몯ᄒ리로다.

담을 덮은 찔레는, 제거할 수도 없네.

中冓之言, 不可詳也.

中冓읫 言이여, 可히 詳(샹)티 몯ᄒ리로다.

그 속에서 속삭이는 말들, 가히 자세히 들춰낼 수 없네.

所可詳也, 言之長也!

可히 詳홀 밴댄, 言이 長(쟝)ᄒ도다!

자세히 들춰낼 수 있지만, 말해봤자 길기만 한 것들!

【襄】〈毛傳〉과 〈集傳〉에는 "襄, 除也"라 함.

【詳】〈毛傳〉에 "詳, 審也"라 하였고, 〈集傳〉에는 "詳, 詳言之也"라 함.《韓詩》에는 '揚'으로 되어 있으며, 注에 "揚, 猶道也"로 되어 있다 함.

【言之長】〈毛傳〉에 "長, 惡長也"라 하였고, 〈集傳〉에 "言之長者, 不欲言而託, 以語長難竟也"라 함.

(3) 興

牆有茨, 不可束也.

牆애 茨ㅣ 이시니, 可히 束(속)디 몯ᄒ리로다.

담을 덮은 찔레는, 묶어 없애버릴 수도 없네.

中冓之言, 不可讀也.

中冓엣 言이여, 可히 讀(독)디 몯ᄒ리로다.

그 속에서 속삭이는 추한 말들, 가히 외어낼 수도 없네.

所可讀也, 言之辱也!

可히 讀홀 밴댄, 言이 辱(욕)홉도다!

가히 외어낼 수도 있지만, 말해봤자 치욕스러운 것들!

【束】〈毛傳〉에 "束而去之"라 하여, '묶어서 버리다'의 뜻이라 하였고, 〈集傳〉에 "束, 束而去之也"라 함.

【讀】〈毛傳〉에 "讀, 抽也"라 하였고, 〈鄭箋〉에 "抽, 猶出也"라 하였으나, 〈集傳〉에는 "讀, 誦言也"라 함. 《說文》에는 "讀, 誦書也"라 함.

【辱】〈毛傳〉에 "辱, 辱君也"라 하였으나, 〈集傳〉에는 "辱, 猶醜也"라 함.

참고 및 관련 자료

1. 孔穎達 〈正義〉

此注刺君, 故以宣姜繫於君, 謂之君母. 〈鶉之奔奔〉, 則主刺宣姜與頑, 亦所以惡公之不防閑, 詩人主意異也. ……《左傳》閔二年曰:「初, 惠公之卽位也, 少齊人使昭伯烝於宣姜, 不可强之, 生齊子·戴公·文公·宋桓夫人許穆夫人.」服虔云:昭伯, 衛宣公之長庶伋之兄, 宣姜, 宣公夫人, 惠公之母.」是其事也.

2. 朱熹 〈集傳〉

〈牆有茨〉, 三章, 章六句:

楊氏曰:「公子頑通乎君母, 閨中之言, 至不可讀, 其汚甚矣. 聖人何取焉, 而著之於經也? 蓋自古淫亂之君, 自以爲密於閨門之中, 世無得而知者. 故自肆而不反, 聖人所以著之於經, 使後世爲惡者知. 雖閨門之言, 亦無隱而不彰也. 其爲訓戒深矣!」

3. 《左傳》閔公 2年 傳

初, 惠公之卽位也少, 齊人使昭伯烝於宣姜, 不可, 强之, 生齊子·戴公·文公·宋桓夫人·許穆夫人.

4. 《史記》衛康叔世家

十八年, 初, 宣公愛夫人夷姜, 夷姜生子伋, 以爲太子, 而令右公子傅之. 右公子爲太子取齊女, 未入室, 而宣公見所欲爲太子婦者好, 說而自取之, 更爲太子取他女. 宣公得齊女, 生壽·子朔, 令左公子傅之. 太子伋母死, 宣公正夫人與朔共讒惡太子

伋. 宣公自以其奪太子妻也, 心惡太子, 欲廢之. 及聞其惡, 大怒, 乃使太子伋於齊而
令盜遮界上殺之, 與太子白旄, 而告界盜見持白旄者殺之. 且行, 子朔之兄壽, 太子異
母弟也, 知朔之惡太子而君欲殺之, 乃謂太子曰:「界盜見太子白旄, 卽殺太子, 太子
可毋行.」太子曰:「逆父命求生, 不可.」遂行. 壽見太子不止, 乃盜其白旄而先馳至界.
界盜見其驗, 卽殺之. 壽已死, 而太子伋又至, 謂盜曰:「所當殺乃我也.」盜幷殺太子
伋, 以報宣公. 宣公乃以子朔爲太子. 十九年, 宣公卒, 太子朔立, 是爲惠公. 左右公子
不平朔之立也. 惠公四年, 左右公子怨惠公之讒殺前太子伋而代立, 乃作亂, 攻惠公,
立太子伋之弟黔牟爲君, 惠公奔齊. 衛君黔牟立八年, 齊襄公率諸侯奉王命共伐衛,
納衛惠公, 誅左右公子. 衛君黔牟奔于周, 惠公復立. 惠公立三年出亡, 亡八年復入,
與前通年凡十三年矣. 二十五年, 惠公怨周之容舍黔牟, 與燕伐周. 周惠王奔溫, 衛·
燕立惠王弟頹爲王. 二十九年, 鄭復納惠王. 三十一年, 惠公卒, 子懿公赤立.

047(鄘-3) 군자해로(君子偕老)

*〈君子偕老〉: '君子'는 임(남편)을 상징하는 표현. '偕老'는 함께 늙음. 〈集傳〉에 "君子, 夫也. 偕老, 言偕生而偕死也"라 함.
*이 시는 선공의 부인이며 惠公의 어머니인 衛夫人, 즉 宣姜을 비난한 것임. 그가 임금을 섬기는 도를 잃었으므로 小君(제후의 부인)의 덕이나 복식을 제대로 했더라면 임금과 해로했을 것이라는 내용임. 역사적 관련 사항은 앞장을 참조할 것.

<序>: <君子偕老>, 刺衛夫人也. 夫人淫亂失事君子之道. 故陳人(小)君之德, 服飾之盛, 宜與君子偕老也.

〈군자해로〉는 위부인을 풍자한 것이다. 부인이 음란하여 임금을 모시는 도를 잃었다. 그 까닭으로 소군(小君)으로서의 덕과 복식의 훌륭함, 그리고 군자와는 해로해야 함을 진술한 것이다.

〈箋〉: 夫人, 宣公夫人, 惠公之母也. 人君, 小君也. 或者, 小字誤作人耳.

*전체 3장. 1장은 7구, 1장은 9구, 1장은 8구(君子偕老: 三章. 一章章七句, 一章章九句, 一章章八句).

(1) 賦

君子偕老, 副笄六珈.

君子와 홈씌 늘글 디라, 副ᄒᆞ고 笄(계)ᄒᆞᆫ 딕 여슷 곧애 珈(가)ᄒᆞ여시니,

그대와 함께 해로하자고, 머리 장식하고 비녀에 여섯 구슬을 달았네.

委委佗佗, 如山如河.

委委(위위)ᄒᆞ며 佗佗(타타)ᄒᆞ며, 山곧ᄐᆞ며 河ㄱᄐᆞᆫ 디라,

의젓하고 점잖은 품, 산 같고 물 같아,

象服是宜, 子之不淑, 云如之何?

象服(상복)이 이 宜(의)ᄒ거늘, 子의 淑디 아니 홈은, 엇디리오?

상복이 아주 어울리건만. 그대 정숙하지 못하니 어찌된 일이오?

【君子】남편. 여기서는 衛 宣公을 가리킴. 〈集傳〉에 "君子, 夫也"라 함.

【偕老】〈毛傳〉에 "能與君子俱老, 乃宜居尊位, 服盛服也"라 하였고, 〈集傳〉에는
"偕老, 言偕生而偕死也. 女子之生, 以身事人, 則當與之同生與之同死. 故夫死稱未
亡人. 言亦待死而已, 不當復有他適之志也"라 함.

【副】부인들의 머리 장식. 〈毛傳〉에 "副者, 后夫人之首飾. 編髮爲之"라 하였고,
〈集傳〉에는 "副, 祭服之首飾, 編髮爲之"라 함.

【笄】옆으로 꽂는 비녀. 〈集傳〉에 "笄, 衡笄也. 垂于副之兩旁當耳, 其下以紞懸瑱"
이라 함. 《說文》에 "笄, 簪也"라 함.

【珈】비녀에 옥으로 만든 장식. 〈毛傳〉에 "珈, 笄飾之最盛者, 所以別尊卑"라 하였
고, 〈鄭箋〉에 "珈之言加也. 副既笄而加飾, 如今步搖上飾, 古之制所有未聞"이라
함. 〈集傳〉에는 "珈之言加也, 以玉加於笄而爲飾也"라 함.

【委委佗佗】의젓한 모습을 각각 疊語로 표현한 것. 〈毛傳〉에 "委委者, 行可委曲
蹤迹也; 佗佗者, 德平易也"라 하였고, 〈集傳〉에는 "委委佗佗, 雍容自得之貌"라
함. 그러나 이는 雙聲連綿語 '逶迤'를 분리하여 疊語로 표현한 것이며 따라서
'佗'는 '이'로 읽어야 함.

【如山如河】〈毛傳〉에 "山無不容, 河無物潤"이라 하였고, 〈集傳〉에는 "如山, 安重
也; 如河, 弘廣也"라 함.

【象服】貴人의 盛裝한 衣服. 〈毛傳〉에 "象服, 尊者所以爲飾"이라 하였고, 〈集傳〉
에는 "象服, 法度之服也"라 함. 〈鄭箋〉에는 "象服者, 揄翟闕翟也. 人君之象服, 則
舜所云:「予欲觀古人之象, 日月星辰之屬.」"이라 함.

【子】主人公 女性을 가리킴.

【不淑】不善. '淑'은 〈集傳〉에 "淑, 善也"라 함.

【云如之何】'云'은 助字. 〈毛傳〉에 "有子若是, 何謂不善乎?"라 하였고, 〈鄭箋〉에는
"子乃服飾如是, 而爲不善之行, 於禮當如之何? 深疾之"라 함.

＊〈集傳〉에 "○言「夫人當與君子偕老, 故其服飾之盛, 如此, 而雍容自得, 安重寬廣,
又有以宜其象服. 今宣姜之不善, 乃如此. 雖有是服, 亦將如之何哉?」言不稱也"라
함.

(2) 賦

玼兮玼兮, 其之翟也.

玼(츠)하며 玼하니, 그의 翟(뎍)이로다.

아주 곱고 또 고운 것은, 그것은 바로 꿩의 무늬를 넣은 예쁜 옷.

鬒髮如雲, 不屑髢也.

鬒(진)한 髮(발)이 雲같트니, 髢(톄)를 屑(셜)티 아니 하놋다.

검은 머리 구름 같으니, 가발 따위는 깨끗하지도 못한 것.

玉之瑱也, 象之揥也, 揚且之晳也.

玉으로 한 瑱(뎐)이며, 象으로 한 揥(톄)며, 揚하고 晳(셕)하도소니,

옥으로 만든 귀걸이며, 상아로 만든 빗치개, 이마는 넓고 살결은 하얗도다.

胡然而天也, 胡然而帝也?

엇더한 天이며, 엇더한 帝오?

어찌 그토록 상제 같으며, 어찌 그토록 천제 같을까?

【玼】매우 고움을 뜻함. 곱고 盛한 모습. 〈毛傳〉과 〈集傳〉에 "玼, 鮮盛貌"라 함.
【翟】꿩의 깃으로 장식한 옷. 〈毛傳〉에 "褕翟, 闕翟, 羽飾衣也"라 하였고, 〈集傳〉에는 "翟衣, 祭服. 刻繒爲翟雉之形, 而彩畫之以爲飾也"라 하여 꿩의 무늬를 비단에 새겨 채색한 것이라 하였음. 〈鄭箋〉에는 "侯伯夫人之服, 自褕翟以下, 如王后焉"이라 함.
【鬒髮如雲】'鬒'은 검은 머리. 숱이 많은 머리. 〈毛傳〉에 "鬒, 黑髮也; 如雲, 言美長也"라 하였고, 〈集傳〉에도 "鬒, 黑也;

象之揥也

○象, 骨中之白也. 獻象齒於中國. 傳曰, 西域廣平, 及南海, 交趾, 大秦, 出象, 無象. 今記象, 保吾中國廣象, 揥, 所以摘髮. 用象骨爲之也.

如雲. 言多而美也"라 함.

【不屑】〈毛傳〉에 "屑, 絜也"라 함. '絜'은 潔과 같음. 〈集傳〉에는 "屑, 潔也"라 함.

【髢】머리 숱이 적을 때 덧대는 가발의 일종. 〈鄭箋〉에 "髢, 髮也. 不潔者, 不用髮
爲善"이라 하였고, 〈集傳〉에 "髢, 髮髢也. 人少髮則以髢益之髮. 自美, 則不潔於
髢而用之也"라 함.

【瑱】귀걸이. 〈毛傳〉과 〈集傳〉에 "瑱, 塞耳也"라 함.

【象】象牙나 象骨. 〈集傳〉에 "象, 象骨也"라 함.

【揥】빗치개. 상아로 만든 머리 장식의 일종. 〈毛傳〉과 〈集傳〉에 "揥, 所以摘髮也"
라 함.

【揚且】'揚'은 〈毛傳〉과 〈集傳〉에 "揚, 眉上廣也"라 하였고, '且'는 '저'로 읽으며 어
조사. 〈集傳〉에 "且, 助語辭"라 함.

【晳】〈毛傳〉에 "晳, 白晳"이라 하였고, 〈集傳〉에 "晳, 白也"라 함.

【胡然而天也, 胡然而帝也】〈毛傳〉에 "尊之如天, 審諦如帝"라 하였고, 〈鄭箋〉에는
"胡, 何也; 帝, 五帝也; 何由然, 女見尊敬如天帝乎? 非由衣服之盛, 顔色之莊, 與反
爲淫昏之行"이라 함. 〈集傳〉에는 "胡然而天, 胡然而帝", 言其服飾容貌之美, 見者
驚, 猶鬼神也"라 함.

(3) 賦

瑳兮瑳兮, 其之展也.

瑳(차)ᄒ며 瑳ᄒ니, 그의 展(전)이로다.

곱고도 고운 것이여, 그 전의(展衣)로다.

蒙彼縐絺, 是紲袢也.

뎌 縐絺(추치)예 蒙(몽)ᄒ니, 이 紲絆(설반)ᄒ엿도다.

추치를 속에 입으니, 이는 바로 여름 베옷이로다.

子之淸揚, 揚且之顔也.

子의 淸ᄒ고 揚홈이여, 揚ᄒ고 顔(안)ᄒ도다.

그대 눈매는 청명하고 이마는 넓으니, 넓은 이마에 그 예쁜 얼굴일세.

展如之人兮, 邦之媛也!

진실로 이러틋 ᄒ 사ᄅᆞᆷ이여, 邦읫 媛(원)이로다!

진실로 이와 같은 사람이여, 온 나라 안의 가장 아름다운 여인이로다!

【瑳】〈集傳〉에 "瑳, 亦鮮盛貌"라 함. 段玉裁와 陳奐은 古本에서는 원래 이곳도 '玼兮'였다 하였음.

【展】展衣. 〈鄭箋〉에는 '襢衣'여야 한다 하였음. 〈毛傳〉에 "《禮》:「有展衣者, 以丹縠爲衣.」以丹縠爲衣蒙覆也"라 하였고, 〈集傳〉에는 "展衣者, 以禮見於君及見賓之服也"라 하여 임금이나 빈객을 맞을 때의 禮服이라 하였음. 한편 〈鄭箋〉에는 "后妃六服之次, 展衣宜白. 縐絺, 絺之靡靡者. 展宜, 夏則裏衣縐絺. 此以禮見於君及賓客之盛服也. 展衣字誤, 《禮記》作襢衣"라 함.

【蒙】속에 껴입음. 〈毛傳〉과 〈集傳〉에 "蒙, 覆也"라 함.

【縐絺】주름잡은 葛布. 〈毛傳〉에 "絺之靡者爲縐, 是當暑袢延之服也"라 하였고, 〈集傳〉에는 "縐絺, 絺之靡靡者, 當暑之服也"라 하여, 더위에 입는 옷을 뜻하는 雙聲連綿語로 볼 수 있음.

【絏袢】여름에 입는 백색 내의. '설반'으로 읽으며, 땀이 배는 것을 막기 위해 저고리 속에 껴입는 옷. 段玉裁는 '袢延은 땀이 배는 것을 씻는 것'이라 하였음. 〈集傳〉에는 "絏袢, 束斂. 意以展衣蒙絺綌而爲之, 絏袢所以自縛飭也. 或曰蒙謂加絺綌於褻衣之上, 所謂表而出之也"라 함.

【淸揚】눈매가 맑고 미간이 넓음. 〈毛傳〉에 "淸, 視淸明也; 揚, 廣揚而顔角豐滿"이라 하였고, 〈集傳〉에 "淸, 視淸明也; 揚, 眉上廣也"라 함. 陳奐 〈傳疏〉에 "此揚指纇"이라 함.

【且】動詞.

【顔】〈集傳〉에 "顔, 額角豐滿也"라 함.

【展】副詞 '참으로, 진실로'의 뜻. 〈毛傳〉과 〈集傳〉에 "展, 誠也"라 함.

【媛】美女. 〈毛傳〉 "美女爲媛"이라 하였고, 〈鄭箋〉에 "媛者, 邦人所依, 倚以爲媛. 助也. 疾宣姜有此盛服, 而以淫昏亂國, 故云然"이라 함. 〈集傳〉에도 "美女曰媛. 見其徒有美色, 而無人君之德也"라 함.

참고 및 관련 자료

1. 孔穎達 〈正義〉

作〈君子偕老〉詩者, 刺衛夫人也. 以夫人淫亂, 失事君子之道也. 毛以爲由夫人失事君子之道, 故陳別有小君, 內有貞順之德, 外有服飾之盛, 德稱其服, 宜與君子偕老者. 刺今夫人有淫佚之行, 不能與君子偕老. 偕老者, 謂能守義貞絜, 以事君子. 君子雖死, 志行不變, 與君子俱至於老也.

2. 朱熹 〈集傳〉

〈君子偕老〉, 三章, 一章七句一章九句一章八句:

東萊呂氏(呂祖謙)曰:「首章之末云:"子之不淑, 云如之何", 責之也; 二章之末云:"胡然而天也, 胡然而帝也", 問之也; 三章之末云:"展如之人兮, 邦之媛也", 惜之也. 辭益婉而意益深矣.」

048(鄘-4) 상중(桑中)

*〈桑中〉: 衛나라 지명으로 매읍(沬邑)에 속함. 남녀가 즐겨 밀회를 즐기던 곳.
*이 시는 위나라가 윗사람의 음행으로 인해 미풍양속이 무너져, 귀족 남녀간에 淫奔(정분이 나서 도망함)하거나 외설스러운 행동을 스스럼없이 하는 것을 비난한 것이라 함.

<序>: <桑中>, 刺奔也. 衛之公室淫亂, 男女相奔. 至于世族在位, 相竊妻妾, 期於幽遠. 政散民流而不可止.

〈상중〉은 淫奔을 비난한 것이다. 위나라 공실이 음란하자 남녀가 相奔하였다. 심지어 세족과 지위에 있는 자들까지 서로 몰래 처첩을 거느리고 멀리 숨어 지내기를 기약하곤 하였다. 정치는 흩어지고 백성을 유리하여 그치게 할 수가 없게 되었다.

〈箋〉: 衛之公室淫亂, 謂宣·惠之世, 男女相奔, 不待媒氏以禮會之也. 世族在位, 取姜氏·弋氏·庸氏者也, 竊, 盜也. 幽遠, 謂桑中之野.

*전체 3장. 매 장 7구씩(桑中:三章. 章七句).

(1) 賦
爰采唐矣, 沬之鄕矣.

이에 唐(당)을 키오물, 沬(미)ㅅ 鄕(향)애 ᄒᆞ놋다.
새삼덩굴 뜯기를, 매향(沬鄕)에서 가서 하도다.

云誰之思? 美孟姜矣!

누를 思ᄒᆞᄂᆞ뇨? 美혼 孟姜(밍강)이로다!
누구를 그리워하나? 강씨네 집 큰 딸!

期我乎桑中, 要我乎上宮, 送我乎淇之上矣!

나를 桑中에 期ᄒ며, 나를 上宮에 要ᄒ고, 나를 淇ㅅ 上의셔 보내놋다!

날 기다린 곳은 상중이요, 나를 마중한 곳은 상궁, 나를 바래다 준 곳은 기수 가였다네!

【爰】助字. 〈毛傳〉에 "爰, 於也"라 함.

【唐】새삼덩굴. 댕댕이덩굴. 식물의 위를 덮고 자라는 기생식물. 〈諺解〉物名에 "唐:새삼"이라 함. 〈毛傳〉에 "唐, 蒙菜名"이라 하였고, 〈集傳〉에는 "唐, 蒙菜也, 一名兔絲"라 함.

【沬】'매'로 읽으며 衛나라 邑 이름. 〈集傳〉에 "沬, 衛邑也.《書》所謂妹邦者也"라 함. 〈鄭箋〉에는 "於何采唐? 必沬之鄕. 猶言欲爲淫亂者, 必之衛之都, 惡衛爲淫亂之主"라 함.

【云誰之思】'누구를 그리워하는가'의 뜻. '云'과 '之'는 助字.

【孟姜】'孟'은 맏딸. '姜'은 귀족 어느 집안의 姓氏. 본래 齊나라의 성씨임. 〈毛傳〉에 "姜, 姓也. 言世族在位, 有是惡行"이라 하였고, 〈集傳〉에 "孟, 長也. 姜, 齊女. 言貴族也"라 함. 〈鄭箋〉에 "淫亂之人, 誰思乎? 乃思美孟姜. 孟姜, 列國之長女, 而思與淫亂, 疾世族在位, 有是惡行也"라 함.

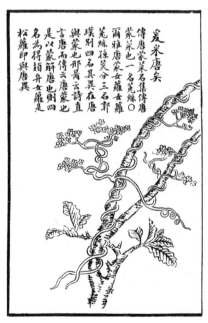

【桑中·上宮·淇上】셋 모두 衛나라 沬邑의 작은 지명. 〈毛傳〉에 "桑中·上宮, 所期之地, 淇, 水名也"라 하였고, 〈集傳〉에 "桑中·上宮·淇上, 又沬鄕之中小地名也"라 함. 그러나 '淇'는 淇水를 가리키며, 淇水는 河南省 林縣, 湯陰縣 등지를 거쳐 淇縣에서 衛河와 합쳐짐. 따라서 淇上은 淇水 물가.

【期】약속을 기다림.

【要】맞이함. 迎의 뜻. 〈集傳〉에 "要, 猶迎也"라 함. 〈鄭箋〉에 "此思孟姜之愛厚己也. 與我期於桑中, 而要見我於上宮, 其送我, 則於淇水之上"이라 함.

*〈集傳〉에 "○衛俗淫亂, 世族在位, 相竊妻妾. 故此人自言「將采唐於沬, 而與其所思之人相期會, 迎送如此也.」"라 함.

(2) 賦

爰采麥矣, 沫之北矣.

이에 麥(믹)을 키오믈, 沫ㅅ 北애 ᄒᆞ놋다.

보리베기를, 매향 북쪽에서 하도다.

云誰之思? 美孟弋矣!

누를 思ᄒᆞᄂᆞ뇨? 美ᄒᆞᆫ 孟弋(밍익)이로다!

누구를 그리워하나? 익씨네 집 큰 딸!

期我乎桑中, 要我乎上宮, 送我乎淇之上矣!

나를 桑中에 期ᄒᆞ며, 나를 上宮에 要ᄒᆞ고, 나를 淇ㅅ 上의셔 보내놋다!

날 기다린 곳은 상중이요, 나를 마중한 곳은 상궁, 나를 바래다 준 곳은 기수 가였다네!

【麥】보리, 혹 밀. 〈集傳〉에 "麥, 穀名. 秋種夏熟者"라 함. '采麥'은 보리수확을 뜻함.

【弋】姓氏. 〈毛傳〉에 "弋, 姓也"라 함. 〈集傳〉에 "弋, 眷秋, 或作姒. 蓋杞女夏后氏之後, 亦貴族也"라 함.

(3) 賦

爰采葑矣, 沫之東矣.

이에 葑(봉)을 키오믈, 沫ㅅ 東애 ᄒᆞ놋다.

순무를 뽑기를, 매향의 동쪽에서 하도다.

云誰之思? 美孟庸矣!

누를 思ᄒᆞᄂᆞ뇨? 美ᄒᆞᆫ 孟庸(밍용)이로다!

누구를 그리워하나? 용씨네 집 큰 딸!

期我乎桑中, 要我乎上宮, 送我乎淇之上矣!

나를 桑中에 期ᄒᆞ며, 나를 上宮에 要ᄒᆞ고, 나를 淇ㅅ 上의셔 보내놋다!

날 기다린 곳은 상중이요, 나를 마중한 곳은 상궁, 나를 바래다 준 곳
은 기수 가였다네!

【葑】순무. 〈毛傳〉과 〈集傳〉에 "葑, 蔓菁也"라 함.
【庸】姓氏. 구체적으로는 알 수 없음. 〈毛傳〉에 "庸, 姓也"라 하였으나, 〈集傳〉에
  "庸, 未聞. 疑亦貴族也"라 함. 〈正義〉에 "孟弋, 孟庸, 以孟類之, 蓋亦列國之長女,
  但當時列國姓庸弋者, 無文以言之"라 함.

참고 및 관련 자료

1. 孔穎達 〈正義〉
作〈桑中〉詩者, 刺男女淫怨而相奔也. 由衛之公室, 淫亂之所化, 是故又使國中男
女, 相奔不待禮, 會而行之, 雖至於世族在位, 爲官者, 相竊其妻妾, 而期於幽遠之
處, 而與之行淫. 時旣如此, 卽政教荒散, 世俗流移, 淫亂成風, 而不可止, 故刺之也.
2. 朱熹 〈集傳〉
〈桑中〉, 三章, 章七句:
〈樂記〉曰:「鄭衛之音, 亂世之音也. 比於慢矣. 桑間濮上之音, 亡國之音也. 其政散,
其民流, 誣上行私, 而不可止也.」按桑間, 卽此篇, 故〈小序〉亦用〈樂記〉之語.

049(鄘-5) 순지분분(鶉之奔奔)

＊〈鶉之奔奔〉: '鶉'은 메추리. 鷁鶉이라고도 하며 雞形目 雉科의 조류. 〈諺解〉物
名에 "鶉:모츠라기"라 함. '奔奔'은 정신없이 날고 뒤쫓고 하는 모습을 疊語로
표현한 것.
＊이 시는 위 선공의 繼妃 宣姜이, 宣公이 죽고 나서 공자 頑(전비 夷姜 소생이며
혜공 삭의 이복 형, 혜공은 선강의 아들이므로 완은 아들 항렬이 됨)과 정분이 나서 淫
烝하여 다섯 자녀를 낳는 등 음행을 저지르자, 그들은 禽獸만도 못하다고 여겨
비난한 것이라 함. 역사적 내용은 〈牆有茨〉(046) 등 앞뒤 편을 참조할 것.

〈序〉: 〈鶉之奔奔〉, 刺衛宣姜也. 衛人以爲宣姜鶉鵲之不若也.

〈순지분분〉은 위나라 선강을 비난한 것이다. 위나라 사람들이 선강을
두고 메추리나 까지만도 못하다고 여겼다.

〈箋〉: 刺宣姜者, 刺其與公子頑, 爲淫亂行, 不如禽鳥.

＊전체 2장. 매 장 4구씩(鶉之奔奔:二章. 章四句).

(1) 興
鶉之奔奔, 鵲之彊彊.
鶉(슌)은 奔奔(분분)ᄒ며, 鵲(쟉)은 彊彊(강강)ᄒ거늘,
메추리는 짝지어 날고, 까지도 쌍쌍이 날거늘,

人之無良, 我以爲兄?
사름의 良(량)티 아닌 이를, 내 써 兄을 삼안ᄂ냐?
사람으로 선량하지 못한 이 사람[頑]을, 내가 형이라 여겨야 하나?

【鶉】메추리. 〈集傳〉에 "鶉, 鶉屬"이라 함.
【奔奔彊彊】〈毛傳〉에 "鶉則奔奔, 鵲則彊彊然"이라 하였고, 〈鄭箋〉에는 "奔奔·彊

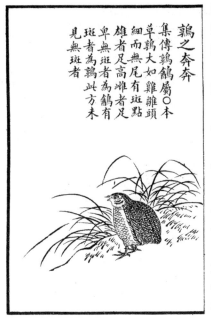

彊, 言其居有常匹, 飛則相隨之貌, 刺宣姜與頑, 非匹偶"라 함. 〈集傳〉에도 "奔奔·彊彊, 居有常匹, 飛則相隨之貌"라 함.

【人】頑을 가리킴. 〈集傳〉에 "人, 謂公子頑"이라 함.

【無良】옳지 못함. 선량하지 못함. 〈毛傳〉과 〈集傳〉에 "良, 善也"라 함.

【我】혹 '何'(疊韻互訓)의 뜻으로 보기도 함. 따라서 이 문장은 의문문이 됨.《韓詩》에는 '何'로 되어 있음. 아래도 같음. 그러나 원의대로 '나', 즉 惠公으로 여겨 풀이하였음.

【兄】公子 頑은 惠公(朔)의 異腹兄임. 즉 宣公의 첫 부인 夷姜의 아들임. 〈毛傳〉에 "兄, 爲君之兄"이라 하였고, 〈鄭箋〉에는 "人之行, 無一善者, 我君反以爲兄, 君爲惠公"이라 함.

*〈集傳〉에 "○衛人刺宣姜與頑, 非匹耦, 而相從也. 故爲惠公之言, 以刺之曰:「人之無良, 鶉鵲之不若, 而我反以爲兄, 何哉!」"라 함.

(2) 興

鵲之彊彊, 鶉之奔奔.

鵲(쟉)은 彊彊(강강)ᄒ며, 鶉은 奔奔ᄒ거늘,

까치는 쌍쌍이 날고, 메추리도 짝지어 날거늘,

人之無良, 我以爲君?

사름의 良티 아닌 이를, 내 뻐 君을 삼안ᄂ냐?

사람으로서 선량하지 못한 이 사람[宣姜]을, 내가 소군(小君)이라 여겨야 하나?

【人】여기서의 '人'은 宣姜을 가리킴. 〈集傳〉에 "人, 謂宣姜"이라 함.

【君】여기서의 '君'은 '小君', 즉 제후의 부인을 일컫는 말.《論語》季氏篇에 "邦君

之妻, 君稱之曰『夫人』, 夫人自稱曰『小童』; 邦人稱之曰『君夫人』, 稱諸異邦曰『寡小君』; 異邦人稱之亦曰『君夫人』」이라 함. 여기서는 구체적으로 宣姜을 가리킴. 〈集傳〉에 "君, 小君也"라 함. 〈毛傳〉에 "君, 國小君"이라 하였고, 〈鄭箋〉에는 "小君, 謂宣姜"이라 함.

[참고 및 관련 자료]

1. 孔穎達 〈正義〉

二章, 皆上二句, 刺宣姜; 下二句責公不防閑也. 頑與宣姜, 共爲此惡, 而獨爲刺宣姜者, 以宣姜, 衛之小君, 當母儀一國, 而與子淫, 尤爲不可. 故作者意有所主非, 謂頑不當刺也. 今人之無良, 我以爲兄, 亦是惡頑之亂.

2. 朱熹 〈集傳〉

〈鶉之奔奔〉, 二章, 章四句:

范氏(范祖禹: 字는 淳夫)曰:「宣姜之惡, 不可勝道也. 國人疾而刺之, 或遠言焉, 或切言焉. 遠言之者, 〈君子偕老〉是也; 切言之者, 〈鶉之奔奔〉是也. 衛詩至此, 而人道盡·天理滅矣. 中國無以異於夷狄, 人類無以異於禽獸, 而國隨以亡矣.」

胡氏(胡寅: 字는 明仲, 號는 致堂, 建安人)曰:「楊時有言:'詩載此篇, 以見衛爲狄所滅之因也. 故在〈定之方中〉之前, 因以是說考於歷代, 凡淫亂者, 未有不至於殺身敗國, 而亡其家者. 然後知古詩垂戒之大, 而近世有獻議乞於經筵, 不以國風進講者, 殊失聖經之旨矣.'」

050(鄘-6) 정지방중(定之方中)

＊〈定之方中〉: '定'은 定星. 28수(宿) 중 北方七宿의 營室星에 있으며 이 별은 正南에 올 때면 夏曆으로 10월이며 造營(토목공사)에 적당한 절기가 되므로 '營室星'이라 함. 참고로 '二十八星宿'는 東方(青龍)七宿(角, 亢, 氐, 房, 心, 尾, 箕) 北方(玄武)七宿(斗, 牛, 女, 虛, 危, 室, 壁) 西方(白虎)七宿(奎, 婁, 胃, 昴, 畢, 觜, 參) 南方(朱雀)七宿(井, 鬼, 柳, 星, 張, 翼, 軫). 여기서는 文公이 이 시기에 맞추어 楚丘에서 궁실을 짓는 등 건설 사업에 큰 성과를 거두었음을 말한 것.

＊이 시는 衛 文公(昭伯이 宣姜과 淫烝하여 태어난 아들로 이름은 燬. 戴公을 이어 왕위에 올라 B.C.659~635년까지 25년간 재위함)이 懿公에 의해 망한 衛나라를 다시 부흥시켰음을 노래한 것임. 그는 宣公→惠公(朔)→黔牟→懿公(赤)→戴公(申)을 이어 군주에 올랐으며, 특히 懿公이 鶴을 사랑하여, 狄人에게 망했던 나라를 다시 일으켰음. 기타 역사 관련 사항은 참고란을 볼 것.

〈序〉: 〈定之方中〉, 美衛文公也. 衛爲狄所滅, 東徙渡河, 野處漕邑, 齊桓公攘戎狄而封之. 文公徙居楚丘, 始建城市而營宮室, 得其時制, 百姓說之國家殷富焉.

〈정지방중〉은 위 문공을 찬양한 것이다. 衛(懿公)나라가 狄에게 망하여 동쪽으로 하수를 건너와 漕邑에 野處하게 되자, 제 환공(小白)이 적을 물리치고 그에게 초구 땅을 봉지로 주었다. 문공이 초구로 거처를 옮겨 비로소 성시를 건설하고 궁실을 지어 그 때에 맞는 제도를 마련하자 백성들이 나라가 부유해짐을 기꺼워하였다.

〈箋〉:《春秋》閔公二年冬:「狄人入衛, 衛懿公及狄人戰于熒澤而敗. 宋桓公迎衛之遺民, 渡河立戴公以廬於漕. 戴公立一年而卒.」魯僖公二年: 齊桓公城楚丘, 而封衛. 於是文公立而建國焉.」

＊전체 3장. 매 장 7구씩(定之方中: 三章. 章七句).

(1) 賦

定之方中, 作于楚宮.

定이 뵈야흐로 中커늘, 楚ㅅ 宮을 作ᄒ니,

정성(定星)이 정남에 떴을 때, 초구(楚丘)에 궁실을 지으셨네.

揆之以日, 作于楚室.

揆(규)호디 日로 써 ᄒ야, 楚ㅅ 室을 作ᄒ고,

해를 보아 방향 재어서, 초구에 대궐을 지으셨네.

樹之榛栗, 椅桐梓漆, 爰伐琴瑟!

榛(진)과 栗과 椅(의)과 桐과 梓(치)과 漆(칠)을 시므니, 이예 伐ᄒ야 琴과 瑟을 ᄒ리로다!

개암나무 밤나무와 산유자, 오동, 가래, 옻나무 심으시어, 이에 베어서 금(琴)과 슬(瑟) 만드시리라!

【定】별 이름. 北方七宿로 營室星이라고도 함. 《爾雅》에 "營室謂之定"이라 함. 〈毛傳〉에 "定, 營室也"라 하였고, 〈集傳〉에는 "定, 北方之宿, 營室星也. 此星昏而正中, 夏正十月也, 於是時可以營制宮室, 故謂之營室"이라 함.

【方中】해가 진 뒤 正南의 하늘에 나타남. 〈毛傳〉에 "方中, 昏正四方"이라 함.

【作于】王引之는 '作爲'와 같다고 하였음. 그의 〈述聞〉에 "于, 當讀曰'爲'. 謂'作爲' 此宮室也. 古聲于與爲通"이라 함.

【楚宮】楚丘에 지은 궁궐. 文公이 齊 桓公으로부터 다시 땅을 얻어 건설한 도읍. 〈集傳〉에 "楚宮, 楚丘之宮也"라 함. 〈毛傳〉에는 "楚宮, 楚丘之宮也. 仲梁子曰:「初立楚宮也.」"라 하였고, 이상에 대해 〈鄭箋〉에는 "楚宮, 謂宗廟也. 定星昏中而正, 於是可以營制宮室, 故謂之營室. 正昏中而正, 謂小雪, 時其體與東壁, 連正四方"이라 함.

【揆之以日】'揆'는 재어보고 헤아림. 〈集傳〉에 "揆, 度也. 樹八尺之臬, 而度其日之出入之景, 以定東西. 又參日中之景, 以正南北也"라 함. 〈毛傳〉에 "揆, 度也. 度日出, 日入以知東西, 南視定, 北準極, 以正南北"이라 함.

【室】楚丘에 지은 宮室. 〈集傳〉에 "楚室, 猶楚宮, 互文以協韻耳"라 함. 〈毛傳〉에 "室, 猶宮也"라 하였고, 〈鄭箋〉에 "楚室, 居室也. 君子將營宮室, 宗廟爲先, 廏庫爲次, 居室爲後"라 함. 함.

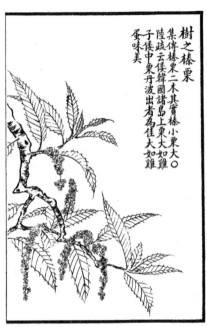

樹之榛栗
集傳榛栗二木其實榛小栗大〇
陸疏云俀韓國諸島上栗大如雞
子俀中東丹波出者為佳大如雞
蛋味美

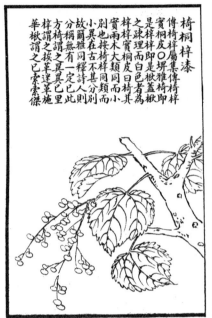

椅桐梓漆
傳椅梓屬集傳梓
實桐皮〇埤雅椅桐
梓桐即是梓蓋為楸
之疏理而白色者為楸
梓實桐皮曰椅其
別也按椅梓同類而小
實雨木大類同而小
小異也在古不甚分別
故椅桐同釋人則
分稱之其異已里
方稱之異其已里
梓謂之椅華違草施
華楸謂之已索棄傑

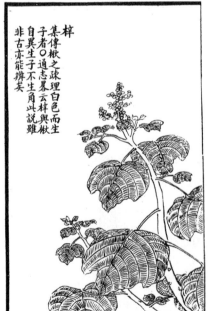

梓
集傳楸之疏理白色而生
子者〇通志畧云梓與楸
自異生子不生角此說雖
非古亦能辨矣

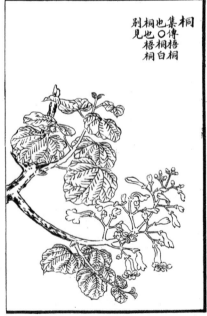

桐
集傳梧桐
也〇桐白
別桐也梧
見桐

【樹】심음.

【榛】개암나무.

【栗】〈諺解〉物名에 "栗:밤"이라 함.

【椅】〈毛傳〉에 "椅, 梓屬"이라 함. 머귀
나무. 산유자나무. 〈諺解〉物名에 "椅:
머괴류ㅣ니, フ래여룸이오, 머괴겁질이
라"라 함.

【桐】梧桐. 〈諺解〉物名에 "머괴"라 함.

【梓】가래나무. 〈諺解〉物名에 "梓:フ래"
라 함.

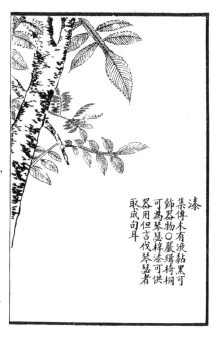

【漆】옻나무. 〈諺解〉物名에 "漆:옷"이
라 함. 이런 나무들은 모두 10년 뒤를
보고 미리 심은 것임. 〈集傳〉에 "榛栗
二木, 其實榛小, 栗大, 皆可供邊實. 椅
梓, 實桐皮. 桐, 梧桐也. 梓楸之疎理,
白色而生子者. 漆木, 有液黏黑, 可飾器
物, 四木, 皆琴瑟之材也"라 하였고,
〈鄭箋〉에는 "樹此六木於宮者, 曰其長大, 可伐以爲琴瑟. 言豫備也"라 함.

【爰】'於'와 같음. 〈集傳〉에 "爰, 於也"라 함. 그러나 〈鄭箋〉에는 "爰, 曰也"라 함.

【琴瑟】현악기의 일종. 〈關雎〉편(001)을 참조할 것.

＊〈集傳〉에 "○衛爲狄所滅, 文公徙居楚丘, 營立宮室, 國人悅之, 而作是詩以美之.
蘇氏曰:「種木者, 求用於十年之後, 其不求近功, 凡此類也.」"라 함.

(2) 賦

升彼虛矣, 以望楚矣.

뎌 虛(허)의 올라, 뻐 楚를 望ᄒ놋다.

저 빈 성터 올라서, 초구를 바라보시고,

望楚與堂, 景山與京.

楚과 다못 堂을 望ᄒ며, 山과 다못 京을 景(영)ᄒ며,

초구와 당읍, 그리고, 큰 산과 높은 곳을 바라보셨네.

降觀于桑, 卜云其吉, 終然允臧!

降(강)ᄒ야 桑을 보니, 卜애 닐오디 그 吉타 ᄒ더니, ᄆ춤애 진실로 臧 (장)ᄒ도다!

내려와 뽕나무를 보시고, 점치시니 길하다기에, 마침내 미덥고 좋은 곳이었네!

【升】오름.

【虛】성터. 墟와 같음. 〈集傳〉에 "虛, 故城也"라 하였으나, 〈毛傳〉에는 "虛, 漕虛也"라 하여, 衛나라가 피난 중에 임시로 머물렀던 漕邑에서 楚丘를 바라본 것이라 여겼음.

【楚】楚丘. 〈集傳〉에 "楚, 楚丘也"라 함.

【堂】楚丘에 있는 堂邑. 〈毛傳〉에 "楚丘, 有堂邑者"라 하였고, 〈集傳〉에는 "堂, 楚 丘之旁邑也"라 함.

【景山】〈毛傳〉에 "景山, 大山"이라 함. 그러나 〈集傳〉에는 "景, 測景以正方面也. 與 旣景廼岡之景同, 或曰景, 山名. 見〈商頌〉"이라 함.

【京】높은 언덕. 〈毛傳〉과 〈集傳〉에 "京, 高丘也"라 함. 〈鄭箋〉에는 "自河以東, 夾 於濟水. 文公將徙, 登漕之虛, 以望楚丘, 觀其旁邑及其丘山, 審其高下, 所依倚, 乃後建國焉. 愼之至也"라 함.

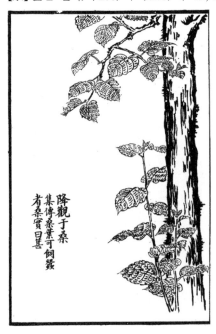

【桑】〈毛傳〉에 "地勢宜蠶, 可以居民"이 라 하였고, 〈集傳〉에 "桑, 木名. 葉可飼 蠶者. 觀之以察其土宜也"라 함. 〈諺解〉 物名에 "桑:솽"이라 함.

【卜】龜甲으로 치는 점. 〈毛傳〉에 "龜曰 卜"이라 함'.

【云】助詞.

【終然】終焉과 같음. 끝내, 마침내.

【允臧】〈毛傳〉과 〈集傳〉에 "允, 信; 臧, 善也"라 함. 한편 〈毛傳〉에 "建國必卜 之, 故建邦能命龜田, 能施命作器, 能銘 使, 能造命升高, 能賦師旅, 能誓山川, 能說喪紀, 能誄祭祀, 能語君子; 能此九

者, 可謂有德音 可以爲大夫"라 함.
*〈集傳〉에 "○此章, 本其始之望景觀卜而言, 以至於終而果獲其善也"라 함.

(3) 賦
靈雨旣零, 命彼倌人,

靈흔 雨ㅣ 이믜 零ᄒᆞ거늘, 뎌 倌人(관인)을 命ᄒᆞ야,

좋은 비가 이윽고 떨어지니, 저 거마를 담당한 관리에게 명하여,

星言夙駕, 說于桑田.

星인 제 일 駕ᄒᆞ야, 桑田의 가 說(셰)ᄒᆞ니,

비가 그치고 별이 보이면 아침 일찍 수레 몰아, 뽕밭에 가서 일러주
셨네.

匪直也人, 秉心塞淵, 騋牝三千!

흔갓 사름의 ᄆᆞ음, 秉홈이 塞(싁)ᄒᆞ고 淵(연)홀 ᄲᅮᆫ이 아니라, 騋牝(릭빈)이
三千이로다!

한갓 곧은 군주 정도가 아니라, 마음가짐이 충실하고 깊으시니, 내마
(騋馬)와 암말이 삼천 필로 늘어났다네!

【靈】훌륭함. 좋음. 〈鄭箋〉과 〈集傳〉에 "靈, 善也"라 함. '令'의 假借. 馬瑞辰〈通
　釋〉에 《爾雅》釋詁:「令, 善也.」卽令之假借"라 함.
【零】〈毛傳〉과 〈集傳〉에 "零, 落也"라 함.
【倌人】車馬를 主管하는 官吏. 〈毛傳〉과 〈集傳〉에 "倌人, 主駕者也"라 함.
【星】〈集傳〉에 "星, 見星也"라 하였고, 〈鄭箋〉에 "星, 雨止星見"이라 함.
【言】語助辭.
【說】'셰'(音稅)로 읽으며, 〈集傳〉에 "說, 舍止也"라 하여 '그치다'의 뜻이라 하였음.
【夙】〈鄭箋〉에 "夙, 早也. 文公於雨下, 命主駕者, 雨止爲我辰早駕, 欲往爲辭說于桑
　田, 敎民稼穡務農急也"라 하여 '遊說하다'의 뜻으로 보았음.
【匪直也人】〈毛傳〉에 "非徒庸君"이라 하여 '한갓 보통 君主가 아니다'라 함.
【秉】〈毛傳〉과 〈集傳〉에 "秉, 操也"라 함.
【塞淵】〈集傳〉에 " 塞, 實; 淵, 深也"라 하였고, 〈鄭箋〉에는 "塞, 充實也; 淵, 深也"

라 함.

【騋牝】騋馬와 牝馬. '騋'는 〈毛傳〉에는 "馬七尺以上曰騋. 騋馬與牝馬也"라 하였고, 〈集傳〉에도 "馬七尺以上爲騋"라 함. 한편 〈鄭箋〉에는 "國馬之制: 天子十有二閑, 馬六種, 三千四百五十六匹, 邦國六閑, 馬四種, 千二百九十六匹. 衛之先君兼邶鄘而有之, 而馬數過禮制. 今文公滅而復興, 徙而能富, 馬有三千, 雖非禮制, 國人美之"라 함.

＊〈集傳〉에 "○言: 方春, 時雨旣降, 而農桑之務作. 文公於是命主駕者, 晨起駕車, 亟往而勞勸之. 然非獨此人所以操其心者, 誠實而淵深也. 蓋其所畜之馬, 七尺而牝者, 亦已至於三千之衆矣. 蓋人操心誠實而淵深, 則無所爲而不成其致, 此富盛宜矣.」《記》曰:「問國君之富, 數馬以對.」今言騋牝之衆如此, 則生息之蕃可見, 而衛國之富, 亦可知矣. 此章又要其終而言也"라 함.

참고 및 관련 자료

1. 孔穎達 〈正義〉
作〈定之方中〉詩者, 美衛文公野. 衛國爲狄人所滅, 君爲狄人所役, 城爲狄人所入. 其有遺餘之民, 東徙渡河, 暴露野次, 處於漕邑. 齊桓公攘去戎狄而更封之, 立文公焉. 文公乃徙居楚丘之邑, 始建城使民得安處, 始建市使民得交易, 而營造宮室, 旣得其時節, 又得其制度, 百姓喜而悅之. 民旣富饒, 官亦充足, 致使國家殷實, 而富盛焉. 故百姓所以美之.

2. 朱熹 〈集傳〉
〈定之方中〉, 三章, 章七句:
按《春秋傳》(閔公 2年傳):「衛懿公九年冬, 狄入衛, 懿公及狄人戰于熒澤, 而敗死焉. 宋桓公迎衛之遺民, 渡河而南立. 宣姜子申以廬于漕, 是衛戴公, 是年卒立. 其弟燬是爲文公. 於是齊桓公合諸侯, 以城楚丘而遷焉. 文公大布之衣, 大帛之冠, 務材訓農通商惠工敬教勸學授方任能, 元年革車三十乘, 季年乃三百乘.」

3. 《左傳》閔公 二年 傳
冬十二月, 狄人伐衛. 衛懿公好鶴, 鶴有乘軒者. 將戰, 國人受甲者皆曰:「使鶴! 鶴實有祿位, 余焉能戰?」公與石祁子玦, 與甯莊子矢, 使守, 曰:「以此贊國, 擇利而爲之.」與夫人繡衣, 曰:「聽於二子!」渠孔御戎, 子伯爲右, 黃夷前驅, 孔嬰齊殿. 及狄人戰于熒澤, 衛師敗績, 遂滅衛. 衛侯不去其旗, 是以甚敗. 狄人囚史華龍滑與禮孔, 以逐衛人. 二人曰:「我, 大史也, 實掌其祭. 不先, 國不可得也.」乃先之, 至, 則告守曰:「不可待也.」夜與國人出. 狄入衛, 遂從之, 又敗諸河. 初, 惠公之卽位也少, 齊人使昭伯烝於宣姜, 不可, 强之, 生齊子·戴公·文公·宋桓夫人·許穆夫人. 文公爲衛之多患也, 先適齊. 及敗, 宋桓公逆諸河, 宵濟. 衛之遺民男女七百有三十人, 益之以共·滕之民爲五千人. 立戴公以廬于曹. 許穆夫人賦〈載馳〉. 齊侯使公子無虧帥車三百乘·甲士三千人以戍曹. 歸公乘馬, 祭服五稱, 牛·羊·豕·雞·狗皆三百與門材. 歸夫人魚軒, 重錦三十兩.

4.《呂氏春秋》忠廉篇

衛懿公有臣曰弘演, 有所於使. 翟人攻衛, 其民曰:「君之所予位祿者, 鶴也; 所貴富者, 宮人也. 君使宮人與鶴戰, 余焉能戰?」遂潰而去. 翟人至, 及懿公於滎澤, 殺之, 盡食其肉, 獨捨其肝. 弘演至, 報使於肝. 畢, 呼天而啼, 盡哀而止, 曰:「臣請爲裸.」因自殺, 先出其腹實, 內懿公之肝. 桓公聞之曰:「衛之亡也, 以爲無道也. 今有臣若此, 不可不存.」於是復立衛於楚丘. 弘演可謂忠矣, 殺身出生以徇其君. 非徒徇其君也, 又令衛之宗廟復立, 祭祀不絕, 可謂有功矣.

5.《韓詩外傳》(7)

衛懿公之時, 有臣曰弘演者, 受命而使未反, 而狄人攻衛. 於是懿公欲興師迎之. 其民皆曰:「君之所貴而有祿位者, 鶴也; 所愛者, 宮人也. 亦使鶴與宮人戰, 余安能戰?」遂潰而皆去. 狄人至, 攻懿公於滎澤, 殺之, 盡食其肉, 獨舍其肝. 弘演至, 報使於肝, 辭畢, 呼天而號. 哀止, 曰:「若臣者, 獨死可耳.」於是, 遂自剖出腹實, 內懿公之肝, 乃死. 桓公聞之, 曰:「衛之亡也, 以無道也, 今有臣若此, 不可不存.」於是復立衛於楚丘. 如弘演, 可謂忠士矣. 殺身以捷其君, 非徒捷其君, 又令衛之宗廟復立, 祭祀不絕, 可謂有大功矣. 詩曰:『四方有羨, 我獨居憂, 民莫不穀, 我獨不敢休.』

6.《新書》(賈誼)(6) 春秋

衛懿公喜鶴, 鶴有飾以文繡, 賦斂繁多而不顧其民, 貴優而輕大臣. 群臣或諫則面叱之. 及翟伐衛, 寇挾城堞矣. 衛君垂淚而拜其臣民曰:「寇迫矣. 士民其勉之.」士民曰:「君亦使君之貴優, 將君之愛鶴以爲君戰矣. 我儕棄人也. 安能守戰?」乃潰門而出走, 翟寇遂入, 衛君奔死, 遂喪其國.

7.《史記》衛康叔世家

懿公即位, 好鶴, 淫樂奢侈. 九年, 翟伐衛, 衛懿公欲發兵, 兵或畔. 大臣言曰:「君好鶴, 鶴可令擊翟.」翟於是遂入, 殺懿公. 懿公之立也, 百姓大臣皆不服. 自懿公父惠公朔之讒殺太子伋代立至於懿公, 常欲敗之, 卒滅惠公之後而更立黔牟之弟昭伯頑之子申爲君, 是爲戴公. 戴公申元年卒. 齊桓公以衛數亂, 乃率諸侯伐翟, 爲衛築楚丘, 立戴公弟燬爲衛君, 是爲文公. 文公以亂故奔齊, 齊人入之.

初, 翟殺懿公也, 衛人憐之, 思復立宣公前死太子伋之後, 伋子又死, 而代伋死者子壽又無子. 太子伋同母弟二人: 其一曰黔牟, 黔牟嘗代惠公爲君, 八年復去; 其二曰昭伯. 昭伯·黔牟皆已前死, 故立昭伯子申爲戴公. 戴公卒, 復立其弟燬爲文公.

文公初立, 輕賦平罪, 身自勞, 與百姓同苦, 以收衛民.

8.《史記》衛康叔世家 正義

《左傳》云: 衛懿公好鶴, 鶴有乘軒者. 狄伐衛, 公欲戰, 國人受甲者, 皆曰:「使鶴, 鶴實有祿位, 余焉能戰!」

9.《論衡》儒增

儒書言:「衛有忠臣弘演, 爲衛哀公使, 未還, 狄人攻哀公而殺之, 盡食其肉, 獨捨其肝. 弘演使還, 致命於肝. 痛哀公之死, 身肉盡, 肝無所附, 引刀自剋其腹, 盡出其腹實, 乃內哀公之肝而死.」言此者, 欲稱其忠矣. 言其自剋內哀公之肝而死, 可也; 言盡出其腹實乃內哀公之肝, 增之也.

10.《新序》義勇

衛懿公有臣曰弘演, 遠使未還. 狄人攻衛, 其民曰:「君之所與祿位者, 鶴也; 所富者, 宮人也. 君使宮人與鶴戰, 余焉能戰?」遂潰而去. 狄人追及懿公於滎澤, 殺之, 盡食其肉, 獨捨其肝. 弘演至, 報使於肝, 畢. 呼天而號, 盡哀而止. 曰:「臣請爲表」因自刺其腹, 乃懿公之肝而死. 齊桓公聞之曰:「衛之亡也以無道, 今有臣若此, 不可不存.」於是救衛於楚丘.

051(鄘-7) 체동(蝃蝀)

＊〈蝃蝀〉: 무지개. 虹蜺. 〈毛傳〉에 "蝃蝀, 虹也"라 함.《爾雅》에는 '螮蝀'으로 표기되어 있음. '蝃'는 '螮'와 같은 음으로 '체'로 읽음.
＊이 시는 부모 명령의 정식 혼인을 기다리지 않고 情分이 나서 淫奔하는 여인을 비난한 시라 함.

〈序〉: 〈蝃蝀〉, 止奔也. 衛文公能以道化其民, 淫奔之恥, 國人不齒也.

〈체동〉은 淫奔을 금지한 것이다. 위 문공은 능히 도로써 그 백성에게 음분의 부끄러움을 교화시켰으며, 나라 사람들이 그런 자와는 상대도 하지 않았다.

〈箋〉: 不齒者, 不與相長稚.

＊전체 3장. 매 장 4구씩(蝃蝀: 三章. 章四句).

(1) 比

蝃蝀在東, 莫之敢指.

蝃蝀(톄동)이 東에 이시니, 敢히 指티 몯ᄒ리로다.

무지개가 동쪽에 떴으니, 감히 손가락질 할 수 없도다.

女子有行, 遠父母兄弟!

女子의 行을 둠은, 父母와 兄弟를 멀리 ᄒᄂ니라!

여자란 법도대로 시집을 가고 나서야, 부모 형제 멀리 떠나는 것이거늘!

【蝃蝀】무지개. 〈毛傳〉에는 "夫婦過禮, 則虹氣盛, 君子見戒而懼諱之"라 하였고, 〈集傳〉에도 "蝃蝀, 虹也. 日與雨交, 倏然成, 質似有血氣之類, 乃陰陽之氣, 不當交

而交者, 蓋天地之淫氣也"라 함.

【在東】〈集傳〉에 "在東者, 莫虹也. 虹隨日所映, 故朝西而莫東也"라 하여, 동쪽에 떴으니 저녁때였음을 말함.

【莫之敢指】〈鄭箋〉에 "虹, 天氣之戒, 尙無敢指者, 況淫奔之女, 誰敢視之?"라 함.

【女子有行】여자가 시집가는 것을 뜻함. 〈鄭箋〉에 "行, 道也. 婦人生而有適人之道, 何憂於不嫁而爲淫奔之過乎? 惡之甚"이라 함.

＊〈集傳〉에 "○此刺淫奔之詩. 言蝃蝀在東, 而人不敢指. 以比淫奔之惡人, 不可道. 況女子有行, 又當遠其父母兄弟, 豈可不顧此而冒行乎?"라 함.

(2) 比

朝隮于西, 崇朝其雨.

아춤이 西의 隮(졔)ᄒ니, 朝ㅣ 崇(숭)홀 만ᄒ 그 雨ㅣ로다.

아침에 서쪽에 무지개가 뜨면, 아침 내내 비가 온다는데.

女子有行, 遠兄弟父母!

女子의 行을 둠은, 兄弟와 父母를 멀리 ᄒᄂ니라!

여자란 시집가는 법도를 이루고 나서야, 형제 부모를 멀리 떠나는 것이거늘!

【隮】오름. 〈毛傳〉과 〈集傳〉에 "隮, 升也.《周禮》「十煇九曰隮」. 注以爲虹. 蓋忽然而見, 如自下而升也"라 함. 그러나 일설에는 이 역시 무지개를 뜻하는 것이라 함.

【崇朝】終의 뜻. 해가 뜰 때부터 식전까지. 〈毛傳〉에 "崇, 終也. 從旦至食時爲終朝"라 하였고, 〈集傳〉에도 "崇, 終也. 從旦至食時爲終朝. 言方雨而虹見, 則其雨終朝而止矣. 蓋淫慝之氣, 有害於陰陽之和也. 今俗謂虹能截雨, 信然"이라 함. 〈鄭箋〉에는 "朝有升氣於西方, 終其朝, 則雨氣應, 自然以言婦人生, 而有適人之道, 亦性自然"이라 함.

(3) 賦

乃如之人也! 懷昏姻也.

이러틋 흔 사름이여! 昏姻(혼인)을 懷ᄒ놋다.

그런데 이렇게 음분하는 여인이여! 혼인에만 생각을 두고 있도다.

大無信也, 不知命也!

키 信이 업스니, 命을 아디 몯ᄒᆞᆺ다!

너무나 믿음이 없도다, 부모의 명령을 모르는구나!

【乃如之人】乃는 의미를 강조하는 發語辭, 如之는 如是와 같음. '人'은 淫奔하는
　자를 가리킴. 〈集傳〉에 "乃如之人, 指淫奔者, 而言'昏姻', 謂男女之欲. 程子曰:「女
　子以不自失爲信, 命正理也.」"라 함.
【懷】〈毛傳〉에 "乃如是淫奔之人也"라 하였고, 〈鄭箋〉에 "懷, 思也. 乃如是之人, 思
　婚姻之事乎! 言其淫奔之過, 惡之大"라 함. 〈野有死麕〉의 '有女懷春'의 '懷'와 같
　음.
【大】〈音注〉에 "大, 音泰"라 하여 太와 같음. '너무나'의 뜻.
【不知命】〈毛傳〉에 "不待命也"라 하였고, 〈鄭箋〉에는 "淫奔之女, 大無貞潔之信,
　又不知昏姻當大父母之命, 惡之也"라 함.
＊〈集傳〉에 "○言此淫奔之人, 但知思念男女之欲, 是不能自守其貞信之節, 而不知
　天理之正也. 程子曰:「人雖不能無欲, 然當有以制之, 無以制之而惟欲之從, 則人道
　廢而入於禽獸矣. 以道制欲,則能順命.」"이라 함.

⟮ 참고 및 관련 자료 ⟯

1. 孔穎達 〈正義〉

作〈蝃蝀〉詩者, 言能止當時之淫奔. 衛文公以道化其民使皆知禮法, 以淫奔者爲恥.
其有淫之恥者, 國人皆能惡之, 不與之爲齒列相長稚, 故人皆恥之而自止也.

052(鄘-8) 상서(相鼠)

*〈相鼠〉: '相'은 '살펴보다'의 뜻. 쥐의 생태를 살펴봄.
*이 시는 쥐를 비유하여 예를 갖추지 못한 사람을 질책한 것임. 특히 위 문공이 아버지 선공의 영향을 받아 예가 없이 행동한 것을 비난한 것이라 함.

〈序〉: 〈相鼠〉, 刺無禮也. 衛文公能正其羣臣, 而刺在位 承先君之化, 無禮儀也.

〈상서〉는 예가 없음을 비난한 것이다. 위 문공이 능히 여러 신하들을 바르게 하면서 재위에 있는 이들이 선군 宣公의 영향만을 이어받아 예의가 없음을 탓한 것이다.

*전체 3장. 매 장 4구씩(相鼠:三章. 章四句).

(1) 興
相鼠有皮, 人而無儀!

鼠(셔)를 相혼 딘 皮 이시니, 사롬이오 儀 업스랴!
쥐를 보아 가죽이 있는데, 사람이면서 위의가 없을 수 있으랴!

人而無儀, 不死何爲?

사롬이오 儀 업스 니는, 죽디 아니코 므슴 흐리오?
사람이면서 위의가 없는데도, 죽지 않고 무엇을 하겠는가?

【相】살펴봄. 〈毛傳〉과 〈集傳〉에 "相, 視也"라 함.
【鼠】쥐. 〈集傳〉에 "鼠, 蟲之可賤惡者"라 함.
【儀】禮儀, 體貌, 威儀. 〈毛傳〉에 "無禮儀者, 雖居尊位, 猶爲闇昧之行"이라 하였고, 〈鄭箋〉에는 "儀, 威儀也. 視鼠有皮, 雖處高顯之處, 偸食苟得, 不知廉恥, 亦與人無威儀者同"이라 함.

【不死何爲】〈鄭箋〉에 "人以有威儀爲貴, 今反無之, 傷化敗俗, 不如其死, 無所害也"
라 함.
*〈集傳〉에 "○言『視彼鼠, 而猶必有皮. 可以人而無儀乎? 人而無儀, 則其不死, 亦
何爲哉?』"라 함.

(2) 興

相鼠有齒, 人而無止!

鼠를 相혼 딘 齒(치) 이시니, 사름이오 止 업스랴!

쥐를 보아도 이빨이 있는데, 사람이면서 容止가 없을 수 있으랴!

人而無止, 不死何俟?

사름이오 止 업슨 이는, 죽디 아니코 므서슬 기들이료?

사람이면서 용지가 없는데도, 죽지 않고 무엇을 기다리겠는가?

【止】容止, 몸가짐. 〈集傳〉에 "止, 容止也"라 하였으나, 〈毛傳〉에는 "止, 所止息也"
하여 '그칠 줄 모르다'의 뜻으로 보았음. 이에 대해 〈鄭箋〉에는 "止, 容止.《孝經》
曰『容止可觀』, 無止, 則雖居尊, 無禮節也"라 하였음.《韓詩》에는 "止, 節, 無禮節
也"라 풀이하였음. 이에 따라 풀이함.
【俟】기다림. 〈毛傳〉과 〈集傳〉에 "俟, 待也"라 함.

(3) 興

相鼠有體, 人而無禮!

鼠를 相혼 딘 體 이시니, 사름이오 禮 업스랴!

쥐를 보아도 支體가 있는데, 사람이면서 예가 없어서야 되겠는가!

人而無禮, 胡不遄死?

사름이오 禮 업슨 이는, 엇디 섈리 죽디 아닌느뇨?

사람이면서 예의가 없는데도, 어찌 빨리 죽지도 않는고?

【體】支體(肢體). 사지와 몸체. 〈毛傳〉과 〈集傳〉에 "體, 支體也"라 함.

【胡】어찌. 疑問詞. 何, 焉, 安, 惡 등과 같음.

【遄】속히, 빨리. 〈毛傳〉과 〈集傳〉에 "遄, 速也"라 함.

참고 및 관련 자료

1. 孔穎達 〈正義〉

作〈相鼠〉詩者, 刺無禮也. 由衛文公能正其羣臣, 使有禮儀. 故刺其在位有承先君
之化, 無禮儀者. 由文公能化之使有禮, 而刺其無禮者. 所以美文公也. 〈凱風〉美孝
子, 而反以刺君. 此刺無禮而反以美君. 作者之本意然也. 在位無禮儀, 文公不黜之
者, 以其承先君之化, 弊風未革, 身無大罪, 不可廢之故也.

053(鄘-9) 간모(干旄)

*〈干旄〉: '干'은 竹竿. 그 끝에 旄(쇠꼬리)를 단 깃발을 뜻하며, 대부의 깃발(旆)을 가리킴.
*이 시는 임금이 훌륭한 賢者나 處士를 모시러 찾아 나선 모습을 노래한 것이라 함.

<序>: <干旄>, 美好善也. 衛文公臣子多好善, 賢者樂告以善道也.

　〈간모〉는 선을 좋아함을 찬미한 것이다. 위 문공의 신하들은 많이들 선을 좋아하여 현자들이 善道로써 일러주기를 즐겨하였다.

　〈箋〉: 賢者, 時處士也.

*전체 3장. 매 장 6구씩(干旄:三章. 章六句).

(1) 賦

孑孑干旄, 在浚之郊.

孑孑(혈혈)흔 干旄(간모)ㅣ여, 浚(쥰)ㅅ 郊에 잇도다.
우뚝 솟은 간모가, 浚읍의 교외에 있도다.

素絲紕之, 良馬四之.

素絲(소亽)로 紕(비)ᄒᆞ얏고, 良馬ᄅᆞᆯ 四(亽)로 ᄒᆞ얏도소니,
흰 실로 그 깃대를 묶어 꾸몄고, 양마가 네 필이로구나.

彼姝者子, 何以畀之?

뎌 姝(슈)흔 子ᄂᆞᆫ, 므서스로 뻐 畀(비)ᄒᆞᆯ고?
저 어여쁘신 그에게, 무엇을 드릴꼬?

【孑孑】〈集傳〉에 "孑孑, 特出之貌"라 하였고, 〈毛傳〉에는 "孑孑, 干旄之貌"라 함. '孑'
  은 〈音義〉에 "孑, 居熱反, 又居列反"이라 하였고, 〈集傳〉에도 "音結"이라 하여
  '결'로 읽도록 되어 있으나 〈諺解〉에는 '혈'로 읽었음.
【干旄】〈毛傳〉에 "注旄於干首, 大夫之旄也"라 하였고, 〈鄭箋〉에는 "周禮:孤卿建
  旃, 大夫建物首, 皆注旄焉. 時有建此旄來, 至浚之郊, 卿大夫好善也"라 함. 〈集
  傳〉에 "干旄, 以旄牛尾注於旗干之首, 而建之車後也"라 하여, '干'은 깃대, '旄'는
  깃대 끝에 매단 쇠꼬리의 털. 大夫의 旗로서 수레 뒤쪽에 세웠음. 陳奐 〈傳疏〉
  에 "旄與犛同"이라 하였고, 《說文》에 "犛, 犛牛尾"라 하였음. 馬瑞辰 〈通釋〉에는
  "是古者聘賢招士, 多以弓旄車乘. 此詩干旄·干旟·干旌, 皆歷擧招賢者之所建"이라
  함.
【浚】〈毛傳〉에 "浚, 衞邑. 古者, 臣有大功, 世其官邑"이라 하였고, 〈集傳〉에 "浚, 衞
  邑名"이라 함. 지금의 河北省 陽縣. 〈毛傳〉에 "浚, 蘇俊反"(순), 〈集傳〉에는 "音峻"
  이라 하여 두 음이 있음.
【郊】郊外. 〈毛傳〉에 "郊外曰野"라 하였고, 〈集傳〉에 "邑外謂之郊"라 함.
【素絲紕之】'紕'는 〈毛傳〉에 "紕所以織組也. 總紕於此, 成文於彼. 願以素絲紕組之
  法, 御四馬也"라 하였고, 〈集傳〉에는 "紕, 織組也. 蓋以素絲織組而維之也"라 함.
  〈鄭箋〉에는 "素絲者, 以爲縷以縫, 紕旌旗之旒縿, 或以維持之"라 함.
【良馬四之】〈集傳〉에 "四之, 兩服兩驂. 凡四馬以載之也"라 하였으나 〈鄭箋〉에는
  "浚郊之賢者, 旣識卿大夫, 建旄而來. 又識其乘善馬四之者, 見之數也"라 하여 '현
  자를 자주 찾아감'이라 하였음.
【姝】어여쁨. 〈毛傳〉에 "姝, 順貌"라 하였고, 〈集傳〉에 "姝, 美也"라 함.
【子】〈集傳〉에 "子, 指所見之人也"라 함. 찾아간 그 현자나 처사를 가리킴.
【畀】〈毛傳〉가 "畀, 予也"라 하였고, 〈集傳〉에도 "畀, 與也"라 하여, '주다'의 뜻. 聞
  一多 〈新義〉에 "畀之, 予之, 告之, 告與畀·與, 義同"이라 함. 〈鄭箋〉에는 "時賢者,
  旣說此卿大夫, 有忠順之德. 又欲以善道與之心, 誠愛厚之至"라 함.
*〈集傳〉에 "○言「衞大夫, 乘此車馬, 建此旌旄, 以見賢者. 彼其所見之賢者, 將何
  以畀之, 而答其禮意之勤乎?」"라 함.

(2) 賦
孑孑干旟, 在浚之都.

孑孑흔 干旟(간여)ㅣ여, 浚ㅅ 都에 잇도다.

우뚝 솟은 간여가, 준읍의 도성에 있도다.

素絲組之, 良馬五之.

素絲로 組ᄒᆞ얏고, 良馬를 五로 ᄒᆞ얏도소니,

흰 실을 매달아 묶은 깃대에, 양마가 다섯 필이로구나.

彼姝者子, 何以予之?

뎌 姝ᄒᆞᆫ 子ᄂᆞᆫ, 므서스로 뻐 予홀고?

저 어여쁘신 그에게, 무엇을 드릴꼬?

【干旄】매를 그린 깃발. 〈毛傳〉에 "鳥隼曰旗"라 하였고, 〈鄭箋〉에 《周禮》: 州里建
旗, 謂州長之屬"이라 함. 〈集傳〉에도 "旗, 州里所建鳥隼之旗也. 上設旄旄, 其下
繫斿, 斿下屬繆, 皆畫鳥隼也"라 함.

【都】〈毛傳〉과 〈集傳〉에 "下邑曰都"라 함. 首都가 아닌 地方 都市. 《管子》 乘馬篇
에 "四鄕名之曰都"라 함.

【良馬五之】〈集傳〉에 "五之, 五馬, 言其盛也"라 함. 〈毛傳〉에는 "總以素絲, 而成組
也. 驂馬五轡"라 하였고, 〈鄭箋〉에는 "以素絲縷縫組於旄旗, 以爲之飾五之者, 亦
謂五見之也"라 함.

(3) 賦

孑孑干旌, 在浚之城.

孑孑ᄒᆞᆫ 干旌(간정)이여, 浚ㅅ 城에 잇도다.

우뚝 솟은 간정이, 준의 도성 안에 있도다.

素絲祝之, 良馬六之.

素絲로 祝ᄒᆞ얏고, 良馬를 六으로 ᄒᆞ얏도소니,

흰 실을 붙여 매달았고, 양마가 여섯 필이로구나.

彼姝者子, 何以告之?

뎌 姝ᄒᆞᆫ 子ᄂᆞᆫ, 므서스로 뻐(빠) 告(곡)홀고?

저 어여쁘신 그에게, 무슨 말씀 드릴꼬?

【旄】깃대 끝에 단 새의 깃. 〈毛傳〉에 "析羽爲旄"라 하였고, 〈集傳〉에는 "析羽
爲旄, 干旄, 蓋析翟羽設於旗干之首也"라 하여 쪼갠 날개를 旄라 함.

【城】都城의 뜻. 〈毛傳〉과 〈集傳〉에 "城, 都城也"라 하였고, 陳奐 〈傳疏〉에 "凡諸
侯封邑大者, 皆謂之都城也"라 함.

【祝】〈集傳〉에 "祝, 屬也"라 하였고, 〈毛傳〉에는 "祝, 織也"라 함. 〈鄭箋〉에는 "祝,
當作屬. 屬, 著也"라 하여 '붙이다'의 뜻으로 보았음.

【六之】〈毛傳〉에 "四馬, 六轡"라 하였고, 〈鄭箋〉에 "六之者, 亦謂六見之也"라 함.
〈集傳〉에 "六之, 六馬. 極其盛而言也"라 함.

【告】〈集傳〉에 "告, 音谷"이라 하여 '곡'으로 읽음. 名詞로 쓰인 것. '言'과 같음.

참고 및 관련 자료

1. 孔穎達 〈正義〉

作〈干旄〉詩者, 美好善也. 衛文公臣子多好善, 故處士賢者, 樂告之以善道也. 毛以
爲此叙, 其由臣子多好善, 故賢者樂告以善道.

2. 朱熹 〈集傳〉

〈干旄〉, 三章, 章六句:

此上三詩, 〈小序〉皆以爲文公時詩. 蓋見其列於〈定中〉·〈載馳〉之間. 故爾他無所考
也. 然衛本以淫亂無禮, 不樂善道, 而亡其國. 今破滅之餘, 人心危懼, 正其有以懲,
創徃事而興起, 善端之時也. 故其爲詩如此. 蓋所謂生於憂患, 死於安樂者. 〈小序〉
之言, 疑亦有所本云.

054(鄘-10) 재치(載馳)

*〈載馳〉:‘載’는 助詞, 발어사. ‘馳’는 말(수레)을 몰아 내달림.
*이 시는 許나라로 시집간 許穆부인이 조국 衛나라가 망함을 듣고 지은 것임.
《左傳》(閔公 2년)에 "許穆夫人賦〈載馳〉"라 함.

> **〈序〉: 〈載馳〉, 許穆夫人作也. 閔其宗國顚覆, 自傷不能**
> **救也. 衛懿公爲狄人所滅, 國人分散, 露於漕邑. 許穆夫人**
> **閔衛之亡, 傷許之小, 力不能救; 思歸唁其兄, 又義不得, 故**
> **賦是詩也.**

〈재치〉는 허목부인이 지은 것이다. 자신의 조국이 전복됨을 슬피 여겨 스스로 구해낼 수 없음을 애타게 여긴 것이다. 위 의공인 狄人에게 멸망을 당하고 나서 나라 사람들이 분산되어 漕邑에서 노숙을 하였다. 허목부인은 위나라의 망함을 안타깝게 여기면서 허나라가 작아 능히 구해줄 힘이 없음을 애상히 여김과 함께 漕邑으로 가서 오빠(戴公)를 위문하고 싶었으나 또한 義로 그럴 수도 없어, 그 까닭으로 이 시를 읊은 것이다.

〈箋〉: 滅者, 懿公死也. 君死於位曰滅. 露於漕邑者, 謂戴公也. 懿公死, 國人分散, 宋桓公迎衛之遺民, 渡河處之於漕邑, 而立戴公焉. 戴公與許穆夫人, 俱公子頑烝於宣姜所生也. 男子先生曰兄.

※許穆夫人: 衛나라 공자 頑이 宣姜(齊 僖公의 딸)과 淫烝하여 낳은 딸로 허 목공에게 시집가서 그 부인이 됨. 〈牆有茨〉(046)를 참조할 것.
※懿公이 鶴을 좋아하다가 狄人에게 망한 고사는 〈定之方中〉(050)을 참조할 것.
*전체 5장. 1장은 6구, 1장은 8구, 1장은 6구, 이장은 4구씩(載馳: 五章. 一章章六句, 一章章八句, 一章章六句, 二章章四句). 그러나 〈詩傳〉에 "舊說此詩'五章, 一章六句, 二章三章四句, 四章六句, 五章八句'. 蘇氏合二章三章以爲一章. 按《春秋傳》: 叔孫豹賦〈載馳〉之四章而取其「控于大邦, 誰因誰極」之意, 與蘇說合. 今從之"라 하여 4, 5장을 묶어 전체를 4장으로 하였음. 〈諺解〉도 이를 따름.

(1) 賦

載馳載驅, 歸唁衛侯.

곧 馳(치)하며 곧 驅(구)하야, 도라가 衛侯(위후)를 唁(언)호리라.

곧 내달리고 곧 수레를 몰아, 돌아가 위후(오빠 戴公)을 위로하러 가리라.

驅馬悠悠, 言至於漕.

馬를 驅홈을 悠悠히 하야, 漕(조)에 至호려 터니,

말을 몰아 멀고 먼 길을 가서, 漕邑에 이르리라 하였더니,

大夫跋涉, 我心則憂!

태우 l 跋(발)하며 涉(섭)하는 디라, 내 ᄆᆞ음애 곧 憂호라!

대부가 풀 길, 물 길을 와서 알려주니, 내 마음 근심 가득하도다!

【載】助詞. 則과 같음. 〈毛傳〉에 "載, 辭也"라 하였고, 〈鄭箋〉에 "載之言, 則也"라 하였고, 〈集傳〉에는 "載, 則也"라 함.
【唁】나라 잃음을 위문하는 것. 〈毛傳〉과 〈集傳〉에 "弔失國曰唁"이라 함.
【衛侯】〈鄭箋〉에 "衛侯, 戴公也"라 함.
【悠悠】〈毛傳〉에 "悠悠, 遠貌"라 하였고, 〈集傳〉에는 "悠悠, 遠而未至之貌"라 함.
【言】助字.
【漕】衛나라가 망하여 國人이 흩어지자 宋 桓公이 戴公을 세워주고 임시로 거처하도록 마련해 주었던 宋나라 읍. 〈毛傳〉에 "漕, 衛東邑"이라 하였고, 〈鄭箋〉에 "夫人願御者, 驅馬悠悠乎, 我欲至于漕"라 함.
【跋涉】〈毛傳〉과 〈集傳〉에 "草行曰跋, 水行曰涉"이라 하였으며, 〈鄭箋〉에는 "跋涉者, 衛大夫來告難於許時"라 하여 衛나라 大夫가 발섭하여 許나라로 달려와 許穆夫人에게 나라가 망했음을 일러주었던 것임. 그러나 許穆夫人을 漕邑에 있던 衛나라 戴公에게 가지 못하도록, 달려와 막은 許나라 大夫를 가리킨다고도 함.
＊〈集傳〉에 "○宣姜之女, 爲許穆公夫人, 閔衛之亡, 馳驅而歸, 將以唁衛侯於漕邑, 未至而許之大夫, 有奔走跋涉而來者, 夫人知其必將以不可歸之義來告, 故心以爲憂也. 旣而終不果歸, 乃作此詩, 以自言其意爾"라 함.

(2) 賦

既不我嘉, 不能旋反.

이믜 나를 嘉(가)히 아니 녀길 싀, 能히 旋反(션반)티 몯호라.

이미 내가 가는 것이 옳지 않다 했지만, 되돌아설 수 없도다.

視爾不臧, 我思不遠!

네의 臧히 아니 녀김을 보나, 내의 思는 遠티 몯호라!

그대들 나를 보기를 좋지 않다 하나, 내 생각은 오빠를 잊을 수 없도다!

既不我嘉, 不能旋濟.

이믜 나를 嘉히 아니 녀길 싀, 能히 旋濟(션제)티 몯호라.

이미 나를 두고 옳지 않다고 했지만, 능히 건너던 물 되돌아설 수 없도다.

視爾不臧, 我思不閟!

네의 臧히 아니 녀김을 보나, 내의 思는 閟(비)티 몯호라!

그대들 나를 보기를 좋지 않다 하지만, 내 생각은 그칠 수가 없도다!

【旣不我嘉】〈集傳〉에 "嘉·臧, 皆善也"라 함. 〈鄭箋〉에는 "旣, 盡; 嘉, 善也. 言「許人 不善我欲歸唁兄」"이라 하여 '許의 사람들이 내가 돌아가 오빠 戴公을 위문코자 함을 좋게 여기지 않음'이라 하였음.

【旋反】돌아감. 〈毛傳〉에 "不能旋反, 我思也"라 함.

【爾】너. 여기서는 許나라 대부들을 가리킴. 그러나 〈鄭箋〉에는 "爾, 女. 女許夫人 也. 臧, 善也. 視女不施善道救衛"라 하여 許穆夫人을 가리키며 위나라를 구해 주는 일에 나서지 않음을 보고 있는 것이라 하였음.

【遠】〈集傳〉에 "遠, 猶忘也"라 하였으나, 〈毛傳〉에는 "不能遠衛也"라 함.

【濟】〈集傳〉에 "濟, 渡也. 自許歸衛, 必有所渡之水也"라 함. 그러나 〈毛傳〉에는 "濟, 止也"라 하였고, 陳奐〈傳疏〉에도 "《說文》:「霽, 雨止也.」濟讀同霽, 故訓止"라 하여 '그만두다, 중지하다'의 뜻이라 하였음.

【不閟】'閟'는 〈毛傳〉에 "閟, 閉也"라 하였고, 〈集傳〉에는 "閟, 閉也, 止也. 言思之

不止也"라 하여 '已'의 뜻.

＊〈集傳〉에 "○言「大夫旣至, 而果不以我歸爲善, 則我亦不能旋反, 而濟以至於衛矣. 雖視爾不以我爲善, 然我之所思, 終不能自已也"라 함.

(3) 賦

陟彼阿丘, 言采其蝱.

뎌 阿丘에 陟ᄒ야, 그 蝱(밍)을 采호라.

저 비스듬한 언덕에 올라, 貝母草를 뜯도다.

女子善懷, 亦各有行.

女子의 善懷, 쏘ᄒ 각각 行이 잇거늘,

여자의 생각은 많지만, 역시 각각 여자로 해야 할 행동이 있지.

許人尤之, 衆穉且狂!

許ㅅ 사름이 尤(우)ᄒ니, 衆이 穉(치)ᄒ고 쏘 狂ᄒ도다!

許나라 대부들 지나치고, 무리들은 유치하며 게다가 미친 이들일세.!

【阿丘】〈毛傳〉과 〈集傳〉에 "偏高曰阿丘"라 함.

【蝱】약초의 일종인 貝母草. '莔'(맹)의 가차. 〈正義〉에 陸璣의 〈詩義疏〉를 인용하여 "蝱, 今藥草貝母也. 其葉如栝樓而細小, 其子在根下如芋子, 正白, 四方連累相著"라 함. 〈毛傳〉에 "蝱, 貝母也. 升至偏高之丘, 采其蝱者 將以療疾"이라 하였고, 〈集傳〉에도 "蝱, 貝母也. 主療鬱結之疾"이라 하여 鬱結病(憂鬱症)에 먹는다 함. 〈鄭箋〉에는 "升丘采貝母, 猶婦人之適異國, 欲得力助安宗國也"라 함.

【善懷】〈集傳〉에 "善懷, 多憂思也. 猶《漢書》云「岸善崩也.」"라 함. 〈鄭箋〉에는 "善, 猶多也; 懷, 思也. 女子之多思者, 有道, 猶升丘采其蝱也"라 함.

【亦各有行】〈毛傳〉과 〈集傳〉에 "行, 道也"라 함. 〈蝃蝀〉(051)의 '女子有行'과 같은 뜻. 女子는 시집을 따라야 할 도리가 있음을 말함.

【尤之】〈毛傳〉과 〈集傳〉에 "尤, 過也"라 함.

【穉】유치함. 〈毛傳〉에 "是乃衆幼穉, 且狂進取一槩之義"라 하였고, 〈鄭箋〉에는 "許人, 許大夫也. 過之者, 過夫人之欲歸唁其兄"이라 함.

＊〈集傳〉에 "○又言「以其旣不適衛, 而思終不止也. 故其在塗, 或什高以舒憂想之情,

或采莔以療鬱結之疾. 蓋女子所以善懷者, 亦各有道, 而許國之衆人, 以爲過, 則
亦少不更事而狂妄之人爾. 許人守禮, 非穉且狂也. 但以其不知己情之切至, 而言若
是爾. 然而卒不敢違焉, 則亦豈眞以爲穉且狂哉!"라 함.

(4) 賦

我行其野, 芃芃其麥.

내 그 野애 行호니, 芃芃(봉봉)한 그 麥이로다.

내 그 들판엔 갔더니, 잘 자란 보리 싹들.

控于大邦, 誰因誰極?

大邦에 控(공)코져 하나, 누를 因하며 누를 極홀고?

대국 도움을 끌어들이려 하나, 누구를 통하겠으며 누가 가겠는가?

大夫君子!, 無我有尤.

태우와 君子아! 나를 尤ㅣ 잇다 마를 디어다.

대부와 군자들이여! 나를 탓하지 말아주오.

百爾所思, 不如我所之!

네 思한는 배 百 가지나 하나, 내의 갈 바만 곧디 몯하니라!

그대들 하는 온갖 생각, 내가 생각하는 것만 못할 것이니라!

【芃芃】〈集傳〉에 "芃芃, 麥盛長貌"라 하였고, 〈毛傳〉에는 "願行衛之, 野麥芃芃然,
  方盛長"이라 함. 〈鄭箋〉에는 "麥芃芃者, 言未收刈, 民將困也"라 함.
【控】〈集傳〉에 "控, 持而告之也"라 하여 '소식을 가지고 가서 이를 告함'이라 하였
  으나 〈毛傳〉에는 "控, 引"이라 함.
【因】〈集傳〉에 "因, 如因魏莊子之因"이라 함.
【極】〈毛傳〉과 〈集傳〉에 "極, 至也"라 하였고, 〈鄭箋〉에는 "今衛侯之欲求援引之,
  力助於大國之諸侯, 亦誰因乎? 由誰至乎? 閔之, 故欲歸問之"라 함. 이 '誰因誰極'
  은 '대국의 구원을 끌어들이는 일을 누가 나서서 해주겠으며, 누가 임무를 띠고
  가 주겠는가?'의 뜻. 그러나 혹 '因'을 親, '極'을 急으로 해석하기도 함.
【大夫】〈集傳〉에 "大夫, 卽跋涉之大夫"라 함.

【君子】〈集傳〉에 "君子, 謂許國之衆人也"라 하였고, 〈鄭箋〉에는 "君子, 國中賢者"
　라 함.
【無我有尤】〈鄭箋〉에 "無我有尤, 無過我也"라 함.
【爾】〈鄭箋〉에 "爾, 女. 女, 衆大夫君子也"라 함.
【不如我所之】〈毛傳〉에 "不如我所思之篤厚也"라 함.
＊〈集傳〉에 "○又言「歸塗在野而涉, 芃芃之麥, 又自傷許國之小而力不能救. 故思欲
　爲之控告于大邦, 而又未知其將何所因而何所至乎? 大夫君子無以我爲有過, 雖
　爾所以處此百方, 然不如使我得自盡其心之爲愈也.」"라 함.

참고 및 관련 자료

1. 孔穎達〈正義〉
此〈載馳〉詩者, 許穆夫人所作也. 閔念其宗族之國見滅, 自傷不能救之. 言由衛懿
公爲狄人所滅, 國人分散, 故立戴公, 暴露而舍於漕邑. 宗廟敗滅, 君民播遷, 是以
許穆夫人閔念衛國之亡, 傷己許國之小, 而力弱不能救. 故且欲歸國而唁其兄, 但在
禮諸侯夫人, 父母終, 唯得使大夫問於兄弟, 有義不得歸. 是以許人尤之,故賦是〈載
馳〉之詩, 而見己志也.

2. 朱熹〈集傳〉
〈載馳〉, 四章, 二章章六句, 二章章八句:
事見《春秋傳》(閔公 2年 傳). 舊說此詩"五章, 一章六句, 二章三章四句, 四章六句,
五章八句. 蘇氏(蘇軾)合二章三章以爲一章." 按《春秋傳》(襄公 19年)叔孫豹賦〈載馳〉
之四章, 而取其「控于大邦, 誰因誰極」之意, 與蘇說合. 今從之.
范氏(凡祖禹:字는 淳夫)曰:「先王制禮: 父母没, 則不得歸寧者, 義也. 雖國滅君死,
不得徃赴焉. 義重於亡故也.」

5. 위풍衛風

10편(055−064)

〈邶風〉의 해설을 참조할 것. 衛는 도읍이 朝歌(지금의 河南 淇縣)였음.

055(衛-1) 기욱(淇奧)

＊〈淇奧〉: '淇'는 淇水. 河南省 북부 林州市를 흘러 黃河로 흘러드는 물. '奧'(욱)
은 澳, 隩과 같은 뜻이며 '욱'(音與'郁'同)으로 읽음. 물가의 굽이를 뜻함. 〈集傳〉에
"淇, 水名;奧, 隈也"라 함. 그러나 〈毛傳〉에 "〈草木疏〉云:「奧, 亦水名.」"이라 하여
물 이름으로도 보았음. 《魯詩》에는 '隩'으로 되어 있음.
＊이 시는 西周말 東周초 衛 康叔의 후손 武公(和)이 周를 도와 朝廷의 卿士가 되
어 자신의 봉지를 제후국으로 굳건히 하였음을 찬미한 것이라 함.

〈序〉: 〈淇奧〉, 美武公之德也. 有文章, 又能聽其規諫, 以禮自防, 故能入相于周, 美而作是詩也.

〈기욱〉은 무공의 덕을 찬미한 것이다. 문장이 있었으며, 또한 능히 규
간을 듣고 예로써 스스로를 방비하였다. 그 때문에 능히 周나라에 들어
가 相이 될 수 있었으니 이를 찬미하여 이 시를 지은 것이다.

※武公: 西周 共和末, 東周初 衛나라 군주로 이름은 和(姬和). B.C.812−B.C.758년
까지 55년간 재위하였으며, 釐侯를 이어 군주가 되어 종주국 周나라를 도와 周
나라 조정에 들어가 卿士(相)가 되어 자신의 封國 衛나라를 제후국으로서의 지
위를 공고히 함. 〈柏舟〉편(045)의 注와 《史記》를 참조할 것.

＊전체 3장. 매 장 9구씩(淇奧:三章. 章九句).

(1) 興

瞻彼淇奧, 綠竹猗猗.

뎌 淇(긔)ㅅ 奧(욱)을 본 딘, 綠竹(록듁)이 猗猗(의의)ㅎ도다.

저 기수의 물굽이를 보건대, 푸른 대나무가 우거졌구나.

有匪君子! 如切如磋, 如琢如磨!

匪(비)흔 君子ㅣ여! 切(졀)둧ㅎ며 磋(차)둧ㅎ며, 琢(탁)둧ㅎ며 磨(마)둧ㅎ

도다!

훌륭하신 군자여! 마치 뼈와 상아를 절차하고, 구슬과 돌을 탁마한 듯!

瑟兮僩兮, 赫兮咺兮,

瑟ᄒ며 僩(한)ᄒ며, 赫ᄒ며 咺(훤)ᄒ니,

위엄 있고 너그러우며, 혁혁하고도 의젓하니,

有匪君子! 終不可諼兮!

匪ᄒᆫ 君子ㅣ여! ᄆᆞᄎᆞᆷ내 可히 諼(훤)티 몯ᄒᆞ리로다!

훌륭하신 군자여! 끝내 잊을 수가 없도다!

【瞻】바라봄.

【奧】〈毛傳〉에 "興也. 奧, 隈也"라 하였고, 〈音義〉에 "音於六反, 一音烏報反"라 하여 '욱(육)', 혹은 '오'로도 읽음.

【綠竹】푸른 대. 〈諺解〉 物名에 "竹:대"라 함. 菉竹과 같음. 〈毛傳〉에 "綠, 王芻也; 竹, 篇竹也"라 하였으나, 〈集傳〉에는 "綠, 色也. 淇上多竹, 漢世猶然. 所謂淇園之竹是也"라 함.

【猗猗】〈毛傳〉에 "猗猗, 美盛貌. 武公質美德盛, 有康叔之餘烈"이라 함. 〈集傳〉에는 "猗猗, 始生柔弱而美盛也"라 함.

【有匪君子】'匪'는 '斐'의 假借. 〈毛傳〉에 "匪, 文章貌"라 하였고, 〈集傳〉에는 "匪, 斐通. 文章著見之貌也"라 함. 文章(文彩)이 있는 모습. '君子'는 〈集傳〉에 "君子, 指武公也"라 함.

【切·磋·琢·磨】〈毛傳〉에도 "治骨曰切, 象曰磋, 玉曰琢, 石曰磨. 道其學而成也. 聽其規諫而自脩, 如玉石之見琢磨也"라 하였고, 〈集傳〉에 "治骨角者, 既切以刀斧, 而復磋以鑢錫; 治玉石者, 既琢以槌鑿, 而復磨以沙石. 言其德之脩飭, 有進而無已也"라 함.

【瑟·僩】〈毛傳〉에 "瑟, 矜莊貌; 僩, 寬大

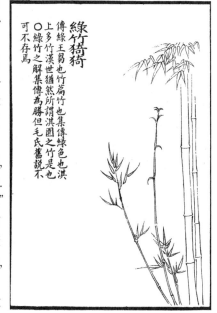

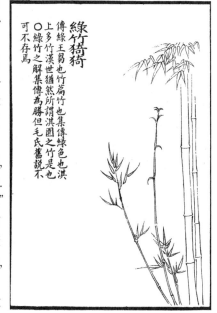
綠竹猗猗

傳綠王芻也竹篇竹也集傳綠色也淇
上多竹漢世猶然所謂淇園之竹是也
○綠竹之解集傳爲勝但毛氏舊說不
可不存焉

也"라 하였고, 〈集傳〉에는 "瑟, 矜莊貌;僴, 威嚴貌"라 함. '僴'은 '倜'으로도 표기함.

【赫】빛나는 모양. 〈毛傳〉에 "赫, 有明德赫赫然"이라 함.

【咺】〈毛傳〉에 "威儀容止宣著也"라 하였고, 〈集傳〉에는 "咺, 宣著貌"라 함.《韓詩》에는 '宣'으로 되어 있었다 함.

【諼】〈毛傳〉과 〈集傳〉에 "諼, 忘也"라 함.《爾雅》에도 "諼, 忘也"라 함.

＊〈集傳〉에 "○衛人美武公之德, 而以綠竹始生之美盛, 興其學問自脩之進益也. 〈大學〉傳曰:「如切如磋'者, 道學也;'如琢如磨'者, 自脩也. '瑟兮僴兮'者, 恂慄也;'赫兮咺兮'者, 威儀也;'有斐君子, 終不可諼兮'者, 道盛德至善, 民之不能忘也.」"라 함.

(2) 興

瞻彼淇奥, 綠竹青青.

뎌 淇ㅅ 奥을 본 딘, 綠竹이 青青ᄒ도다.

저 기수의 물굽이를 보건대, 푸른 대나무가 청청하도다.

有匪君子! 充耳琇瑩, 會弁如星!

匪흔 君子ㅣ여! 充耳흔 거시 琇瑩(슈영)이며, 弁(변)에 會흔 거시 星ᄀ도다!

훌륭하신 군자여! 귀걸이 돌 옥영이며, 피변에 꿰맨 것이 마치 별과 같도다!

瑟兮僴兮, 赫兮咺兮.

瑟ᄒ며 僴ᄒ며, 赫ᄒ며 咺ᄒ니,

위엄 있고 너그러우며, 혁혁하고도 의젓하니,

有匪君子! 終不可諼兮!

匪흔 君子ㅣ여! ᄆ춤내 可히 諼티 몯ᄒ리로다!

훌륭하신 군자여! 끝내 잊을 수가 없도다!

【青青】〈毛傳〉에는 "青青, 茂盛貌"라 하였으나, 〈集傳〉에는 "青青, 堅剛茂盛之貌"라 함.

【充耳】귀걸이. 〈毛傳〉에 "充耳, 謂之瑱"이라 하였고, 〈集傳〉에 "充耳, 瑱也"라 함.

【琇瑩】〈毛傳〉과 〈集傳〉에 "琇瑩, 美石也. 天子玉瑱, 諸侯以石"이라 함.

【會弁】흰 사슴 가죽으로 만든 고깔. 〈毛傳〉에는 "弁, 皮弁, 所以會髮"이라 하였으며, 〈集傳〉에는 "會, 縫也; 弁, 皮弁也. 以玉飾皮弁之縫中, 如星之明也"라 하였고, 〈鄭箋〉에는 "會, 謂弁之縫中飾之以玉, 皪皪以處, 狀似星也. 天子之朝服皮弁, 以日視朝"라 함.

＊〈集傳〉에 "○以竹之堅剛茂盛, 興其服飾之尊嚴, 而見其德之稱也"라 함.

(3) 興

瞻彼淇奧, 綠竹如簀.

뎌 淇ㅅ 奧을 본 딘, 綠竹이 簀(칙)근도다.

저 기수의 물굽이를 보건대, 푸른 대나무가 빽빽하도다.

有匪君子! 如金如錫, 如圭如璧.

匪흔 君子ㅣ여! 金근트며 錫(셕)근트며, 圭근트며 璧근도다.

훌륭하신 군자여! 금인 듯 주석인 듯, 규옥인 듯 벽옥인 듯.

寬兮綽兮, 猗重較兮!

寬(관)ᄒ며 綽(쟉)ᄒ니, 猗(의)홉다, 重較(즁각)이로다!

너그럽고 느슨하니, 아름답도다, 경사들이 타는 수레로다!

善戲謔兮, 不爲虐兮!

善히 戲謔(희학)ᄒ니, 謔이 되디 아니 ᄒ놋다!

우스개 소리 잘 하시되, 지나침은 없도다!

【簀】대나무 숲이 울창한 모습. 〈毛傳〉에 "簀, 積也"라 하였고, 〈集傳〉에 "簀, 棧也. 竹之密比似之, 則盛之至也"라 함.

【金·錫·圭·璧】〈毛傳〉에는 "金石, 練而精; 圭璧, 性有質"이라 하였고, 〈鄭箋〉에는 "圭璧, 亦琢磨四者, 亦道其學而成也"라 함. 〈集傳〉에는 "金·錫, 言其鍛鍊之精純; 圭·璧, 言其生質之溫潤"이라 함.

【寬】〈毛傳〉에는 "寬, 能容衆"이라 하였고, 〈集傳〉에도 "寬, 宏裕也"라 함.

【綽】〈毛傳〉에 "綽, 緩也"라 하였고, 〈集傳〉에는 "綽, 開大也"라 함. 〈鄭箋〉에는 "綽兮, 謂仁於施舍"라 함.

【猗】〈集傳〉에 "猗, 歎辭也"라 하였으나 혹 '倚'와 같은 뜻으로 '기대다'의 의미로도 봄. 〈諺解〉에는 감탄사로 풀었음.

【重較】'較'은 '古岳反'(각)으로 읽으며 수레의 軾과 같은 횡목을 뜻함. '重較'은 〈毛傳〉에 "重較, 卿士之車"라 하였고, 〈集傳〉에도 "重較, 卿士之車也. 較兩輢上出軾者, 謂車兩旁也"라 함.

【善戲謔】'戲謔'은 弄談, 우스갯소리를 뜻하는 雙聲連綿語.

【虐】지나침. 모짊. 학대함. 포악함. '劇'과 같은 의미임. 〈集傳〉에 "'善戲謔, 不爲虐'者, 言其樂易而有節也"라 함. 〈毛傳〉에는 "寬緩弘大, 雖則戲謔, 不爲虐矣"라 하였고, 〈鄭箋〉에는 "君子之德, 有張有弛, 故不常矜莊而時戲謔"이라 함.

＊〈集傳〉에 "○以竹之至盛, 興其德之成就, 而又言其寬廣而自如, 和易而中節也. 蓋'寬綽', 無歛束之意; '戲謔', 非莊厲之時皆常情所忽, 而易致過差之地也. 然猶可觀而必有節焉, 則其動容周旋之間, 無適而非禮, 亦可見矣. 《禮》(雜記下)曰:「張而不弛, 文武不能也. 弛而不張, 文武不爲也. 一張一弛, 文武之道也.」 此之謂也"라 함.

참고 및 관련 자료

1. 孔穎達 〈正義〉

作〈淇奧〉詩者, 美武公之德也. 旣有文章, 又能聽臣友之規諫以禮法自防閑, 故能入相於周爲卿士. 由此故, 美之而作是詩也.

2. 朱熹 〈集傳〉

〈淇奧〉, 三章, 章九句:

按《國語》(楚語上):「武公年九十有五, 猶箴儆于國, 曰:『自卿以下至於師長士, 苟在朝者, 無謂我老耄而舍我, 必恪恭於朝, 以交戒我.』遂作〈懿〉戒之詩, 以自警.」而〈賓之初筵〉, 亦武公悔過之作, 則其有文章, 而能聽規諫, 以禮自防也, 可知矣. 衛之他君, 蓋無足以及此者. 故〈序〉以此詩爲美武公, 而今從之也.

3. 《國語》 楚語(上)

左史倚相廷見申公子亹, 子亹不出, 左史謗之, 擧伯以告. 子亹怒而出, 曰:「女無亦謂我老耄而舍我, 而又謗我!」 左史倚相曰:「唯子老耄, 故欲見以交儆子. 若子方壯, 能經營百事, 倚相將奔走承序, 於是不給, 而何暇得見? 昔衛武公年數九十有五矣, 猶箴儆於國, 曰:『自卿以下至於師長士, 苟在朝者, 無謂我老耄而舍我, 必恭恪於朝, 朝夕以交戒我; 聞一二之言, 必誦志而納之, 以訓導我.』 在興有旅賁之規, 位宁有官師之典, 倚几有誦訓之諫, 居寢有褻御之箴, 臨事有瞽史之導, 宴居有師工之誦. 史不失書, 矇不失誦, 以訓御之, 於是乎作〈懿〉戒以自儆也. 及其沒也, 謂之睿聖武公. 子實不睿聖, 於倚相何害? 〈周書〉曰:『文王至於日中昃, 不皇暇食. 惠於小民, 唯政之恭.』文王猶不敢驕. 今子老楚國而欲自安也, 以禦數者, 王將何爲? 若常如此, 楚其難哉!」子亹懼, 曰:「老之過也.」乃驟見左史.

4. 《禮記》雜記(下)

子貢觀於蜡. 孔子曰:「賜也樂乎?」對曰:「一國之人皆若狂, 賜未知其樂也!」子曰:「百日之蜡, 一日之澤, 非爾所知也. 張而不弛, 文武弗能也;弛而不張, 文武弗爲也. 一張一弛, 文武之道也.」

5. 《史記》衛康叔世家

武公卽位, 修康叔之政, 百姓和集. 四十二年, 犬戎殺周幽王, 武公將兵往佐周平戎, 甚有功, 周平王命武公爲公. 五十五年, 卒, 子莊公揚立.

056(衛-2) 고반(考槃)

*〈考槃〉:〈毛傳〉에 "考, 成;槃, 樂也"라 하였고, 〈集傳〉에는 "考, 成也;槃, 盤桓之
意. 言成其隱處之室也. 陳氏曰:「考, 扣也;槃, 器名. 蓋扣之以節歌, 如鼓盆拊缶之
爲樂也.」二說未知孰是"라 하여 의견이 다름. 즉 '현자들이 은거처를 마련하여
살 뿐, 나랏일에 참여하지 못함'을 뜻한다는 의견과, '槃이라는 악기를 두드리며
즐거움을 삼는다'는 뜻 등 여러 의미가 있음.
*이 시는 東周 초 衛 武公(和)의 뒤를 이은 莊公(姬揚:B.C.757−B.C.735년까지 23년
간 재위)이 현자들을 제대로 등용하지 못함을 비난한 것이라 함.

<序>: <考槃>, 刺莊公也. 不能繼先公之業, 使賢者退而
窮處.

　　〈고반〉은 莊公을 비난한 것이다. 선대 군주[武公]의 업적을 제대로 잇
지 못하고 현자들로 하여금 물러나 궁하게 살다가 생을 마치도록 내버
려두었다.

　　〈箋〉: 窮, 猶終也.

*전체 3장. 매 장 4구씩(考槃:三章. 章四句).

(1) 賦
考槃在澗, 碩人之寬.

　　槃(반)을 考(고)ᄒᆞ야 澗(간)에 이시니, 碩人의 寬이로다.
　　산골짜기에 살면서 즐거움을 이루니, 덕이 큰 사람 너그럽기도 해라.

獨寐寤言, 永矢弗諼!

　　호올로 寐(미)ᄒᆞ고 寤(오)ᄒᆞ야셔 言ᄒᆞ나, 기리 諼(훤)티 아니호려 矢ᄒᆞ
놋다!
　　홀로 잠들다가 깨어나 중얼거리되, 길이 잊지 않겠노라 맹세하네!

【澗】물이 흐르는 골짜기. 〈毛傳〉과 〈集傳〉에 "山夾水曰澗"이라 함.

【碩人】'碩'은 大의 뜻. 〈集傳〉에도 "碩, 大"라 함.

【寬】〈集傳〉에 "寬, 廣"이라 함. 〈鄭箋〉에 "碩, 大也. 有窮處成樂, 在於此澗者, 形 貌大人而寬然, 有虛乏之色"이라 함. 그러나 聞一多 〈類鈔〉에는 "寬讀嫚, 指貌美" 라 함.

【寤】〈鄭箋〉에 "寤, 覺"이라 함.

【言】혼잣말을 함.

【永】〈鄭箋〉과 〈集傳〉에 "永, 長"이라 함.

【矢】맹세함. 〈鄭箋〉과 〈集傳〉에 "矢, 誓"라 함.

【諼】〈鄭箋〉과 〈集傳〉에 "諼, 忘也"라 함. 〈鄭箋〉에 "在澗獨寐覺而獨言, 長自誓以 不忘君之惡, 志在窮處, 故云然"이라 하여 아래 朱熹의 의견과 상반됨.

＊〈集傳〉에 "○詩人美賢者, 隱處澗谷之間, 而碩大寬廣, 無戚戚之意, 雖獨寐而寤 言, 猶自誓其不忘此樂也"라 함.

(2) 賦

考槃在阿, 碩人之薖.

槃을 考ᄒᆞ야 阿에 이시니, 碩人의 薖(과)ㅣ로다.

언덕에 살면서 즐거움을 이루니, 덕이 큰 사람 관대하기도 해라.

獨寐寤歌, 永矢弗過!

호올로 寐ᄒᆞ고 寤ᄒᆞ야셔 歌ᄒᆞ나, 기리 過티 아니호려 矢ᄒᆞ놋다!

홀로 잠들다 깨어나 노래하되, 길이 이 삶에 허물짓지 않겠노라 맹세 하네!

【阿】〈毛傳〉과 〈集傳〉에 "曲陵曰阿"라 함. '굽은 언덕'.

【薖】〈毛傳〉에 "薖, 寬大貌"라 하였으나, 〈集傳〉에는 "薖, 義未詳. 或云亦寬大之意 也"라 하였고, 〈鄭箋〉에는 "薖, 飢意"라 하여 각기 의견이 다름.

【永矢弗過】〈集傳〉에 "永矢弗過, 自誓所願不踰於此, 若將終身之意也"라 하였으나, 〈鄭箋〉에는 "弗過者, 不復入君之朝也"라 함. 그러나 '過'에 대해 聞一多 〈類鈔〉 에는 "過, 失也. 失亦忘也"라 함.

(3) 賦

考槃在陸, 碩人之軸.

槃을 考호야 陸(륙)에 이시니, 碩人의 軸(축)이로다.

높은 땅에 살며 즐거움을 이루니, 덕이 큰 사람 유유자적하네.

獨寐寤宿, 永矢弗告!

호올로 寐호고 寤호야셔 宿(숙)호나, 기리 告(곡)디 아니호려 矢호놋다!

홀로 잠들다 깨어나면 다시 누우면서, 이 즐거움 말해주지 않겠노라
길이 맹세하네!

【陸】〈集傳〉에 "高平曰陸"이라 함.

【軸】〈毛傳〉에는 "軸, 進也"라 하였고, 〈鄭箋〉에는 "軸, 病也"라 하였으며, 〈集傳〉
에는 "軸, 盤桓不行之意"라 하여 각기 의견이 다름.

【寤宿】〈集傳〉에 "寤宿, 己覺而猶臥也"라 함. 그러나 聞一多 〈類鈔〉에는 '宿'을 '嘯'
로 보아야 한다고 주장했음.

【弗告】'告'은 〈集傳〉에 "音谷"이라 하여 '곡'으로 읽음. 〈毛傳〉에는 "無所告語也"
라 하였고, 〈鄭箋〉에는 "不復告君以善道"라 하였으며, 〈集傳〉는 "弗告者, 不以
此樂告人也"라 하는 등 의견이 각기 다름. 한편 聞一多는 "告, 讀造. 造, 遺忘也"
라 하여 '잊다'의 뜻으로 보기도 하였음.

> ### 참고 및 관련 자료

1. 孔穎達 〈正義〉

作〈考槃〉詩者, 刺莊公也. 刺其不能繼其先君武公之業修德任賢, 乃使賢者, 退而
終處於澗阿, 故刺之. 言先君者, 雖今君之先, 以通於遠, 要刺不承繼者, 皆指其父.
故〈晨風〉云'忘穆公之業', 又曰'棄先君之舊臣', 先君, 謂穆公也. 此刺不能繼先君之
業, 謂武公也. 經三章皆是也.

2. 《史記》衛康叔世家

武公卽位, 修康叔之政, 百姓和集. 四十二年, 犬戎殺周幽王, 武公將兵往佐周平
戎, 甚有功, 周平王命武公爲公. 五十五年, 卒, 子莊公揚立. 莊公五年, 取齊女爲夫
人, 好而無子. 又取陳女爲夫人, 生子, 蚤死. 陳女女弟亦幸於莊公, 而生子完. 完母
死, 莊公令夫人齊女子之, 立爲太子. 莊公有寵妾, 生子州吁. 十八年, 州吁長, 好兵,
莊公使將. 石碏諫莊公曰:「庶子好兵, 使將, 亂自此起.」不聽. 二十三年, 莊公卒, 太
子完立, 是爲桓公.

057(衛-3) 석인(碩人)

*〈碩人〉: '碩人'은 장대한 사람을 뜻함. 〈集傳〉에 "碩人, 指莊姜也"라 하였고, 〈鄭箋〉에 "碩, 大也. 言莊姜儀表長麗, 佼好頎頎然"이라 함. 구체적으로 莊姜을 가리킴. 이 시는 衛 莊公의 부인 莊姜(齊나라 출신)을 불쌍히 여긴 것이라 함. 역사적 내용은 앞장 참고란의 《史記》기록과 본편의 참고란을 참조할 것.
*이 시는 〈綠衣〉(027)편과도 관련이 있음. 한편 《左傳》隱公 3년 傳에도 "衛莊公娶于齊東宮得臣之妹, 曰莊姜, 美而無子, 衛人所爲賦〈碩人〉也"라 함.

〈序〉: 〈碩人〉, 閔莊姜也. 莊公惑於嬖妾, 使驕上僭, 莊姜賢而不答, 終以無子, 國人閔而憂之.

〈석인〉은 莊姜을 불쌍히 여긴 것이다. 장공이 폐첩에게 미혹하여, 폐첩으로 하여금 교만하게 기어오르고 참월토록 하였다. 장강은 현명했지만 대답도 해 주지 않았으며 끝내 아들도 얻지 못하였다. 나라 사람들이 이를 불쌍히 여겨 근심한 것이다.

※莊姜: 齊 莊公의 嫡女이며 東宮得臣의 누이, 僖公(祿父)의 누나로서 衛 莊公에게 시집을 왔으나 아들을 낳지 못하자, 위 장공은 다시 陳나라 여인 厲嬀을 부인으로 맞아 아들 孝伯을 낳았으나 효백은 일찍 죽고 말았음. 그러자 장공은 다시 厲嬀의 여동생 戴嬀를 통해 完(姬完)을 낳았으나 그의 생모 대규가 일찍 죽자, 장강은 완을 자신의 아들로 삼음. 그런데 장공은 다시 폐첩을 사랑하여 州吁를 낳음. 뒤에 公子 完이 군주(桓公: B.C.734-B.C.719년 재위)가 되었으나 주우가 난을 일으켜 환공을 시해하고 자립하였다가 그도 濮에서 살해되고 宣公(姬晉)이 뒤를 이음.

*전체 4장. 매 장 7구씩(碩人: 四章. 章七句).

(1) 賦
碩人其頎, 衣錦褧衣.

碩人(석인)이 그 頎(기)하니, 錦을 衣하고 褧衣(경의)를 하얏도다.

크고 크신 장강은 훤칠하시어, 비단 옷에 경의를 걸치셨네.

齊侯之子, 衛侯之妻.

齊侯(제후)의 子ㅣ오, 衛侯의 妻ㅣ오,

제나라 군주의 따님이요, 衛나라 임금의 아내.

東宮之妹, 邢侯之姨, 譚公維私!

東宮의 妹(미)오, 邢侯(형후)의 姨오, 譚公(담공)이 私(ᄉ)ㅣ로다!

제나라 동궁득신의 누이요, 형후의 처제이며, 담공의 처형이로다!

【頎】〈毛傳〉과 〈集傳〉에 "頎, 長貌"라 함.

【衣錦褧衣】앞의 '衣'는 동사. '입다'. 〈毛傳〉에 "錦, 文衣也. 夫人德盛而尊, 嫁則錦衣, 加褧襜"이라 하였고, 〈鄭箋〉에 "褧, 禪也. 國君夫人翟衣而嫁, 今衣錦者, 在塗之所服也. 尙之以禪衣爲其文之大著"라 함. 〈集傳〉에도 "錦, 文衣也; 褧, 禪也. 錦衣而加褧焉. 爲其文之太著也"라 함. '褧'은 禪衣(襜衣). 홑옷. 여자가 출가할 때 麻布로 만든 겉옷으로 먼지를 막기 위한 것임.

【子】딸. 莊姜은 齊 莊公의 嫡女였음.

【衛侯】衛 莊公을 가리킴. 莊姜은 衛 莊公의 正妃였음.

【東宮之妹】'東宮'은 태자가 기거하는 궁궐. 구체적으로 齊나라 東宮得臣을 가리킴. 齊 莊公의 世子이며 莊姜의 오빠. 일찍 죽어 君位에 오르지 못하고 아우 僖公(祿父)이 오름. 〈毛傳〉에 "東宮, 齊大子也"라 하였고, 〈集傳〉에 "東宮, 太子所居之宮. 齊太子得臣也. 繫太子言之者, 明與同母, 言所生之貴也"라 함.

【邢侯·譚公】〈集傳〉에 "邢侯·譚公, 皆莊姜姊妹之夫互言之也. 諸侯之女, 嫁於諸侯, 則尊同, 故歷言之"라 함.

【妹·姨·私】〈毛傳〉과 〈集傳〉에 "女子後生曰妹, 妻之姊妹曰姨, 姊妹之夫曰私"라 하여, '妹'는 여동생, '姨'는 이모, '私'는 姊夫나 兄夫 등. 여기서는 거꾸로 처제와 처형이 됨. 〈鄭箋〉에 "陳此者, 言莊姜容貌旣美, 兄弟皆正大"라 함.

＊〈集傳〉에 "○莊姜事見邶風〈綠衣〉等篇. 《春秋傳》(隱公 3年 傳)曰:「莊姜美而無子, 衛人爲之賦〈碩人〉.」卽謂此詩, 而其首章極稱其族類之貴, 以見其爲正嫡小君, 所宜親厚, 而重歎莊公之昏惑也"라 함.

(2) 賦

手如柔荑, 膚如凝脂.

손은 柔흔 荑(톄)근고, 술흔 凝(응)흔 脂근고.

손은 부드러운 띠싹 같고, 살결은 엉긴 굳기름처럼 희어라.

領如蝤蠐, 齒如瓠犀, 螓首蛾眉.

목은 蝤蠐(츄제)근고, 니는 瓠犀(호셔)근고, 螓(진)의 머리오 蛾(아)의 눈섭이로소니,

목은 나무좀처럼 곱고. 이는 박씨처럼 희고, 매미 이마에 나방의 눈썹.

巧笑倩兮, 美目盼兮!

巧히 笑홈애 倩(쳔)ᄒ며, 美흔 눈이 盼(변)ᄒ도다!

예쁘게 웃을 때의 보조개여, 아름다운 눈은 흰 바탕에 검은 눈동자!

【荑】띠(茅)가 처음 나온 것. 〈毛傳〉에 "如荑之新生"이라 하였고, 〈集傳〉에 "茅之始生曰荑, 言柔而白也"라 함. 여기서는 그 손의 부드럽고 흰 모습을 표현한 것.

【凝脂】굳기름이 엉긴 것. 아주 희고 고운 살결을 가리킴. 〈毛傳〉에 "如脂之凝"이라 하였고, 〈集傳〉에 "凝脂, 脂寒而凝者, 亦言白也"라 함. 白樂天〈長恨歌〉에 "溫泉水滑洗凝脂"라 함.

【領】〈毛傳〉과 〈集傳〉에 "領, 頸也"라 함. '목'.

【蝤蠐】나무의 좀. 혹은 나무속의 굼벵이. 雙聲連綿語의 蟲名. 〈諺解〉物名에 "蝤蠐: ᄌ채 ○서근 남긔 버러지라"라 함. 〈毛傳〉에는 "蝤蠐, 蝎蟲也"라 하였으나, 〈集傳〉에는 "蝤蠐, 木蟲之白而長者"라 함.

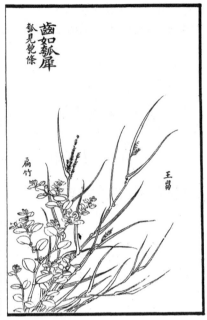

【瓠犀】박씨. 〈諺解〉 物名에 "瓠犀:박ᄡᅵ"라 함. 〈毛傳〉에 "瓠犀, 瓠瓣"이라 하였고, 〈集傳〉에는 "瓠犀, 瓠中之子, 方正潔白, 而比次整齊也"라 함.

【螓首】'螓'은 매미의 일종. 쓰르라미. 〈諺解〉 物名에 "螓:ᄆᆞ얌이 ᄀᆞᆺ토ᄃᆡ 져그니라"라 함. '首'는 머리, 이마. 〈毛傳〉에 "螓, 首顙廣而方"이라 하였고, 〈鄭箋〉에는 "螓, 謂蜻蜻也"라 함. 〈集傳〉에는 "螓, 如蟬而小, 其額廣而方正"이라 함.

【蛾眉】'蛾'는 누에에서 나온 나방. 〈諺解〉 物名에 "蛾:닙이"라 함. 그 눈썹이 가늘고 길게 구부러졌음. 〈集傳〉에 "蛾, 蠶蛾也. 其眉細而長曲"이라 함. 美人을 대신하는 말로 널리 쓰임. 〈長恨歌〉에 "宛轉蛾眉馬前死"라 함.

【倩】보조개. 〈毛傳〉에 "倩, 好口輔"라 하였고, 〈集傳〉에 "倩, 口輔之美也"라 함.

【盼】〈毛傳〉에 "盼, 白黑分"이라 하였고, 〈集傳〉에 "盼, 黑白分明也"라 하여 눈의 흑백이 분명하여 아주 아름다움을 뜻함. 〈鄭箋〉에는 "此章說莊姜容貌之美, 所宜親幸"이라 함.

＊〈集傳〉에 "○此章言其容貌之美, 猶前章之意也"라 함.

(3) 賦

碩人敖敖, 說于農郊.

碩人이 敖敖(오오)ᄒᆞ니, 農郊애 說(셰)ᄒᆞ야,

크고 크신 장강의 훤칠하시어, 위나라 도읍 근교에서 옷 갈아입으시고,

四牡有驕, 朱幩鑣鑣, 翟茀以朝.

四牡ㅣ 驕ᄒᆞ며, 블근 幩(분)이 鑣鑣(표표)ᄒᆞ거늘, 翟茀(뎍블)로 써 朝ᄒᆞ니,

장대한 네 마리 말에, 붉은 빛깔 재갈 성대한데, 꿩깃 장식해 덮은 수레 타고 입조하셨네.

大夫夙退, 無使君勞!

태우ㅣ 일 退ᄒᆞ야, 君으로 ᄒᆡ여곰 勞티 말과뎌 ᄒᆞ더니라!

대부들이 일찍 물러가, 우리 임금 힘들지 않게 해주도다!

【敖敖】〈毛傳〉과 〈集傳〉에 "敖敖, 長貌"라 하였고, 〈鄭箋〉에 "敖敖, 猶顐顐也"라 함.

【說】'셰'로 읽음. 〈鄭箋〉에 "說, 本或作'稅'. 〈毛〉「始銳反(셰), 舍也.」"라 함. 〈集傳〉에도 "說, 舍也"라 하여, '舍'(잠시 멈추다)이나 〈鄭箋〉에는 "說, 當作襚.《禮》春秋之襚」, 讀皆宜同. 衣服曰襚. 今俗語然. 此言莊姜始來, 更正衣服于衛近郊"라 하여, '襚'여야 하며 '莊姜이 시집올 때 衛나라 근교에서 옷을 갈아입었음을 뜻한다' 하였음.

【農郊】〈毛傳〉과 〈集傳〉에 "農郊, 近郊也"라 함.

【四牡】〈集傳〉에 "四牡, 車之四馬"라 함.

【驕】장한 모양. 〈毛傳〉과 〈集傳〉에 "驕, 壯貌"라 함.

【朱幩】붉은 색의 재갈 장식. 〈毛傳〉에 "幩, 飾也. 人君以朱纏鑣, 扇汗, 且以爲飾"이라 하였고, 〈集傳〉에는 "幩, 鑣飾也. 鑣者, 馬銜外鐵. 人君以朱纏之也"라 함. 徐鍇《說文解字繫傳》에 "謂以帛纏馬口旁鐵, 扇汗, 使不汗也"라 함.

【鑣鑣】《毛傳》에 "鑣鑣, 盛貌"라 하였고, 〈集傳〉에 "鑣鑣, 盛也"라 함.

【翟】〈毛傳〉과 〈集傳〉에 "翟, 翟車也. 夫人以翟羽飾車"라 하여 꿩의 깃으로 장식한 夫人의 수레.

【茀】수레를 덮은 포장. 〈毛傳〉에 "茀, 蔽也"라 하였고, 〈集傳〉에는 "茀, 蔽也. 婦人之車前後設蔽"라 하였고, 〈鄭箋〉에는 "此又言莊姜自遠郊, 旣正衣服, 乘是車馬

以入君之朝, 皆用嫡夫人之正禮, 今而不答"이라 함.

【夙退】대부들이 일찍 퇴근하여 임금이 편히 장강을 만날 수 있도록 배려함. 〈毛傳〉에 "大夫未退, 君聽朝於路寢, 大夫聽內事於正寢, 大夫退, 然後罷"라 하였고, 〈集傳〉에는 "夙, 早也. 〈玉藻〉曰:「君日出而視朝, 退適路寢聽政. 使人視大夫, 大夫退, 然後適小寢釋服.」"이라 함. 〈鄭箋〉에는 "莊姜始來時, 衛諸大夫朝夕者皆早退, 無使君之勞倦者, 以君夫人新爲妃耦, 宜親親之故也"라 함. 한편 《韓詩》에는 '退'자가 '罷'자로 되어 있었다 함.

＊〈集傳〉에 "○此言「莊姜自齊來, 嫁舍止近郊, 乘是車馬之盛, 以入君之朝, 國人樂得以爲莊公之配. 故謂諸大夫朝於君者, 宜早退無使君勞於政事, 不得與夫人相親, 而歎今之不然也.」"라 함.

(4) 賦

河水洋洋, 北流活活,

河ㅅ 水ㅣ 洋洋ᄒ야, 北으르 流홈이 活活(괄괄)ᄒ거늘,

황하는 넘실넘실, 북쪽으로 콸콸 흘러가고,

施罟濊濊, 鱣鮪發發, 葭菼揭揭.

罟(고)를 施(시)홈이 濊濊(활활)ᄒ니, 鱣(전)과 鮪(유)ㅣ 發發ᄒ며, 葭(가)와 菼(담)이 揭揭(걸걸)ᄒ거늘,

강물에 그물 풍덩 던지니, 팔딱이는 전어와 유어요. 갈대풀은 길게 자라 있도다.

庶姜孼孼, 庶士有朅!

庶姜이 孼孼(얼얼)ᄒ며, 庶士ㅣ 朅(걸)ᄒ더니라!

함께 따라온 제나라 잉신들 잘 꾸민 옷차림, 호위하는 무사들 모습도 씩씩하구나!

【河】黃河. 衛의 東쪽에 있음. 〈集傳〉에 "河, 在齊西衛東北, 流入海"라 함.

【洋洋】〈毛傳〉과 〈集傳〉에 "洋洋, 盛大貌"라 함.

【活活】'괄괄'(音括)로 읽음. 〈毛傳〉에 "活活, 流也"라 하였고, 〈集傳〉에 "活活, 流貌"라 함.

【施】〈集傳〉에 "施, 設也"라 함.

【罛】〈毛傳〉과 〈集傳〉에 "罛, 魚罟也"라 하여 코가 작은 그물.

【濊濊】〈毛傳〉에 "濊濊, 施之水中"이라 하였고, 〈集傳〉에는 "濊濊, 罟入水聲也"라 함. 音은 '呼活反'(활)으로 읽음.

【鱣】〈毛傳〉에 "鱣, 鯉也"라 하여 잉어라 하였으나, 〈集傳〉에 "鱣, 魚似龍, 黃色, 銳頭, 口在頷下, 背上腹下, 皆有甲. 大者千餘斤"이라 하여 아주 큰 물고기임. 〈諺解〉 物名에는 "鱣:큰고기니, 입이 멱 아래 잇고, 몸이 밧긴 비느리 잇고, 고기 누르니 큰 이는 가리 이삼(二三) 쟝(丈)이라"라 함. 한편 李時珍《本草綱目》에도 "鱣出江淮黃河遼海深水處, 無鱗, 大魚也. ……其小者近百斤, 其大者二三丈, 至一二千斤"이라 함. 이에 〈鄭箋〉에는 "鱣, 大魚. 口在頷下, 丈二三丈, 江南呼黃魚, 與鯉全異"라 하여 입이 턱 아래 있다 한 것으로 보아 상어의 일종일 듯함.

【鮪】〈毛傳〉에 "鮪, 鮥也"라 하였으나, 〈集傳〉에는 "鮪, 似鱣而小, 色青黑"이라 하여, 다랑어의 일종이라 함. 〈諺解〉 物名에는 "鮪:젼(鱣) 근토듸 젹고 빗치 흐리고, 검고, 머리 젹고 섈롯ᄒᆞ야 쇠투구ᄀᆞᆮ고 입이 멱 아래 이시니, 큰 이는 왕유(王鮪) ㅣ오. 젹은 이는 슉유(鮛鮪)ㅣ라"라 함.

【發發】〈毛傳〉과 〈集傳〉에 "發發, 盛貌"라 함. 《韓詩》에는 '鱍鱍'로 되어 있어 물고기가 팔딱팔딱 뛰는 모습이라 하였음.

【葭菼】갈대. 蒹葭와 亂荻. 〈毛傳〉에 "葭, 蘆; 菼, 亂也"라 하였고, 〈集傳〉에는 "菼, 亂也. 亦謂之荻"이라 함. '菼'은 〈諺解〉物名에 "菼: 달 又나ᄂ 굴"이라 함.

【揭揭】〈毛傳〉과 〈集傳〉에 "揭揭, 長也"라 함. 한편 이의 讀音에 대해 〈集傳〉에 "音子. 音傑"이라 하였고, 〈鄭箋〉에는 "其謁反, 居謁反"으로 되어 있어, '혈헐', '걸걸', '갈갈' 등이 있으며 〈諺解〉에는 '걸걸'로 읽었음.

【庶姜】姜의 齊나라 姓. 그 집안 女性으로 莊姜을 따라 이들. 〈鄭箋〉과 〈集傳〉에 "庶姜, 謂姪娣"라 함.

【孽孽】〈毛傳〉과 〈集傳〉에 "孽孽, 盛飾也"라 함.

【庶士】〈毛傳〉에 "庶士, 齊大夫送女者"라 하였고, 〈集傳〉에는 "庶士, 謂媵臣"이라 함.

【揭】武壯한 모습. 〈毛傳〉에 "揭, 武壯貌"라 하였고, 〈集傳〉에 "揭, 武貌"라 함. 《韓詩》에는 '桀'로 되어 있다 함. 한편 〈鄭箋〉에는 "此章言「齊地廣饒, 士女姣好, 禮儀之備, 而君何爲不答夫人?」"이라 함.

＊〈集傳〉에 "○言「齊地廣饒, 而夫人之來, 士女佼好, 禮儀盛備.」如此亦首章之意也"라 함.

참고 및 관련 자료

1. 孔穎達 〈正義〉
嬖妾, 謂州吁之母; 惑者, 謂心所嬖愛, 使情迷惑. 故夫人雖賢, 不被答遇. 經四章, 皆陳莊善宜答, 而若不親幸, 是爲國人閔而憂之.

2. 《左傳》隱公 3년 傳
衛莊公娶于齊東宮得臣之妹, 曰莊姜, 美而無子, 衛人所爲賦〈碩人〉也. 又娶于陳, 曰厲嬀, 生孝伯, 早死. 其娣戴嬀, 生桓公, 莊姜以爲己子. 公子州吁, 嬖人之子也. 有寵而好兵, 公弗禁. 莊姜惡之. 石碏諫曰:「臣聞愛子, 敎之以義方, 弗納於邪. 驕·奢·淫·泆, 所自邪也. 四者之來, 寵祿過也. 將立州吁, 乃定之矣; 若猶未也, 階之爲禍. 夫寵而不驕, 驕而能降, 降而不憾, 憾而能眕者, 鮮矣. 且夫賤妨貴, 少陵長, 遠間親, 新間舊, 小加大, 淫破義, 所謂六逆也; 君義, 臣行, 父慈, 子孝, 兄愛, 弟敬, 所謂六順也. 去順效逆, 所以速禍也. 君人者, 將禍是務去, 而速之, 無乃不可乎?」弗聽. 其子厚與州吁游, 禁之, 不可. 桓公立, 乃老.

3. 《史記》衛康叔世家
桓公二年, 弟州吁驕奢, 桓公絀之, 州吁出奔. 十三年, 鄭伯弟段攻其兄, 不勝, 亡, 而州吁求與之友. 十六年, 州吁收聚衛亡人以襲殺桓公, 州吁自立爲衛君. 爲鄭伯弟段欲伐鄭, 請宋·陳·蔡與俱, 三國皆許州吁. 州吁新立, 好兵, 弑桓公, 衛人皆不愛. 石碏乃因桓公母家於陳, 詳爲善州吁. 至鄭郊, 石碏與陳侯共謀, 使右宰醜進食, 因殺州吁于濮, 而迎桓公弟晉於邢而立之, 是爲宣公.

4.《列女傳》賢明篇「齊女傅母」

傅母者, 齊女之傅母也. 女爲衛莊公夫人, 號曰莊姜. 姜交好. 始往, 操行衰惰, 有冶容之行, 淫泆之心. 傅母見其婦道不正, 諭之云:「子之家, 世世尊榮, 當爲民法則; 子之質, 聰達於事, 當爲人表式, 儀貌壯麗, 不可不自脩整. 衣錦絅裳, 飾在輿馬, 是不貴德也.」乃作詩曰:『碩人其頎, 衣錦絅衣. 齊侯之子, 衛侯之妻. 東宮之妹, 邢侯之姨, 譚公維私.』砥厲女之心以高節, 以爲人君之子弟, 爲國君之夫人, 尤不可有邪僻之行焉. 女遂感而自脩. 君子善傅母之防未然也. 莊姜者, 東宮得臣之妹也, 無子, 姆戴嬀之子桓公, 公子州吁, 嬖人之子也; 有寵, 驕而好兵. 莊公弗禁, 後州吁果殺桓公. 詩曰:『毋敎猱升木.』此之謂也. 頌曰:『齊女傅母, 防女未然. 稱列先祖, 莫不尊榮. 作詩明指, 使無辱先. 莊姜姆妹, 卒能脩身.』

058(衛-4) 맹(氓)

*〈氓〉:'氓'은 《說文通訓定聲》에 "自彼來此之民曰氓. 抱布貿絲者, 今人或謂上古以物易物, 物物交換之意"라 하여 물물교환을 위해 옷감과 실을 안고 다니는 사람을 뜻한다 하였음. 여기서는 누군지 모르는 낯선 남자, 즉 비단 실 사러 다니는 그 사내의 유혹에 넘어가 淫奔하여 살림을 차렸으나, 고생만 하다가 버림을 받고 쫓겨 온 여인의 한을 두고 읊은 것임.
*이 시는 당시 衛나라가 宣公의 영향으로 일반 남녀들조차 음분하거나 마구 사귀다가 쉽게 배신하는 등 음일(淫洗)한 시대 풍조를 한탄한 것이라 함.

<序>: <氓>, 刺時也. 宣公之時, 禮義消亡, 淫風大行. 男女無別, 遂相奔誘, 華落色衰, 復相棄背. 或乃困而自悔喪其妃耦, 故序其事以風焉. 美反正, 刺淫洗也.

〈맹〉은 당시 時俗을 풍자한 것이다. 선공 때에 예의가 사라지고 淫風이 성행하였다. 남녀는 구별도 없이 드디어 서로 음분하고 유혹하다가도 화려한 얼굴 시들고 색깔이 빛을 잃으면 다시 서로 버리고 배신하기 일쑤였다. 혹 이에 곤궁해져서 스스로 그 짝을 잃음을 후회하기도 하였다. 그 때문에 그러한 사례를 풀어 써서 풍자한 것이다. 바른 도리로 돌아옴을 아름답게 여기고 淫洗함을 풍자한 것이다.

*전체 6장. 매 장 10구씩(氓:六章. 章十句).

(1) 賦
氓之蚩蚩, 抱布貿絲.

氓(맹)의 蚩蚩(치치)ㅣ, 布를 抱ᄒ야 絲를 貿(무)ᄒ더니,

모르는 어떤 사람의 어수룩한 이, 돈을 안고 와서 비단 실을 사러 다니네.

匪來貿絲, 來卽我謀.

來ᄒ야 絲를 貿홈이 아니라, 來ᄒ얀 내게 卽ᄒ야 謀ᄒ더라.

비단 실을 사러 다니는 것이 아니라, 온 이유는 나에게 수작을 부리기 위한 것.

送子涉淇, 至于頓丘.

子를 送ᄒ노라 淇를 涉ᄒ야, 頓丘(돈구)에 至호라.

그 남자를 기수를 건너 보내주다가, 頓丘까지 이르렀네.

匪我愆期, 子無良媒.

내 期를 愆(건)ᄒ 주리 아니라, 子ㅣ 良媒(량믜)업슬 시니라.

살림 차리기를 내가 늦추는 것이 아니라, 당신에게 좋은 중매 없어서이지.

將子無怒, 秋以爲期!

원컨댄 子는 怒티 마롤 디어다, 秋로 뻐 期를 사므라 호라!

그대에 원하노니 나에게 노하지 마오, 가을로 기약을 삼으면 되지!

【氓】〈毛傳〉에 "氓, 民也"라 하였고, 〈集傳〉에는 "氓, 民也. 蓋男子而不知其誰何之稱也"라 함.

【蚩蚩】돈후한 모습. 〈毛傳〉에는 "蚩蚩者, 敦厚之貌"라 하였으나, 〈集傳〉에는 "蚩蚩, 無知之貌. 蓋怨而鄙之也"라 하여 뜻이 다름. 혹 비웃는 모습이라고도 함.

【布】〈毛傳〉과 〈集傳〉에 "布, 幣也"라 하였고, 〈鄭箋〉에 "幣者, 所以貿買物也"라 하여 貨幣를 뜻함. 그러나 일설에는 베(옷감)라 함.

【貿絲】〈集傳〉에 "貿, 買也. 貿絲, 蓋初夏之時也"라 하였고, 〈鄭箋〉에는 "季春始蠶, 孟夏賣絲"라 함. 시골로 다니며 비단실을 사서 거두어 장사함을 말함.

【匪】非와 같음. 〈鄭箋〉에 "匪, 非"라 함.

【卽】〈鄭箋〉에 "卽, 就也"라 함.

【我謀】〈鄭箋〉에 "此民非來買絲, 但來就我欲與我謀爲室家也"라 함.

【子】〈鄭箋〉에 "子者, 男子之通稱"이라 함.

【淇】淇水.

【頓丘】〈毛傳〉에 "丘一成爲頓丘"라 하였으나, 〈集傳〉에 "頓丘, 地名"이라 함. 이 구절에 대해 〈鄭箋〉에는 "言民誘己, 己乃送之, 涉淇水至此頓丘, 定室家之謀, 且 爲會期"라 하여 남자의 꾐에 넘어감을 뜻한다 하였음.

【愆期】期約을 넘김. 약속을 지키지 않음. '愆'은 過와 같은 뜻. 〈毛傳〉과 〈集傳〉에 "愆, 過也"라 함.

【良媒】훌륭한 중매. 〈鄭箋〉에 "良, 善也. 非我以欲過子之期, 子無善媒來告期時"라 함.

【將】〈毛傳〉과 〈集傳〉에 "將, 願也, 請也"라 함. 그러나 〈鄭箋〉에는 "將, 請也. 民欲爲近期. 故語之曰「請子無怒, 秋以與子爲期.」"라 함.

＊〈集傳〉에 "○此淫婦爲人所棄, 而自叙其事, 以道其悔恨之意也. 夫旣與之謀而不遂. 徃又責所無以難其事, 再爲之約以堅其志, 此其計亦狡矣. 以御蚩蚩之氓, 宜其有餘, 而不免於見棄, 蓋一失其身, 人所賤惡始, 雖以欲而迷, 後必以時而悟, 是以無徃而不困耳. 士君子立身, 一敗而萬事瓦裂者, 何以異此? 可不戒哉!"라 함.

(2) 賦

乘彼垝垣, 以望復關.

뎌 垝垣(궤원)애 乘ᄒᆞ야, 뻐 復關(복관)을 望호라.

무너진 저 담에 올라 하염없이, 그대 있는 復關만 바라보노라.

不見復關, 泣涕漣漣.

復關을 보디 몯ᄒᆞ야, 泣涕(읍테)홈을 漣漣(련련)히 ᄒᆞ다니,

복관을 보아도 보이지 않아, 흐느끼며 눈물이 줄줄.

旣見復關, 載笑載言.

이믜 復關을 보아, 곧 笑ᄒᆞ며 곧 言호라.

이윽고 복관에서 그대 만나니, 웃음 띠며 따뜻한 말 내게 해 주었지.

爾卜爾筮, 體無咎言.

네 卜이며 네 筮(셔)애, 體예 咎言이 업거든,

거북 점과 시초 점을 쳐 보아, 점괘에 나쁘다는 말만 없으면,

以爾車來, 以我賄遷!

네 車로 뻐 來호라. 내 賄(회)로 뻐 遷(쳔)호리라 호라!

그대는 수레 가지고 데리러 오세요, 내 재물 다 꾸려 당신께 옮겨갈 테니!

【垝垣】〈集傳〉에 "垝, 毁;垣, 牆也"라 함. 〈毛傳〉에도 "垝, 毁也"라 함.

【復關】〈毛傳〉에는 "復關, 君子所近也"라 하였으나, 〈集傳〉에는 "復關, 男子之所居也, 不敢顯言其人, 故託言之耳"라 함. 〈鄭箋〉에는 "前旣與民以秋爲期, 期至. 故登毁垣鄕期所近以望之, 猶有廉恥之心, 故因復關以託號民云:「此時始秋也.」"라 함. 혹 地名, 또는 '關으로 되돌아오다'의 뜻으로도 봄.

【漣漣】눈물이 줄줄 흘러내리는 모양. 〈毛傳〉에 "言其有一心乎君子, 故能自悔"라 하였고, 〈鄭箋〉에는 "用心專者, 怨必深"이라 함.

【載笑載言】'載'는 則과 같음. 〈鄭箋〉에 "則笑則言, 喜之甚"이라 함.

【爾卜爾筮】'爾'는 汝와 같음. 〈鄭箋〉에 "爾, 女也"라 함. '卜筮'는 〈毛傳〉과 〈集傳〉에 "龜曰卜, 蓍曰筮"라 함.

【體】〈毛傳〉과 〈集傳〉에 "體, 兆卦之體也"라 함. 점괘의 결과를 뜻함.

【咎言】凶한 占辭. 〈鄭箋〉에 "復關旣見, 此夫人告之曰:「我卜女筮女, 宜爲室家矣. 兆卦之繇, 無凶咎之辭. 言其皆吉.」又誘定之"라 함.

【賄遷】나의 재물을 모두 그대에게로 옮김. 〈毛傳〉과 〈集傳〉에 "賄, 財;遷, 徙也"라 함. 〈鄭箋〉에 "女, 女復關也. 信其卜筮皆吉, 故答之曰:「徑以女車來迎我, 我以所有財遷徙, 就女也.」"라 함.

＊〈集傳〉에 "○與之期矣, 故及期而乘垝垣以望之. 旣見之矣, 於是問其卜筮所得卦兆之體. 若無凶咎之言, 則以爾之車來迎, 當以我之賄徃遷也"라 함.

(3) 比而興

桑之未落, 其葉沃若,

桑이 落디 아녀실 제, 그 葉(엽)이 沃若(옥약)ᄒ더니라.

뽕잎이 아직 떨어지지 아니하여, 그 잎이 곱고 싱싱하네.

于嗟鳩兮! 無食桑葚.

于嗟홉다, 鳩ㅣ여! 桑葚(상심)을 食디 마롤 디어다.

아, 비둘기 떼들이여! 오디를 따 먹지 마라.

于嗟女兮! 無與士耽.

于嗟홉다, 女ㅣ여! 士로 드려 耽(탐)티 마롤 디어다.

아, 여자란! 사내와 사랑에 탐닉해서는 아니 되거늘,

士之耽兮, 猶可說也.

士의 耽은, 오히려 可히 說(셜)ᄒ려니와,

사내들의 탐닉이란, 오리려 가히 해명할 수 있지만,

女之耽兮, 不可說也!

女의 耽은, 可히 說티 몯ᄒ리니라!

여자들의 탐닉이란, 해명할 수 없는 것!

【桑】〈毛傳〉에 "桑, 女工之所起"라 함.
【沃若】윤택 있는 모습. 雙聲連綿語. 〈毛傳〉에는 "沃若, 猶沃沃然"이라 하였고, 〈集傳〉에 "沃若, 潤澤貌"라 함.

【于嗟】감탄사.
【鳩】〈集傳〉에 "鳩, 鶻鳩也. 似山雀而小, 短尾, 靑黑色, 多聲"이라 함.
【葚】오디. '黮'으로도 표기하며, 〈諺解〉 物名에 "葚: 오디"라 함. 〈集傳〉에 "葚, 桑實也. 鳩食葚多, 則致醉"라 하였고, 〈毛傳〉에도 "鳩, 鶻鳩也. 食桑葚過, 則醉而傷其性"이라 함.
【耽】탐닉함. 과도하게 즐김. 〈集傳〉에 "耽, 相樂也"라 하였고, 陳奐〈傳疏〉에 '酖'으로 보아 "凡樂過其節謂之酖"이라 함. 〈毛傳〉에는 "耽, 樂也. 女與士耽, 則喪禮義"라 함. 〈鄭箋〉에는 "桑之未落, 謂其時仲秋也. 於是時國之賢者, 刺此婦人見誘, 故于嗟而戒之. 鳩以非時食葚, 猶女子嫁不以禮, 耽非禮之樂"이라 함.

【說】〈鄭箋〉에 "說, 解也. 士有百行, 可以功過相除. 至於婦人無外事, 維以貞信爲節" 이라 함. 〈集傳〉에 "說, 解也"라 함. 해명함. 변명함. 이유를 꾸며댐.
＊〈集傳〉에 "○言「桑之潤澤, 以比已之容色光麗. 然又念其不可恃, 此而從欲忘反, 故遂戒鳩無食桑甚以興. 下句戒女, 無與士耽也. 士猶可說, 而女不可說者, 婦人被 棄之後, 深自愧悔之辭. 主言婦人無外事, 唯以貞信爲節, 一失其正, 則餘無足觀爾. 不可便謂士之耽惑, 實無所妨也.」라 함.

(4) 比
桑之落矣, 其黃而隕.
桑이 落ㅎ니, 그 黃ㅎ야 隕(운)ㅎ놋다.
뽕잎이 지는구나, 누렇게 시들어 떨어지네.

自我徂爾, 三歲食貧.
내 네게 가모로브터, 세 히를 貧을 食호라.
내 그대에게 가서 살림 차린 지, 삼년을 먹을 것도 없이 가난하였네.

淇水湯湯, 漸車帷裳.
淇ㅅ 水ㅣ 湯湯(상상)ㅎ니, 車ㅅ 帷裳(유상)이 漸(졈)ㅎ놋다.
기수의 많은 물에, 적시며 쫓겨 가는 여자의 유상 수레.

女也不爽, 士貳其行.
女ㅣ 爽(상)혼 주리 아니라, 士ㅣ 그 힝실을 두 가지로 홀 시니라.
여자란 아무 어김도 없었건마는, 사내가 행실을 두 가지로 하기 때문.

士也罔極, 二三其德!
士ㅣ 極이 업스니, 그 德을 두 세 가지로 ㅎ놋다!
사내 마음이란 예측할 수 없으니, 그 덕이 두 세 가지나 되나보다!

【隕】떨어짐. 〈毛傳〉에 "隕, 惰也"라 함. '惰'는 '墮'의 假借. 〈集傳〉에도 "隕, 落"이 라 함.
【徂】감. 〈集傳〉에 "徂, 往也"라 함.
【食貧】가난해서 제대로 먹지도 못하고 고생함.

【湯湯】'湯'은 '상'(音傷)으로 읽음. 〈毛傳〉과 〈集傳〉에 "湯湯, 水盛貌"라 함.

【漸】물에 젖음. 〈集傳〉에 "漸, 漬也"라 하였고, 〈正義〉에 "漸, 同漬也; 濕也"라 함.

【帷裳】婦人들이 타는 수레. '童容'이라고도 하며, 휘장을 쳐서 볼 수 없도록 가린 수레. 〈毛傳〉에 "帷裳, 婦人之車也"라 하였으며, 〈集傳〉에는 "帷裳, 車飾. 亦名童容. 婦人之車, 則有之"라 함. 〈鄭箋〉에 "桑之落矣, 謂其時季秋也. 復關以此時車來迎已徂往也. 我自是往之女家, 女家乏穀食, 已三歲貧矣. 言此者, 明已之悔, 不以女今貧故也. 幃裳, 童容也. 我乃渡深水至, 漸車童容, 猶冒此難而往. 又明已專心於女"라 함.

【爽】〈毛傳〉과 〈集傳〉에 "爽, 差也"라 함. 어김. 〈鄭箋〉에 "我心於女, 故無差貳, 而復關之行, 有二意"라 함.

【貳】差錯의 뜻. 王引之 〈述聞〉에 "貳, 忒之借字也"라 함. 그러나 本義대로 '두 가지'로 풀이함.

【極】〈毛傳〉에 "極, 中也"라 하였고, 〈集傳〉에는 "極, 至也"라 함. 함. '罔極'은 不可測, 예측할 수 없음. 嚴粲 〈詩緝〉에 "曹氏曰: 「罔極, 言不可測知.」"라 함.

＊〈集傳〉에 "○言「桑之黃落, 以比已之容色凋謝. 遂言『自我往之爾家, 而值爾之貧』, 於是見棄, 復乘車而渡水, 以歸復. 自言其過, 不在此而在彼也.」"라 함.

(5) 賦

三歲爲婦, 靡室勞矣.

세 히를 婦ㅣ 되여, 室로 勞티 아니 ᄒ며,

삼년 그 집 며느리 되어, 집안 일 힘들어 한적 없이,

夙興夜寐, 靡有朝矣.

일 興ᄒ고 밤 들거든 寐ᄒ야, 朝도 두디 아니호라.

새벽에 일어나 밤늦어 잠자리 들면서, 나에게 편한 아침이란 없었지.

言旣遂矣, 至于暴矣.

言이 이믜 遂(슈)ᄒ거늘, 暴(포)홈애 니ᄅ니,

언약이 이윽고 맺어지자, 결국 포악함에 이르고 말았으니.

兄弟不知, 咥其笑矣.

兄과 弟 아디 몯ᄒ야, 咥(희)히 그 笑ᄒ느다.

오빠 아우들은 알지도 못하고, 희희닥거리며 나를 비웃고 있네.

靜言思之, 躬自悼矣!

靜(정)히 셔 思호고, 몸소 스스로 悼(도)호라!

가만히 내 신세 생각해보니, 스스로도 안타깝고 슬프기만 하네!

【婦】며느리 역할을 함. 〈鄭箋〉에 "有舅姑曰婦"라 함.

【靡】〈鄭箋〉에 "靡, 無也"라 하였고, 〈集傳〉에 "靡, 不"이라 함.

【室勞】살림하는 수고. 〈鄭箋〉에 "無居室之勞, 言不以婦事見困苦"라 함.

【夙興夜寐】일찍 일어나고 밤늦어 잠자리에 듦. 쉴 틈 없이 일함을 뜻함. 〈集傳〉에 "夙, 早; 興, 起也"라 함.

【靡有朝矣】아침의 餘暇도 없었음. 〈鄭箋〉에 "無有朝者, 常早起夜臥, 非一朝然. 言己亦不解惰"라 함.

【言旣遂矣】'나는 이미 오래 그렇게 견뎠다'의 뜻. '言'은 我와 같음. 〈鄭箋〉에 "言, 我也. 遂, 猶久也. 我旣久矣, 謂三歲之後, 見遇浸薄, 乃至見酷暴"이라 함. 胡承珙 〈後箋〉에 "蓋'遂', 本訓, 終訓竟. 皆有久意"라 함.

【咥】'희'(音戲)비웃음. 〈毛傳〉에 "咥咥然笑"라 하였고, 〈集傳〉에 "咥, 笑貌"라 함. 〈鄭箋〉에 "兄弟在家, 不知我之見酷暴, 若其知之, 則咥咥然笑我"라 함.

【悼】〈毛傳〉에 "悼, 傷也"라 함.

【靜】'安'의 뜻.

【言】我와 같음.

【躬】'身'의 뜻. 자기 자신. 〈鄭箋〉에 "靜, 安; 躬, 身也. 我安思君子之遇, 已無終, 則身自哀傷"이라 함.

＊〈集傳〉에 "○言「我三歲爲婦, 盡心竭力, 不以室家之務爲勞, 早起夜臥, 無有朝旦之暇. 與爾始相謀約之言旣遂, 而爾遽以暴戾加我, 兄弟見我之歸, 不知其然, 但咥然其笑而已. 蓋淫奔從人, 不爲兄弟所齒, 故其見棄而歸, 亦不爲兄弟所恤, 理固有必然者. 亦何所歸咎哉? 但自痛悼而已.」"라 함.

(6) 賦而興

及爾偕老, 老使我怨.

널로 밋 홈쯰 늘구려 호다니, 늙거야 날로 히여곰 怨(원)케 호놋다.

너와 함께 해로하고자 하였는데, 늙어서 나로 하여금 원망만 하게 하다니.

淇則有岸, 隰則有泮.

淇예 岸이 이시며, 隰에 泮이 잇거늘,

기수에는 기슭이 있고, 언덕에는 둔덕이 있거늘,

總角之宴, 言笑晏晏.

総角(총각)엣 宴홈애, 言笑ㅣ 晏晏(안안)ᄒ며,

처녀로서 근심걱정 없을 때엔, 나에게 웃으며 편안히 해주어,

信誓旦旦, 不思其反.

信誓(신셔)ㅣ 旦旦(죠죠)홀 식, 그 反홈을 思티 아니호라.

그 맹세 간절히 믿었더니, 날 원망토록 한 생각 떠올리고 싶지도 않네.

反是不思, 亦已焉哉!

反홈을 이예 思티 아니 ᄒ예니, ᄯ혼 말디엇다!

그 생각 다시 떠올리고 싶지도 않소, 역시 모든 게 이미 다 끝났다오!

【及】〈鄭箋〉과 〈集傳〉에 "及, 與也"라 함.

【偕老】함께 늙음. 〈鄭箋〉에 "我欲與女俱至於老, 老乎, 汝反薄我, 使我怨也"라 함.

【隰】언덕. 그러나 余冠英 〈選譯〉에는 "隰, 當作濕, 水名, 就是漂河"라 하여 지금의 漂河라 하였음.

【泮】〈毛傳〉에 "泮, 坡也"라 하였으나, 〈集傳〉에는 〈集傳〉에 "泮, 涯也. 高下之判也"라 함. 〈鄭箋〉에는 "泮, 讀爲畔. 畔, 涯也. 言淇與隰皆有厓岸, 以自拱持. 今君子放恣心意, 曾無所拘制"라 함.

【總角】〈毛傳〉에 "總角, 結髮也"라 함. 女子가 시집가기 전에는 비녀를 꽂지 않고 머리를 매어 장식을 삼음. 〈集傳〉에 "總角, 女子未許嫁, 則未筓, 但結髮爲飾也"라 함. 뒤에는 남녀 통칭으로 미혼을 뜻하다가, 다시 남자만을 가리키는 말로 축소됨.

【宴】즐김.

【晏晏】〈毛傳〉과 〈集傳〉에 "晏晏, 和柔也"라 함.

【旦旦】〈集傳〉에 "旦, 따, 得絹反"이라 하여 '뎐/전'으로 읽어야 하나, 〈諺解〉에 '죠'로 읽은 것은 근거를 알 수 없음. 뜻은 〈集傳〉에 "旦旦, 明也"라 하였으나 간곡함을 뜻하는 말로 여김. 〈毛傳〉에 "信誓旦旦然"이라 하였고, 〈鄭箋〉에는 "我爲

童女, 未笄結髮, 晏然之時, 汝與我言笑, 晏晏然, 而和柔. 我其以信相誓旦旦耳. 言其懇惻款誠"이라 하여 '懇惻款誠'의 뜻으로 보았음.

【不思其反】〈鄭箋〉에 "反, 復也. 今老而使我怨, 曾不念復其前言"이라 함.

【已焉哉】絶望의 말. 어쩔 수 없음을 말하는 것. 〈鄭箋〉에 "已焉哉, 謂此不可奈何, 死生自決之辭"라 함.

＊〈集傳〉에 "言「我與汝, 本期偕老, 不知老而見棄如此, 徒使我怨也. 淇則有岸矣, 隰則有泮矣, 而我總角之時, 與爾宴樂言笑, 成此信誓, 曾不思其反復, 以至於此也. 此則興也. 旣不思其反復, 而至此矣, 則亦如之何哉? 亦已而已矣. 〈傳〉曰『思其終也, 思其復也』, 思其反之謂也.」"라 함.

> ### 참고 및 관련 자료

1. 孔穎達〈正義〉

言'男女無別'者, 若外言不入於閫內, 言不出於閫, 是有別也. 今交見往來, 是無別也. '奔誘'者, 謂男子誘之婦人奔之也. '華落色衰'一也. 言顏色之衰, 如華之落也. '或乃困而自悔'者, 言當時皆相誘, 色衰乃相棄, 其中'或有困而自悔棄喪其妃耦'者, 故叙此自悔之事, 以風刺其時焉. '美'者, 美此婦人, 反正自悔. 所以刺當時之淫泆也. '復相棄背'以上, 總言當時一國之事, '或乃困而自悔'以下, 叙此經所陳者, 是困而自悔之辭也. 上二章說女初奔男之事, 下四章言困而自悔也. 言旣遂矣, 至於暴矣, 是其困也. '躬自悼矣, 盡亦已焉哉!' 是自悔也.

059(衛-5) 죽간(竹竿)

*〈竹竿〉: 대나무 낚싯대.
*이 시는 衛나라 여자가 멀리 다른 제후국에 시집을 가서 부모와 고국을 그리
워하면서, 제대로 대접도 받지 못하고 살지만 婦禮를 다하는 모습을 읊은 것이
라 함.

<序>: <竹竿>, 衛女思歸也. 適異國而不見答, 思而能以禮者也.

〈죽간〉은 위나라 여자가 돌아가고 싶어한 것이다. 이국에 시집가서 아
무런 보답을 받지 못했지만, 생각 끝에 능히 예로써 한 것이다.

*전체 4장. 매 장 4구씩(竹竿:四章. 章四句).

(1) 賦
籊籊竹竿, 以釣于淇.

籊籊(뎍뎍)혼 竹竿(죽간)으로, 뻐 淇(긔)예 釣(됴)홈을,
길게 다듬은 낚싯대로, 기수에서 낚시하는 것.

豈不爾思? 遠莫致之!

엇디 싱각디 아니ᄒ리오 마ᄂᆞᆫ, 머러 닐위디 몯ᄒ리로다!
어찌 그런 생각 아니 하리오만, 멀고멀어 가지 못하네!

【籊籊】길고 가늘게 깎은 모습으로 그 대나무는 衛나라에서 나는 것임. 〈毛傳〉
에는 "興也. 籊籊, 長而殺也. 釣以得魚, 如婦人待禮以成爲室家"라 하였고, 〈集傳〉
에는 "籊籊, 長而殺也. 竹衛物"이라 함. 陳奐〈傳疏〉에는 "殺(쇄)者, 纖小之稱"이
라 함.
【淇】衛나라를 흐르는 대표적인 강. 〈集傳〉에 "淇, 衛地也."라 함.
【爾】너. 고국 衛나라를 가리킴.

【致】이름. 갈 수 있음. 그러나 〈鄭箋〉에는 "我豈不思與君子爲室家乎? 君子踈遠
己, 已無由致此道"라 하여 뜻을 달리 보았음.
＊〈集傳〉에 "○衛女嫁於諸侯, 思歸寧而不可得, 故作此詩. 言「思以竹竿, 釣于淇水,
而遠不可致也.」"라 함.

(2) 賦
泉源在左, 淇水在右.

泉源(천원)이 左의 잇고, 淇水ㅣ 右의 인느니라.

泉源은 왼쪽에 있고, 기수는 오른쪽에 있지.

女子有行! 遠兄弟父母!

女子의 行(힝)을 둠이여! 父母와 兄弟를 멀이 ᄒ놋다!

여자의 도리여! 부모 형제 멀리 떠나 살아야 하는 법!

【泉源】모든 샘. 모든 물줄기. 〈毛傳〉에는 "泉源, 小水之源. 淇水, 大水也"라 하였
으나, 〈集傳〉에 "泉源, 卽百泉也"라 하여 百泉이라는 지명이라 함.
【在左·在右】〈集傳〉에 "在衛之西北, 而東南流入淇, 故曰在左;淇在衛之西南, 而東
流與泉源合, 故曰在右"라 함. 그러나 〈鄭箋〉에는 "小水有流入大水之道, 猶婦人
有嫁於君子之禮. 今水相與爲左右而已, 亦以喻己不見答"이라 함.
【女子有行】여자는 시집을 가서 부모형제들과는 떨어져 살 수 밖에 없는 원칙.
그러나 〈鄭箋〉에는 "行, 道也. 女子有道, 當嫁耳. 不以不答而違婦禮"라 하여 '보
답을 받지 못한다 해서 婦禮를 거스를 수 없는 것'이라 하였음.
＊〈集傳〉에 "○思二水之在衛, 而自歎其不如也"라 함.

(3) 賦
淇水在右, 泉源在左.

淇水ㅣ 右에 잇고, 泉源이 左의 인느니라.

기수는 오른쪽에 있고, 천원은 왼쪽에 있지.

巧笑之瑳, 佩玉之儺!

巧히 笑홈을 瑳(차)히 ᄒ며, 佩玉(패옥)으로 儺(나)ᄒ랴!

예쁜 웃음에 드러나던 하얀 이, 옥 걸친 걸음걸이 절도 있던 그 모습!

【巧笑】예쁜 웃음.
【瑳】웃었을 때 이가 하얗게 드러나 예쁜 모습. 〈毛傳〉에 "瑳, 巧笑貌"라 하였고, 〈集傳〉에는 "瑳, 鮮白色, 笑而見齒, 其色瑳然. 猶所謂粲然, 皆笑也"라 함. 《說文》에 "瑳, 玉色鮮白"이라 함. 馬瑞辰 〈通釋〉에 "當爲齹之假借. 《說文》齹'字注:「一曰開口見齒之貌.」"라 하여 '웃을 때 드러나는 하얀 이'를 의미함.
【儺】가볍고 부드러우며 야들야들한 모습. '猗儺', '妸娜' 등 疊韻連綿語의 한 글자로 보기도 함. 그러나 〈毛傳〉에 "儺, 行有節度"라 하였고, 〈集傳〉에는 "儺, 行有度也. (儺), 承上章, 言「二水在衛, 而自恨其不得笑語遊戲於其間也.」"라 하여 '걸을 때 節度가 있는 모습'이라 하였으며, 지난날 그 두 곳 사이에서 웃음 짓고 놀던 때를 더 이상 할 수 없음을 한스럽게 여긴 것이라 하였음. 그러나 〈鄭箋〉에는 "己雖不見答, 猶不惡君子美其容貌與禮儀也"라 하여 전혀 다른 뜻으로 보았음. 〈諺解〉에는 이 구절을 의문문(반어문)으로 보았으나 근거가 없어, '자신의 옛 그곳 조국에서의 모습을 떠올린' 감탄문으로 바꾸어 풀이하였음.

(4) 賦

淇水浟浟, 檜楫松舟.

淇水ㅣ 浟浟(유유)ㅎ니, 檜(회)로 흔 楫(즙)이며 松으로 흔 舟ㅣ로다.

기수는 굽이굽이 흐르고, 전나무 노에 소나무 배였지.

駕言出遊, 以寫我憂?

駕ㅎ야 出遊ㅎ야, 뻐 내 憂를 寫ㅎ랴?

수레 타고 밖에 나가, 이 내 시름 씻어볼까?

【浟浟】물이 흐르는 모습. 〈毛傳〉과 〈集傳〉에 "浟浟, 流貌"라 함.
【檜】나무 이름. 〈諺解〉物名에 "檜:젓"이라 함. 〈毛傳〉에 "檜, 柏葉松身"이라 하였고, 〈集傳〉에 "檜, 木名, 似柏"이라 함.
【楫】櫓. 〈集傳〉에 "楫, 所以行舟也"라 하였고, 〈毛傳〉에는 "楫, 所以櫂舟也. 舟楫相配得水, 而行男女相配得禮而備"라 하였고, 〈鄭箋〉에는 "此傷己今不得夫婦之禮"라 함.

【松】〈諺解〉物名에 "松:솔"이라 함.

【出遊】〈毛傳〉에 "出遊, 思鄕衛之道"라
하였고, 〈鄭箋〉에는 "適異國而不見答,
其除此憂, 維有歸耳"라 함.

【言】語助詞. 그러나 '我', '以', '而', '用'
등의 뜻을 가지고 있음.

【寫】除去함. 瀉와 같음. 씻어 없앰. 해
소시킴. 이 역시 과거를 회상한 것으
로 보아 '그 때는 수레타고 출유하여,
내 시름을 씻기도 하였지!'로 풀이할
수도 있음. 이 구절은 〈泉水〉(039)의 마
지막 장에도 있으나 상황이 다른 것
으로 보임.

＊〈集傳〉에 "○與〈泉水〉之卒章, 同意"라
함.

참고 및 관련 자료

1. 孔穎達 〈正義〉

此時宣公之世, 宣父, 莊兄桓. 此言父母已終, 未知何君之女也. 言嫁於諸侯, 必爲
夫人, 亦不知所適何國. 蓋時簡札不記, 故序不斥言也. 四章皆思歸寧之事.

2. 鄭玄 〈箋〉

〈正義〉曰:「以此衛女思歸, 雖非禮而思之至極也.」君子善其思, 故錄之也.

060(衛-6) 환란(芄蘭)

*〈芄蘭〉: 박주가리. 〈諺解〉物名에는 "芄蘭: 새박"이라 함. 疊韻連綿語의 草名.
'羅摩'라고도 하며 속칭 '婆婆針綫包'(할머니반짇고리)라 함. 羅摩科 蔓性多年生草
本植物. 그 줄기는 다른 물건을 감고 오르며, 줄기를 자르면 흰 즙이 나옴. 그 열
매는 엄지손가락 크기로 '觿'(뿔송곳) 모습이며 그 안에는 흰 털을 가진 扁形의
씨앗이 가득 들어 있음.
*이 시는 惠公의 실정을 비판한 것이라 하나 〈集傳〉에 "此詩不知所謂不敢強解"
라 하여 억지로 해석할 수 없다 하였음.

〈序〉: 〈芄蘭〉, 刺惠公也. 驕而無禮, 大夫刺之.

〈환란〉은 혜공을 비난한 것이다. 교만하며 무례하여 대부들이 비난한
것이다.

〈箋〉: 惠公, 以幼童卽位. 自謂有才能, 而驕慢於大臣, 但習威儀, 不知爲政以
禮.

※惠公: 衛 惠公(朔). 宣公의 아들로 어려서 임금에 올랐으나 무도하게 굴어 黔牟
에게 쫓겨났다가 齊나라의 도움으로 다시 임금 자리에 오른 인물.《史記》衛康
叔世家 및 〈牆有茨〉(046), 〈定之方中〉(050) 등을 참조할 것.

*전체 2장. 매 장 6구씩(芄蘭: 二章. 章六句).

(1) 興
芄蘭之支! 童子佩觿.
芄蘭(환란)의 支여! 童子ㅣ 觿(휴)를 佩ᄒ얏도다.
박주가리 가지여! 어린 녀석이 뿔송곳을 찼구나.

雖則佩觿, 能不我知.
비록 觿를 佩ᄒ나, 能히 내게 知티 몯ᄒ도다.

비록 뿔송곳은 차고 있어도, 능히 자기 자신도 알지 못하지.

容兮遂兮, 垂帶悸兮!

容ᄒᆞ며 遂ᄒᆞ니, 垂혼 帶ㅣ 悸(계)ᄒᆞ도다!

느슨하고 축 늘어진 게, 허리띠조차 늘어뜨려 덜렁거리네!

【芄蘭】박주가리. 〈毛傳〉에 "芄蘭, 草也. 君子之德, 當柔潤温良"이라 하였고, 〈鄭
  箋〉에는 "芄蘭柔弱, 恒蔓延於地, 有所依緣, 則起興者. 喻幼穉之君, 任用大臣, 乃
  能成其政"이라 함. 〈集傳〉에는 "芄蘭, 草. 一名蘿摩, 蔓生. 斷之有白汁, 可啖"이라
  함.
【支】'枝'와 같음. 〈集傳〉에 "支, 枝同"이라 함.
【觿】象骨로 만든 송곳. 실이나 끈의 매듭을 푸는 데 쓰임. 〈毛傳〉에 "觿, 所以解
  結成人之佩也. 人君治成人之事, 雖童子猶佩觿, 早成其德"이라 하였고, 〈集傳〉에
  는 "觿, 錐也, 以象骨爲之. 所以解結成人之佩, 非童子之節也"라 하여 어린 아이
  가 차는 물건은 아니라 하였음.
【能不我知】'知'는 智와 같음. 〈毛傳〉에 "不自謂無知, 以驕慢人也"라 하였고, 〈鄭
  箋〉에는 "此幼穉之君, 雖佩觿與其才能, 實不如我衆臣之所知爲也. 惠公自謂有才
  能而驕慢, 所以見刺"라 함. 〈集傳〉에는 "知, 猶智也. 言其才能, 不足以知於我也"
  라 하여, 자기 자신을 알지 못하는 것이라 하였음.
【容兮遂兮】〈集傳〉에 "容·遂, 舒緩放肆之貌"라 하였음. '遂'는 墜의 뜻.
【悸】허리띠가 아래로 늘어뜨려져 덜렁거림. 옷매무새도 제대로 못함을 뜻함.
  〈集傳〉에 "悸, 帶下垂之貌"라 함. 〈毛傳〉에 "容儀可觀, 佩玉遂遂然; 垂其紳帶悸
  悸然, 有節度"라 하였으나, 〈鄭箋〉에는 "容, 容刀也; 遂, 瑞也. 言「惠公佩容刀與瑞,
  及垂紳帶三尺, 則悸悸然, 行止有節度, 然其德不稱服.」"이라 함.

(2) 興

芄蘭之葉! 童子佩韘.

芄蘭의 葉이여! 童子ㅣ 韘(섭)을 佩ᄒᆞ얏도다.

박주가리 잎새(줄기)여! 어린 녀석이 활깍지를 차고 있구나.

雖則佩韘, 能不我甲.

비록 韘을 佩ᄒᆞ나, 能히 내게 甲디 몯ᄒᆞ도다.

비록 활깍지를 차고 있다 해도, 능히 나의 활과 친숙함만 못하지.

容兮遂兮, 垂帶悸兮!

容ᄒᆞ며 遂ᄒᆞ니, 垂ᄒᆞᆫ 帶ㅣ 悸(계)ᄒᆞ도다!

느슨하고 축 늘어진 게, 허리띠조차 늘어뜨려져 덜렁거리네!

【葉】〈鄭箋〉에 "葉, 猶支也"라 함.
【韘】활깍지(玦, 決). 활을 쏠 때 오른손 大指에 끼는 것. 象牙로 만듦. 〈毛傳〉에
"韘, 玦也. 能射御, 則帶韘"이라 하였고, 〈鄭箋〉에는 "韘之言沓. 所以弸沓手指"라
함. 〈集傳〉에는 "韘, 決也, 以象骨爲之, 著右手大指, 所以鉤弦闓體. 鄭氏曰「沓也」.
卽〈大射〉所謂'朱極三'是也. 以朱韋爲之, 用以弸沓右手, 食指, 將指無名指也"라
함.
【甲】〈集傳〉에 "甲, 長也. 言其才能不足以長於我也"라 하였으나, 〈毛傳〉에는 "甲,
狎也"라 하여 '친압', 즉 활쏘기 연습을 많이 하여 활과 친숙함을 뜻하는 것이
라 하였음. 한편 〈鄭箋〉에도 "此君雖佩韘, 與其才能, 實不如我衆臣之所狎習"이
라 함.

참고 및 관련 자료

1. 孔穎達〈正義〉
毛以爲君子當柔潤溫良, 自謂無知. 今而不然, 是爲驕慢. 故二章章首一句, 及第
四句是也. 下二句言有威儀, 是無禮也.
2. 朱熹〈集傳〉
〈芄蘭〉, 二章, 章六句:
此詩不知所謂不敢強解.

061(衛-7) 하광(河廣)

*〈河廣〉: 河水(黃河)가 넓음.
*이 시는 宋 襄公의 어머니(宋 桓公의 부인)가 폐출되어 衛나라에 와 있다가 아들이 임금이 되자 송나라에 가고 싶었으나 뜻을 이룰 수 없어 지은 것이라 함.

〈序〉: 〈河廣〉, 宋襄公母歸于衛, 思而不止, 故作是詩也.

　〈하광〉은 송 양공의 어머니가 위나라로 돌아가, 그리움을 그치지 못하여, 그 까닭으로 이 시를 지은 것이다.

　〈箋〉: 宋桓公夫人, 衛文公之妹, 生襄公而出, 襄公卽位, 夫人思宋, 義不可往, 故作詩以自止.

※宋 襄公: 春秋五霸의 하나. 이름은 玆甫(玆父). 宋 桓公(御說)의 뒤를 이어 B.C.650−B.C.637년까지 14년간 재위하였으며, 齊 桓公이 죽자 패자를 자처하고 나섰으나 楚 成王이 반대하여 그와 泓水之戰에서 유명한 '宋襄之仁'의 고사를 낳고 패하여 霸者의 지위를 잃음. 한편 일찍이 衛나라 公子 頑이 宣姜과 淫烝하여 齊子, 戴公, 文公(燬), 宋桓夫人, 許穆夫人 등 다섯을 낳았는데, 그 중 宋桓夫人이 宋 桓公의 부인이 되어 아들 玆甫를 낳았으나 폐출되어 衛나라에 와 있었음. 그런데 뒤에 자보가 자라서 임금(襄公)이 되자, 임금이 된 아들을 보고 싶어 宋나라에 가고자 하였으나 갈 수 없었음. 《史記》宋微子世家에 "(宋桓公)二十三年, 迎衛公子燬於齊, 立之, 是爲衛文公. 文公女弟爲桓公夫人. 秦穆公卽位. 三十年, 桓公病, 太子玆甫讓其庶兄目夷爲嗣. 桓公義太子意, 竟不聽. 三十一年春, 桓公卒, 太子玆甫立, 是爲襄公. 以其庶兄目夷爲相"이라 함. 〈牆有茨〉(046), 〈定之方中〉(050), 《史記》宋微子世家 등을 참조할 것.

*전체 2장. 매 장 4구씩(河廣: 二章. 章四句).

(1) 賦
誰謂河廣? 一葦杭之.

　뉘 닐오딕 河ㅣ 넙다 ᄒᆞᄂᆞᆫ고? 흔 葦(위)로 杭(항)ᄒᆞ리로다.

누가 말했나, 황하가 넓다고? 갈대 하나로 건널 수 있는데.

誰謂宋遠? 跂予望之.

뉘 닐오딕 宋이 머다 ᄒᆞ᷆ᄂ고? 跂(기)ᄒᆞ야 내 望ᄒᆞ리로다.

누가 말했나, 송나라가 멀다고? 발돋음하면 내가 볼 수 있는데.

【河】黃河. 河水. 衛나라는 戴公 이전에는 朝歌를 도읍으로 하여 宋나라와는 黃
　河를 사이에 두고 있었음.
【葦】갈대. 蘆葦. 〈諺解〉物名에 "葦:ᄀᆞᆯ"이라 함. 〈集傳〉에 "葦, 蒹葭之屬"이라 함.
【杭】건넘. 〈毛傳〉에 "杭, 渡也"라 하였고, 〈鄭箋〉에는 "誰謂河水廣與? 一葦加之,
　則可以渡之喻狹也. 今我之不渡, 直自不往耳. 非爲其廣"이라 함. 〈集傳〉에는 "杭,
　度也. 衛在河北, 宋在河南"이라 함.
【跂予望之】'跂'는 발돋음함. '予'는 我와 같음. 〈鄭箋〉에 "予, 我也. 誰謂宋國遠與?
　我跂足則可以望見之. 亦喻近也. 今我之不往, 直以義不往耳. 非爲其遠"이라 함.
　그러나 馬瑞辰 〈通釋〉에는 "〈正義〉言一葦者, 謂一束也. 一葦杭之, 蓋謂一葦之長,
　可比方之, 甚言河之狹也. 下章曾'不容刀', 亦謂河之狹不足容刀, 非謂乘刀而渡, 則
　上不乘葦而渡, 明矣"라 하여 '杭'은 '渡'의 뜻이 아니며, 아래의 '不容刀' 역시 '칼
　을 용납하지 못할 정도로 좁다'의 뜻으로 보았음.
＊〈集傳〉에 "○宣姜之女, 爲宋桓公夫人, 生襄公而出, 歸于衛. 襄公卽位, 夫人思之,
　而義不可往. 蓋嗣君承父之重與祖爲體, 母出與廟, 絶不可以私反, 故作此詩. 言
　「誰謂河廣乎? 但以一葦加之. 則可以渡矣; 誰謂宋國遠乎? 但一跂足而望, 則可以
　見矣. 明非宋遠而不可至也. 乃義不可而不得往耳.」라 함.

(2) 賦
誰謂河廣? 曾不容刀.

뉘 닐오딕 河ㅣ 넙다 ᄒᆞ᷆ᄂ고? 일즉 刀도 容티 몯ᄒᆞ리로다.

누가 말했나, 황하가 넓다고? 작은 배 하나도 용납할 수 없는 곳인데.

誰謂宋遠? 曾不崇朝.

뉘 닐오딕 宋이 머다 ᄒᆞ᷆ᄂ고? 일즉 아ᄎᆞᆷ도 뭇디 몯ᄒᆞ리로다.

누가 말했나, 송나라가 멀다고? 일찍이 아침을 마치기도 전에 닿을 곳
인데.

【刀】작은 배. 〈音義〉에 "《字書》作舠"라 함. 〈集傳〉에 "小船曰刀. '不容刀', 言小也"라 함. 〈鄭箋〉에 "不容刀, 亦喻狹. 小船曰刀"라 함.

【崇】終의 뜻. 〈集傳〉에 "崇, 終也. 行'不終朝'而至言近也"라 함. 〈鄭箋〉에는 "崇, 終也. 行不崇朝, 亦喻近"이라 함.

참고 및 관련 자료

1. 孔穎達 〈正義〉

作〈河廣〉詩者, 宋襄公母, 本爲夫所出而歸於衛, 及襄公卽位, 思欲嚮宋而不能止, 以義不可往, 故作〈河廣〉之詩, 以自止也.

2. 朱熹 〈集傳〉

〈河廣〉, 二章, 章四句:

范氏(范祖禹)曰:「夫人之不往, 義也. 天下豈有無母之人歟! 有千乘之國, 而不得養其母, 則人之不幸也. 爲襄公者, 將若之何生, 則致其孝, 沒則盡其禮而已. 衛有婦人之詩, 自共姜至於襄公之母, 六人焉皆. 止於禮義而不敢過也. 夫以衛之政教淫僻, 風俗傷敗, 然而女子乃有知禮, 而畏義如此者, 則以先王之化, 猶有存焉故也.

062(衛-8) 백혜(伯兮)

＊〈伯兮〉: '伯'은 남편을 부르는 호칭.
＊이 시는 衛 宣公(姬晉)이 王의 명을 대신하여 자신의 衛나라와 蔡나라, 衛나라, 陳나라 장정들을 이끌고 鄭나라를 정벌하러 가서 그 앞 몰이가 되어 고생하면서 기간이 지나도 돌아오지 못하자 아내가 돌아오기를 고대함을 읊은 것이라함. 당시 왕은 東周 桓王(姬林: B.C.719~B.C.697년까지 23년간 재위함)이었음. 〈擊鼓〉편(031)을 참고할 것.

〈序〉: 〈伯兮〉, 刺時也. 言君子行役, 爲王前驅, 過時而不反焉.

〈백혜〉는 당시 시속을 비판한 것이다. 군자가 勞役에 나가 왕의 前驅가 되어 기간이 넘도록 돌아오지 못함을 말한 것이다.

〈箋〉: 衛宣公之時, 蔡人·衛人·陳人, 從王伐鄭伯也. 爲王前驅久, 故家人思之.

＊전체 4장. 매 장 4구씩(伯兮: 四章. 章四句).

(1) 賦
伯兮朅兮! 邦之桀兮!

伯(빅)이 朅(걸)ᄒ니, 邦읫 桀이로다!

내 남편 그대는 씩씩하여, 나라의 걸출한 인물!

伯也執殳, 爲王前驅.

伯이 殳(슈)를 자바, 王을 위ᄒ야 前驅ᄒ놋다.

내 남편 그대 긴 창 잡고, 왕을 위해 앞장을 섰네.

【伯】남편에 대한 호칭. 〈集傳〉에 "伯, 婦人目其夫之字也"라 함. 그러나 〈毛傳〉에

는 "伯, 州伯也"라 하여 州의 우두머리로 보았고, 〈鄭箋〉에는 "伯, 君子字也"라
함.

【朅】씩씩한 모습. 〈毛傳〉과 〈集傳〉에 "朅, 武貌"라 함.

【桀】'傑'과 같음. 뛰어남. 〈毛傳〉에 "桀, 特立也"라 하였고, 〈鄭箋〉에는 "桀, 英桀,
言賢也"라 함. 〈集傳〉에 "桀, 才過人也"라 함.

【殳】무기의 일종. 〈毛傳〉과 〈集傳〉에 "殳, 長丈二而無刃"이라 함. 〈鄭箋〉에는 "兵
車六等: 軫也, 戈也, 人也, 殳也, 車戟也, 酋矛也. 皆以四尺爲爲差"라 함.

【前驅】先驅, 앞장서는 사람. 앞몰이 역할을 하는 자.

＊〈集傳〉에 "○婦人以夫久從征役而作是詩, 言「其君子之才之美如是, 今方執殳, 而
爲王前驅也.」"라 함.

(2) 賦

自伯之東, 首如飛蓬.

伯이 東홈으로부터, 머리 ᄂᆞᆫ 蓬(봉)ᄀᆞᆮ토라.

그대 동으로 떠나신 후, 내 머리는 쑥대처럼 되었네.

豈無膏沐, 誰適爲容?

엇디 膏(고)ㅣ며 沐이 업스리오마ᄂᆞᆫ, 누를 適ᄒᆞ야 容을 ᄒᆞ리오?

어찌 머릿기름이 없겠소만은, 누구를 위해 예쁘게 꾸미겠소?

【之東】'之'는 '가다'의 實辭.

【飛蓬】바람에 날리는 다북쑥. 蓬髮한 머리 모습을 형용함. 부인은 남편이 없을
때에는 꾸미지 않음. 〈毛傳〉에는 "婦人, 夫不在, 無容飾"이라 하였고, 〈集傳〉에
"蓬, 草名. 其華如柳絮, 聚而飛如亂髮也"라 함.

【膏沐】〈集傳〉에 "膏, 所以澤髮者; 沐, 滌首去垢也"라 함. 머릿기름.

【爲容】얼굴을 꾸밈. 화장을 함. 《戰國策》趙策(1)과 《史記》刺客列傳에 "士爲知己
者死, 女爲悅己者容"이라 함.

【適】〈毛傳〉과 〈集傳〉에 "適, 主也"라 함. 그러나 陳奐 〈傳疏〉에는 "當讀爲敵. 《說
文》:「敵, 仇也.」《爾雅》:「仇, 匹也.」"라 하여 짝으로 보았음.

＊〈集傳〉에 "○言「我髮亂如此, 非無膏沐, 可以爲容. 所以不爲者, 君子行役, 無所主
而爲之故也.」〈傳〉曰:「女爲說己容.」"이라 함.

(3) 比

其雨其雨, 杲杲出日.

그 雨과뎌 그 雨과뎌 홈애, 杲杲(고고)히 日이 出ᄒᆞ놋다.

비 오라 비 오라 했더니, 해만 쨍쨍 떠올랐다네.

願言思伯, 甘心首疾!

願ᄒᆞ야 伯을 思혼 디라, 首疾(슈질)을 ᄆᆞ음애 甘ᄒᆞ놋다!

당신 생각 그리움은, 단맛 들인 마음처럼 이어져 내 머리 지끈지끈!

【其】〈集傳〉에 "其者, 冀其將然之辭"라 함.
【杲杲】햇빛이 나서 아주 밝음. 〈毛傳〉에 "杲杲然, 日復出矣"라 하였고, 〈鄭箋〉에는 "人言「其雨其雨, 而杲杲然日復出」, 猶我言「伯且來伯且來」, 則復不來"라 함.
【言】助詞.
【甘】〈毛傳〉에 "甘, 厭也"라 하였고, 〈鄭箋〉에는 "願, 念也. 我念思伯心不能已, 如人心嗜欲所貪, 口味不能絶也. 我憂思以生首疾"이라 함.
【首疾】頭痛.
＊〈集傳〉에 "○冀其將雨, 而杲然日出, 以比望其君子之歸, 而不歸也. 是以不堪憂思之苦, 而寧甘心於首疾也"라 함.

(4) 賦

焉得諼草, 言樹之背?

엇디 諼草(훤초)를 어더, 背예 樹홀고?

어디에서 원추리를 얻어, 북당 뒷곁에 심을까?

願言思伯, 使我心痗!

願ᄒᆞ야 伯을 思혼 디라, 날로 히여곰 ᄆᆞ음이 痗(믜)케 ᄒᆞ놋다!

당신 생각 그리움은, 내 마음 병들게 하네!

【焉】場所를 포함한 疑問詞.
【諼草】원추리. 萱草, 諼草. 忘憂草. 줄기가 크고 푸른 잎에 긴 꽃대가 올라와 노

란 꽃이 피며, 여린 잎은 식용, 뿌리는 약용으로 사용함. 〈諺解〉物名에는 "諼草:넘ㄴ물"이라 함. 〈毛傳〉에 "諼, 草. 忘憂"라 하였고, 〈集傳〉에는 "諼, 忘也. 諼草, 合歡食之, 令人忘憂者"라 함. 〈音義〉에 "諼, 本又作萱. 況爰反.《說文》作藼, 云:「令人忘憂也.」或作蕿"이라 하여 훤(萱, 蕿, 藼) 등으로 표기함.

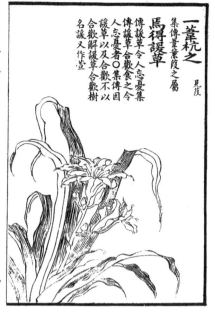

【背】〈毛傳〉과 〈集傳〉에 "背, 北堂也"라 함. 흔히 여인, 혹 어머니가 거처하는 방으로, 그 뒤뜰에 원추리를 심어, 남의 어머니를 높여 훤당(萱堂, 蕿堂, 藼堂)이라 칭함. 〈鄭箋〉에 "憂以生疾, 恐將危身, 欲忘之"라 함.

【痗】병듦. 〈毛傳〉과 〈集傳〉에 "痗, 病也"라 함. 일설에 憂鬱症, 鬱火症이라 함.

*〈集傳〉에 "○言「焉得忘憂之草, 樹之北堂以忘吾憂乎? 然終不忍忘也. 是以寧不求此草, 而但願言思伯, 雖至於心痗, 而不辭爾心痗, 則其病益深, 非特首疾而已也.」"라 함.

참고 및 관련 자료

1. 孔穎達 〈正義〉

此言過時者, 謂三月一時.《穀梁傳》伐不踰時, 故〈何草不黃〉.〈箋〉「古者, 師出不踰時, 所以厚民之性」, 是也. 此敘婦人所思之由, 經陳所思之辭, 皆由行役過時之所致.

2. 朱熹 〈集傳〉

〈伯兮〉, 四章, 章四句:

范氏曰:「居而相離, 則思;期而不至, 則憂, 此人之情也. 文王之遣戍役, 周公之勞歸士, 皆叙其室家之情, 男女之思, 以閔之. 故其民悅而忘死, 聖人能通天下之志, 是以能成天下之務. 兵者, 毒民於死者也. 孤人之子, 寡人之妻傷, 天地之和, 召水旱之災, 故聖王重之, 如不得已而行, 則告以歸期, 念其勤勞, 哀傷慘怛, 不啻在己. 是以治世之詩, 則言其君上閔恤之情;亂世之詩, 則錄其室家怨思之苦, 以爲人情不出乎此也.」

063(衛-9) 유호(有狐)

*〈有狐〉: 여우. '有'는 非指稱으로 '어떤'등의 가벼운 뜻을 나타냄.
*이 시는 衛나라 때 잦은 흉년으로 남녀들이 혼기를 놓치거나 혹 남편, 혹은
아내를 잃고도 짝을 구하지 못하는 사회의 안타까움을 읊은 것이라 하며, 혹 오
랫동안 徭役에서 돌아오지 못하는 남편을 그리워하는 내용이라고도 함.

<序>: <有狐>, 刺時也. 衛之男女失時, 喪其妃耦焉. 古者,
「國有凶荒, 則殺禮而多昏, 會男女之無夫家者, 所以育人民」
也.

〈유호〉는 당시 시속을 비판한 것이다. 위나라 남녀들은 혼인 적기를 놓
쳐 그 배우자를 얻을 수 없었다. 옛날에는 "나라에 흉년이 들면 예를 줄
이고, 흔히들 쉽게 혼인을 하여 남녀들 중 남편이나 아내가 없는 이들을
만나게 하여, 이로써 백성을 늘리고 길렀었다"라 하였다.

〈箋〉: 育, 生長也.

*전체 3장. 매 장 4구씩(有狐: 三章. 章四句).

(1) 比

有狐綏綏, 在彼淇梁.

狐(호)ㅣ 綏綏(유유)ᄒᆞ니, 뎌 淇ㅅ 梁에 잇도다.

짝을 잃고 홀로 걷는 여우, 저 기수의 어살에 있네.

心之憂矣, 之子無裳!

ᄆᆞ음의 시름 호믄, 之子ㅣ 裳이 업슬 시니라!

마음에 근심 가득, 이 사람 치마도 없기 때문!

【狐】여우. 〈集傳〉에 "狐者, 妖媚之獸"라 함. 여기서는 남성을 비유한 것이라고

도 함.

【綏綏】짝을 잃고 홀로 걷는 모습. 또는 짝을 지어 함께 가는 모습. 혹은 털이 많은 모습 등 해석이 분분함. 한편 '綏'는 〈音義〉에 "綏, 音雖"라 하여 음이 '수'이나 〈諺解〉에는 모두 '유'로 읽었음. 〈毛傳〉에 "興也. 綏綏, 匹行之貌"라 하였으나, 〈集傳〉에는 "綏綏, 獨行求匹之貌"라 함. 그런가 하면 聞一多 〈類鈔〉에는 "綏綏, 多毛貌"라 함.

【梁】어살. 魚梁. 〈毛傳〉에 "石絶水曰梁"이라 하였고, 〈集傳〉에 "石絶水曰梁, 在梁則可以裳矣"라 함. 징검다리를 뜻하기도 하며, 고기를 잡기 위해 물을 막은 어살을 가리키는 것이라고도 함.

【之子無裳】'之子'는 〈毛傳〉에 "之子, 無室家者"라 하여 남편을 잃고 짝을 구하지 못한 자. '裳'은 치마. 上衣에 상대하여 그에 짝이 됨을 비유함. 〈毛傳〉에 "在下曰裳, 所以配衣也"라 하였고, 〈鄭箋〉에 "之子, 是子也. 時婦人喪其配耦, 寡而憂. '是子無裳', 無爲作裳者, 欲予爲室家"라 함. 〈正義〉에 "以衣喩夫, 以裳帶喩妻, 宜配之也"라 하여, '衣'는 남편, '裳'과 '帶'는 처를 비유한 것이라 함.

*〈集傳〉에 "○國亂民散, 喪其妃耦, 有寡婦見鰥夫, 而欲嫁之. 故託言有狐獨行, 而憂其無裳也"라 함.

(2) 比

有狐綏綏, 在彼淇厲.

狐ㅣ 綏綏ᄒᆞ니, 뎌 淇ㅅ 厲애 잇도다.

짝을 잃고 홀로 가는 여우, 저 기수의 깊은 물가에 있네.

心之憂矣, 之子無帶!

ᄆᆞᅀᆞᆷ의 시름홈은, 之子ㅣ 帶 업슬 ᄉᆡ니라!

마음에 근심 가득, 이 사람 허리띠도 없기 때문!

【厲】〈毛傳〉에 "厲, 深可厲之者"라 하였고, 〈集傳〉에는 "厲, 深水可涉處也"라 함.
【帶】〈毛傳〉에 "帶, 所以申束衣"라 하였고, 〈集傳〉에는 "帶, 所以申束衣也. 在厲則可以帶矣"라 함.

(3) 比

有狐綏綏, 在彼淇側.

狐ㅣ 綏綏ᄒ니, 뎌 淇ㅅ 側애 잇도다.

짝을 잃고 홀로 가는 여우, 저 기수 곁에 있네.

心之憂矣, 之子無服!

ᄆᆞᄋᆞᆷ의 시름홈은, 之子ㅣ 服이 업슬 신니라!

마음에 근심 가득, 이 사람 옷 한 벌도 없기 때문!

【服】〈毛傳〉에 "言無室家, 若人無衣服"이라 하였고, 〈集傳〉에는 "濟乎水, 則可以
服矣"라 함.

참고 및 관련 자료

1. 孔穎達 〈正義〉

作〈有狐〉詩者, 刺時也. 以時君不敎民, 隨時殺禮爲昏, 至使衛之男女, 失年盛之
時爲昏, 而喪失其妃耦, 不得早爲室家. 故刺之以'古者, 國有凶荒, 則減殺其禮, 隨
時而多昏, 會男女之無夫家者, 使爲夫婦, 所以蕃育人民', 刺今不然, 男女失時, 謂失
男女年盛之時, 不得早爲室家. 至今久而無匹, 是喪其妃耦, 非先爲妃而相棄也. 與
〈氓〉序文同而義異. 《周禮》)大司徒曰:「以荒政十有二, 聚萬民十.」曰'多昏'注云:「荒,
凶年也. 多昏, 不備禮而娶昏者, 多也.」是凶荒多昏之禮也. 序意言「古者有此禮, 故
刺衛不爲之, 而使男女失時.」非謂以此詩爲陳古也. 故經皆陳喪其妃耦, 不得匹行思
爲夫婦之禮.

064(衛-10) 목과(木瓜)

*〈木瓜〉: 무목(楙木)의 과실. 〈諺解〉 物名에 "木瓜: 모과"라 하여 우리말 '모과'로
불리는 과실. 이 나무는 薔薇科 落葉灌木으로 열매는 긴 타원형의 참외와 같고,
담황색으로 짙은 향을 냄.
*이 시는 衛나라가 懿公 때 狄人에게 패망하여 漕邑에 피해 있을 때 齊 桓公이
구원해줌과 아울러 楚丘의 땅을 주어 거처하도록 하고 많은 구호품을 주었음을
고맙게 여겨 보답하겠다는 심정을 읊은 것이라 함.

<序>: <木瓜>, 美齊桓公也. 衛國有狄人之敗, 出處于漕. 齊桓公救而封之, 遺之車馬器服焉. 衛人思之, 欲厚報之, 而作是詩也.

〈목과〉는 齊 桓公을 찬미한 것이다. 衛나라가 狄人에게 패망하여 漕邑
에 쫓겨 처하였다. 그러자 제 환공이 구원하여 봉지까지 주면서 거마와
기물, 의복을 주었다. 위나라 사람들이 이를 생각하여 후하게 갚고자 하
면서 이 시를 지은 것이다.

※衛나라가 狄人에게 패망하여 漕邑에 임시 거처한 내용은 〈定之方中〉(050),
〈載馳〉(054), 〈擊鼓〉(031), 〈泉水〉(039) 등을 참조할 것.
※齊 桓公: 春秋五霸의 첫 首長. 이름은 小白. 齊나라에 난이 일어나자 鮑叔이 모
시고 莒나라로 피신, 管仲은 公子 糾를 모시고 魯나라로 피신함. 뒤에 난이 진압
되고 먼저 귀국하는 자가 왕이 될 수 있는 기회에 小白이 오는 길을 管仲 일행
이 막고 활을 쏘아 소백의 허리띠 고리에 맞추자 소백은 죽은 척 쓰러져 있다가
지름길로 귀국하여 왕위에 오름. 뒤에 포숙의 추천으로 관중을 등용하여 제나
라를 부강하게 하여 九合諸侯, 一匡天下하여 첫 패자가 됨. B.C.685-643년까지
43년간 재위함.《史記》齊太公世家를 참조할 것.

*전체 3장. 매 장 4구씩(木瓜: 三章. 章四句).

(1) 比

投我以木瓜, 報之以瓊琚.

내게 木瓜(목과)로 뻐 投홈애, 報호딕 瓊琚(경거)로 뻐 ᄒ고,

나에게 모과를 던져주기에, 예쁜 패옥 경거를 보답으로 주었지.

匪報也, 永以爲好也.

報호라 아니 홈은, 기리 뻐 好호례니라.

꼭 갚자고 함이 아니라, 길이 좋은 관계를 삼고자 함이지.

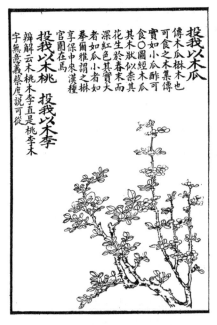

【木瓜】모과. 〈毛傳〉에 "木瓜, 楙木也. 可食之木"이라 하였고, 〈集傳〉에도 "木瓜, 楙木也. 實如小瓜, 酢可食"이라 함. 《爾雅》에 "楙, 木瓜也"라 함.

【瓊琚】아름다운 구슬을 뜻하는 雙聲連綿語. 〈毛傳〉과 〈集傳〉에 "瓊, 玉之美者; 琚, 佩玉名"이라 함.

【匪】'非'와 같은 뜻. 〈鄭箋〉에 "匪, 非也"라 함.

【爲好】서로 친하게 호감을 갖는 것. 〈鄭箋〉에 "我非敢以瓊琚爲報木瓜之惠, 欲令齊長以爲玩好, 結已國之恩也"라 함.

＊〈集傳〉에 "○言「人有贈我以微物, 我當報之以重寶, 而猶未足以爲報也. 但欲其長以爲好而不忘耳. 疑亦男女相贈答之辭, 如〈靜女〉之類"라 함.

(2) 比

投我以木桃, 報之以瓊瑤.

내게 木桃로 뻐 投홈애, 報호딕 瓊瑤(경요)로 뻐 ᄒ고,

나에게 복숭아를 던져주기에, 예쁜 구슬 경요를 보답으로 주었지.

匪報也, 永以爲好也.

報호라 아니 홈은, 기리 뻐 好호레니라.

꼭 갚자고 함이 아니라, 길이 좋은 관계를 삼고자 함이지.

【木桃】복숭아.

【瓊瑤】〈毛傳〉에 "瓊瑤, 美玉"이라 하였고, 〈集傳〉에는 "瑤, 美玉也"라 함. 아름다운 옥을 連綿語로 묶어 표현한 것.

(3) 比

投我以木李, 報之以瓊玖.

내게 木李로 뻐 投홈애, 報호듸 瓊玖(경구)로 뻐 호고,

나에게 오얏을 던져주기에, 예쁜 경구를 보답으로 주었지.

匪報也, 永以爲好也.

報호라 아니 홈은, 기리 뻐 好호레니라.

꼭 갚자고 함이 아니라, 길이 좋은 관계를 삼고자 함이지.

【木李】오얏. 자두.

【瓊玖】〈毛傳〉에 "瓊玖, 玉名"이라 하였고, 〈集傳〉에는 "玖, 亦玉名也"라 함. 역시 아름다운 옥을 連綿語로 묶어 표현한 것. 〈毛傳〉에 "孔子曰:「吾於〈木瓜〉, 見苞苴之禮行"이라 하여 《孔叢子》의 말을 인용하였고, 〈鄭箋〉에는 "以果實相遺者, 必苞苴之. 《尚書》曰:「厥苞橘柚.」"라 하여 《尚書》禹貢篇을 인용하였음.

참고 및 관련 자료

1. 孔穎達 〈正義〉

有狄之敗, 懿公時也. 至戴公, 爲宋桓公迎而立之, 出處於漕. 後卽爲齊公子無虧所救, 戴公卒, 文公立. 齊桓公又城楚丘以封之, 則戴也·文也, 皆爲齊所救而封之也. 下總言'遺之車馬器服', 則二公皆爲齊所遺. 《左傳》(閔公 2年傳):「齊侯使公子無虧, 帥車三百乘, 以戍漕(曹). 歸公乘馬祭服五稱, 牛羊豕鷄狗, 皆三百, 與門材, 歸夫人魚軒重錦三十兩.」 是遺戴公也. 《外傳(《國語》)》齊語曰:「衛人出廬於漕, 桓公城楚丘以封之. 其畜散而無育, 桓公與之繫馬三百.」是遺文公也. 繫馬, 繫於廐之馬. 言遺, 其善者也; 器服, 謂門材與祭服. 〈傳〉不言車, 文不備. 此不言羊豕鷄狗, 擧其重者. 言欲厚執之, 則時實不能報也, 心所欲耳. 經三章皆欲報之辭.

2. 《孔叢子》(上) 紀義

孔子讀詩及〈小雅〉, 喟然而嘆曰:「吾于〈周南〉·〈召南〉見周道之所以盛也. 于〈栢舟〉, 見匹夫執志之不可易也. 于〈淇澳〉, 見學之可以爲君子也. 于〈考槃〉, 見遁世之士而不悶也. 于〈木瓜〉, 見包且之禮行也. 于〈緇衣〉, 見好賢之心至也. 于〈雞鳴〉, 見古之君子不忘其敬也. 于〈伐檀〉, 見賢者之先事後食也. 于〈蟋蟀〉, 見陶唐儉德之大也. 于〈下泉〉, 見亂世之思明君也. 于〈七月〉, 見豳公之所造周也. 于〈東山〉, 見周公之先公而後私也. 于〈狼跋〉, 見周公之遠志所以爲聖也. 于〈鹿鳴〉, 見君臣之有禮也. 于〈彤弓〉, 見有功之必報也. 于〈羔羊〉, 見善政之有應也. 于〈節南山〉, 見忠臣之憂世也. 于〈蓼莪〉, 見孝子之思養也. 于〈四月〉, 見孝子之思祭也. 于〈裳裳者華〉, 見古之賢者世保其祿也. 于〈采菽〉, 見古之明王所以敬諸侯也.

3. 이상 〈衛風〉 10편에 대해 〈集傳〉에 다음과 같이 총결을 맺음.

衛國, 十篇, 三十四章, 二百三句:

張子(張載, 橫渠)曰:「衛國地濱大河, 其地土薄, 故其人氣輕浮; 其地平下, 故其人質柔弱; 其地肥饒不費耕耨, 故其人心怠惰; 其人情性如此, 則其聲音亦淫靡, 故聞其樂, 使人懈慢而有邪僻之心也.」鄭詩放此.

# 6. 왕풍王風
10편(065-074)

西周 幽王(姬宮湦)은 申나라 제후의 딸 姜씨를 妃로 맞아 宜臼를 낳아 태자로 삼았다. 그런데 褒姒를 얻어 伯服을 낳자 申后를 폐하고 포사를 왕후로 삼고, 宜臼를 폐하고 백복을 태자로 삼았다. 의구가 申나라로 피신하자, 申나라 제후 申侯는 犬戎과 연합하여 周나라 서울 鎬京을 공격, 幽王을 죽이고 보물을 가지고 가버렸다. 이에 태자 宜臼는 晉 文公과 鄭 武公의 도움으로 왕위에 올라 B.C.770년 도읍을 洛邑으로 옮겨 다시 나라를 이었다. 이가 동주 첫 임금 평왕이며 이때부터 東周가 시작된 것이다.

따라서 〈王風〉은 東都 洛邑(洛陽)을 중심으로 한 河南 지역의 노래들이다. 洛邑은 일찍이 周公이 섭정할 때 鎬京을 宗周로 하여 西都라 불렸고, 成王(姬誦)이 召公을 시켜 낙읍을 동도로 건설하여, 왕성이라 불렸던 곳이다.

그러나 天子國이면 '雅'여야 하나 諸侯國과 같은 반열의 '風'에 넣은 것은 동주는 실제 쇠미하여 天下宗主의 권위를 발휘하지 못하였기 때문이다. 이에 대해 陸德明〈音義〉에 "王城者, 周室東都王城, 畿內之地, 在豫州. 今之洛陽是也. 幽王滅, 平王東遷, 政逐微弱, 詩不能復雅. 下列稱風, 以王當國, 猶春秋稱王人"이라 하였고, 孔穎達〈正義〉에도 "〈車攻〉序云: 復會諸侯於東都, 謂王城也. 周以鎬京爲西都, 故謂王城爲東都. 王城卽洛邑"이라 하였다.

★ 역사 배경은《史記》周本紀를 참조할 것.

○ 鄭玄《毛詩譜》〈王城〉

王城者, 周東都王城, 畿內方六百里之地. 其封域, 在〈禹貢〉豫州·太華外方之間, 北得河陽漸冀州之南. 始武王作邑於鎬京, 謂之宗周, 是爲西都; 周公攝政五年, 成王在豐, 欲宅洛邑, 使召公先相宅, 旣成, 謂之王城. 是爲東都, 今河南是也. 召公旣相宅, 周公往營成周, 今洛陽是也. 成王居洛邑, 遷殷頑民於成周, 復還歸處西都.

至於夷·厲, 政敎尤衰, 十一世幽王, 嬖褒姒生伯服, 廢申后, 太子宜咎奔申. 申侯與犬戎, 攻宗周, 殺幽王於戲. 晉文侯·鄭武功, 迎宜咎于申, 而立之, 是爲平王. 以亂故徙居東都王城. 於是王室之尊, 與諸侯無異. 其詩不能復雅, 故貶之謂之王國之變風.

王城, 於是王室之尊, 與諸侯無異, 其詩不能復雅, 故貶之, 謂之王國之變風.

○ 朱熹〈集傳〉

王, 謂周東都洛邑, 王城畿內方六百里之地. 在禹貢豫州, 大華外方之間, 北得河陽漸冀州之南也. 周室之初, 文王居豐, 武王居鎬. 至成王, 周公始營洛邑, 爲時會諸侯之所以其土中, 四方來者, 道里均故也. 自是謂豐鎬爲西都, 而洛邑爲東都.

至幽王嬖褒姒生伯服, 廢申后及太子宜臼, 宜臼奔申, 申侯怒與犬戎攻宗周, 弒幽王于戲. 晉文侯·鄭武公迎宜臼于申, 而立之是爲平王, 徙居東都王城. 於是王室遂卑, 與諸侯無異. 故其詩不爲雅而爲風, 然其王號未替也. 故不曰'周'而曰'王'. 其地, 則今河南府及懷孟等州是也.

065(王-1) 서리(黍離)

*〈黍離〉: '黍'는 黍子, 黃米로도 불리며 우리말의 기장. 〈諺解〉 物名에 "셔:기장"
이라 함. '離'는 '離離'의 줄인 말로 싹이 잘 자라는 모습을 표현한 것.
*이 시는 西周 鎬京이 망해서 기장 밭으로 변한 모습을 보고 역사의 무상함을
읊은 것이라 함.

〈序〉: 〈黍離〉, 閔宗周也. 周大夫行役, 至于宗周, 過故宗
廟宮室, 盡爲禾黍. 閔周室之顚覆, 彷徨不忍去, 而作是詩也.

〈서리〉는 宗周 鎬京을 불쌍히 여긴 것이다. 주 대부들이 요역에 나가
종주에 이르러 옛날 서주시대의 종묘와 궁실을 지날 때 모두가 기장 밭
이 되어 있었다. 서주의 周室이 전복됨을 불쌍히 여겨 방황하며 차마 떠
날 수 없어 이 시를 지은 것이다.

〈箋〉: 宗周, 鎬京也, 謂之西周; 周, 王城也, 謂之東周. 幽王之亂而宗周滅, 平
王東遷, 政遂微弱, 下列於諸侯, 其詩不能復雅, 而同於國風焉.

*전체 3장. 매 장 10구씩(黍離: 三章. 章十句).

(1) 賦而興

彼黍離離, 彼稷之苗.

뎌 黍(셔)ㅣ 離離(리리)ᄒ거늘, 뎌 稷(직)이 苗(묘)ᄒ얏도다.

저 기장은 줄을 서서 잘 자라고 있고, 저 피는 싹이 나 있네.

行邁靡靡, 中心搖搖.

行邁(ᄒᆡᆼ매)호믈 靡靡(미미)히 ᄒ야, 中心애 搖搖(요요)호라.

가는 걸음 느리고 느리도다, 속마음 어디에 하소연하리.

知我者, 謂我心憂;

나를 아는 者는, 나를 닐오디 '心애 憂흔다?' 호거늘,

나를 아는 자는 내게 '근심이 왜 그리 깊으냐?'고 말하고,

不知我者, 謂我何求?

나를 아디 몯흐는 者는, 나릴 닐오디 '므어슬 求흐느뇨?' 흐느니,

나를 모르는 자는 내게 '무엇을 구하느냐?' 하네.

悠悠蒼天! 此何人哉?

悠悠흔 蒼天아! 이러케 흐니는 엇던 사람고?

아득한 저 푸른 하늘이여! 이는 누구 때문인가?

【彼】〈毛傳〉에 "彼, 彼宗廟宮室"이라 하였고, 〈鄭箋〉에 "宗廟宮室毁壞, 而其地盡
爲禾黍, 我以黍離離時至, 稷則尙苗"라 함.

【黍】메기장. 〈集傳〉에 "黍, 穀名, 苗似蘆, 高丈餘, 穗黑色, 實圓重"이라 함.

【離離】이삭이 나와 늘어진 모습. 〈集傳〉에 "離離, 垂貌"라 함. 馬瑞辰〈通釋〉에
"離離者, 狀其有行列也"라 하여, 골을
이루어 줄을 서 있는 모습이라 하였음.

【稷】피. 〈諺解〉物名에 "稷:피"라 함.
〈集傳〉에 "稷, 亦穀也. 一名穄, 似黍而
小, 或曰粟也"라 함.

【行邁】걸어감. 〈毛傳〉과 〈集傳〉에 "邁,
行也"라 하였고, 〈鄭箋〉에는 "行, 道也.
道行, 猶行道也"라 함.

【靡靡】〈毛傳〉과 〈集傳〉에 "靡靡, 猶遲
遲也"라 함.

【中心】心中.

【搖搖】〈毛傳〉에 "憂無所愬"라 하였고,
〈集傳〉에는 "搖搖, 無所定也"라 함.

【知我者】〈鄭箋〉에 "「知我者」, 知我之情"
이라 함.

【謂我何求?】〈鄭箋〉에 "「謂我何求」, 怪

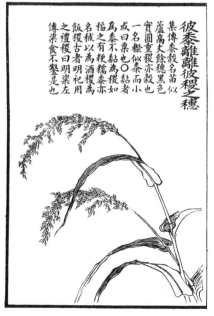

我久類不去"라 함.

【悠悠】〈毛傳〉에 "遠意"라 하였고, 〈集傳〉에는 "悠悠, 遠貌"라 함.

【蒼天】〈毛傳〉에 "蒼天, 以體言之. 尊而君之, 則稱皇天; 元氣廣大, 則稱昊天; 仁覆
閔下, 則稱旻天; 自上降鑒, 則稱上天. 據遠視之, 蒼蒼然, 則稱蒼天"이라 함. 〈集
傳〉에는 "蒼天者, 據遠而視之, 蒼蒼然也"라 함.

【此何人哉】이렇게 망하게 한 그 사람은 누구인가의 뜻. 〈鄭箋〉에는 "遠乎蒼天仰
愬, 欲其察己言也. 此亡國之君, 何等人哉! 疾之甚"이라 함. 嚴粲은 "致此顚覆者,
是何人乎?"라 함.

＊〈集傳〉에 "○周既東遷, 大夫行役至于宗周, 過故宗廟宮室, 盡爲禾黍, 閔周室之
顚覆, 傍徨不忍去, 故賦其所見黍之離離, 與稷之苗以興. 行之靡靡, 心之搖搖, 旣
歎時人莫識己意. 又傷所以致此者, 果何人哉! 追怨之深也"라 함.

(2) 賦而興

彼黍離離, 彼稷之穗.

뎌 黍ㅣ 離離ᄒ거늘, 뎌 稷이 穗(슈)ᄒ얏도다.

저 기장은 줄을 서서 잘 자라고 있고, 저 피는 이삭이 나 있네.

行邁靡靡, 中心如醉.

行邁호믈 靡靡히 ᄒ야, 中心애 醉ᄒᆫ 듯호라.

가는 걸음 느리고 느리도다, 속마음은 마치 근심에 취한 듯하네.

知我者, 謂我心憂;

나를 아는 者는, 나를 닐오듸 '心애 憂ᄒ다?' ᄒ거늘,

나를 아는 자는, 내게 '마음에 어찌 근심하는가?' 하고,

不知我者, 謂我何求?

나를 아디 몯ᄒ는 者는, 나를 닐오듸 '므어슬 求ᄒᄂ뇨?' ᄒᄂ니,

나를 모르는 자는, 내게 '무엇을 찾느냐?'고 하네.

悠悠蒼天! 此何人哉?

悠悠ᄒ 蒼天아! 이러케 ᄒ니는 엇던 사름고?

아득한 저 푸른 하늘이여! 이는 누구 때문인가?

【穗】이삭. 〈毛傳〉에 "穗, 秀也. 詩人自黍離離, 見稷之穗, 故歷道其所更見"이라 함.
〈集傳〉에는 "穗, 秀也"라 함.
【如醉】〈毛傳〉에 "醉於憂也"라 하였고, 〈集傳〉에는 "稷穗下垂, 如心之醉, 故以起興"이라 함.

(3) 賦而興
彼黍離離, 彼稷之實.
뎌 黍ㅣ 離離ᄒ거늘, 뎌 稷이 實ᄒ얏도다.
저 기장은 줄을 서서 잘 자라고 있고, 저 피는 이삭이 맺혀 있네.

行邁靡靡, 中心如噎.
行邁호믈 靡靡히 ᄒ야, 中心애 噎(일)ᄒᆫ ᄃᆞᆺᄒ요라.
가는 걸음 느리고 느리도다, 속마음은 마치 목메어 숨도 못 쉴 듯.

知我者, 謂我心憂;
나를 아는 者는, 나를 닐오디 '心애 憂ᄒᆫ다?' ᄒ거늘,
나를 아는 자는, 나에게 '쓸데없는 근심하느냐?' 하고,

不知我者, 謂我何求?
나를 아디 몯ᄒᆞᄂᆞᆫ 者는, 나를 닐오디 '므어슬 求ᄒᆞᄂᆞ뇨?' ᄒᆞᄂᆞ니,
나를 모르는 자는, 나에게 '무엇을 찾느냐?'고 하네.

悠悠蒼天! 此何人哉?
悠悠ᄒᆫ 蒼天아! 이러케 ᄒᆞᄂᆞᆫ 엇던 사름고?
아득한 저 푸른 하늘이여! 이는 누구 때문인가?

【彼黍離離, 彼稷之實】〈毛傳〉에 "自黍離離, 見稷之實"이라 함.
【噎】목이 메임. 근심하여 숨을 쉴 수 없음. 〈毛傳〉에 "噎, 憂不能息也"라 하였고,
〈集傳〉에는 "噎, 憂深不能喘息, 如噎之然. 稷之實如心之噎, 故以起興"이라 함.
〈正義〉에는 "噎者, 咽喉蔽塞之名, 而言中心如噎, 故知憂深不能喘息, 如噎之然"
이라 함.

1. 孔穎達〈正義〉

作〈黍離〉詩者, 言閔宗周也. 周之大夫行從征役, 至於宗周鎬京, 過歷故時宗廟宮室, 其地民皆墾耕, 盡爲禾黍, 以先王宮室忽爲平田. 於是大夫閔傷周室之顚墜覆敗, 彷徨省視不忍速去, 而作黍離之詩, 以閔之也. 言'過故宗廟', 則是有所適因過舊墟, 非故詣宗周也. '周室顚覆', 正謂幽王之亂, 王室覆滅, 致使東遷洛邑, 喪其舊都, 雖作在平王之時, 而志恨幽王之敗. 但主傷宮室生黍稷, 非是追刺幽王, 故爲平王詩耳. 又宗周喪滅, 非平王之咎, 故不刺平王也. '彷徨不忍去', 敘其作詩之意, 未必卽在宗周而作也. 言宗'周宮室盡爲禾黍'章, 首上二句是也. '閔周顚覆彷徨不忍去', 三章下八句是也. 言'周大夫行役至於宗周', 敘其所傷之由, 於經無所當也.〈正義〉曰: 鄭先爲箋而復作《譜》, 故此箋與《譜》大同.〈周語〉云:「幽王三, 年西周三川皆震.」是鎬京, 謂之西周. 卽知王城, 謂之東周也.《論語》〈陽貨〉:「孔子曰:"如有用我者, 吾其爲東周乎!" 注云:「據時東周, 則謂成周.」爲東周者, 以敬王去王城, 而遷於成周, 自是以後, 謂王城爲西周, 成周爲東周. 故昭二十二年, 王子猛入于王城.《公羊傳》曰:「王城者何? 西周也. 二十六年, 天王入于成周.」《公羊傳》曰:「成周者何? 東周也. 孔子設言之, 時在敬王居成周之. 後且意取周公之敎, 頑民, 故知其爲東周, 據時成周也.」此在敬王之前, 王城與鎬京相對, 故言王城謂之東周也.〈周本紀〉云:「平王東徙洛邑, 避戎寇.」平王之時, 周室微弱, 諸侯以強并弱. 齊楚秦晉, 始大, 政由方伯. 是平王東遷, 政遂微弱.《論語》注云:「平王東遷, 政始微弱者. 始者, 從下本上之辭; 遂者, 從上嚮下之稱. 彼言十世, 希不失矣. 據末而本初, 故言始也.」此言天子當爲雅, 從是作風, 據盛以及衰, 故言遂也. 下列於諸侯, 謂化之所及, 繞行境內政敎, 不加於諸侯, 與諸侯齊其列位, 故其詩不能復, 更作〈大雅〉·〈小雅〉, 而與諸侯同爲〈國風〉焉.

2. 朱熹〈集傳〉

〈黍離〉, 三章, 章十句:

元城劉氏曰:「常人之情, 於憂樂之事, 初遇之則其心變焉. 次遇之則其變少衰, 三遇之則其心如常矣. 至於君子忠厚之情, 則不然. 其行役徃來, 固非一見也. 初見稷之苗矣, 又見稷之穗矣, 又見稷之實矣, 而所感之心, 終始如一, 不少變而愈深. 此則詩人之意也.」

066(王-2) 군자우역(君子于役)

*〈君子于役〉: '君子'는 남편. 요역에 나가 있는 남편을 뜻함.
*이 시는 남편이 멀리 役事에 동원되어 돌아오지 않아, 이에 그 부인이 그리움을 읊은 것이며, 특히 동주가 들어서서 平王이 많은 요역을 부과한 것으로 보고 있음.

〈序〉: 〈君子于役〉, 刺平王也. 君子行役無期度, 大夫思其危難以風焉.

〈군자우역〉은 평왕을 비난한 것이다. 군자가 요역에 동원되어 기한과 한도가 없자, 대부들이 그 위난을 생각하여 풍자한 것이다.

※平王: 東周의 첫 임금. 姬宜臼. B.C.770−B.C.720년까지 51년간 재위함. 西周 末王 幽王(姬宮湼)이 申后 사이에 나서 태자에 올랐으나, 유왕이 褒姒에 빠져 신후와 의구를 폐하자 신후의 조국 申侯가 犬戎을 이끌고 周나라를 공격, 결국 西周(鎬京)가 망하자 대신들이 의구를 옹립하여 東都 洛邑(洛陽)으로 東遷한 다음 주왕실을 잇게 되며, 이때부터를 東周라 하며, 그 전반기가 春秋, 후반기 秦의 통일 때까지가 戰國시대가 됨.

*전체 2장. 매 장 8구씩(君子于役: 二章. 章八句).

(1) 賦

君子于役, 不知其期, 曷至哉?

君子의 役(역)홈이여! 그 期를 아디 몯ᄒ리로소니, 어듸 至ᄒ얀는고?
행역에 나가신 임, 기약도 없으시네, 언제나 오시려나?

雞棲于塒, 日之夕矣, 羊牛下來.

雞ㅣ 塒(시)애 棲ᄒ며, 日이 夕흔 디라, 羊과 牛ㅣ 下來ᄒ노소니,
닭은 닭장 안에서 자고, 해는 저물어, 소와 양도 집 찾아 내려오는데.

君子于役, 如之何勿思?

君子의 役홈이여! 엇디 思티 아니ᄒ리오?

행역에 나가신 임, 어찌 그리워하지 않을 수 있겠소?

【君子】婦人이 남편을 지목하여 부르는 말. 〈集傳〉에 "君子, 婦人目其夫之辭"라 함.

【役】役事, 行役, 徭役, 軍役, 賦役, 戍役 등에 동원되어 멀리 나가 있음.

【其期】그 돌아올 時期.

【曷】언제. 의문사. 〈鄭箋〉에 "曷, 何也. 君子于往行役, 我不知其反期, 何時當來至哉! 思之甚"이라 함.

【雞】'鷄'로도 표기하며, 닭. 〈諺解〉物名에 "雞:ᄃᆰ"이라 함.

【塒】닭의 우리. 닭장. 〈毛傳〉에 "鑿牆而棲曰塒"라 하였고, 〈集傳〉에 "鑿牆而棲曰塒, 日夕則羊先歸, 而牛次之"라 함. 〈鄭箋〉에 "雞之將棲, 日則夕矣. 羊牛從下牧地而來. 言畜産出入, 尙使有期節, 至於行役者, 乃反不也"라 함.

【牛】〈諺解〉物名에 "牛:쇼"라 함.

【如之何】如何를 강조한 말.

【勿思】생각하지 않는 것, 곧 그리워하지 않는 것. 〈鄭箋〉에 "行役多危難, 我誠思之"라 함.

*〈集傳〉에 "○大夫久役于外, 其室家思而賦之, 曰『君子行役, 不知其反還之期. 且今亦何所至哉? 雞則棲于塒矣, 日則夕矣牛羊, 則下來矣. 是則畜產出入, 尙有旦暮之節, 而行役之君子, 乃無休息之時, 使我如何而不思也哉?』"라 함.

(2) 賦

君子于役, 不日不月, 曷其有佸?

君子의 役홈이여! 日로 몯ᄒ며 月로 몯ᄒ리로소니, 언제 그 佸(활)홀고?

행역에 나가신 임, 날짜로도 못 세고 달로도 못 세는데, 언제 그와 만나려나?

雞棲于桀, 日之夕矣, 羊牛下括.

雞ㅣ 桀애 棲(셔)ᄒ며, 日이 夕ᄒᆫ 디라, 牛와 羊이 下ᄒ야 括(괄)ᄒ노소니,

닭은 횃대에 올라 자고, 해는 저물어, 소와 양도 내려 다들 이르렀네.

君子于役, 苟無飢渴?

君子의 役홈이여! 또 飢渴(긔갈)이나 업슬 디어다.

행역에 나가신 임, 게다가 목마르고 주림에 시달리지는 않으시는지?

【不日不月】남편이 行役에 간 지가 너무 오래 되어 日月로써 헤아릴 수 없음.

【佸】만남. 〈音義〉에 "佸, 戶括反"이라 하여 '활'로 읽음. 〈毛傳〉에 "佸, 會也"라 하였고, 〈集傳〉에도 "佸, 會"라 함. 〈鄭箋〉에 "行役反無日, 何時而有來會期?"라 함.

【桀】닭장에 있는 횃대. '榤'의 假借字. 〈毛傳〉에 "雞棲于杙爲桀"이라 하였고, 〈集傳〉에는 "桀, 杙"라 함.

【下括】앞의 下來와 같은 뜻. 〈毛傳〉에 "括, 至也"라 하였으나, 〈集傳〉에는 〈集傳〉에 "括, 至苟且也"라 함.

【苟】최소한의 希望을 강하게 나타내는 助詞. 〈鄭箋〉에 "苟, 且也. 且得無飢渴? 憂其飢渴也"라 함.

*〈集傳〉에 "○君子行役之久, 不可計以日月, 而又不知其何時可以來會也. 亦庶幾其免於飢渴而已矣. 此憂之深而思之切也"라 함.

1. 孔穎達 〈正義〉

大夫思其危難, 謂在家之大夫思君子, 僚友在外之危難. '君子行役無期度', 二章上 六句是也. '思其危難', 下二句是也.

067(王-3) 군자양양(君子陽陽)

*〈君子陽陽〉: 군자가 득의양양한 모습. 여기서의 '君子'는 벼슬하는 이를 가리킴.
*이 시는 군자를 자처하면서 東周 당시가 난세라는 이유로 서로 불러 녹을 먹는 벼슬을 하면서 자신의 안전만 추구할 뿐, 도를 실행할 의지는 없고 그저 관직에 있음을 즐길 뿐인 모습을 슬퍼하여 읊은 것이라 함. 그러나 朱熹는 제 1장은 행역에서 돌아온 남편을 만난 부인이 즐거워 부른 노래가 아닌가 하였음.

<序>: <君子陽陽>, 閔周也. 君子遭亂, 相招爲祿仕, 全身遠害而已.

〈군자양양〉은 주나라를 불쌍히 여긴 것이다. 군자라면서 난세를 만나자 서로 초빙하여 녹을 받는 벼슬을 하면서, 자신의 몸이나 온전히 하고 해를 멀리할 뿐이었다.

〈箋〉: 祿仕者, 苟得祿而已, 不求道行.

*전체 2장. 매 장 4구씩(君子陽陽: 二章. 章四句).

(1) 賦
君子陽陽, 左執簧,

君子ㅣ 陽陽ᄒᆞ야, 左의 簧(황)을 執ᄒᆞ고,

군자라면서 거들먹거리면서, 왼손에 생황을 잡고,

右招我由房, 其樂只且!

右로 나ᄅᆞᆯ 招ᄒᆞ되 房으로 조차 ᄒᆞᄂᆞ니, 그 樂(락)홉도다!

오른 손으로 나를 방으로 불러, 관직을 차지한 것만 즐기면 된다하네!

【陽陽】揚揚과 통함. 得志한 모습. 거들먹거리며 위세만 부릴 뿐 의지는 없음을
뜻함. 〈毛傳〉에 "陽陽, 無所用其心也"라 하였고, 〈集傳〉에 "陽陽, 得志之貌"라
함. 그러나 馬瑞辰 〈通釋〉에는 "陽與養古同聲,《爾雅》:「養, 樂也.」陽陽亦樂意"라
함.

【左】左手.

【簧】笙簧. 〈毛傳〉에 "簧, 笙也"라 하였고, 〈集傳〉에 "簧, 笙竽, 管中金葉也. 蓋
笙竽, 皆以竹管, 植於匏中, 而竅其管底之側, 以薄金葉障之, 吹則鼓之而出聲, 所
謂簧也. 故笙竽皆謂之簧. 笙十三簧, 或十九簧, 竽三十六簧也"라 함.

【由房】'由'는 自, 從과 같음. '~로부터'의 뜻. 그러나 〈毛傳〉에는 "由, 用也"라 하였
으나, 〈鄭箋〉에는 "由, 從也"라 함. '房'은 東方, 居室. 〈集傳〉에 "由, 從也;房, 東房
也"라 함. 〈毛傳〉에는 "國君有房中之樂"이라 하였고, 〈鄭箋〉에는 "君子祿仕在樂
官, 左手持笙, 右手招我, 欲使我從之於房中, 俱在樂官也. 我者, 君子之友自謂也.
時在位有官職也"라 함. 그러나 馬瑞辰 〈通釋〉에는 "由·游, 古同聲通用. 由敖, 猶
游遨也. 由房與游遨, 亦當同義. 蓋謂相招爲游戲耳. ……房與放, 古音亦相近, 由
房當讀爲游放"이라 함.

【只且】助詞. '且'는 '저'(音疽)로 읽음. 〈集傳〉에 "只且, 語助辭"라 함. 〈鄭箋〉에 "君
子遭亂, 道不行, 其自樂此而已"라 함.

＊〈集傳〉에 "○此詩疑亦前篇, 婦人所作. 蓋其夫旣歸, 不以行役爲勞, 而安於貧賤,
以自樂其家人. 又識其意而深歎美之, 皆可謂賢矣. 豈非先王之澤哉! 或曰〈序〉說
亦通. 宜更詳之"라 함.

(2) 賦

君子陶陶, 左執翿,

君子ㅣ 陶陶(도도)ᄒ야, 左의 翿(도)를 執ᄒ고,

군자라면서 거들먹거리면서, 왼 손에 춤추는 깃을 잡고,

右招我由敖, 其樂只且!

右로 나를 招(쵸)ᄒ되 敖(오)로 조차 ᄒᄂ니, 그 樂홉도다!

오른 손으로 나를 춤추는 그 자리로 불러, 관직을 차지한 것만 즐기면
된다 하네!

【陶陶】화락한 모습. 〈毛傳〉과 〈集傳〉에 "陶陶, 和樂之貌"라 함.

【翿】춤추는 사람이 손에 잡는 새 깃. 〈毛傳〉에 "翿, 纛也, 翳也"라 하였고, 〈集傳〉에는 "翿, 舞者所持羽旄之屬"이라 함. '도'(音桃)로 읽음.

【敖】춤추는 자리. 〈集傳〉에 "敖, 舞位也"라 함. 〈鄭箋〉에 "陶陶, 猶陽陽也. 翳, 舞者所持謂羽舞也. 君子左手持羽, 右手招我, 欲使我從之於燕舞之位, 亦俱在樂官也"라 함.

參考 및 관련 자료

1. 孔穎達 〈正義〉

作〈君子陽陽〉之詩者, 閔周也. 君子之人遭此亂世, 皆畏懼罪辜, 招呼爲祿仕, 冀安全己身, 遠離禍害己, 不復更求道行, 故作詩以閔傷之. 此敍其招呼之, 由二章皆言其相呼之事.

068(王-4) 양지수(揚之水)

*〈揚之水〉: '揚'은 위로 솟구침. 솟구쳐 세차게 흐르는 물. 平王은 급히 굴기만 할 뿐 그 덕이 백성에게 미치지 못함은, 마치 물이 세차게 흐를 뿐 막힌 곳에 이르러 묶은 나뭇다발도 옮겨주지 못함과 같음을 비유함. 같은 〈揚之水〉 제목의 시는 〈鄭風〉(092), 〈唐風〉(116) 등 모두 3곳임.
*이 시는 東周 초기 平王 때 제후들이 강해져서 서로 침벌하자, 평왕이 자신 외가 申國에 군사를 파견하여 둔수(屯戍)하도록 하였음. 이에 戍役나간 자들이 평왕을 원망하면서 고향으로 돌아가고 싶어 읊은 것이라 함.

〈序〉: 〈揚之水〉, 刺平王也. 不撫其民, 而遠屯戍于母家, 周人怨思焉.

〈양지수〉는 평왕을 비난한 것이다. 평왕은 백성을 위무하지 않은 채, 백성들로 하여금 멀리 자신의 어머니 집에 땅(申)에 屯戍하도록 하고 있어, 주나라 사람들이 원망하면서 집으로 돌아가고 싶어 한 것이다.

〈箋〉: 怨平王恩澤不行於民, 而久令屯戍, 不得歸. 思其鄉里之處者, 言'周人'者, 時諸侯亦有使人戍焉. 平王母家申國, 在陳鄭之南, 迫近彊楚. 王室微弱, 而數見侵伐, 王是以戍之.

*전체 3장. 매 장 6구씩(揚之水: 三章. 章六句).

(1) 興
揚之水, 不流束薪!
揚(양)혼 水ㅣ여, 束혼 薪도 流티 몯ᄒᆞ놋다!
격하게 솟구쳐 흐르는 물이여, 나뭇단은 흘려보내주지 못하는구나!

彼其之子, 不與我戍申!
뎌 之子ㅣ여, 날로 드려 申애 戍(슈)티 아니ᄒᆞ놋다!

저 고향에 있는 그대여, 신 땅에서 수자리 지키는 나와 함께 하지 못하는구나!

懷哉懷哉! 曷月予還歸哉?

懷ㅎ며 懷ㅎ노니, 어늬 둘애 내 還(션)ㅎ야 歸홀고?

그리워라, 그리워라! 어느 달에나 나는 돌아갈 수 있을꼬!

【揚】激하게 솟음. 〈毛傳〉에는 "興也. 揚, 激揚也"라 하였고, 〈集傳〉에는 "揚, 悠揚也, 水緩流之貌"라 함. 〈鄭箋〉에는 "激揚之水, 至湍迅而不能流移束薪. 興者, 喻平王政教煩急, 而恩澤之令不行于下民"이라 하여 평왕의 급함을 비유한 것이라 함.

【束薪】묶어 놓은 땔나무 다발. '薪'은 땔감. 섶. 〈諺解〉 物名에 "薪: 섭나무"라 함.

【彼其之子】고향에 두고 온 가족, 특히 아내를 가리킴. 〈集傳〉에 "彼其之子', 戌人指其室家而言也"라 함. 〈鄭箋〉에는 "之子, 是子也.「彼其是子」, 獨處鄉里, 不與我來, 守申是思之言也. '其'或作'記', 或作'己', 讀聲相似"라 함.

【戌】〈毛傳〉에 "戌, 守也"라 하였고, 〈集傳〉에는 "戌, 屯兵以守也"라 함.

【申】나라 이름. 姜姓이며, 平王의 外家가 되는 나라. 〈毛傳〉에 "申, 姜姓之國, 平王之舅"라 하였으며, 〈集傳〉에는 "申, 姜姓之國, 平王之母家也. 在今鄧州信陽軍之境"이라 함. 平王(姬宜臼)의 어머니 申后는 이 申나라 출신이었음. 申나라는 陳, 鄭 두 나라 남쪽 지금의 宛縣에 있었으며, 뒤에 楚나라에게 망함.

【懷哉】〈集傳〉에 "懷, 思"라 함.

【曷】의문사. 〈集傳〉에 "曷, 何也"라 함. 〈鄭箋〉에 "懷, 安也. 思鄉里處者, 故曰「今亦安不哉, 安不哉? 何月我得歸還, 見之哉?」思之甚"이라 함.

【還】돌아감. '션'(音旋)으로 읽음.

＊〈集傳〉에 "○平王以申國近楚, 數被侵伐, 故遣畿內之民戌之, 而戌者怨思, 作此詩也. 興取之不二字, 如〈小星〉之例"라 함.

(2) 興

揚之水, 不流束楚!

揚흔 水ㅣ여, 束흔 楚도 流티 몯ㅎ놋다!

격하게 솟구쳐 흐르는 물이여, 가시나무 묶은 다발도 흘려보내주지 못하는구나!

彼其之子, 不與我戍甫!

뎌 之子여, 날로 ᄃᆞ려 甫(보)애 戍티 아니ᄒᆞᄂᆞᆺ다!

저 고향에 있는 그대여, 보 땅에서 수자리 지키는 나와 함께 하지 못하는구나!

懷哉懷哉! 曷月予還歸哉?

懷ᄒᆞ며 懷ᄒᆞ노니, 어ᄂᆡ ᄃᆞᆯ애 내 還ᄒᆞ야 歸ᄒᆞᆯ고?

그리워라, 그리워라! 어느 달에나 나는 돌아갈 수 있을꼬!

【楚】가시나무. 〈毛傳〉과 〈集傳〉에 "楚, 木也"라 함.

【甫】나라이름. 呂라고도 하며, 申과 同姓. 〈毛傳〉에 "甫, 諸姜也"라 하였고, 〈集傳〉에는 "甫, 卽呂也. 亦姜姓. 《書》(周書)呂刑·《禮記》(表記)作〈甫刑〉, 而孔氏(孔安國)以爲'呂侯'. 後爲'甫侯', 是也. 當時蓋以申, 故而并戍之. 今未知其國之所在, 計亦不遠於申·許也"라 함.

(3) 興

揚之水, 不流束蒲!

揚ᄒᆞᆫ 水ㅣ여, 束ᄒᆞᆫ 蒲도 流티 몯ᄒᆞᄂᆞᆺ다!

격하게 솟구쳐 흐르는 물이여, 갯버들 묶은 다발도 흘려보내주지 못하는구나!

彼其之子, 不與我戍許!

뎌 之子ㅣ여, 날로 ᄃᆞ려 許애 戍티 아니ᄒᆞᄂᆞᆺ다!

저 고향에 있는 그대여, 허 땅에서 수자리 지키는 나와 함께 하지 못하는구나!

懷哉懷哉! 曷月予還歸哉?

懷ᄒᆞ며 懷ᄒᆞ노니 어ᄂᆡ ᄃᆞᆯ애 내 還ᄒᆞ야 歸ᄒᆞᆯ고?

그리워라, 그리워라! 어느 달에나 나는 돌아갈 수 있을꼬!

【蒲】갯버들. 〈諺解〉物名에 "蒲:갯버들"
이라 함. 〈集傳〉에 "蒲, 蒲柳. 《春秋傳》
(宣公 12年 傳)云「董澤之蒲」, 杜氏(杜預)
云:「蒲, 楊柳可以爲箭者.」是也"라 함.
〈毛傳〉에 "蒲, 草也"라 하였으나, 〈鄭
箋〉에 "蒲, 蒲柳"라 함.

【許】지금의 河南 許昌縣에 있던 제후국
이름. 申과 甫, 許는 모두 같은 姜姓임.
〈毛傳〉에 "許, 諸姜也"라 하였고, 〈集傳〉
에도 "許, 國名, 亦姜姓. 今潁昌府許昌縣
是也"라 함.

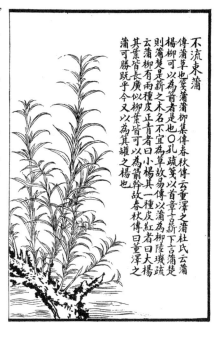

참고 및 관련 자료

1. 孔穎達 〈正義〉

不撫其民, 三章章首二句是也. 屯戍母
家, 次二句是也. 思者, 下二句是也. 此三
者, 皆是所怨之思, 俱出民心, 故以怨配思而總之.

2. 朱熹 〈集傳〉

〈揚之水〉, 三章, 章六句:

申侯與犬戎, 攻宗周而弑幽王, 則申侯者, 王法必誅不赦之賊, 而平王與其臣, 庶
不共戴天之讎也. 今平王知有母而不知有父, 知其立已爲有德, 而不知其弑父爲可
怨, 至使復讎討賊之師, 反爲報施酬恩之擧, 則其忘親逆理, 而得罪於天已甚矣. 又
況先王之制諸侯有故, 則方伯連帥以諸侯之師討之; 王室有故, 則方伯連帥以諸侯
之師救之. 天子鄉遂之民供貢賦衛王室而已. 今平王不能行其威令於天下, 無以保
其母家, 乃勞天子之民, 遠爲諸侯戍守, 故周人之戍申者, 又以非其職而怨思焉. 則
其衰懦微弱, 而得罪於民, 又可見矣. 嗚呼!《詩》亡而後《春秋》作, 其不以此也哉!

069(王-5) 중곡유퇴(中谷有蓷)

*〈中谷有蓷〉: '蓷'는 益母草. 脣形科의 다년생 草本식물. 〈諺解〉 物名에 "蓷: 임
문비앗"이라 함. 줄기는 方形, 작고 노란 꽃이 피며 花冠은 脣形을 이루고 있음.
작고 긴 四角稜形의 씨앗이 맺히며, 한방에서 부인병의 명약으로 알려짐. 아울
러 熱射病을 치료하는 약으로도 쓰였음. 〈集傳〉에 "蓷, 鵻也. 葉似萑. 方莖白華,
華生節閒, 卽今益母草也"라 함.
*이 시는 가난과 흉년으로 인해 버림받은 여인의 슬픔을 노래한 것이라 함.

〈序〉: 〈中谷有蓷〉, 閔周也. 夫婦日以衰薄, 凶年饑饉, 室
家相棄爾.
　　〈중곡유퇴〉는 주(동주)를 불쌍히 여긴 것이다. 부부 사이가 날로 쇠박
해져, 흉년과 기근이 들자 남편과 아내가 서로를 버릴 뿐이었다.

*전체 3장. 매 장 6구씩(中谷有蓷: 三章. 章六句).

(1) 興
中谷有蓷, 暵其乾矣!
中谷(중곡)애 蓷(퇴)이시니, 그 乾(간)흔듸 써시 暵(한)ㅎ놋다!
골짜기에 익모초 있는데, 가뭄에 말라가네!

有女仳離, 嘅其嘆矣.
女ㅣ 仳離(비리)흔 디라, 嘅(개)히 그 嘆(탄)호라!
여자로서 헤어져야 한다니, 아휴 하고 탄식하노라!

嘅其嘆矣, 遇人之艱難矣!
嘅히 그 嘆호니, 人의 艱難(간난)을 遇ㅎ도다!
아휴 하고 한숨만 나오지만, 그대가 어려움을 당했기 때문이겠지!

【中谷】谷中.

【蓷】益母草.〈毛傳〉에 "興也. 蓷, 鵻也"라 하였고, 〈集傳〉에 "蓷, 鵻也. 葉似萑. 方莖白華, 華生節閒, 即今益母草也"라 함.

【暵】시들어 바짝 마름.《說文》에 "水濡而乾也"라 함. 〈毛傳〉에 "暵菸貌陸草生於谷中傷於水"라 하였고, 〈集傳〉에는 "暵, 燥"라 함. 〈鄭箋〉에는 "興者, 喻人居平安之世, 猶鵻之生於陸, 自然也. 遇衰亂凶年, 猶鵻之生谷中得水, 則病將死"라 함.

【仳離】'仳'는 〈毛傳〉과 〈集傳〉에 "仳, 別也"라 함. 雙聲互訓. '仳離'는 疊韻連綿語.

【嘅】탄식하는 소리. 〈集傳〉에 "嘅, 歎聲"이라 함. 〈鄭箋〉에 "有女遇凶年而見棄, 與其君子別離, 嘅然而歎, 傷己見棄其恩薄"이라 함.

【艱難】窮厄에 처한 상황을 표현하는 疊韻連綿語. 〈毛傳〉에 "艱, 亦難也"라 하였고, 〈集傳〉에는 "艱難, 窮厄也"라 함. 〈鄭箋〉에는 "所以嘅然而嘆者, 自傷遇君子之窮厄"이라 함. 이렇게 헤어지게 된 것은, 남편이 어려운 처지를 당했기 때문임을 말한 것. 그러나 '좋은 사람 만나기 어렵다'의 뜻으로도 봄.

＊〈集傳〉에 "○凶年饑饉, 室家相棄, 婦人覽物, 起興而自述其悲歎之辭也"라 함.

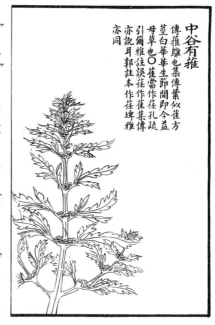

(2) 興

中谷有蓷, 暵其脩矣!

中谷애 蓷이시니, 그 脩(슈)흔 거시 暵ᄒ놋다!

골짜기에 익모초 있으니, 길게 자란 것이 가뭄을 만났구나!

有女仳離, 條其歗矣.

女ㅣ 仳離흔 디라, 條히 그 歗(쇼)호라.

여자로서 헤어지게 되다니, 쉬 하고 부는 휘파람일 뿐이네.

條其歗矣, 遇人之不淑矣!

條(됴)히 그 歗ᄒᆞ니, 人의 不淑(불슉)을 遇ᄒᆞ도다!

쉬 하고 부는 휘파람, 그대의 남편이 좋지 않은 일을 당했기 때문이겠지!

【脩】〈毛傳〉에 "脩, 且乾也"라 하였고, 〈集傳〉에는 "脩, 長也, 或曰乾也, 如脯之謂脩也"라 함.
【條】휘파람 부는 모양. 〈集傳〉에 "條, 條然, 歗貌"라 함. 그러나 '條'는 '長'의 뜻으로 '길게 휘파람을 불다'의 의미로 봄이 마땅할 듯.
【歗】휘파람. 嘯와 같음. 〈毛傳〉에 "條條然歗也"라 하였고, 〈集傳〉에 "歗, 蹙口出聲也. 悲恨之深, 不止於嘆矣"라 함.
【不淑】君子가 자신을 잘 대해주지 않음. 〈集傳〉에 "淑, 善也. 古者, 謂死喪饑饉, 皆曰不淑. 蓋以吉慶爲善事凶禍, 爲不善事, 雖今人語猶然也"라 함. 〈鄭箋〉에는 "淑, 善也. 君子於己不善也"라 함.
＊〈集傳〉에 "○曾氏(曾幾:字는 吉甫, 河南人)曰:凶年而遽相棄背, 蓋衰薄之甚者. 而詩人乃曰「遇斯人之艱難, 遇斯人之不淑」, 而無怨懟過甚之辭焉, 厚之至也"라 함.

(3) 興
中谷有蓷, 暵其濕矣!

中谷애 蓷이시니, 그 濕ᄒᆞᆫ디도 暵ᄒᆞ놋다!

골짜기에 익모초 있는데, 젖은 날씨인 데도 말라 있네!

有女仳離, 啜其泣矣.

女ㅣ 仳離ᄒᆞᆫ 디라, 啜(쳘)히 그 泣ᄒᆞ라.

여자로서 헤어지다니, 흐느끼며 울고 있네.

啜其泣矣, 何嗟及矣!

啜히 그 泣ᄒᆞ니, 엇디 嗟ᄒᆞᆫ 들 及ᄒᆞ리오!

흐느끼며 울기만 할 뿐, 한탄한들 어찌 미치리오!

【濕】젖음. 〈毛傳〉에 "雖遇水則濕"이라 함. 〈集傳〉에 "暵濕者, 旱甚則草之生於濕者, 亦不免也"라 하였고, 〈鄭箋〉에는 "雖之傷於水, 始則濕, 中而脩, 久而乾. 有似君子於己之恩, 徒用凶年深淺爲厚薄"이라 함. 그러나 王引之 〈述聞〉에는 "此'濕'與水濕之濕, 異義. 濕, 亦且乾也"라 함.

【啜】〈集傳〉에 "啜, 泣貌"라 함.

【何嗟及矣】'어찌 한탄한들 미치랴!'의 뜻. 〈集傳〉에 "何嗟及矣」, 言事已至此, 末如之何窮之甚也"라 함. 〈鄭箋〉에는 "及, 與也. 泣者, 傷其君子棄己. 嗟乎將復何與爲室家乎? 此其有餘厚於君子也"라 함. 胡承珙은 〈後箋〉에서 "何嗟及矣」, 當作「嗟何及矣」"라 하여 倒置된 것으로 보았음.

참고 및 관련 자료

1. 孔穎達 〈正義〉

作〈中谷有蓷〉詩者, 言閔周也. 平王之時, 民人夫婦之恩, 日日益以衰薄. 雖薄未至棄絶, 遭遇凶年饑饉, 遂室家相離棄耳. 夫婦之重, 逢遇凶年薄, 而相棄, 是其風俗衰敗, 故作此詩以閔之. '夫婦日以衰薄', 三章章首二句是也. '凶年饑饉, 室家相棄', 下四句是也. 夫婦衰薄以凶年相棄, 假陸草遇水而傷, 以喩夫恩薄. 閔蓷之傷於水, 始則濕, 中則脩, 久而乾, 猶夫之於婦, 初已衰, 稍而薄, 久而甚, 甚乃至於相棄. 婦旣見棄, 先擧其重, 然後倒本其初, 故章首二句先言乾, 次言脩, 後言濕. 見夫之遇己, 用凶年深淺爲薄厚也. 下四句言婦旣被棄, 怨恨以漸而甚. 初而嘆, 次而歠, 後而泣, 旣嘆而後乃歠, 艱難亦輕於不淑, 何嗟及矣? 是決絶之語, 故以爲篇終, 雖或逆或順, 各有次也.

2. 朱熹 〈集傳〉

〈中谷有蓷〉, 三章, 章六句:

范氏(范祖禹)曰:「世治則室家相保者, 上之所養也. 世亂則室家相棄者, 上之所殘也. 其使之也, 勤其取之也, 厚則夫婦日以衰薄, 而凶年不免於離散矣. 伊尹曰:「匹夫匹婦, 不獲自盡, 民主罔與成厥功.」故讀詩者, 於一物失所, 而知王政之惡, 一女見棄而知人民之困. 周之政荒民散, 而將無以爲國, 於此亦可見矣.」

070(王-6) 토원(兎爰)

*〈兎爰〉: '爰'은 爰爰의 줄인 말. 느릿느릿 전혀 겁을 내지 않음. 토끼그물을 쳐 놓았으나 토끼는 교활하여 걸려들지 않고, 꾀를 부릴 줄 모르는 꿩이 걸려듦. 이는 마치 죄 없는 사람만 군역에 걸려들어 고통을 당함과 같음을 비유한 것.
*이 시는 東周 平王이 제후들과 잦은 마찰로 전쟁이 잦자 차라리 잠들어 꿈속에서 깨어나지 않았으면 하고 바라는 내용임.

〈序〉: 〈兎爰〉, 閔周也. 桓王失信, 諸侯背叛, 構怨連禍, 王師傷敗, 君子不樂其生焉.

〈토원〉은 주(동주)나라를 불쌍히 여긴 것이다. 桓王이 실언을 하자 제후들이 배반하여 원한이 얽히고 재앙이 연이어 발생하였다. 왕의 군대들이 상처를 입고 패하자, 군자들이 그 삶을 즐길 수 없었다.

〈箋〉: 不樂其生者, 寐不欲覺之謂也.

※桓王: 東周의 2대 군주. 平王의 아들이며 이름은 姬林. B.C.719-B.C.697년까지 23년간 재위하였으며, 즉위 해가 魯 隱公 4년으로 春秋시대가 막 시작되어, 周 王室의 권위가 완전히 무너지자 이를 만회하기 위해 여러 제후들과 잦은 다툼을 벌임.

*전체 3장. 매 장 7구씩(兎爰:三章. 章七句).

(1) 比
有兎爰爰, 雉離于羅.

兎(토)ㅣ 爰爰(원원)ᄒ거늘, 雉ㅣ 羅의 離ᄒ도다.

토끼는 잘도 빠져 나가고, 꿩이 엉뚱하게 그 그물에 걸렸네.

我生之初, 尚無爲,

내 生흔 初애, 오히려 ᄒ욤이 업더니,

내가 태어났을 처음에는, 그래도 해야 할 아무 일이 없었는데,

我生之後, 逢此百罹, 尚寐無吪!

내 生흔 後애, 이 百罹(빅리)를 逢호니, 거의 寐ᄒ야 吪(와)홈이 업슬 씨 엇다!

내가 자라난 뒤에는, 이처럼 온갖 근심 만나니, 차라리 잠들어 움직임 도 없었으면!

【兎】〈集傳〉에 "兎, 性陰狡"라 함.

【爰爰】〈毛傳〉과 〈集傳〉에 "興也. 爰爰, 緩意"라 함. 걸려들지 않음을 말함. 王先 謙〈集疏〉에 "《韓詩》曰: 「爰爰, 發踪之貌也.」……《漢書》蕭何傳 顔注: 「發踪, 謂解 緤之放也.」"라 하여, 묶은 끈 등을 풀어 벗어나게 함을 뜻함.

【雉】〈集傳〉에 "雉, 性耿介"라 함.

【離】걸림. 罹와 같은 뜻. 同音互訓.〈集傳〉에 "離, 麗"라 함.

【羅】새를 잡는 그물.〈集傳〉에 "羅, 網. 尚猶罹憂也"라 함.〈毛傳〉에 "鳥網爲羅. 言爲政有緩有急, 用心之不均"이라 하였고,〈鄭箋〉에 "有緩者, 有所聽縱也; 有急 者, 有所躁蹙也"라 함.

【我生之初】자신이 태어났을 때는 西 周 말이었음을 말함.

【尚無爲】'尚'은〈集傳〉에 "尚, 庶幾也" 라 함.〈毛傳〉에는 "尚無成人爲也"라 하였고,〈鄭箋〉에는 "尚, 庶幾也. 言 「我幼稚之時, 庶幾於無所爲.」謂軍役 之事也"라 함. '無爲'는 아무 탈이 없 음. 그러나 일설에 '爲'는 譌와 같으며, '爲', '造', '庸' 등은 모두 勞役을 의미 하는 것으로 봄.

【罹】〈毛傳〉에 "罹, 憂"라 함.

【尚寐無吪】尚은 諸注에서 모두 '庶幾', 즉 '바라다'의 뜻.

【吪】〈毛傳〉과〈集傳〉에 "吪, 動也"라 함.〈鄭箋〉에는 "我長大之後, 乃遇此 軍役之多憂. 今但庶幾於寐不欲見動,

無所樂生之甚"이라 함.

*〈集傳〉에 "○周室衰微, 諸侯肯叛, 君子不樂其生, 而作此詩. 言「張羅本以取免, 今
免狡得脫, 而雉以耿介, 反離于羅.」 以比小人致亂, 而以巧計幸免, 君子無辜而以
忠直, 受禍也. 爲此詩者, 蓋猶及見西周之盛, 故曰'方我生之初, 天下尚無事; 及我
生之後, 而逢時之多難'. 如此, 然旣無如之何則? 但庶幾寐而不動以死耳.」 或曰興
也, 以〈免爰〉興無爲以雉離, 興百罹也. 下章放此"라 함.

(2) 比
有免爰爰, 雉離于罜.

免ㅣ 爰爰ㅎ거늘, 雉ㅣ 罜(부)의 離ㅎ도다.

토끼는 잘도 빠져나가고, 꿩이 그 그물에 걸려들었네.

我生之初, 尚無造,

내 生ㅎ 初애, 오히려 造홈이 업더니,

내 태어났을 처음에는, 그래도 아무런 노역이 없었는데,

我生之後, 逢此百憂, 尚寐無覺!

내 生ㅎ 後애, 이 百憂를 逢ㅎ니, 거의 寐ㅎ야 覺(교)홈이 업슬 찌엇다!

내가 자라난 뒤에는, 이처럼 온갖 근심 만나니, 차라리 잠들어 깨어나
지 않았으면!

【罜】원의는 사냥물을 잡기 위해 위장해 놓은 그물. 그러나 수레가 전복됨의 뜻
　으로 봄. '翻'의 뜻. 雙聲連綿語. 〈毛傳〉에 "罜, 覆車也"라 하였고, 〈集傳〉에는
　"罜, 覆車也, 可以掩免"라 함.
【造】〈毛傳〉에 "造, 僞也"라 하였고, 〈集傳〉에는 〈集傳〉에 "造, 亦爲也"라 함.
【覺】잠에서 깸. 音은 교. 〈集傳〉에 "覺, 寤也"라 함.

(3) 比
有免爰爰, 雉離于罿.

免ㅣ 爰爰ㅎ거늘, 雉ㅣ 罿(츙)의 離ㅎ도다.

토끼는 잘도 빠져나가고, 꿩이 그 그물에 걸려들었네.

我生之初, 尚無庸,

내 生흔 初애, 오히려 庸홈이 업더니,

내 태어난 처음에는, 그래도 노역이 없었는데,

我生之後, 逢此百凶, 尚寐無聰!

내 生흔 後애, 이 百凶을 逢호니, 거의 寐ㅎ야 聰(총)홈이 업슬 씨엇다!

내 자라고 난 뒤에는, 이처럼 온갖 재앙을 만나니, 차라리 잠들어 아무것도 듣지 않았으면!

【罜】손으로 치는 그물. 〈毛傳〉에 "罜, 罬也"라 하였고, 〈集傳〉에는 "罜, 罬也, 卽罬也. 或曰施羅於車上也"라 함.

【庸】〈毛傳〉과 〈集傳〉에 "庸, 用"이라 하였으나, 〈鄭箋〉에는 "庸, 勞也"라 함.

【百凶】〈鄭箋〉에 "百凶者, 王構怨連禍之凶"이라 함.

【聰】들음. 〈毛傳〉에 "聰, 聞也"라 하였고, 〈集傳〉에는 "聰, 聞也. 無所聞則亦死耳"라 함.

참고 및 관련 자료

1. 孔穎達 〈正義〉

作〈免爰〉詩者, 閔周也. 桓王失信於諸侯, 諸侯背叛之王, 與諸侯交構怨惡連結殃禍, 乃興師出伐諸侯. 諸侯禦之, 與之交戰. 於是王師傷敗國危, 役賦不息, 使君子之人, 皆不樂其生焉. 故作此詩以閔傷之也. 隱三年《左傳》曰:「鄭武公·莊公爲平王卿士, 王貳於虢. 鄭伯怨王, 王曰:『無之.』故周·鄭交, 質王子狐爲質於鄭, 鄭公子忽爲質於周.」及平王崩, 周人將畀虢公政四月. 鄭祭足帥, 師取溫之麥秋. 又取成周之禾, 周鄭交惡. 君子曰:『信不由中質無益也.』是桓王失信之事也. 桓五年《左傳》曰:「王奪鄭伯政, 鄭伯不朝.」是諸侯背叛也.《傳》又曰「秋王以諸侯伐鄭, 王爲中軍, 虢公林父將右軍, 蔡人·衛人屬焉. 周公黑肩將左軍, 陳人屬焉. 鄭伯禦之, 曼伯爲右拒, 祭仲足爲左拒, 原繁高渠彌以中軍, 奉公爲魚麗之陳. 戰於繻葛, 祭衛陳皆奔, 王卒亂, 鄭師合以攻之, 王卒大敗, 祝聃射王中肩.」是王師傷敗之事也. 傳稱射王中肩, 自是矢傷王身, 此言師敗, 正謂軍敗耳. 據《邶》〈谷風〉序云:「國俗傷敗」, 止言俗敗, 則知此云傷敗亦止言師敗, 非謂王身傷也. 序云'君子不樂其生'之由, 三章下五句, 皆言不樂其生之事. 章首二句言'王政有緩有急', 君子亦爲此而不樂. 序不言略之也.

2. 《左傳》隱公 3년 傳

鄭武公·莊公爲平王卿士. 王貳于虢, 鄭伯怨王. 王曰:「無之.」 故周·鄭交質, 王子狐爲質於鄭, 鄭公子忽爲質於周. 王崩, 周人將畀虢公政. 四月, 鄭祭足帥師取溫之麥. 秋, 又取成周之禾. 周·鄭交惡. 君子曰:「信不由中, 質無益也. 明恕而行, 要之以禮, 雖無有質, 誰能間之? 苟有明信, 澗·谿·沼·沚之毛, 蘋·蘩·薀藻之菜, 筐·筥·錡·釜之器, 潢·汚·行潦之水, 可薦於鬼神, 可羞於王公, 而況君子結二國之信, 行之以禮, 又焉用質? 風有〈采蘩〉·〈采蘋〉, 雅有〈行葦〉·〈泂酌〉, 昭忠信也.」

3. 《左傳》桓公 5年 傳

王奪鄭伯政, 鄭伯不朝. 秋, 王以諸侯伐鄭, 鄭伯御之. 王爲中軍; 虢公林父將右軍, 蔡人·衛人屬焉; 周公黑肩將左軍, 陳人屬焉. 鄭子元請爲左拒, 以當蔡人·衛人; 爲右拒, 以當陳人, 曰:「陳亂, 民莫有鬪心. 若先犯之, 必奔. 王卒顧之, 必亂. 蔡·衛不枝, 固將先奔. 旣而萃於王卒, 可以集事.」 從之. 曼伯爲右拒, 祭仲足爲左拒, 原繁·高渠彌以中軍奉公, 爲魚麗之陳. 先偏後伍, 伍承彌縫. 戰于繻葛, 命二拒曰:「旝動而鼓!」 蔡·衛·陳皆奔, 王卒亂, 鄭師合以攻之, 王卒大敗. 祝聃射王中肩, 王亦能軍.

祝聃請從之. 公曰:「君子不欲多上人, 況敢陵天子乎? 苟自救也, 社稷無隕, 多矣.」

夜, 鄭伯使祭足勞王, 且問左右.

071(王-7) 갈류(葛藟)

*〈葛藟〉: 머루, 즉 산포도를 뜻함. 〈諺解〉物名에도 "藟:멀에 ○묏멀외"라 하여 '머루'로 보았음. '推藥', '千歲藥', '千歲木', '萬世藤', '甛茶' 등으로도 불리는 葡萄科 蔓生 식물. 四川 지역에서는 이 잎을 차로 사용한다 함. 한편 王念孫의 《廣雅疏證》에 "藟, 一名巨苽, 似蘡薁, 連蔓而生"이라 하였고, 宋開寶의 《本草》注에는 "蘡薁, 是山葡萄"라 하여 '머루'라 하였음. 〈鄭箋〉에는 '칡과 松蔓'이라 보았음. 〈樛木〉(004)의 주를 볼 것.
*이 시는 왕족들조차 平王을 비난한 것이라 함.

<序>: <葛藟>, 王族刺平王也. 周室道衰, 棄其九族焉.

〈갈류〉는 왕족들이 平王을 비난한 것이다. 주실은 도가 쇠하자 九族을 버렸다.

〈箋〉: 九族者, 據己上至高祖, 下及玄孫之親.

*전체 3장. 매 장 6구씩(葛藟:三章. 章六句).

(1) 興
緜緜葛藟, 在河之滸!
緜緜(면면)혼 葛藟(갈류)ㅣ여, 河ㅅ 滸(호)애 잇도다!
치렁치렁 산머루, 황하 가에 있도다!

終遠兄弟, 謂他人父.
ᄆᆞ춤내 兄弟를 멀리 혼 디라, 他人을 닐오ᄃᆡ 父ㅣ라 호라.
끝내 형제 멀리 떠나, 남을 아버지라고 부르네.

謂他人父, 亦莫我顧!
他人을 닐오ᄃᆡ 父ㅣ라 ᄒᆞ나, ᄯᅩ 나를 顧티 아니ᄒᆞᆺ다!
남을 아버지라 불러도, 역시 나를 돌봐 주지도 않는구나!

【綿綿】끊이지 않고 길게 벋어 있는 모양. 〈毛傳〉과 〈集傳〉에 "緜緜, 長而不絶之
  貌"라 함.
【滸】물가 언덕 위. 〈集傳〉에 "岸上曰滸"라 하였으나, 〈毛傳〉에는 "水厓曰滸"라 함.
  〈鄭箋〉에 "葛也, 藟也, 生於河之厓, 得其潤澤以長大, 而不絶. 興者喻王之同姓得
  王之恩施, 以生長其子孫"이라 함.
【終】마침내. 〈毛傳〉에 "兄弟之道, 已相遠矣"라 하였고, 〈鄭箋〉에는 "兄弟, 猶言族
  親也. 王寡於恩施, 今已遠棄族親矣. 是我謂他, 人爲己父族人, 尙親親之辭"라
  함.
【顧】돌보아 줌. 王引之 〈述聞〉에 "顧也, 有也, 聞也, 皆親愛之意也"라 함.
*〈集傳〉에 "○世衰民散, 有去其鄕里, 家族而流離失所者, 作此詩以自歎. 言「緜緜
  葛藟, 則在河之滸矣. 今乃終遠兄弟, 而謂他人爲己父. 己雖謂彼爲父, 而彼亦不我
  顧.」則其窮也甚矣"라 함.

(2) 興

緜緜葛藟, 在河之涘!

緜緜혼 葛藟ㅣ여, 河ㅅ 涘(ᄉ)애 잇도다!

치렁치렁 벋어나간 산머루, 황하 가에 있도다!

終遠兄弟, 謂他人母.

ᄆᆞ춤내 兄弟를 멀리 혼 디라, 他人을 닐오ᄃᆡ 母ㅣ라 호라.

끝내 형제 멀리 떠나, 남을 어머니라고 부르네.

謂他人母, 亦莫我有!

他人을 닐오ᄃᆡ 母ㅣ라 ᄒᆞ나, ᄯᅩ 나를 有티 아니 ᄒᆞ놋다!

남을 어머니라 불러도, 역시 나를 아는 척도 아니하네!

【涘】물가. 〈毛傳〉에 "涘, 厓也"라 하였고, 〈集傳〉에 "水涯曰涘"라 함.
【母】〈毛傳〉에 "王, 又無母恩"이라 하였고, 〈集傳〉에는 "謂他人父者, 其妻則母也"
  라 함.
【有】友와 뜻이 가까워, 親愛의 뜻. 〈集傳〉에 "有, 識有也.《春秋傳》(昭公 3年 傳)曰
「不有寡君.」이라 함. 〈鄭箋〉에도 "有, 識有也"라 함.

(3) 興

緜緜葛藟, 在河之滸!

緜緜혼 葛藟1여, 河ㅅ 滸(슈)애 잇도다!

길게 벋은 산머루, 물가 기슭에 있도다!

終遠兄弟, 謂他人昆.

무춤내 兄弟를 멀리 혼 디라, 他人을 닐오디 昆이라 호라.

끝내 형제를 멀리 떠나, 남을 형이라고 부르네.

謂他人昆, 亦莫我聞!

他人을 닐오디 昆이라 호나, 쏘 나를 聞티 아니호놋다!

남을 형이라 불러도, 역시 나에게 말도 걸지 아니하네!

【滸】물의 기슭.〈毛傳〉에 "滸, 水滰也"라 하였고, 〈集傳〉에는 "夷上洒下曰滸. 滸之 爲言脣也"라 함.

【昆】兄.〈毛傳〉과 〈集傳〉에 "昆, 兄也"라 함.

【聞】〈集傳〉에 "聞, 相聞也"라 하였고, 〈鄭箋〉에 "不與我相聞命也"라 함. 불쌍히 여겨 말을 물어봄. 王引之 〈述聞〉에 "聞, 猶問也. 謂相恤問也. 古字聞與問通"이 라 함.

[참고 및 관련 자료]

1. 孔穎達 〈正義〉

「棄其九族」者, 不復以族食族燕之禮, 敍而親睦之故, 王之族人作此詩, 以刺王也.

072(王-8) 채갈(采葛)

*〈采葛〉: '葛'은 葛麻. 葛覃篇(002)을 참조할 것.
*이 시는 桓王 때 정치가 명확하지 않아 신하로써 임무의 크기에 관계없이 출사하는 자는 참훼하는 자들로부터 헐뜯음을 당하자 그 때문에 두려워하는 상황을 읊은 것이라 함. 따라서 여기서 보지 못하는 대상은 임금이며, 임금을 자주 만나 참훼를 듣지 않아주기를 바라는 뜻이 들어 있음.

〈序〉: 〈采葛〉, 懼讒也.

〈채갈〉은 讒毁를 두려워한 것이다.

〈箋〉: 桓王之時, 政事不明, 臣無大小使出者, 則爲讒人所毁, 故懼之.

*전체 3장. 매 장 3구씩(采葛: 三章. 章三句).

(1) 賦
彼采葛兮!
뎌 葛(갈)을 采(치)ᄒᆞᄂᆞ니여!
저 칡을 캐는 자여!

一日不見, 如三月兮!
一日을 보디 몯홈이, 三月 ᄀᆞᆮ도다!
하루를 보지 못해도, 석 달이나 지난 듯!

【采葛】絺綌, 즉 葛布를 만들기 위해 칡을 채집함. 〈集傳〉에 "采葛, 所以爲絺綌. 蓋淫奔者託以行也. 故因以指其人, 而言思念之深, 未久而似久也"라 하였고, 〈毛傳〉에는 "興也. 葛所以爲絺綌也. 事雖小一日不見於君, 憂懼於讒矣"라 하였으며, 〈鄭箋〉에는 "興者, 以采葛喩臣, 以小事使出"이라 함.

(2) 賦

彼采蕭兮!

뎌 蕭(쇼)를 采ᄒᆞᄂ니여!

저 사철쑥을 캐는 자여!

一日不見, 如三秋兮!

一日을 보디 몯홈이, 三秋 곧도다!

하루를 보지 못해도, 삼추가 지난 듯!

【蕭】사철쑥. 靑蒿. 〈諺解〉物名에 "蕭: 비양쑥"이라 함. 祭祀때에 香으로 쓰임. 〈毛傳〉에 "蕭, 所以共祭祀"라 하였고, 〈集傳〉에는 "蕭, 荻也. 白葉莖麤, 科生有香氣, 祭則焫以報氣, 故采之"라 함. 〈鄭箋〉에는 "彼采蕭者, 喩臣以大事使出"이라 함.

【三秋】가을 석 달. 〈集傳〉에 "曰三秋, 則不止三月矣"라 함. 긴 시간을 뜻함. 〈正義〉에 "彼采葛草以爲絺綌兮, 以興臣有使出而爲小事兮. 其事雖小, 憂懼於讒, 一日不得見君, 如三月不見君兮. 日久情疎爲懼益甚, 故以多時況少時也"라 함. 한편 '三秋'의 명확한 기간에 대해 余冠英 〈選譯〉에 "通常以一秋爲一年. 後代又有以'三秋', 專指秋季三月的用法. 在這首詩裏, '三秋'該長于三月, 短于三歲, 義同三季"라 함. 따라서 1절의 '三月'은 3개월, 2절의 '三秋'는 9개월, 3절의 '三歲'는 3년으로 볼 수 있음.

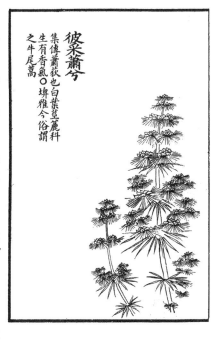

彼采蕭兮
集傳蕭荻也白葉莖麤科
生有香氣○埤雅今俗謂
之牛尾蒿

(3) 賦

彼采艾兮!

뎌 艾(애)를 采ᄒᄂ니여!

저 약쑥을 캐는 자여!

一日不見, 如三歲兮!

一日을 보디 몯홈이, 三歲 ᄀᆞ도다!

하루를 보지 못해도, 삼 년이나 지난 듯!

【艾】쑥. 〈諺解〉 物名에 "艾:뿍"이라 함. 뜸을 뜨는 藥用으로 사용함. 〈毛傳〉에 "艾, 所以療疾"이라 하였고, 〈鄭箋〉에는 "彼采艾者喩臣以急事使出"이라 함. 〈集 傳〉에는 "艾, 蒿屬. 乾之可灸, 故采之. 曰三歲, 則不止三秋矣"라 함.

참고 및 관련 자료

1. 孔穎達 〈正義〉

三章如此次者, 旣以葛蕭艾爲喩, 因以月秋歲爲韻, 積日成月, 積月成時, 積時成歲, 欲先少而後多. 故以月秋歲爲次也. 臣之懼讒於小事大事, 其憂等耳. 未必小事之憂, 則如月急事之憂, 則如歲設文, 各從其韻, 不由事大憂深也. 年有四時, 時皆三月, 三 秋謂九月也. 設言三春三夏, 其義亦同. 作者, 取其韻耳.

073(王-9) 대거(大車)

*〈大車〉: 큰 대부의 수레.
*이 시는 당시 동주의 대부들이 예를 제대로 실천하지 않아 남녀의 음분이 성행하였음. 이에 남녀 소송을 제대로 처리하지 못함을 비난하여 읊은 것이라 함.

<序>: <大車>, 刺周大夫也. 禮義陵遲, 男女淫奔. 故陳古以刺今大夫不能聽男女之訟焉.

〈대거〉는 주나라 대부들을 비난한 것이다. 예와 도의가 파괴되고, 남녀가 淫奔하였다. 그 까닭으로 옛날을 들어, 당시의 대부들은 능히 남녀의 소송을 제대로 처리하지 못한다고 비난한 것이다.

*전체 3장. 매 장 4구씩(大車:三章. 章四句).

(1) 賦

大車檻檻, 毳衣如菼.

大車(대거)ㅣ 檻檻(함함)ㅎ니, 毳衣(체의) 菼(담) ᄀ도다.
대부의 큰 수레 덜거덕 덜거덕, 그 옷 달래뿌리처럼 보드랍네.

豈不爾思? 畏子不敢!

엇디 너를 思티 아니리오마ᄂᆞᆫ, 子를 畏ᄒᆞ야 敢티 몯ᄒᆞᆯ애니라!
어찌 그대를 생각지 않으리? 그대가 두려워 감히 함께 음분하지 못할 뿐!

【大車】大夫의 수레. 〈毛傳〉과 〈集傳〉에 "大車, 大夫車"라 함.
【檻檻】수레가 가는 소리. 〈毛傳〉과 〈集傳〉에 "檻檻, 車行聲也"라 함.
【毳衣】大夫의 옷. 冕服의 일종. 그러나 聞一多 〈類鈔〉에는 "毳, 毳布, 卽毡(氈)子; '衣'是車衣, 車上蔽風雨的帷帳"이라 하여, 수레를 덮은 帷帳이라 하였음. 〈毛傳〉

에는 "毳衣, 大夫之服"이라 하였고, 〈集傳〉에 "毳衣, 天子大夫之服"이라 함. '毳'는 '체'(尺銳反)로 읽음.

【菼】〈毛傳〉에 "菼, 鵻也. 蘆之初生者也"라 함. 〈集傳〉에 "菼, 蘆之始生也. 毳衣之屬, 衣繪而裳繡, 五色皆備. 其靑者, 如菼爾. 淫奔者, 相命之辭也"라 함. 한편 〈毛傳〉에는 "天子大夫, 四命其出封, 五命如子男之服, 乘其大車檻檻然, 服毳冕以決訟"이라 하였고, 〈鄭箋〉에는 "菼, 薍也. 古者, 天子大夫服毳冕, 以巡行邦國, 而決男女之訟, 則是子男入爲大夫者. 毳衣之屬, 衣繢而裳繡, 皆有五色焉. 其靑者, 如薍"라 함. '薍'(완)의 뜻으로 달래의 뿌리처럼 희고 곱고 보드라움을 뜻함.

【爾】사랑하는 상대를 부르는 말.

【子】大夫를 부르는 말. 〈集傳〉에 "子, 大夫也"라 함.

【不敢】〈集傳〉에 "不敢, 不敢奔也"라 함. 〈毛傳〉에 "畏子大夫之政, 終不敢"이라 하였고, 〈鄭箋〉에는 "此二句者, 古之欲淫奔者之辭, 我豈不思與女以爲無禮, 與畏子大夫來聽訟, 將罪我, 故不敢也. 子者, 稱所尊敬之辭"라 함.

＊〈集傳〉에 "○周衰, 大夫猶有能以刑政治其私邑者. 故淫奔者, 畏而歌之如此. 然其去「二南」之化, 則遠矣. 此可以觀世變也"라 함.

(2) 賦

大車哼哼, 毳衣如璊.

大車ㅣ 哼哼(톤톤)ㅎ니, 毳衣 璊(문) 又도다.

대부의 큰 수레 덜거덕 덜거덕, 그 입은 옷 붉은 색 같도다.

豈不爾思? 畏子不奔!

엇디 너를 思티 아니리오 마ᄂᆞᆫ, 子를 畏ᄒᆞ야 奔티 몯ᄒᆞ얘니라!

어찌 그대를 생각 않으리? 그대 두려워 함께 달아나지 못할 뿐!

【哼哼】'哼'은 '톤/돈'(他敦反)으로 읽음. 무거워 천천히 감을 뜻함. 〈毛傳〉과 〈集傳〉에 "哼哼, 重遲之貌"라 함.

【璊】'문'(音門)으로 읽음. 〈毛傳〉에 "璊, 禎也"라 하였고, 〈集傳〉에는 "璊, 玉赤色, 五色備則有赤"이라 함. 聞一多 〈類鈔〉에는 "璊, 一種赤苗的穀類"라 하였음.

【奔】淫奔. 남녀가 정분에 빠져 婚禮를 치르지 않고 도망함.

(3) 賦

穀則異室, 死則同穴.

穀(곡)ᄒᆞ얀 室이 異ᄒᆞ나, 死ᄒᆞ야나 穴을 同호리라.

살아서 따로 다른 방에 살아도, 죽어서는 함께 묻히리라.

謂子不信, 有如皦日!

날을 信티 아니타 니를 씬댄, 이러틋 ᄒᆞᆫ 皦日(교일)이 인ᄂᆞ니라!

그대 나를 믿지 못한다 말하지만, 내 맹세 틀림없기는 밝은 해와 같다오!

【穀】生의 뜻. 〈毛傳〉과 〈集傳〉에 "穀, 生"이라 함.

【同穴】'穴'은 〈集傳〉에 "穴, 壙"이라 함. 함께 묻히는 무덤. 〈毛傳〉에 "生在於室, 則外內異; 死則神, 合同爲一也"라 하였고, 〈鄭箋〉에는 "穴, 謂塚壙中也"라 함.

【皦】희고 밝음. 〈毛傳〉과 〈集傳〉에 "皦, 白也"라 함. 〈鄭箋〉에는 "此章言「古之大夫, 聽訟之政, 非但不敢淫奔, 乃使夫婦之禮有別. 今之大夫, 不能然, 反謂我言不信, 我言之信如白日也. 刺其闇於古禮"라 함.

*〈集傳〉에 "○民之欲相奔者, 畏其大夫自以終身不得如其志也. 故曰「生不得相奔以同室, 庶幾死得合葬以同穴而已. 謂予不信, 有如皦日.」約誓之辭也"라 함.

> ### 참고 및 관련 자료

1. 孔穎達 〈正義〉

經三章, 皆陳古者大夫善於聽訟之事也. 陵遲, 猶陂. 陁言禮義廢壞之意也. 男女淫奔, 謂男淫而女奔之也. 《禮記》〈檀弓〉(上)曰:「合葬, 非古也. 自周公以來, 未之有改.」然則周法始合葬也. 經稱死則同穴, 則所陳古者, 陳周公以來賢大夫.

074(王-10) 구중유마(丘中有麻)

＊〈丘中有麻〉: '麻'는 삼. 〈諺解〉物名에 "麻: 삼"이라 함. 枲(시: 모시)와는 다르며 牡麻, 火麻, 木麻로 불리는 大麻科 草本식물. 껍질로 실을 내어 布를 만듦. 그 외 苴麻, 脂麻, 芝麻, 胡麻 등이 있으며 이는 胡麻科 식물로 기름을 짜는 들깨를 뜻함. 〈集傳〉에 "麻, 穀名, 子可食, 皮可績爲布者"라 함. 宋應星《天工開物》(1) '麻'에 "凡麻可粒·可油者, 惟火麻·胡麻二種, 胡麻卽脂麻, 相傳西漢始自大宛來"라 하여, 기름을 짜는 芝麻(胡麻)는 西漢 때 들어온 것이므로, 여기서는 그 이전의 大麻나 들깨를 뜻하는 것으로 보임.

＊이 시는 莊王 때 현인을 멀리 하자 나라 사람들이 현인들이 정치에 참여하여 주기를 바라는 마음에서 읊은 것이라 함. 그러나 여자가 애인을 기다리며 온갖 생각에 젖은 모습을 표현한 것이라고도 함.

〈序〉: 〈丘中有麻〉, 思賢也. 莊王不明, 賢人放逐, 國人思之, 而作是詩也.

〈구중유마〉는 현명한 자를 생각한 것이다. 莊王이 명석하지 못하여, 현인이 방축되자, 國人이 이를 생각하여 이 시를 지은 것이다.

〈箋〉: 思之者, 思其來己, 得見之.

※莊王: 東周 제 3대 군주. 이름은 姬佗. 桓王의 뒤를 이어 東周 초 春秋 시작 시기인 B.C.696-B.C.682년까지 15년간 재위함.

＊전체 3장. 매 장 4구씩(丘中有麻: 三章. 章四句).

(1) 賦
丘中有麻, 彼留子嗟.

丘中(구중)애 麻(마)] 이시니, 뎌긔 子嗟(ᄌ차)를 留ᄒ얏도다.

거친 언덕에는 삼밭 있네, 저 유씨네 자차가 가꾸고 있지.

彼留子嗟, 將其來施施!

더긔 子嗟를 留ᄒᆞ야시니, 將흔들 그 來홈을 施施(시시)히 ᄒᆞ랴!

저 유씨네 집 자차시여, 천천히 나오셔서 살펴 주시기를!

【丘中】언덕 위의 메마른 자갈 땅.

【留】大夫의 성. 留는 후세의 劉氏와 통함. 馬瑞辰〈通釋〉에는 "留, 劉古通用"이라 함. 그러나 本義대로 '머물다'의 뜻으로도 봄.

【子嗟】留氏의 字.〈集傳〉에 "子嗟, 男子之字也"라 함.

【將】顧함.〈集傳〉에 "將, 願也"라 함.〈毛傳〉에는 "留, 大夫氏. 子嗟, 字也. 丘中, 墝埆之處. 盡有麻麥草木, 乃彼子嗟之所治"라 하였고,〈鄭箋〉에는 "子嗟放逐於朝, 去治卑賤之職, 而有功所在, 則治理所以爲賢"이라 함.

【其】助詞.

【施施】〈毛傳〉에 "施施, 難進之意"라 하였고,〈鄭箋〉에는 "施施, 舒行伺閒, 獨來見己之貌"라 하여, '천천히 걸어

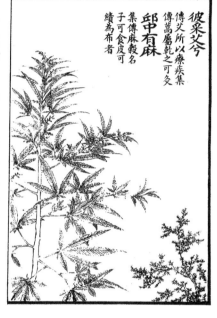

틈을 엿보며, 홀로 와 자신을 만나주는 것'이라 하였으나,〈集傳〉에는 "施施, 喜悅之意"라 하여 의견이 다름.

＊〈集傳〉에 "○婦人望其所與私者而不來, 故疑丘中有麻之處, 復有與之私而留之者. 今安得其施施然而來乎?"라 함.

(2) 賦

丘中有麥, 彼留子國.

丘中애 麥이 이시니, 더긔 子國을 留ᄒᆞ얏도다.

거친 언덕에 보리밭 있네. 저 유씨네 자국님이 가꾸시는 것.

彼留子國, 將其來食!

뎌긔 子國을 留ᄒᆞ야시니, 將ᄒᆞᆫ들 그 來ᄒᆞ야 食(식)ᄒᆞ랴!

유씨네 집 자국님, 다시 나에게 오셔서 마음껏 잡수시길!

【子國】留氏의 字. 子嗟의 아버지라고도 함. 〈毛傳〉에 "子國, 子嗟父"라 하였고, 〈鄭箋〉에는 "言「子國使丘中有麥, 著其世賢.」"이라 함. 〈集傳〉에는 "子國, 亦男子字也"라 함.

【來食】〈毛傳〉에 "子國復來我, 乃得食"이라 하였고, 〈鄭箋〉에는 "言「其將來食, 庶其親己, 已得厚待之.」"라 함. 〈集傳〉에는 "來食, 就我而食也"라 함.

(3) 賦

丘中有李, 彼留之子.

丘中애 李이시니, 뎌긔 之子를 留ᄒᆞ얏도다.

거친 언덕에는 오얏나무 있네. 저 유씨네 두 분이 가꾸시는 것.

彼留之子, 貽我佩玖!

뎌긔 之子를 留ᄒᆞ야시니, 나를 佩ᄒᆞᆫ 玖(구)를 貽(이)ᄒᆞ랴!

저 유씨네 두 분이시여, 내게 예쁜 패옥을 주셨네!

【之子】〈集傳〉에 "之子, 并指前二人也"라 함. 〈鄭箋〉에는 "丘中而有李, 又留氏之子所治"라 함.

【貽】줌. 遺와 같음.

【玖】佩玉의 이름. 〈正義〉에 "玖, 是佩玉之名. 故以美寶言之. 美寶, 猶美道"라 함. 〈毛傳〉에는 "玖石次玉者言能遺我美寶"라 하였고, 〈鄭箋〉에는 "留氏之子, 於思者, 則朋友之子, 庶其敬己, 而遺己也"라 함. 〈集傳〉에는 "「貽我佩玖」, 冀其有以贈己也"라 함.

> ### 참고 및 관련 자료

1. 孔穎達 〈正義〉

毛以爲放逐者, 本在位有功, 今去而思之; 鄭以爲去, 治賤事所在有功. 故思之意, 雖小異, 三章俱是思賢之事.

임동석(茁浦 林東錫)

慶北 榮州 上茁에서 출생. 忠北 丹陽 德尙골에서 성장. 丹陽初中 졸업. 京東高 서울 敎大 國際大 建國大 대학원 졸업. 雨田 辛鎬烈 선생에게 漢學 배움. 臺灣 國立臺灣師範 大學 國文硏究所(大學院) 博士班 졸업. 中華民國 國家文學博士(1983). 建國大學校 敎授. 文科大學長 역임. 成均館大 延世大 高麗大 外國語大 서울대 등 大學院 강의. 韓國中國言語學會 中國語文學硏究會 韓國中語中文學會 등 會長 역임. 저서에 《朝鮮譯學考》(中文) 《中國學術槪論》 《中韓對比語文論》. 편역서에 《수레를 밀기 위해 내린 사람들》 《栗谷先生詩文選》. 역서에 《漢語音韻學講義》 《廣開土王碑硏究》 《東北民族源流》 《龍鳳文化源流》 《論語心得》 〈漢語雙聲疊韻硏究〉 등. 학술논문 50여 편. 현 건국대 명예교수. 靑丘書堂 훈장.

임동석중국사상100

시경詩經

林東錫 譯註
1판 1쇄 발행/2020년 6월 1일
발행인 고정일
발행처 동서문화사
창업 1956. 12. 12. 등록 16−3799
서울 중구 마른내로 144(쌍림동)
☎546−0331~6 (FAX) 545−0331
www.dongsuhbook.com
잘못 만들어진 책은 바꾸어 드립니다.

*

*
사업자등록번호 211−87−75330
ISBN 978−89−497−1775−3   04080
ISBN 978−89−497−0542−2   (세트)